LES

MIRABEAU

I

LES MIRABEAU

NOUVELLES ÉTUDES

SUR

LA SOCIÉTÉ FRANÇAISE AU XVIIIᵉ SIÈCLE

PAR

LOUIS DE LOMÉNIE

DE L'ACADÉMIE FRANÇAISE

TOME PREMIER

PARIS
E. DENTU, ÉDITEUR
LIBRAIRE DE LA SOCIÉTÉ DES GENS DE LETTRES
PALAIS-ROYAL, 15-17-19, GALERIE D'ORLÉANS

1879
Tous droits réservés.

AVANT-PROPOS

Nous ne pouvons nous défendre d'une profonde émotion en présentant au lecteur ces deux volumes depuis si longtemps annoncés. Leur auteur n'avait songé d'abord qu'à réunir et à réimprimer une série d'articles publiés dans le *Correspondant*, de mars 1870 à septembre 1874, de même qu'autrefois il avait réuni en volumes, sous le titre de *Beaumarchais et son temps* les articles parus dans la *Revue des Deux-Mondes*; mais insensiblement et sous l'influence du sentiment le plus vif de conscience littéraire, les articles publiés dans le *Correspondant* se sont transformés et étendus, et l'ouvrage que nous imprimons aujourd'hui est pour un tiers environ complétement inédit.

Personne plus que M. de Loménie n'a été possédé de la passion de l'exactitude, personne ne s'est sacrifié davantage à la poursuite ardente de la perfection. Il lui eût été facile d'éviter quelques-uns des problèmes délicats et ardus qu'il s'est attaché à résoudre ; mais la difficulté à vaincre avait pour lui un véritable attrait. Sans consulter ses forces il s'est appliqué à retoucher, à refaire les parties de son ouvrage qui lui paraissaient insuffisamment approfondies ou encore sujettes à contestation, et les progrès d'un mal implacable l'ont seuls arrêté dans la tâche qu'il s'était imposée, alors qu'elle touchait à sa fin. Mais il était trop tard, sa vie était usée par l'effort, et le succès de son livre, ce succès si chèrement acheté, il n'était pas destiné à en jouir.

Nous n'essaierons pas de raconter les vingt années d'investigations et d'études consacrées par M. de Loménie à réunir et à grouper les matériaux de son œuvre, à tirer de documents authentiques dont l'abondance même était devenue pour lui un obstacle, un récit complet et concluant, varié et suivi. Mais nous devons au lecteur de le renseigner sur l'origine de la plus grande partie de ces documents dont l'intérêt égale l'autorité. Au début de sa carrière, M. de Loménie eut la bonne fortune de rencontrer le fils adoptif de Mirabeau, M. Lucas de Montigny. Très-vite attiré vers cet homme si distingué par l'esprit, si excellent par le cœur, à la mémoire duquel il a toujours gardé le plus reconnaissant souvenir, il sut, de son côté, lui plaire autant par ses qualités personnelles que par sa curiosité vive et son intérêt intelligent pour tout ce qui touchait Mirabeau et sa famille. Aussi, dès 1848, M. Lucas de Montigny prêtait-il au jeune auteur de *la Galerie des Contemporains illustres,* un certain nombre de documents ; ils lui servirent à rédiger huit articles sur Mirabeau, qui parurent dans le journal *Le Pays,* en 1849, et y furent remarqués. Après la mort de M. Lucas de Montigny, son fils remit à M. de Loménie la totalité des précieux manuscrits rassemblés avec un soin pieux par l'auteur des *Mémoires de Mirabeau.* Cette marque de confiance n'ôtait rien à l'indépendance de l'écrivain qui en était l'objet. Ce n'était ni une réfutation, ni une répétition des *Mémoires de Mira-*

beau, que M. de Loménie devait se proposer d'écrire, mais une œuvre toute différente par sa conception. Sous l'empire du sentiment le plus légitime, dans un but arrêté d'avance et loyalement avoué, celui de justifier le grand orateur des accusations portées contre lui, son fils adoptif a composé un livre qu'il avait pu qualifier de *Mémoires*, quoiqu'il ne soit pas exactement l'œuvre de Mirabeau. Dégagé au contraire de toute prévention personnelle, libre de contrôler les documents les uns par les autres et de faire rentrer le récit de la vie de ses personnages dans le cadre des événements de leur siècle, M. de Loménie pouvait aspirer non plus seulement à préparer la voie aux historiens à venir, mais à écrire un livre d'histoire définitive. D'ailleurs, il n'entendait pas se borner à l'étude exclusive d'un seul homme, quoique la vie du célèbre orateur paraisse présenter à elle seule une matière suffisamment vaste et suffisamment intéressante. C'est la famille tout entière de Mirabeau qu'il voulait peindre, comme la personnification la plus originale de cette époque pleine de contrastes qu'on nomme le dix-huitième siècle.

L'histoire intime de cette race orageuse, dont les dissensions ont dépassé tout ce que le même temps nous offre de plus scandaleux, soulevait nécessairement des questions très-délicates. La préoccupation constante de M. de Loménie a été de ne toucher à ces questions qu'autant qu'il ne pouvait s'en dispenser ; il ne s'est jamais départi de la gravité du véritable historien, qui ne cherche ni à atténuer, ni à embellir le mal ; il a évité surtout de divulguer d'autres secrets que ceux que les membres de la famille eux-mêmes n'avaient pas su garder. Le marquis, et plus encore la marquise de Mirabeau ont en effet livré les premiers leurs griefs respectifs en pâture à la curiosité publique par des mémoires imprimés, répandus à de nombreux exemplaires et qui, au siècle dernier, ont défrayé la malignité de leurs ennemis et celle même de leurs amis. Leur célèbre fils a rempli la France du bruit de ses désordres, et lorsqu'une indélicatesse coupable livra à l'impression les lettres écrites de Vincennes, ce qui avait pu rester dans l'ombre des scandales des Mirabeau fut étalé en pleine lumière. Rien de ce qu'on en dira ne peut dépasser en ce genre ce qu'a écrit le prisonnier de Vincennes. Ce grand procès entre le père, la mère et les enfants ayant été plaidé avec passion devant le public, n'est-ce pas faire acte de justice que de s'en constituer le rapporteur désintéressé et d'essayer de démêler la part de responsabilité de chacun dans ce conflit de récriminations furieuses et contradictoires?

Le marquis de Mirabeau qui, seul de toute sa famille, a mis quelque pudeur dans l'exposé de ses griefs et quelque ménagement dans ses attaques publiques contre ses adversaires, a toujours attendu cette heure de justice impartiale. Dans une lettre du 16 septembre 1776, son frère, le bailli, lui conseillait de faire brûler tous les papiers relatifs à ses querelles domestiques ; le marquis lui répond, le 28 septembre : « J'oubliais un article principal de ta lettre, qui est de mettre à part les papiers concernant cette race et leurs délits, afin qu'on les brûle après moi. Je fais des dossiers et des cartons principaux, mais pour qu'ils soient conservés..... Figure-toi moi mort....., ceux qui y seront alors auront grand besoin de preuves que je n'accumule que pour après moi,....., et puis, quand tout serait apaisé et mort, encore voudrais-je qu'on trouve la trace de mes peines et de ma justification, et quant à ce point personne ne sera maître de brûler, car les copies seront loin des originaux. »

De toutes ces haines, de toutes ces luttes intestines qui ont fait des Mirabeau *la famille d'Atrée et de Thyeste,* suivant l'expression du grand orateur rapportée par Etienne Dumont (de Genève), il ne reste aujourd'hui que le souvenir, « tout est apaisé et mort », et l'éloignement nous permet de juger avec plus de calme une société déjà si différente de la nôtre. Le moment était donc venu d'écrire cette œuvre de bonne foi, féconde en enseignements salutaires, en prévision de laquelle le marquis de Mirabeau réunissait et conservait ses papiers de famille.

Dans la pensée de M. de Loménie, elle devait présenter des développements considérables, et les deux volumes que nous offrons au lecteur n'en représentent guère que la moitié. Ils sont consacrés à l'étude de tous les membres de la famille de Mirabeau qui ont précédé le grand orateur, principalement de son père le marquis, de sa mère et de son oncle le bailli. L'histoire du plus illustre des Mirabeau devait remplir à elle seule la seconde moitié du livre ; l'éclat du personnage et la grandeur des événements auxquels il a été mêlé ne demandaient pas moins. On a pu craindre, en apprenant la mort prématurée de M. de Loménie, que cette seconde partie, plus propre peut-être encore que la première à exciter la curiosité, ne dût jamais voir le jour. Grâce à Dieu il n'en sera pas ainsi : l'auteur des *Mirabeau* laisse la dernière moitié de son travail très-avancée. Elle est en grande partie rédigée, et s'il se trouvait quelques lacunes dans cette rédaction, il serait facile d'y suppléer à l'aide des nombreuses notes amassées par lui et soigneusement conservées par les siens. Il est donc permis d'espérer que cette grande œuvre pourra être menée à bonne fin et publiée dans son entier, telle qu'il l'aurait achevée lui-même.

C'est le vœu le plus ardent de ceux qui le pleurent ; ils trouveront, dans l'accomplissement d'un devoir sacré, la seule consolation que puisse accepter leur douleur.

LES MIRABEAU

I

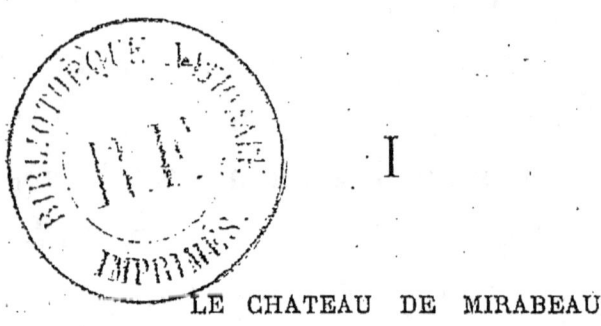

LE CHATEAU DE MIRABEAU

Le voyageur qui suit la route de Pertuis à Manosque, ne tarde pas à reconnaître qu'il entre dans la haute Provence. Autour de lui le sol devient de plus en plus rocailleux, et le pays montueux ; sur sa gauche, derrière une première ligne de mamelons, déjà très-élevés, il voit se dresser les cimes noires du Luberon, et devant lui, à l'horizon, la chaîne des Alpes, qui forme comme un troisième étage de montagnes. A 12 kilomètres environ de Pertuis, après avoir atteint le point culminant de la route, on aperçoit tout à coup dans le lointain, sur un rocher entre deux gorges, un vaste édifice rectangulaire flanqué de quatre hautes tours crénelées, qui semble placé là comme pour barrer le passage. C'est le château de Mirabeau. Le premier aspect de ce château est d'autant plus saisissant que de la hauteur d'où il est aperçu d'abord et qui le domine, on distingue au delà de ses tours et de ses murailles d'un jaune fauve, une nappe d'eau azurée qui brille au soleil. C'est la Durance qui coule derrière le rocher sur lequel le manoir est bâti.

A mesure qu'en descendant, on approche, ce rocher s'élève, dérobe au voyageur la vue de la rivière, et le laisse tout entier à l'impression d'un paysage âpre et escarpé. De tous côtés l'œil rencontre d'énormes mamelons séparés par des vallons étroits, des ravins profonds et dont l'aspect général donne l'idée d'un bouillonnement volcanique refroidi. Parmi ces mamelons, les uns dépourvus de toute végétation, attirent le regard par la couleur ardoisée ou jaunâtre de leur sommet, les autres sont couronnés d'une verdure sombre formée surtout par des chênes verts et des pins. Celui qui sert d'assise au château de Mirabeau serait un des plus arides, si, sur l'esplanade taillée dans le roc à la suite de l'édifice, on n'eût transporté assez de terre végétale pour y faire vivre quelques arbres dont le feuillage adoucit un peu le ton fauve des murailles et du rocher. Au pied du château et sur la pente du mamelon qui le porte, on voit s'entasser de petites maisons qui de loin semblent étagées les unes sur les autres. On dirait un troupeau de moutons qui se pressent autour d'un berger colossal, chargé autrefois de les défendre contre les loups, mais investi en même temps du droit de les tondre et de fort près. Tout le village, qui compte environ huit cents âmes, est ainsi bâti autour du manoir, sur un plan tellement incliné, que, lorsqu'on gravit les quelques rues qui le composent, on croirait monter un escalier. Au bas du rocher, une épaisse muraille conservée encore en grande partie, entoure à la fois le village et le château. Du côté de l'est notamment, on ne peut entrer dans le village que par une vieille porte ogivale qui offre juste assez de largeur pour le passage d'une voiture.

Si, au lieu d'aborder le château de Mirabeau par Pertuis, c'est-à-dire par l'ouest, on y arrive par Manosque, on a sous les yeux un spectacle non moins imposant et plus varié. En s'arrêtant à une distance du manoir d'environ 7 ou 800 mètres, on se trouve à l'entrée d'une sorte de cirque ovale d'une grande étendue, bordé de tous côtés par des montagnes. Celles de gauche forment une ligne de rochers presque tous arides et coupés à pic, le long desquels coule la Durance. Les montagnes de droite, que longe la route de Manosque, sont plus boisées et d'une pente généralement plus douce (1). L'espace qu'elles entou-

---

(1) C'est cependant à droite que se trouve, creusé au flanc d'un rocher assez escarpé, un ermitage appelé l'ermitage de Saint-Eucher, parce qu'il est de tradition dans le pays qu'il a été habité par un saint de ce nom. S'il s'agit, comme tout porte à

rent se compose de prairies verdoyantes, de champs bien cultivés et plantés de mûriers, que féconde ou dévaste tour à tour la plus capricieuse et la plus indomptable des rivières de France.

Après avoir suivi dans son cours toute la ligne gauche du cirque ovale qu'on vient de décrire, la Durance le quitte, et s'échappe par une étroite coupure entre deux rochers verticaux de 50 à 60 mètres de hauteur. C'est au bas de cette coupure qu'on a jeté un pont suspendu qui est comme le point de jonction des quatre départements de Vaucluse, des Bouches-du-Rhône, des Basses-Alpes et du Var. Ce pont remplace l'ancien bac seigneurial des Mirabeau, qui était établi à quelques toises plus loin (1).

Un peu en avant du pont, sur un petit roc qui surplombe la Durance, on remarque une petite chapelle romane du douzième siècle très-curieuse à la fois par sa structure et par sa situation (2).

---

le croire, de ce père de l'Église des Gaules au cinquième siècle, qui fut évêque de Lyon et qui, dans son *Éloge du désert*, a écrit de belles pages sur la solitude, il eût été difficile de lui choisir une résidence mieux appropriée à ses goûts.

(1) Aux environs du pont de Mirabeau, il y a maintenant une station du chemin de fer de Marseille à Gap. La voie longe la rive droite de la Durance, et, en passant entre tous ces rochers, elle doit ajouter, au caractère pittoresque et varié du paysage, une nuance de plus que nous nous contentons d'indiquer n'ayant pu l'observer par nous-même.

(2) Cette chapelle, dont la vue nous a frappé, nous paraît décrite exactement par l'auteur d'un dictionnaire *géographique, historique et archéologique* des communes du département de

Derrière cette chapelle commence une autre ligne de rochers très-élevés, complétant le cirque et faisant face au voyageur qui vient de Manosque. Elle est déchirée par des gorges étroites et profondes, dont une surtout, appelée le *Mauvallon*, prend, à la tombée du jour un aspect sinistre tout à fait digne de son nom. En parcourant du regard cette ceinture de rochers, on retrouve à l'extrémité droite ce même château qui tout à l'heure, du côté de l'ouest, commandait la route, et qui commande ici tout à la fois la route, à l'est, et le cours de la Durance, au midi.

Les quatre hautes tours qui le signalent de loin à l'attention du voyageur étaient, avant la Révolution, accompagnées de deux autres tours plus petites qui n'existent plus, et qui reliaient la cour du manoir à une espèce d'avant-cour également supprimée. Au lieu d'être crénelées à plat comme aujourd'hui, toutes les tours étaient surmontées d'un toit en poivrière. Tel qu'il est, cependant, le château conserve encore la physionomie impo-

---

Vaucluse, M. Courtet, auquel nous empruntons sa description. « Sur un quartier de roche, dit-il, au pied de laquelle viennent se briser les flots, s'élève une petite chapelle romane dédiée à sainte Madeleine; dorée par le soleil, elle produit un effet charmant dans le paysage. La façade n'a pour tout ornement qu'un petit *oculus* et des trous nombreux placés symétriquement, comme si l'on avait retiré une pierre. Le clocher à pignon est percé de deux baies à plein cintre. Sur un des voussoirs de la porte, une inscription mutilée laisse encore lire ces mots : *Anno Dni* M.C.C.XXXIX, III *nonas junii*. La fin de la phrase était : *sol obscuratus fuit*. La date de cette éclipse est exacte. »

sante et guerrière qui faisait écrire en 1767 au bailli de Mirabeau : « Cette vieille citadelle a vraiment l'air auguste. » On assure que, de nos jours, lorsqu'un bataillon descend de Manosque, les soldats en l'apercevant à l'horizon s'écrient : « Voilà un fort! » L'édifice, en effet, abstraction faite de ses quatre tours, par sa forme rectangulaire, par l'épaisseur de ses corps de logis peu saillants et assez semblables de loin à des murs de défense, présente plutôt l'aspect d'une forteresse moderne que celui d'un castel féodal. La construction n'en doit guère remonter au delà du xve siècle (1).

La description que nous venons d'en faire pouvant étonner quelque lecteur qui l'aurait vu avant l'époque où il a été restauré, il importe maintenant d'ajouter que ce château aujourd'hui ressuscité n'était guère, il y a cinquante ans, qu'un amas de ruines. Dévasté sous la Terreur et à moitié démoli, non par les habitants du village, mais par des énergumènes des communes voisines, et surtout de Manosque, décapité de ses tours, qu'on avait abattues sur les murailles, dépouillé de sa toiture, de ses portes et de ses fenêtres, devenu le repaire des hiboux et des oiseaux

---

(1) L'auteur que nous venons de citer affirme cependant qu'il est question du *Castrum de Mirabello* dans une bulle du pape Alexandre III de 1178. Mais l'édifice a pu être complétement changé depuis cette époque. Ce qui est certain, c'est que dans son état actuel, il n'a point le caractère d'un château du moyen âge.

de proie, le vieux manoir gisait en quelque sorte à l'état de cadavre, comme si sa destinée eût été de périr avec l'homme le plus fameux de cette race ardente qui l'avait possédé pendant deux siècles, qui en avait pris le nom, et qui avait fait entrer ce nom dans l'histoire de France. Le frère, le beau-frère et le neveu de Mirabeau ayant émigré, la plus grande partie des propriétés composant la terre de ce nom avait été confisquée et vendue révolutionnairement. La part qui restait encore libre après la Terreur, et que s'était appropriée la troisième sœur du grand orateur, avait été aliénée par elle (1); de sorte que la famille et son dernier représentant mâle, le fils unique du vicomte de Mirabeau, qui, sous l'Empire, habitait la Bretagne, ne possédaient plus un pouce de terre dans le pays de leurs ancêtres. Le château, ruiné de plus en plus, avait fini par être vendu à

(1) Cette troisième sœur de Mirabeau, la marquise de Cabris, figurera plus d'une fois dans la partie de ce travail consacrée à son frère. Elle lui ressemblait beaucoup, non par le visage, attendu qu'elle était fort belle, mais par l'esprit ; on pourrait même dire par le talent, car son style est naturellement oratoire, comme celui de son frère, à qui elle ressemblait aussi beaucoup par l'impétuosité des passions. Pendant les quelques années qu'elle passa au village de Mirabeau, à la fin du dernier siècle et au commencement de celui-ci, elle eut l'idée de se faire bâtir, à quelques centaines de toises de la forteresse paternelle, une petite maison construite aux dépens de cette forteresse. On raconte, dans le village, qu'à chaque paysan qui lui apportait pour son édifice une pierre ou une poutre tirée du château en ruines, elle accordait le droit d'en prendre pour lui une autre d'une dimension égale, ce qui activait naturellement l'entière démolition du manoir.

vil prix à un paysan de la commune, qui, par un pieux scrupule, refusait de le céder avec bénéfice à quiconque ne voulait l'acheter que pour tirer parti des pierres en achevant de le démolir.

Les choses en étaient là, lorsqu'à la fin du mois de juin 1815, les habitants du village de Mirabeau virent arriver un voyageur dont la figure les frappa, car elle reproduisait avec plus de régularité et de délicatesse les traits bien connus du tribun de la Révolution. Ce voyageur, né en 1782, avait été, jusqu'à l'âge de neuf ans, élevé avec une grande tendresse par Mirabeau, qui lui avait fait par testament un legs ainsi énoncé : « Je donne et lègue au fils du sieur Lucas de Montigny, sculpteur, connu sous le nom du *petit Coco*, la somme de 24,000 livres qui sera placée sur sa tête et à son profit par les soins de mon ami La Marck. » Après la mort de Mirabeau, la famille et les amis de celui-ci s'étaient intéressés à la destinée de l'enfant, et lui-même avait su, par la vivacité de son intelligence, par les attrayantes et nobles qualités de son caractère, conquérir une position sociale des plus honorables. Attaché, sous l'Empire, à la préfecture de la Seine, nommé aux Cent-Jours secrétaire général de la préfecture des Bouches-du-Rhône, il avait dû quitter son poste après Waterloo ; mais, avant de retourner à Paris, il avait éprouvé le besoin de visiter les restes de ce château de Mirabeau, dont on avait si souvent entretenu son enfance, et dont l'image était gravée dans son esprit. Ému à l'aspect de ces ruines, il proposa au propriétaire de les lui vendre ; le digne paysan trouvant enfin un acheteur à son gré, et rassuré sur le sort des vieilles murailles qu'il avait pu jusque-là préserver d'une entière destruction, les céda pour *cinq cents francs;* c'était probablement le prix dont il les avait payées lui-même (1).

Chargé ainsi, par la Providence, du soin de conserver ce fantôme de château, mais n'ayant point l'intention de l'habiter, retenu d'ailleurs à

(1) Comme ce récit pourrait paraître invraisemblable et comme l'exactitude est notre principale et continuelle préoccupation, nous croyons devoir le faire suivre immédiatement de la pièce justificative à laquelle nous l'avons emprunté ; c'est une lettre écrite à la fin de juin 1845 sur les lieux mêmes, par M. Lucas de Montigny, et adressée à une des nièces de Mirabeau, qui habitait près de Marseille. Cette lettre atteste à la fois le fait que nous venons de raconter et la scrupuleuse délicatesse de celui qui l'a écrite. « Je placerai ici, madame, une confidence que j'ai à vous faire pour mon compte. Tout en visitant, escaladant et dessinant sur toutes ses faces le squelette de ce château, dont le seul souvenir faisait battre mon cœur et dont la vue m'a causé la plus vive émotion, j'ai appris que ces ruines vénérables étaient la propriété d'un simple cultivateur qui les avait achetées à vil prix, ainsi que le rocher qui les supporte, et qui avait la touchante délicatesse de refuser un bénéfice considérable, uniquement parce que la personne qui le lui offrait n'aurait acheté le château que pour achever de le démolir. Craignant que d'autres chances ne séduisissent le généreux propriétaire ou que, quelque jour, ses successeurs n'héritassent pas de ses sentiments, en effet, fort rares, j'ai songé à empêcher que, de mon vivant du moins, le château ne fût entièrement démoli, et pour *cinq cents malheureux francs* j'ai acheté à la fois cette satisfaction et celle de rendre les derniers restes du manoir paternel aux héritiers du nom ou à la famille, s'ils désiraient en reprendre possession. »

Paris par ses fonctions, M. Lucas de Montigny voulut du moins le garantir de la pluie et du vent. Il le fit recouvrir d'une toiture, après qu'on eût relevé les tours dont le poids écrasait les murailles. Ce travail de réparation marchait toutefois très-lentement, et, il y a vingt-cinq ans à peine, le manoir manquait encore de portes et de fenêtres. C'est alors que le fils du nouveau propriétaire, M. Gabriel Lucas de Montigny, après des débuts remarqués dans la carrière littéraire, ayant renoncé aux lettres, vint s'établir à Mirabeau. Il avait épousé une jeune personne très-distinguée, Mlle de Laferté-Meun qui, par dévouement à son mari et à son beau-père, avait adopté leur culte pour ce vieux château encore inhabitable. Elle n'hésita pas à renoncer aux agréments de la vie parisienne, pour s'y installer avec son mari, et tous deux entreprirent de le restaurer complétement ; ils commencèrent par rétablir, autant que possible, presque toutes les anciennes dispositions intérieures et extérieures de l'édifice ; puis ils s'occupèrent de reconquérir peu à peu, par des achats successifs, une grande partie des domaines qui composaient autrefois la terre de Mirabeau, et, grâce à eux, l'antique manoir a recouvré cette splendeur altière, abrupte et un peu sauvage, qui n'est pas sans rapport avec la physionomie de la race à laquelle il a longtemps appartenu (1).

(1) On arrive aujourd'hui au château de Mirabeau par deux

Si l'on voulait, en effet, se livrer ici sans discrétion à ces rapprochements entre les phénomènes physiques et les faits d'ordre moral qui sont dans le goût du jour, on aurait beau jeu pour faire ressortir l'analogie entre ces régions orageuses, bouffies et crevassées par le feu des volcans, brûlées par le soleil, balayées par le mistral, glacées pendant l'hiver par le vent du nord, et les caractères énergiques, impétueux, inégaux, presque tous bizarres et diversement désordonnés qui apparaîtront tour à tour dans ce travail.

Le marquis de Mirabeau, père de l'orateur, décrivant le pays où vécurent ses ancêtres, s'exprime en ces termes: « Ciel brûlant, climat excessif..., aspect sauvage, promenoirs arides, rochers, oiseaux de proie, rivières dévorantes, torrents ou nuls ou débordés..., des hommes faits,

---

rampes dont l'escarpement, formidable encore, a été adouci autant que possible, l'une à l'ouest, l'autre à l'est. Il en existait une troisième au midi, qui n'était rien moins qu'un travail d'Hercule, accompli ou plutôt ébauché par le futur tribun de la Constituante dans sa jeunesse et dans un temps où son père l'avait relégué à Mirabeau. Pour occuper ses loisirs, il avait entrepris de faire tracer une route carrossable sur cette ligne de rochers coupée de crevasses qui part du pont suspendu pour rejoindre la forteresse. Grâce à cette route taillée dans le roc, sur une longueur de plus de 500 mètres, et tournant au moins cinquante fois sur elle-même, Mirabeau avait pu se donner le plaisir, après son mariage, de conduire triomphalement sa femme en carrosse depuis le bac jusqu'au château. Toutefois ce chemin impossible n'a guère servi qu'à celui qui l'avait inventé; non-seulement les voitures ne le fréquentent pas, mais les piétons l'évitent, car il faut des précautions pour le descendre à pied sans accident.

forts, durs, francs et inquiets (1). » Il y a dans cet assemblage de mots plus d'une expression qui s'applique on ne peut mieux à celui qui parle, ne serait-ce que le mot *excessif*, qui le peint tout entier lui-même.

Mais si la question du sol et du climat se prête plus ou moins à des rapports avec celle des aptitudes morales, rien n'est plus facile que de s'égarer dans cette voie, dès qu'on s'abandonne à la prétention systématique de retrouver partout des relations de cause à effet. C'est par là que Montesquieu lui-même (car nous n'avons pas inventé les théories dont nous abusons) a donné prise à la critique, soit lorsqu'il pose en axiome que le gouvernement d'un seul est mieux approprié aux pays fertiles et le gouvernement de plusieurs aux pays qui ne le sont pas, ce qui tendrait à faire de la Russie un pays plus fertile que l'Angleterre, soit lorsqu'il déclare que la liberté s'établit plus facilement dans un pays de montagnes, ce qui lui attire cette observation qui est, je crois, de Voltaire : « Oui, comme en Suisse, à moins que ce ne soit dans un pays de plaines comme en Hollande. »

L'application de la topographie, de la géologie, ou de la météorologie à l'étude des phénomènes

---

(1) Nous empruntons ce passage à une lettre du marquis de Mirabeau à J.-J. Rousseau, déjà publiée dans un recueil dont nous aurons occasion de reparler et qui est intitulé : *J.-J. Rousseau, ses amis et ses ennemis*.

moraux devient encore bien plus arbitraire lorsqu'il s'agit non pas d'une nation prise en masse, mais d'une famille ou d'un individu, et si nous voulions adapter de force cette méthode à la famille qui nous occupe, nous risquerions d'être embarrassé par son histoire, car il nous faudrait d'abord constater que les Riqueti, établis à Marseille, n'achetèrent qu'à une époque relativement récente (1570) le manoir de Mirabeau, et qu'avant eux ce manoir avait appartenu à une autre famille provençale d'un caractère tout différent de celui des Riqueti, à la famille de Barras, de laquelle, suivant Nostradamus, on disait de temps immémorial : *La fallace et malice des Barras.*

Il nous faudrait aussi constater que ceux des Riqueti du dix-huitième siècle, qui sont nés à Mirabeau, ou, pour parler plus exactement, près de Mirabeau, à Pertuis, ont très-peu habité le château de leurs pères ; celui de tous qui y a le plus séjourné, non-seulement dans son enfance, mais dans son âge mûr et sa vieillesse, et qui, par conséquent, aurait dû ressentir plus vivement les influences de l'endroit, le bailli de Mirabeau, oncle de l'orateur, est précisément celui qui se distingue le plus des autres par le bon sens, l'esprit de conduite, l'empire sur lui-même, en un mot, par un genre de caractère qu'il définit très-bien dans le style indépendant qui lui est propre quand il se dit doué d'*æquanimité.*

Il nous faudrait enfin reconnaître, contrairement à l'influence du sol et du climat, que les deux plus fougueux personnages de la race, c'est-à-dire l'orateur et son frère le vicomte, non-seulement ne sont pas nés dans ces régions escarpées et orageuses, où ils ont même très-peu vécu, mais qu'ils ont vu le jour, qu'ils ont passé leur enfance et une partie de leur jeunesse dans un pays plat, insignifiant et brumeux, d'un climat tempéré, plus épais et plus humide que chaud, qui produit de gras pâturages et des légumes savoureux, c'est-à-dire dans l'ancien Gâtinais, près de Nemours (Seine-et-Marne). S'il est donc vrai, comme l'affirment volontiers ceux qui, de nos jours, forcent au delà de toute mesure les théories de Montesquieu, que la question du sol et du climat est décisive pour l'appréciation de l'esprit et du caractère d'un homme; s'il est vrai, en un mot, comme l'a dit un des plus spirituels défenseurs de cette doctrine, que Mme de Sévigné ne pouvait naître qu'en Bourgogne, je cherche en vain comment on s'y prendrait pour ajuster la théorie avec les circonstances que je viens de signaler relativement aux Mirabeau. Pour moi je confesse en toute humilité que si j'ai pris la peine d'aller visiter le séjour auquel ils ont emprunté leur nom, ce n'est pas que je fusse animé de la superbe ambition d'expliquer le château par la race, et la race par le château, mais c'est tout simplement parce que je désirais complaire à ce sentiment de curiosité aussi banal que naturel qui fait qu'on s'intéresse aux résidences rappelant le souvenir d'hommes plus ou moins fameux, surtout quand ces résidences sont par elles-mêmes très-pittoresques.

Tout ce qu'on pourrait accorder aux partisans des influences matérielles dans l'ordre moral, c'est qu'un château fort, d'un aspect majestueux et même un peu farouche, est plus propre à développer l'orgueil que la modestie chez ceux qui le possèdent. Le bailli de Mirabeau, écrivant à son frère, le 12 mars 1768, exprime ainsi ses sentiments, en revoyant le château paternel : « Je ne puis te dire la sorte de sensation que me fait la vue de ces tours qui me semblent, *velut montes* de l'Écriture, tressaillir à la vue de leur maître ou à peu près tel. » Dans une autre lettre du 8 octobre 1770, il écrit : « Je me suis toujours senti, en voyant un château flanqué de tours, une sorte de respect pour le maître, à moi inconnu ; une belle maison dénuée de ces ornements ne m'a jamais paru que le logement d'un riche bourgeois. »

Le marquis de Mirabeau, de son côté, louant sa belle-fille, la femme du futur tribun, du goût qu'elle manifeste pour le manoir dont il était fier, mais de loin (car il ne l'habita jamais qu'à son corps défendant et pour quelques jours seulement), écrit au bailli, le 1ᵉʳ septembre 1772 : « Elle montre bien de l'esprit, elle a d'abord marqué beaucoup d'attrait pour cette maison grande, noble, bien fermée. Elle avait tant désiré du *haut et bas* et un château qui dominât le village! » En voyant se manifester si naïvement cette passion pour les tours et ce goût du *haut et bas*, on pourrait très-bien reconnaître ici un effet moral produit par le château; si l'on voulait même subtiliser au profit de la théorie, on pourrait remarquer que la seconde génération des Mirabeau du dix-huitième siècle, celle qui a vu le jour dans les plates régions du Gâtinais, qui a été élevée dans un manoir très-moderne, très-bourgeois, c'est-à-dire dénué des *ornements* si chers au bailli, celle-là, quoique plus fougueuse, plus audacieuse, plus vaniteuse peut-être que la première, est infiniment moins fière, et l'on pourrait faire honneur de cette différence morale à la différence des localités. Mais cette thèse serait peut-être encore un peu aventureuse, car, en examinant de près les divers éléments dont se compose la fierté aristocratique du marquis de Mirabeau et de son frère le bailli, on est porté à soupçonner que cette fierté est d'autant plus en éveil qu'elle a le sentiment de la nouveauté relative des situations sur lesquelles elle s'appuie; qu'en un mot, le plaisir de posséder des tours est chez eux d'autant plus vif qu'il n'y a pas encore bien longtemps que le premier notable de leur race a pu se donner le luxe d'un château fort.

Ceci nous conduit tout naturellement à une autre question, qui appartient aussi à l'ordre matériel, mais qui est plus importante que celle des influences topographiques et climatologiques pour l'étude morale d'une race fortement caractérisée, la question de la race elle-même, de ses origines, de ses vicissitudes, de ses alliances. Toutefois, sur ce nouveau terrain, il faut encore se tenir en garde aussi bien contre les inductions systématiques et arbitraires que contre les affirmations intéressées de la vanité. En matière de généalogie, il est sage d'examiner le pour et le contre, et dût-on, sur certains points, n'aboutir qu'au doute; c'est ici surtout que le doute est préférable à l'erreur.

II

ORIGINE DES RIQUETI, RIQUETY OU RIQUET [1]

C'est une opinion généralement admise de nos jours que Mirabeau descend d'une famille de patriciens gibelins bannis de Florence au milieu du treizième siècle et qui, depuis cette époque, auraient pris rang parmi la haute noblesse provençale. Il a suffi de la célébrité révolutionnaire conquise par l'éloquent tribun de la Constituante

---

(1) En adoptant pour ce nom de Riqueti l'orthographe la plus usitée, nous devons constater que presque tous ceux qui le portaient, non-seulement au XVIe siècle, mais au XVIIe et au XVIIIe, l'écrivaient avec un *i* grec final. Le marquis de Mirabeau, le père de l'orateur, écrit presque toujours *Riquetty*. Nous devons ajouter pourtant que dans son testament, daté de 1787 et écrit tout entier de sa main, il a signé : Victor de Riqueti. L'orateur, dans les quelques signatures que nous avons de lui portant son nom primitif, n'adopte pas le double *t*, mais il adopte l'*i* grec et il écrit *Riquety*. Nous verrons aussi que les Riqueti sont nommés Riquet dans un grand nombre de documents du XVIe siècle.

pour faire triompher au profit de son nom des prétentions de notabilité très-ancienne, qui furent cependant, on le verra tout à l'heure, assez vivement contestées à ses ancêtres. L'idée de retrouver dans le grand agitateur de 1789 le sang d'un de ces poétiques factieux du moyen âge immortalisés par Dante, le sang de quelque compagnon de Farinata degli Uberti, une telle idée est si séduisante pour l'imagination qu'on a presque mauvaise grâce à la discuter. Si pourtant l'on est affligé de la maladie de l'exactitude, en un siècle qui aime toutes les hypothèses curieuses, on éprouve un besoin d'autant plus impérieux de vérifier celle-ci qu'elle est, par elle-même, plus romanesque.

Cette origine des Riqueti ayant été principalement accréditée par un document intéressant, publié pour la première fois en 1834 en tête des *Mémoires de Mirabeau* (1), nous devons d'abord rectifier une erreur assez grave commise au sujet de ce document. En le trouvant dans les papiers de Mirabeau avec ce titre écrit de sa main : « Vie de Jean-Antoine de Riqueti, marquis de Mirabeau, et notice sur sa maison, RÉDIGÉES PAR L'AINÉ DE SES PETITS-FILS D'APRÈS LES NOTES DE SON FILS, » M. Lucas de Montigny en avait naturellement conclu que le fils de Jean-Antoine n'avait fourni

---

(1) Nous avons déjà parlé, dans notre préface, du travail considérable que M. Lucas de Montigny a consacré au plus célèbre des Mirabeau.

que des *notes*, et que la rédaction appartenait au petit-fils, c'est-à-dire à Mirabeau. Ce raisonnement, très-juste en tout autre cas, n'avait qu'un défaut, c'était de ne pas tenir compte d'un penchant très-prononcé chez le futur tribun à s'approprier le travail d'autrui. Voici d'abord une note, jusqu'ici inconnue du public, écrite par M. Lucas de Montigny lui-même, et annexée par lui au *véritable* manuscrit de la vie de Jean-Antoine, de laquelle il résulte qu'il s'est trompé en faisant honneur de ce travail à Mirabeau : « J'avais, dit-il, depuis longtemps en ma possession la vie de Jean-Antoine écrite par son petit-fils, quand, dans mes fréquentes acquisitions de tout ce qui concerne Mirabeau, s'est trouvé, par hasard, le manuscrit qui suit (1). Il prouve que le fond de cette biographie, et *presque tous ses détails* appartiennent réellement au marquis de Mirabeau, et non au comte, qui s'est contenté de *copier*, d'éclaircir et surtout de simplifier. » Nous devons dire, à notre tour, après avoir comparé avec soin les deux manuscrits, que cette note rectificative fait encore la part trop grande à Mirabeau dans le travail en question, et qu'il s'agit ici d'un plagiat à peu près complet commis par le fils aux dépens du père. Le manuscrit du marquis de Mirabeau, que le comte, dans sa copie, qualifie de *notes*, est plus volumineux que la

---

(1) C'est celui du marquis de Mirabeau.

copie; il forme un cahier *in-folio* de 177 pages, avec ce titre : *Éloge historique de Jean-Antoine de Riqueti, marquis de Mirabeau, adressé à mon frère*. Il est précédé, en effet, d'une dédicace du marquis à son frère le bailli, dédicace que le comte a naturellement fait disparaître. Pour tout le reste, la copie de ce dernier se borne à reproduire le manuscrit paternel, avec des *suppressions* et des *modifications* de détail dont quelques-unes, caractéristiques et curieuses, nous arrêteront tout à l'heure; mais dans les 189 pages in-8° dont elle se compose, il n'y a pas en tout plus de *deux* pages appartenant en propre au copiste.

Il semble, d'ailleurs, qu'un examen attentif eût dû faire soupçonner que ce travail, publié sous le nom de Mirabeau, ne pouvait pas être de lui. Quoiqu'il remplace de temps en temps par des mots plus modernes les archaïsmes du style paternel, ou qu'il en éclaircisse parfois les constructions un peu embrouillées, ce style, si différent du sien, par l'irrégularité, mais aussi par l'originalité des tournures et la vivacité colorée des expressions, sans parler encore de la différence des idées, donnait à la biographie de Jean-Antoine une physionomie qui ne se retrouve dans aucun ouvrage de Mirabeau, sauf dans un autre qu'on lui attribue, également à tort, et qui est aussi, nous le verrons, de son père (1).

---

(1) Nous ne connaissons qu'un seul critique, doué, il est vrai,

Il était également assez difficile de comprendre que Mirabeau, rédigeant cette notice à vingt-cinq ans, comme le croyait à tort M. Lucas de Montigny, et la rédigeant au château d'If, c'est-à-dire au moment où il subissait la rigueur d'une lettre de cachet obtenue par son père, eût pu trouver, dans les dispositions de son esprit, la tirade enthousiaste en faveur de l'autorité paternelle par laquelle commence la biographie de Jean-Antoine. Il est déjà singulier qu'il l'ait conservée en se l'appropriant ; mais, à coup sûr, elle ne serait pas sortie spontanément de sa plume (1).

Il nous reste maintenant à prouver que ce n'est

d'une sagacité rare quand elle n'était aveuglée par aucun parti pris, qui ait été frappé de cette différence entre le style habituel de Mirabeau et le style de la biographie de Jean-Antoine : c'est M. Sainte-Beuve. Ne pouvant pas deviner, en 1834, combien était faible la part de Mirabeau dans ce travail qu'on lui attribuait par erreur, il remarque du moins que la notice sur Jean-Antoine « est d'un style qui diffère des autres ouvrages de Mirabeau, d'un style plus ancien, *plus pareil à celui de son père,* plus abondant et d'une plus riche étoffe que dans la suite. » (Sainte-Beuve, *Critiques et Portraits,* édition de 1834.)

(1) Nous devons dire que ce morceau du début en l'honneur de l'autorité paternelle, tel que Mirabeau l'avait intrépidement copié sur le manuscrit de son père, a été assez notablement modifié par l'éditeur. Il y avait là une discordance qui aura choqué le fils adoptif de Mirabeau et qui l'a, sans doute, décidé à réduire beaucoup ce début, à supprimer, par exemple, cette phrase, assez bizarre de la part d'un fils prisonnier de son père au château d'If : « Les pères ne sont plus les maîtres d'enfants peu dignes d'être pères. » Elle était pourtant de Mirabeau, en ce sens que tout en la copiant sur le manuscrit paternel, il la renforçait encore pour l'arrondir, car son père s'était contenté d'écrire : « Les pères ne sont plus les maîtres de leurs enfants, et ne sont aucunement dignes de l'être. »

pas à *vingt-cinq ans* et *au château d'If,* comme le répètent depuis 1834 tous les biographes de Mirabeau, que celui-ci a, non pas rédigé, mais *copié* la notice sur son grand-père écrite par son père, c'est beaucoup plus tard ; et, pour mettre hors de doute ce point qui a son importance, il nous suffira de citer un fragment d'une lettre inédite du marquis de Mirabeau à son frère, auquel il avait envoyé cette biographie manuscrite. Le bailli ayant fait remarquer à l'auteur qu'il y avait dans son travail des *indiscrétions* qui pourraient nuire à la famille, si elles étaient connues du public, le marquis, dont l'intention n'était pas de publier cet ouvrage, répondait, le 20 décembre 1782, en ces termes :

Il y a un article de ta lettre qui serait à répondre de ma part. C'est celui qui concerne le manuscrit sur mon père. Celui de ma main ne sort point de dessous ma clef, j'en fis faire une copie de la main de Garçon (un de ses secrétaires), qui fut à toi envoyée sur-le-champ ; j'en fis faire une de celle de Poiré (autre secrétaire) : *Je la prêtai à mon fils dans le temps qu'il était chez Boucher et que je croyais devoir l'instruire.* Je me la suis fait rendre, ainsi que toutes mes lettres d'alors, et le tout est sous ma clef ; mais comme il copie tout et emploie à cela tout le monde, s'il en a quelque copie, elle ne peut venir que de lui. Compte à cet égard sur ma parole très-exacte.

Ce n'est donc pas en 1774, mais dans les premiers mois de 1781, après sa sortie du donjon de Vincennes, lorsque son père, avant de le recevoir de nouveau chez lui, le mit en pension chez Boucher, ce premier commis de la police qui s'était intéressé au prisonnier et dont il est si souvent question dans les lettres à Mme de Monnier sous le nom du *bon ange*, que Mirabeau, alors âgé de trente-deux ans et momentanément réconcilié avec son père, s'appropria ce manuscrit que le marquis lui avait prêté « pour l'instruire. » Quel fut son but en le copiant à l'insu de son père qui, cependant, on vient de le voir, soupçonnait le fait? Pourquoi se substituait-il partout à l'auteur, en changeant toutes les phrases où celui-ci parlait en son nom ? Il nous paraît probable que l'intention de Mirabeau, très-pressé d'argent à cette époque, comme il le fut, d'ailleurs, durant toute sa vie, était d'abord de comprendre ce travail dans la vente de divers manuscrits qu'il fit alors, et dont quelques-uns n'étaient aussi que des copies textuelles ou arrangées. Cette intention, à laquelle il renonça, sans doute, de peur d'irriter son père, ressort de l'habileté même avec laquelle il supprime presque toutes les *indiscrétions* que le bailli reprochait à son frère, et qui consistaient surtout en des détails d'une sincérité maladroite, propres à contrarier l'effet général que l'auteur voulait produire, mais d'autant plus précieux pour ceux qui cherchent la vérité. Mirabeau a déjà sur son père une incontestable supériorité dans l'art de choisir entre ce qu'il faut dire exactement et ce qu'il faut exagérer, diminuer, passer sous silence ou inventer pour atteindre un but déterminé. L'intention de publier semble également ressortir de la multiplicité des copies que Mirabeau fait faire du travail paternel. Indépendamment de celle qui figure dans les papiers provenant de M. Lucas de Montigny, nous en avons retrouvé ailleurs deux autres d'une écriture différente, toutes deux corrigées de sa main (1).

La comparaison du manuscrit du père avec celui du fils nous offre déjà, pour la question de généalogie qui nous occupe en ce moment, des données qu'il s'agira ensuite de discuter.

Voyons d'abord ce que dit le marquis de Mirabeau de l'origine des Riqueti. « En l'an 1267 et 1268, écrit-il, et dans l'une de ces révolutions ordinaires dans ces temps ténébreux, toute la famille des Arrighetti fut chassée de Florence. L'acte de proscription porte le nom de neuf, et entre autres, *Azzuccius Arrighetti, filius Gherardi,*

---

(1) Il va sans dire que dans aucune des trois copies que nous avons sous les yeux on ne trouve cette phrase imprimée à la fin de la page 7 et au commencement de la page 8 du tome Ier des *Mémoires de Mirabeau* : « Placé dans l'impossibilité d'essayer de suivre la trace de mes pères, *je veux la montrer du moins à mon fils*. » Mirabeau ne pouvait écrire cela en 1781, car son fils unique était mort le 8 octobre 1778 ; aussi ne le nomme-t-il pas dans le tableau généalogique de la page 9, tableau qui est bien réellement de lui et qu'il a ajouté aux énonciations volontairement plus vagues de son père. La mention du fils provient évidemment de l'éditeur, persuadé d'abord que ce travail datait de 1774.

et omnes masculi descendentes ex eis; Azzucius se retira en Provence avec son fils Pierre. » On verra tout à l'heure que le marquis de Mirabeau est le premier de sa famille qui ait assigné une date précise à ce bannissement des Arrighetti, en se fondant sur un document dont nous aurons à apprécier la valeur quand nous le retrouverons communiqué par lui à Louis d'Hozier, et publié par celui-ci, en 1764, dans l'*Armorial de France*. Les ancêtres du marquis ne connaissaient pas ce document, car tous présentent les noms et même les faits autrement que lui. La phrase que nous venons de citer est copiée par Mirabeau, avec quelques légères modifications, entre autres, celle qui ajoute à la simple désignation des Arrighetti leur qualité de Gibelins. Cette qualification se justifie, d'ailleurs, par la date même du bannissement; car, si cette date est exacte, c'est celle du triomphe du parti guelfe sur le parti gibelin. Mais, d'un autre côté, nous verrons que les ancêtres du marquis de Mirabeau faisaient qualifier les Arrighetti de Guelfes par les généalogistes, afin de motiver certaines assertions avantageuses qui ne pouvaient s'appliquer qu'à des Guelfes. C'est probablement pour ne pas contredire ces assertions que le marquis de Mirabeau s'abstient de se prononcer sur ce point.

Voici maintenant une modification plus caractéristique, faite par le fils aux affirmations de son père. Le marquis s'était contenté de dire :

« Il est démontré que les Arrighetti arrivèrent en Provence avec le titre et l'esprit de *la noblesse* de ce temps-là. » Le comte, transcrivant la phrase, trouve que ce mot « la noblesse » ne suffit pas ; il écrit « la *haute noblesse* » et, à la fin du paragraphe, il ajoute, de son chef, une assertion, qui serait importante si elle était exacte, mais elle ne l'est point. Aussi le marquis, plus scrupuleux que son fils, — comme nous le prouverons, — sur ce genre d'affirmations, a passé sous silence celle-ci, que le comte emprunte en l'ornant beaucoup à des généalogistes officieux : « Pierre, dit Mirabeau, en parlant du premier des Riqueti, établi et marié en France, avait épousé cette Sibylle de Fos, de la maison des comtes de Provence, dont tant de troubadours ont chanté les talents et la beauté. Cette alliance prouve assez de quelle considération jouissait la maison du proscrit, qui trouvait un tel établissement en abordant la contrée où il cherchait un asile (1). »

(1) *Mémoires de Mirabeau*, t. 1er, p. 11. Dans aucun des documents généalogiques fournis par les Riqueti, on ne voit figurer cette Sibylle de Fos. Il y a au Cabinet des titres de la Bibliothèque nationale, un commencement de généalogie, où la femme du premier Riqueti établi en France est appelée Catherine de Fossis, et ce nom n'a rien de commun avec la maison des comtes de Provence. L'existence même de Catherine de Fossis, comme femme de Pierre Riqueti, n'ayant pu être constatée, d'Hozier, dans son *Armorial,* ne la nomme pas ; le marquis de Mirabeau ne se contente pas de la supprimer aussi, il passe également sous silence le nom des femmes de tous les

Si ce proscrit florentin, vrai ou prétendu, s'était établi vers la fin du XIIIe siècle, en Provence, sur un pied assez grandiose pour épouser une fille de maison princière, cela prouverait, en effet, qu'il était un personnage considérable ; mais, dans ce cas, on aurait bien de la peine à s'expliquer que les descendants de ce Pierre Riqueti fussent restés pendant deux siècles et demi, c'est-à-dire jusqu'à la moitié du XVIe siècle, tellement inconnus que leur nom ne figure pas une seule fois, avant cette époque, non-seulement dans l'Histoire générale de la France, mais dans aucune des nombreuses histoires particulières de la Provence (1). Il serait encore plus inexplicable que le premier notable du nom, qui signe Jehan Riquety et que Nostradamus appelle Riquet, eût été obligé, en 1584, pour se soustraire au payement d'un droit de *francs-fiefs* qu'on n'exigeait que des roturiers, de prouver qu'il était noble, et de le prouver par une enquête à défaut de documents authentiques.

Ce Jean Riqueti était fils d'Honoré Riqueti ou

Riqueti établis en France jusqu'à celle du premier notable d'entre eux. Les autres femmes sont, en effet, indiquées sous des noms incertains et différents, ou avec des qualifications différentes. Mirabeau choisit naturellement les plus brillants de ces noms.

(1) On ne trouve, en effet, aucune mention des Riqueti avant le milieu du XVIe siècle, ni dans l'*Histoire de Provence* de Nostradamus, ni dans celles de Gaufridy, de Bouche, de Louvet, de Papon, ni dans l'*Histoire de Marseille*, de Ruffi.

Riquet, originaire de Digne, qui était venu s'établir à Marseille au commencement du xvie siècle. Le marquis de Mirabeau et son fils sont également très-sobres de détails sur Honoré, ou plutôt ils ne disent absolument rien de lui, sinon qu'il transplanta la famille à Marseille. On s'expliquera ce silence quand nous mettrons en présence les assertions contradictoires des généalogistes sur l'état de cet Honoré Riqueti. Quelle qu'ait été d'abord sa profession à Marseille, ce qui paraît démontré, c'est qu'il fut le premier de sa famille qui se livra à des entreprises de commerce; son fils Jean, homme actif et habile, continua, en les développant, les opérations paternelles, et devint puissamment riche. Le marquis de Mirabeau ne donne qu'un détail sur le genre de commerce fait par Jean Riqueti. « Je crois, dit-il, qu'il y avait alors à Marseille une compagnie de corail qui fit des affaires fort avantageuses. » Indépendamment de la pêche et du commerce du corail, Jean Riqueti fonda aussi des manufactures, car nous avons sous les yeux un document intitulé : *Lettres patentes du 25 novembre 1575*, par lesquelles il est permis à Pierre Albertas, Jean Riquety et autres associés d'établir à Marseille une manufacture d'étoffes d'écarlate.

Élu premier consul de Marseille, en 1562, Jean Riqueti soutint, de son mieux, l'autorité royale contre les premières entreprises des huguenots.

Il épousa, en 1564, une personne appartenant à une famille provençale de noblesse ancienne, la famille de Glandevès, et c'est par suite de cette alliance qu'il fut conduit à acheter le château et la terre de Mirabeau, dont il prit le nom. Cette terre était, depuis le commencement du XIVᵉ siècle, la propriété des Barras, dont la notabilité remonte beaucoup plus haut que celle des Riqueti, car, à côté de l'adage cité par Nostradamus sur cette famille, il y en a un autre en provençal qui dit : *Li Barras viei coumo li roucas* (Les Barras vieux comme les rochers).

Ce sont les Barras qui, jusqu'en 1570, portaient le titre de seigneurs de Mirabeau (1). La veuve de Pompée de Barras, Anne de Savournin, ayant obtenu cette terre pour ses droits, et ayant épousé en secondes noces un Glandevès, fit passer le domaine dans la famille de son mari, et c'est à Gaspard de Glandevès, seigneur de Faucon, parent de sa femme, que Jean Riqueti l'acheta

---

(1) C'est donc à tort que dans une fête donnée à Marseille, en 1868, au profit des pauvres, et représentant l'entrée de François Iᵉʳ en 1533, on a fait figurer dans le cortège royal le seigneur de Mirabeau et le seigneur de Barras. Ces deux seigneurs, sous François Iᵉʳ, n'en faisant qu'un, et même sous Henri IV, quand la terre de ce nom ne leur appartient plus, on voit encore des Barras qualifiés barons de Mirabeau. Nous devons dire cependant qu'il résulte de documents appartenant aux archives de la commune de Mirabeau, qu'entre les Barras et les Glandevès se place une famille Tarques dont le chef est qualifié écuyer et qui avait possédé, pendant quelque temps, la seigneurie dudit lieu.

par contrat du 25 avril 1570, moyennant la somme de *vingt et un mille écus de 48 sols pièce.* Il est à noter que ce château, que nous avons montré à moitié détruit par la Révolution, était précisément dans le même état à l'époque où il fut acquis par Jean Riqueti, ou du moins peu d'années après. Un acte de dénombrement, fait en 1597, constate, en effet, que « le château et forteresse est disrupt et ruiné depuis les troubles, et par ce moyen inhabitable. » La forte position qu'il occupait sur la Durance en avait fait le théâtre de divers combats entre les catholiques et les protestants.

En raison de sa nouvelle acquisition, Jean Riqueti eut à subir devant la Chambre des comptes deux procès ; le premier portait sur un droit de mutation dû au roi, sous le nom de *Lods et Ventes.* Le payement de ce droit, également exigé de tout acquéreur, n'impliquant pas la question de noblesse, nous n'en parlons ici que pour constater la diversité des noms et qualifications donnés à Jean Riqueti dans les actes occasionnés par ce procès, et aussi pour contrôler quelques-unes des assertions du marquis de Mirabeau. Par lettres patentes datées du 9 juin 1570, Charles IX déclare faire remise du payement du droit en question « à notre cher et bien amé *Jehan Riquet* (sic), ci-devant premier consul de notre ville de Marseille. » La remise est motivée sur les services par lui rendus durant son administration consulaire. Mais il paraît que si le roi était libre de faire remise de ce droit de mutation à celui qui devait le payer, il était libre également d'en faire don à un tiers, et que dans cette circonstance le produit de ces *lods et ventes* avait été promis à d'autres, notamment à l'évêque de Digne, qui réclama.

De nouvelles lettres patentes du 30 septembre 1571 retirèrent la faveur accordée à l'acquéreur de la seigneurie de Mirabeau, comme étant l'effet d'une surprise et d'une erreur sur la quotité du droit à percevoir. Cette fois, l'intéressé n'est plus appelé Riquet, mais *Jehan Riqueti, marchand de Marseille*. Le marquis de Mirabeau, dans le travail généalogique copié par son fils, dit que c'est l'évêque de Digne qui qualifiait ainsi Jean Riqueti, pour le rabaïsser. En tout cas, on voit, par les lettres patentes, que, si la qualification venait de l'évêque, elle avait été adoptée par le roi (1).

(1) Le marquis de Mirabeau soutient aussi que *de tout temps* la noblesse de Marseille était investie du privilége de pouvoir faire le commerce sans déroger. Cette assertion n'est exacte qu'à partir de 1566, puisque l'édit de Charles IX du 10 janvier de cette année a précisément pour objet d'accorder ce privilége à la noblesse de Marseille, afin de favoriser le commerce de cette ville, ce qui prouve qu'avant l'édit le privilége n'existait pas. Et en effet, dans son petit *Traité de la Noblesse*, écrit pour les Provençaux et publié en 1669 à l'occasion de la vérification de noblesse de 1668, Belleguise, l'un des vérificateurs, soutient que le privilége ne date que de 1566, et il nous apprend cette circonstance assez curieuse que plusieurs nobles marseillais qui avaient caché leur qualité d'écuyer dans des contrats de commerce et qui la revendiquaient dans d'autres contrats, donnaient pour motif

La nouvelle décision de Charles IX ordonnait aux officiers de la Chambre des comptes de saisir la seigneurie de Mirabeau. Elle fut saisie, en effet, et mise sous le séquestre, mais Jean Riqueti savait se défendre, et il se défendit assez bien pour obtenir une troisième et dernière décision en sa faveur. Celle-ci, rendue par Charles IX en conseil, à la date du 9 juillet 1572, déclare confirmer le don fait en juin 1570, et ordonne la mainlevée de la saisie de la terre de Mirabeau. Dans ce dernier acte royal, le réclamant est nommé *Jehan Riquety*, sieur de Mirabeau, mais sans aucun titre nobiliaire, pas même celui d'Écuyer.

Le second procès soutenu par Jean Riqueti eut précisément pour cause l'incertitude de sa noblesse : on lui réclamait le payement de ce droit de *francs fiefs* dont nous venons de parler, qui n'était exigible que des roturiers devenus acquéreurs de biens nobles (1). En parlant de l'enquête qui fut la conséquence de ce procès, le marquis de Mirabeau et son fils se gardent bien de nous dire à quelle occasion elle eut lieu ; ce fut, il est vrai, sur la demande de Jean Riqueti ; mais s'il se trouva, comme le dit vaguement aussi Louis d'Hozier, dans la nécessité de justifier de son

---

qu'en « trafiquant avec l'étranger il était nécessaire de ne pas se dire noble, pour inspirer plus de confiance. » Belleguise déclare non sans raison qu'une telle argumentation est injurieuse pour les véritables gentilshommes.

(1) Boutaric, *Traité des droits seigneuriaux*, 1751, p. 431.

ancienne noblesse, c'est parce qu'elle lui était contestée; et ce fait paraît bien difficile à concilier avec l'assertion du marquis de Mirabeau, soutenant que les fonctions de premier consul de Marseille, exercées par Jean Riqueti en 1562, n'étaient dès lors accordées qu'à des nobles d'extraction et d'armes.

L'enquête eut lieu d'abord dans la petite ville de Seyne, comme étant le plus ancien séjour des Riqueti ou Riquet, car, dans ce document, ils sont constamment appelés Riquet, ensuite dans la ville de Digne, où ils s'étaient établis avant d'habiter Marseille. Cette enquête ne nous intéresse pas seulement pour la question de la noblesse des Riqueti. Elle nous intéresse plus encore comme étant le premier document où il soit fait mention de leur origine *italienne*. Deux témoins de Seyne seulement, sur dix produits par Jean Riquet, s'expriment sur ce point en termes d'ailleurs très-vagues. Ambroise Laugier, docteur en médecine et premier consul de la ville de Seyne, déclare qu'il a ouï dire souvent aux anciens *que des personnes appelées Riquets venues d'Italie, ont habité en cette ville de Seyne.* Un autre témoin, Jean Barle, propriétaire, dit à peu près la même chose, et sans préciser davantage. Les autres témoins ne déposent que sur la question de noblesse. Ils déclarent qu'ils ont entendu dire qu'un certain Pierre Riquet, qui passait pour noble, a fondé l'hôpital de la ville de Seyne;

qu'ils ont vu au-dessus de la porte de cet hôpital des armoiries en plâtre que tous décrivent de la même manière : un écusson traversé obliquement par une barre au-dessus de laquelle était une demi-fleur de lis, et au-dessous de ladite barre trois petites bosses qui leur ont paru figurer trois roses, et qu'on disait être les armoiries du fondateur de l'hôpital. Ils ajoutent que, durant les troubles de l'année 1574, ceux de la religion détruisirent les armoiries et brûlèrent quelques vieux actes tant en parchemin qu'en papier, contenus dans un vieux coffre qui était dans ledit hôpital. Trois d'entre eux, et nous devons noter que ce sont les plus pauvres (car, dans ces enquêtes de noblesse, on indiquait, non sans raison, la fortune de chaque déposant comme un élément utile pour apprécier la valeur morale de sa déposition), trois des témoins déposent qu'ils ont vu au-dessus de cette même porte un *pourctrait* du fondateur de l'hôpital tenant une épée nue en sa main. L'un des trois dit que *l'homme était habillé magnifiquement de couleur oranger*. Ils ajoutent qu'ils ont vu un sépulcre de pierre de taille près de la porte de l'hôpital, et qu'on leur a raconté que le fondateur dudit hôpital était enseveli *illec*. Il va sans dire que le pourctrait *couleur oranger* et le sépulcre ont été également détruits par ceux de la religion. Tels sont les détails que Mirabeau embellit un peu, on en conviendra, quand il dit, en forçant la rédaction de son père, « que le capitaine

Mouvans, célèbre officier des huguenots, détruisit à Seyne le tombeau sur lequel on voyait encore la statue de Pierre Arrighetti *revêtue d'une cotte d'armes.* » Le marquis, plus modeste, se contentait de dire: le tombeau sur *lequel était son effigie.* En réalité, d'après les déposants eux-mêmes, il n'y avait point d'effigie sur le tombeau (s'il y avait un tombeau), et il y avait encore moins une *cotte d'armes.*

En définitive, l'unique document écrit et authentique produit dans l'enquête de Seyne est un acte passé le 26 janvier 1346, par lequel « il appert Pierre Riquet, Pierre Pélissier et Bertrand Bernard, avoir été créés et élus consuls dudit Seyne. » Ces modestes fonctions municipales, dans une très-petite ville, partagées en 1346 avec Pélissier et Bernard, ne donnent pas précisément l'idée d'un patricien de la plus haute noblesse, allié par mariage à la maison des comtes de Provence.

Dans l'enquête faite à Digne, il n'est plus question de l'origine italienne des Riqueti; les témoins parlent de ceux-ci comme s'ils étaient originaires de Digne; plusieurs même le disent expressément. Bernardin Roustan, par exemple, affirme que les ancêtres dudit Riquet, sieur de Mirabeau, ont toujours été tenus et réputés nobles et *originaires de la présente ville de Digne*. Un autre déclare avoir ouï dire publiquement que lesdits Riquet, *originaires de la présente ville, s'intitulaient nobles.* Parmi les déposants figure un Barras, qui habitait Digne et portait encore le titre de seigneur du fief acheté depuis quatorze ans par Jean Riqueti ou Riquet ; c'est messire Antoine de Barras, seigneur de Mirabeau, chevalier de l'ordre du roi, lequel déclare avoir ouï dire par feu Baldouin de Barras, son père, que lesdits *Riquets* étaient estimés issus de noble race; et, pour expliquer l'insuffisance de documents à l'appui de cette allégation en faveur des Riqueti, il ajoute « que ceux de la religion ont volé et égaré beaucoup de papiers, titres et documents. » C'est à la suite de cette enquête de 1584 que les commissaires délégués pour le payement des droits de *francs fiefs* en déchargèrent Jean Riqueti et le reconnurent noble ; il prit alors le titre d'*écuyer*, qu'il avait revendiqué dans le cours de l'enquête.

Si cette enquête ne s'accorde guère avec la prétention de Mirabeau de nous faire accepter sa famille comme appartenant à la haute noblesse de Provence dès la fin du xiiie siècle, elle peut très-bien paraître probante pour le fait pur et simple de noblesse, d'autant que ce n'est pas toujours la haute noblesse qui est la plus ancienne, et que, comme l'a dit très-ingénieusement un historien de la Provence : « il y a peut-être plus de faux roturiers que de faux nobles (1). » Mais l'enquête est-elle aussi concluante sur la question d'ori-

---

(1) *Histoire générale de Provence*, par l'abbé Papon, t. II, p. 353.

gine ? Parmi tous ces témoins qui parlent des Riquet comme étant Français, deux seulement déclarent qu'ils ont ouï dire qu'ils venaient d'Italie. Faut-il voir dans la demi-fleur de lis, qui est la pièce principale de leur écusson, la preuve d'une origine florentine, à cause de la fleur de lis qui constitue les armes de Florence ? Nous ne le pensons pas, car la Provence elle-même et beaucoup de villes de Provence, notamment Digne, portaient également dans leurs armes des fleurs de lis, et celles-ci ont pu donner naissance à la demi-fleur de lis des Riquet. Il est évident que Jean Riqueti, à cette époque, se disait ou se croyait d'origine italienne; mais il ne nous paraît pas moins évident qu'il n'était fixé ni sur la ville ni sur la famille d'Italie à laquelle il voulait se rattacher; car, s'il l'eût été, choisissant lui-même ses témoins, ne les aurait-il pas induits à s'exprimer sur ces deux points avec plus de précision ? N'est-il pas permis de croire aussi que, s'il se disait Italien d'origine, c'était peut-être pour se distinguer des innombrables Riquet de la Provence et de la France, où ce diminutif d'Henri est aussi commun que celui d'Arrigo en Italie?

L'idée de se donner, pour se grandir, une extraction italienne, était alors fort à la mode parmi les Provençaux, et surtout parmi les Marseillais, qui faisaient le commerce en gardant des prétentions nobiliaires, parce qu'une origine génoise, florentine ou napolitaine était considérée comme une sorte de garantie morale contre la dérogeance. Ce fait, que nous verrons plus loin constaté par l'un des d'Hozier à l'occasion des Riqueti, l'est déjà par un historien provençal contemporain du Riqueti qui nous occupe en ce moment. « Parce que, dit Nostradamus, selon le dire de la vérité même, aucun n'est prophète en son pays ; de là est venu que tout le monde s'est voulu mêler de se faire issu de pays étranger et lointain et de tirer origine des branches dont la plupart de ceux qui s'en vantent indiscrètement ne sortirent jamais. » Et il cite quelques familles provençales qui passent pour être d'origine italienne, mais il ne cite point les Riqueti, qu'il appelle toujours Riquet. Ce n'est pas qu'il soit malveillant pour Jean Riquet ; au contraire, voici comment il le qualifie : « Le sieur de Mirabeau, de la famille des *Riquets*, très-honorable à Marseille, l'un des plus riches trafiquants de Marseille. » Dans le même passage, racontant une avanie faite à la femme de Jean Riquet par le viguier Casaulx, ce chef des ligueurs marseillais, qui s'imposait par la terreur aux catholiques modérés, il dit « que ses satellites emprisonnèrent d'une par trop vilaine audace la femme de cet homme noble, damoiselle d'honneur et d'âge. » En citant cette phrase, dans sa *Vie de Jean-Antoine*, le marquis de Mirabeau se livrait à une de ces *indiscrétions* que lui reproche le bailli ; il disait avoir appris de son frère que des sots cherchaient dans la phrase de Nostradamus une preuve que celui-ci considérait Jean Riqueti comme un roturier enrichi ayant épousé une noble damoiselle; il réfutait cette opinion en faisant valoir que, dans l'ouvrage du chroniqueur provençal, la virgule est placée après le mot noble, et non pas après le mot homme, et elle est, en effet, ainsi placée dans l'exemplaire que nous avons consulté. Il ajoutait que Nostradamus aurait fait un pléonasme ridicule en disant noble damoiselle. Ce dernier argument n'était pas très-adroit, car si la position de la virgule ne venait pas en aide au marquis de Mirabeau, on pourrait très-bien soutenir que l'auteur de l'*Histoire et chronique de Provence* avait voulu noter la différence entre un Riquet et une Glandevès. En somme, cette discussion manquait de prudence; aussi, Mirabeau, plus habile que son père, s'abstient-il de la reproduire dans sa copie.

Ce qui est certain, c'est que Nostradamus, auquel l'abbé Papon reproche de n'avoir écrit son histoire que pour faire connaître les familles nobles de Provence, et qui intercale en effet dans cet ouvrage près de cent blasons, ne paraît pas connaître celui des Riqueti; et, s'il les tient pour nobles, ne les juge pas d'une noblesse assez distinguée pour admettre leurs armoiries, car on ne les trouve pas dans son livre. Un généalogiste provençal de la même époque, Nicolas Bonferel, qui a écrit en 1615 un armorial des principales familles de Provence, dont un exemplaire manuscrit est à la bibliothèque Mazarine, connaît si peu, à cette date, les Riqueti, et leur origine italienne, qu'il les confond encore avec les Barras, et qu'au nom de Mirabeau il donne l'écusson de ceux-ci, lequel n'a rien de commun avec celui des Riqueti, en disant que « les sieurs de Mirabeau sont issus de la maison de Barras. » La notabilité des Riqueti ne commence donc qu'à la fin du XVIᵉ siècle; et dans la personne de Jean Riqueti, qui lui-même est encore si loin de figurer parmi la haute noblesse de Provence, que sa qualité de noble lui a été contestée. Mais à partir de l'enquête, cette qualité reste acquise à ses successeurs; il leur laisse de plus une fortune considérable, le précédent d'une alliance avec une très-ancienne famille, et ce nom sonore de Mirabeau, qui remplace avantageusement leur nom primitif. — Ceux-ci vont continuer le mouvement ascendant de la race vers les régions de la haute aristocratie; ils s'occuperont de construire, de régulariser et de vulgariser cette généalogie italienne que le consul de Marseille a laissée dans le vague. Cependant, les assertions de chacun d'eux, souvent variables et parfois contradictoires, seront l'objet de plus d'une contestation.

III

FORMATION DE LA GÉNÉALOGIE DES RIQUETI.
LES NOBILIAIRES SOUS L'ANCIEN RÉGIME.

C'est Thomas de Riqueti, le petit-fils de Jean, qui nous paraît s'être attaché le premier, et avec ardeur, à rehausser sa famille. Son mariage donne lieu, de la part du marquis de Mirabeau, à une curieuse observation copiée par le comte son fils, sans que celui-ci ait cherché à s'en expliquer le motif secret; car s'il l'eût deviné, il est probable qu'il aurait supprimé une réflexion qui jure passablement avec sa prétention, à lui, de descendre d'une famille appartenant à la *haute* noblesse provençale depuis la fin du xiiie siècle. Thomas de Riqueti avait fait un mariage encore plus brillant que celui de son grand-père : il avait épousé une fille de la maison de Pontevès, famille dont le nom figure avec distinction, et dès les temps les plus anciens, dans l'histoire de Provence. Or, voici le mouvement d'humeur que cette alliance inspire à l'arrière-petit-fils de Thomas, c'est-à-dire au marquis de Mirabeau : « Il fut, dit-il, marié de bonne heure à une demoiselle hautaine, et de maison fort *venteuse*, à ce qu'il paraît, par *magnifique seigneur* Pompée de Pontevès de Buous, et *magnifique dame* Marguerite de Suze, beau-père et belle-mère de Thomas. » Mirabeau répète la phrase, en remplaçant le vieux mot *venteuse* par orgueilleuse ; mais il ne songe évidemment pas à se demander pourquoi son père, qui ne passe point le plus petit contrat sans s'intituler *très-haut et très-puissant seigneur*, messire, etc., avec trois ou quatre lignes de titres, paraît scandalisé que le beau-père de son bisaïeul ait été qualifié *magnifique seigneur*. La raison en est bien simple, suivant nous : c'est qu'en écrivant sa phrase, le marquis a sous les yeux le contrat de mariage de Thomas de Riqueti, et les pompeuses qualifications dont se pare la famille de la future le choquent d'autant plus qu'elles jurent avec les modestes désignations du futur et de ses parents.

Voici sur ce point le libellé exact du contrat de mariage de Thomas de Riqueti. L'acte est du 27 septembre 1620 :

Il a été traité mariage par parole de futur entre *Monsieur* Thomas de Riqueti, écuyer, de Mirabeau, fils légitime et naturel de *Monsieur* Honoré Riqueti, écuyer, de la ville de Marseille, seigneur dudit Mirabeau, lès Durance, et de *Madame* Jehanne de Lenche, d'une part, et *Damoiselle* Anne de Pontevès, fille légitime et naturelle de feu *magnifique seigneur Messire* Pompée de Pontevès, vivant seigneur de Buoulx, capitaine de cinquante hommes d'armes, et *magnifique Dame* madame Marguerite de Suze, dame dudit Buoulx, d'autre part.

Allié à une maison *venteuse*, comme dit le marquis, son bisaïeul Thomas voulut faire franchir à sa race le degré qui séparait la noblesse obscure, et plus ou moins contestée, de la noblesse ancienne et reconnue. En 1639, aidé apparemment de ses alliances, il fit recevoir son fils cadet chevalier de Malte, au moyen de ce qu'on appelait *la preuve secrète*, c'est-à-dire, l'attestation plus ou moins complaisante de quatre gentilshommes de vieille souche qui déclarèrent que la famille de Riqueti était une famille de la première distinction. Le marquis de Mirabeau, en parlant de ces preuves de 1639, n'en spécifie pas la nature ; il se contente de dire *qu'elles dépassaient de beaucoup le prétendu marchand de Marseille*, et c'est par une note confidentielle du bailli, annexée au manuscrit, que nous apprenons qu'il y eut preuve secrète. Le marquis, toujours plus scrupuleux que son fils, écrit : « Ce fut un *nouvel ordre de choses* : du moins nous n'avons pas dans nos papiers de preuves faites dans l'ordre avant celles de François de Riqueti. » Mirabeau, le futur tribun, supprime ces mots : *nouvel ordre de choses*, et, après avoir copié le reste de la phrase, il ajoute de son chef : « Cela n'est pas étonnant, puisque c'est le chapitre général de 1583 qui le premier ordonna aux prieurs de Malte de faire des archives, et que ce règlement n'eut son exécution qu'au chapitre général de 1631. »

Ce subterfuge de l'amour-propre n'a aucune valeur comme argument ; car en admettant — ce que nous croyons inexact — que l'ordre de Malte n'ait eu d'archives générales qu'à partir de 1631, il suffit d'ouvrir seulement le dernier volume de l'ouvrage de Vertot pour constater que chaque *langue* de France et chaque *grand prieuré* dans les diverses *langues* avaient des registres parfaitement en règle, où figurent tous les chevaliers admis dans l'ordre depuis le commencement du xvie siècle. On y voit même des Mirabeau bien avant 1639 ; on en voit dès 1536, mais ceux-là n'ont rien de commun avec les Riqueti : ce sont des Barras-Mirabeau. Si les Riqueti-Mirabeau n'y apparaissent qu'en 1639, c'est tout simplement parce qu'ils n'ont obtenu l'admission qu'à cette époque (1).

---

(1) Mirabeau parle à cette occasion d'un prétendu chevalier de Riqueti du xive siècle, auquel on aurait attribué l'invention originale d'une chaîne de fer établie, à la suite d'un vœu, près Moustiers, entre deux montagnes, et qu'on voyait encore au

Après avoir procuré à sa famille l'utile précédent d'une admission dans l'ordre de Malte, Thomas de Riqueti s'occupa de la faire figurer avec éclat dans les nobiliaires (1). Il ne s'adressa point au généalogiste officiel d'alors, Charles-René d'Hozier. Celui-ci, fils d'un Provençal, était, nous le verrons tout à l'heure, très-opposé aux prétentions aristocratiques des Riqueti. Il eut recours à un de ces généalogistes officieux qui fournissaient alors des origines illustres, moyennant finance, comme aujourd'hui; car cette industrie, aussi vieille que le monde (Juvénal s'en moque déjà dans une de ses satires), n'a point disparu avec la Révolution; elle n'a jamais été, au contraire, plus florissante qu'à notre époque démocratique; seulement elle est tombée à un taux qui rend la marchandise accessible à tous. En effet, d'après les nombreux prospectus qui circulent, chacun peut, pour le prix de dix ou au plus de vingt francs la page, faire établir doctement, dans un livre imprimé avec luxe et destiné à devenir plus tard une autorité, qu'il descend en droite ligne de Godefroy de Bouillon. Le généalogiste du

---

xviiie siècle; mais cette bizarrerie est bien plus généralement attribuée à un Blacas, et le marquis, en citant le fait, déclare avec candeur que l'existence de ce chevalier de Riqueti ne lui est garantie que par *une simple note sans authenticité*. Il va sans dire que Mirabeau supprime la réflexion paternelle et présente comme positive l'existence de ce Riqueti.

(1) Nous avons vainement cherché le nom des Riqueti dans les Nobiliaires antérieurs à celui que nous allons citer.

xviie siècle dont il s'agit ici, et que Charles d'Hozier qualifie d'*impudent faussaire*, devait se faire payer assez cher, car il arborait en tête de ses nobiliaires des qualifications qui donnaient du prix aux certificats d'antique noblesse délivrés par lui : ce n'était rien moins que « *messire* Jean-Baptiste L'Hermite de Soliers, dit Tristan, chevalier de l'ordre du roi, et l'un des gentilshommes servants de Sa Majesté. » Il paraît que ces belles qualifications, d'ailleurs exactes en ce sens que L'Hermite de Soliers était chevalier de l'ordre de Saint-Michel, se pouvaient concilier avec une industrie peu honorable ; ce n'est pas seulement Charles d'Hozier qui dénonce comme faussaire le généalogiste en question : plusieurs contemporains, notamment Le Laboureur et Guichenon, parlent de lui avec la même sévérité (1).

La généalogie qu'il a consacrée aux Riqueti figure dans un beau volume in-4°, publié en 1661, orné d'un grand nombre d'armoiries superbement gravées en taille douce et intitulé *La Toscane française :* ce qui veut dire que l'ouvrage a pour objet de donner satisfaction à tous les Français qui revendiquent une illustre origine toscane (2).

---

(1) L'Hermite dit Tristan était le frère d'un poëte dramatique contemporain de Corneille, connu par sa tragédie de *Marianne*, et qui avait aussi la réputation de tendre aisément la main.

(2) L'industrieux généalogiste a composé plusieurs autres ouvrages sur le même plan : par exemple, pour les Français qui aspiraient à une noble origine, génoise, napolitaine ou même

On voit par l'article des Riqueti que celui qui les représente à cette époque, c'est-à-dire Thomas, ne sait pas encore bien au juste la qualité, et laisse estropier le nom de ses ancêtres florentins, soit qu'il ignore ce nom, soit qu'il désire le rendre plus semblable au sien. Voici le début de cette généalogie : « L'ambition tyrannique du parti gibelin et les partialités que causa cette guerre intestine, obligèrent Pierre *Ariqueti* (sic) de déserter sa patrie pour perpétuer sa famille dans l'empire des fleurs de lys. »

Ici, Pierre *Ariqueti*, et non *Arrighetti,* au lieu d'être, comme le dira plus tard l'*Armorial*, un gibelin, est, au contraire, un guelfe banni par les gibelins. L'Hermite de Soliers, en effet, le qualifie partout de *noble guelfe,* et pour faire valoir la famille de ce noble guelfe, le généalogiste n'hésite pas à falsifier, avec une rare impudence, les textes italiens imprimés qu'il cite à l'appui de ses assertions. Il prétend par exemple que Zazzera, dans son ouvrage sur la noblesse d'Italie, a constaté qu'Éverard de Médicis, deuxième du nom, épousa Mandina *Ariqueti;* que le même Zazzera rapporte qu'en l'an 1197, *Compagnio*

---

corse. Il travaillait aussi sur les provinces françaises, notamment sur la Touraine, ou encore pour les familles particulières. Il ne dédaignait même pas de spéculer sur la vanité bourgeoise : C'est ainsi qu'il a composé un in-folio intitulé *les Forces de Lyon*, qu'il vendait à chaque officier de la milice bourgeoise de cette ville dont il publiait la généalogie et les armes.

Ariqueti était consul de Florence. Or, quand on prend la peine de vérifier dans Zazzera, on trouve ceci :

« Averardo secondo detto dei Medici, nel matrimonio che conchiuse con Mandina degli Arrigucci famiglia antichissima Fiesolana.. »

Le même Zazzera dit : « Nel 1197 Compagnio *Arriguccio* era console della città di Firenze (1). »

D'où il suit que cette phrase si insolente, attribuée dans une foule d'ouvrages au marquis de Mirabeau : « Il n'y a jamais eu qu'une mésalliance dans notre famille, c'est celle des Médicis, » reposerait tout simplement sur un faux *matériel* commis par un marchand de généalogies, puisque c'est la fille, non d'un Ariqueti, ou même d'un *Arighetti*, mais d'un *Arriguccio* qui fut épousée par Éverard de Médicis. C'est l'orateur qui a mis en circulation, dans les *Lettres de Vincennes*, la phrase orgueilleuse qu'il prête à son père. Il va

---

(1) *Della nobiltà dell' Italia*, del signor Francesco Zazzera, 78 ; *id.*, p. 201. L'Hermite de Soliers falsifie également les citations qu'il emprunte au discours sur la *Noblesse de Florence*, de Paolo Mini. Ces falsifications effrontées que chacun aurait pu vérifier dans l'ouvrage de Zazzera, publié en 1615, et dont un exemplaire se trouve à la Bibliothèque nationale, n'ont été jusqu'ici constatées par personne, et l'on voit des généalogistes de nos jours, même parmi ceux qui jouissent, à tort il est vrai, d'une certaine réputation d'exactitude, reproduire encore, au sujet des Mirabeau, et probablement pour bien d'autres noms dont nous n'avons pas eu à nous occuper, les assertions mensongères de ce L'Hermite de Soliers ou des autres industriels de son espèce qui abondent sous l'ancien régime.

sans dire qu'il n'y voit pour sa part qu'un excès de présomption, et qu'il ne paraît pas révoquer un instant en doute la réalité de l'alliance dont il s'agit. Quant au marquis, il n'était pas homme à s'abstenir de vérifier dans Zazzera, et nous verrons même qu'il a vérifié. Il savait donc très-bien que cette alliance était un mensonge, aussi n'en dit-il mot dans tout ce qu'il a écrit sur sa famille, et certes ce n'est point par orgueil, car il n'ignore pas qu'avant le consul de Marseille les alliances des Riqueti en France n'étaient pas brillantes.

Le seul détail intéressant que nous apprenne cette rapsodie mensongère de L'Hermite, c'est que Thomas de Riqueti a trouvé le moyen de raccorder sa famille avec celle d'un noble italien du nom d'Ariqueti. Celui-ci, passant à Marseille, où il fut, dit le généalogiste, *félicité de ses parents,* et probablement très-bien accueilli par eux, reconnut les Riqueti en cette qualité. Le généalogiste estropie encore, on le voit, le nom d'un Italien contemporain, afin de le rapprocher du nom provençal. Toutefois le fait qu'il mentionne est exact. On trouve à la Bibliothèque nationale, au cabinet des titres, une déclaration du comte Giulio d'Arrighetti, colonel et capitaine de la compagnie de gendarmes de S. A. S. le grand-duc de Toscane, lequel dit avoir envoyé sa généalogie au sieur de Mirabeau et au sieur de Negreaux, son frère, qu'il reconnut pour parents. Mais le plus scrupuleux des trois d'Hozier fait remarquer à ce sujet, dans une note, que les armes de ces Arrighetti, existant en Toscane au xviie siècle, n'ont rien de commun avec celles des Riqueti de Provence (1).

Toujours est-il que Thomas, accusé par son arrière-petit-fils, le marquis de Mirabeau, d'avoir trop donné dans *la gloire,* d'avoir introduit le premier à Marseille des domestiques à livrée rouge, que le peuple appelait les *Suisses* de M. de Mirabeau, et d'avoir écorné le riche patrimoine amassé par Jean, son grand-père, Thomas, disons-nous, n'en fut pas moins celui de tous les Riqueti ses devanciers qui se préoccupa le plus des moyens propres à donner à sa famille le prestige aristocratique. C'est de son vivant qu'eut lieu à Marseille, en 1668, la vérification des titres de noblesse ordonnée par Louis XIV. Les commissaires le reconnurent pour noble, non pas en vertu de son illustre origine italienne, ou de la noblesse problématique de Pierre Riquet, consul de Seyne en 1346, mais en vertu de deux titres, dont l'un, de 1398, qualifie Antoine Riqueti *vir nobilis juris peritus de Regio* (de Riez), et l'autre,

---

(1) Il faut aussi noter que les armes de ces Arrighetti du xviie siècle, telles que les décrit Charles d'Hozier, sont très-différentes de celles des Arrighetti plus anciens dont nous arriverons tout à l'heure à constater l'existence à Florence, mais à une époque encore bien postérieure à celle où le marquis de Mirabeau place leur bannissement. Peut-être ce fait explique-t-il que le marquis et son fils ne parlent point de ces Arrighetti florentins du xviie siècle qui avaient eu des rapports personnels avec Thomas de Riqueti et l'avaient reconnu pour parent. Ils semblent n'attacher aucune importance à cette déclaration de parenté.

de 1410, par lequel il *conste* qu'Antoine Riqueti était *judex curiæ regiæ civitatis Dignæ* (Digne).

Lorsque Louis XIV vint à Marseille en 1660, Thomas qui, durant les troubles produits en Provence par la Fronde, s'était distingué dans le parti royaliste, et qui, d'ailleurs, possédait la plus belle maison de la ville, eut l'honneur de recevoir chez lui le jeune roi. Son arrière-petit-fils assure que dès cette année 1660, Thomas, qui ne portait d'autre titre que celui d'écuyer, avait obtenu de Louis XIV des lettres d'érection de la terre de Mirabeau en marquisat; mais il ajoute que les formalités de l'enregistrement n'ayant point été remplies (on se demande naturellement pourquoi), ce ne fut que *vingt-cinq ans* plus tard, et dans la personne d'Honoré, fils de Thomas, que le titre de marquis fut accordé aux Riqueti. Le fait est que les lettres patentes sont datées non de 1660, mais de juillet 1685, et enregistrées au parlement de Provence le 30 mai 1686. Il nous semble probable que le marquis de Mirabeau, trouvant son marquisat de fraîche date, cherche à le vieillir de vingt-cinq ans. C'est donc à partir de 1685 que les Riqueti échangèrent le titre modeste d'écuyer contre celui de marquis et entrèrent enfin dans la haute noblesse.

Ici nous voyons apparaître un nouveau généalogiste encore plus utile aux Riqueti que le précédent, car son travail a été copié par le plus grand nombre des généalogistes postérieurs. C'est l'auteur du *Nobiliaire de Provence*, publié en 1693, l'abbé Robert (de Briançon). Son livre est dédié au second marquis de Mirabeau, Jean-Antoine, alors fort jeune, le père de l'*Ami des hommes*. La dédicace est rédigée en termes qui permettent aisément de supposer que les frais d'impression de ce Nobiliaire n'ont pas été faits par l'auteur : « Quoique cet état de la Provence que je vous présente, dit-il à Jean-Antoine, soit attendu du public avec beaucoup d'empressement depuis plusieurs années, il n'aurait peut-être jamais vu le jour si je ne m'étais déterminé à le faire paraître sous les auspices de votre nom. » Le généalogiste parle ensuite des *marques singulières d'estime et d'amitié* qu'il a reçues du père de Jean-Antoine, auquel il avait d'abord le projet de dédier son livre.

En un mot, il met une candeur rare à laisser le lecteur en garde contre l'indépendance et la sincérité de ses affirmations relativement aux Riqueti. Ceux-ci tiennent encore à cette époque à défigurer le nom italien qu'ils revendiquent. En effet, l'abbé Robert nous parle comme L'Hermite de Soliers, d'une famille *Ariqueti*, illustre en Toscane, et de Pierre Ariqueti. Il n'ose pas reproduire la première falsification de Soliers concernant le mariage d'un Médicis avec la fille d'un Arriguccio, mais il répète la seconde sur *Compagnio Arriguccio*, consul à Florence, en 1197, qu'il transforme, d'après Soliers, en Compagnio

Ariqueti. Il fait également bannir Pierre Ariqueti comme guelfe. Il le fait accueillir par Robert d'Anjou, roi de Naples et de Sicile, comte de Provence, et allié des guelfes, qui le nomme *capitaine et châtelain du château de la ville de Seyne*, nouvelle assertion qui ne se trouve pas dans la *Toscane française*. C'est aussi l'abbé Robert qui parle le premier de Sibylle de Fos, comme femme de Pierre Riqueti, mais sans aller jusqu'à nous dire, ainsi que le fera Mirabeau, qu'elle était de la famille des comtes de Provence. Toute la partie obscure de la généalogie des Riqueti, depuis Pierre jusqu'à Jean, le consul de Marseille, est ornée, par l'abbé Robert, de détails et de personnages assez imaginaires pour que l'auteur de l'*Armorial de France*, malgré sa complaisance extrême pour le marquis de Mirabeau, ait cru devoir en supprimer un certain nombre, notamment ce prétendu chevalier de Riqueti, fils de Pierre, auquel l'abbé Robert faisait épouser une d'Esparron. Du reste, les assertions de l'auteur du *Nobiliaire de Provence*, pour ce qui touche les Riqueti, rencontrèrent un rude adversaire en la personne d'un abbé provençal et généalogiste aussi, l'abbé Barcilon de Mauvans. Celui-ci rédigea, sous le titre de *Critique du Nobiliaire de Provence*, un ouvrage qui fit grand bruit parmi les Provençaux, au XVIIIe siècle, car il choquait les prétentions de beaucoup de familles que l'abbé Robert avait illustrées avec une libéralité sans bornes.

Nous ne nous faisons pas juge entre ces deux abbés, dont l'un nous paraît suspect de platitude, plus ou moins vénale, et l'autre de malignité plus ou moins envieuse. Le savant oratorien, Jacques Lelong, dans sa *Bibliothèque historique,* tout en déclarant qu'il y a dans l'ouvrage de Barcilon de Mauvans des recherches curieuses et utiles, nous met en garde contre la partialité, les médisances et même les calomnies de l'auteur. C'est donc sous le bénéfice de l'observation du P. Lelong que nous citerons le morceau très-peu connu aujourd'hui que l'abbé de Mauvans a écrit contre les prétentions des Riqueti, et contre l'article du *Nobiliaire de Provence* où ces prétentions sont soutenues et développées.

L'auteur du *Nobiliaire*, dit Mauvans, n'a pu mieux commencer son état de la noblesse de Provence, pour fonder la justice de ma critique, qu'en dédiant son ouvrage au marquis de Mirabeau, du nom de Riquety, de Marseille, comme au plus ancien gentilhomme de ce pays. Il fait sa tige de Pierre de Riquety, qu'il va chercher au delà des monts; il l'établit en Provence sous le nom équivoque de Riquety, considérable dans l'État de Toscane, le fait gouverneur et châtelain de la ville de Seyne; il établit sa descendance dans la ville de Riez, l'en fait coseigneur. C'est de cette tige qu'il fait descendre Honoré de Riquety, qu'il place à Marseille en l'année 1529, avec la qualité de seigneur de Sieyès; il le marie avec Jeanne Le Tellier, qu'il qualifie fille d'un noble Le Tellier, seigneur de Lagarde. Cette généalogie de Pierre de Riquety, jusqu'à Honoré du même nom, n'a jamais été qu'une idée ; on n'en trouve rien dans les Archives, ni dans les Chartes, ni dans l'histoire du pays.

La vérité est qu'on trouve divers actes à Marseille, depuis l'an 1512 jusqu'en l'an 1530, où cet Honoré Riquety est qualifié *maître d'écriture;* on trouve ensuite que ce Riquety se mit dans le négoce, où il fit une fortune si prompte, que Jean, son fils, ayant acquis la terre de Mirabeau, se maria avec Marguerite de Glandevès. Par l'appui de cette alliance et de ses richesses, il fut fait premier consul à Marseille, prit la qualité de noble et d'écuyer. Ses descendants l'ont continuée jusqu'à Honoré de Riquety, dernier mort, qui fit ériger sa terre en marquisat. Il se qualifia depuis messire, chevalier et marquis. Les besoins de l'État ont fait, depuis vingt ans, un grand nombre de marquis. La plupart de ces marquis ne sont nés ni nobles, ni écuyers ; ils sont encore moins chevaliers (1).

A l'appui de ses assertions, Barcilon cite un assez grand nombre de pièces extraites des études de notaires de Marseille, où l'on voit figurer des Riquety laboureurs, marchands, artisans ; mais toutes ces citations, la plupart en latin, peuvent s'appliquer aux nombreux Riquet dont les Riqueti

(1) *Critique du Nobiliaire de Provence,* par Barcilon de Mauvans, vol. I, f° 115. — L'ouvrage de Barcilon de Mauvans n'a, je crois, jamais été imprimé, mais il en existe un très-grand nombre de copies manuscrites. Le manuscrit qui était à la Bibliothèque du Louvre offrait quelques légères différences de détail avec celui auquel nous empruntons cette citation et qui appartient à la Bibliothèque de la ville de Marseille. Nous avons préféré celui-là comme plus authentique, et c'est un des savants conservateurs de la Bibliothèque nationale, M. Rathery, qui a eu la bonté de copier pour nous, à Marseille, le passage qui nous intéressait.

prétendent précisément se distinguer. La plus curieuse, si elle est exacte, est la pièce énonçant l'acte de mariage d'Honoré Riqueti, le père de Jean, consul de Marseille. Cet Honoré, que le *Nobiliaire de Provence* qualifie seigneur de Sieyès et fait marier avec la fille d'un Le Tellier, seigneur de La Garde, est qualifié beaucoup plus modestement dans le document latin produit par Barcilon de Mauvans et dont voici le texte : « *Matrimonium inter providum virum magistrum Honoratum Riquety magistrum scholarum civitatis Dignæ et honestam mulierem Joannam Tillière filiam magistri Petri Tillière sartoris Massiliæ* 1515. — Notaire, Olivier Rampal. »

Dans le cas où ce maître d'école originaire de Digne, qui épouse en 1515 la fille d'un tailleur de Marseille, serait bien le père de Jean, c'est-à-dire du premier Riqueti qui prit le nom de Mirabeau, il faudrait reconnaître que les Riqueti auraient singulièrement dérogé dans sa personne depuis le temps où, suivant Mirabeau, le plus ancien d'entre eux épousait une fille de la maison des comtes de Provence. Ce qui est incontestable, c'est que la femme d'Honoré Riqueti n'était pas plus authentique comme fille d'un seigneur que la femme de Pierre comme princesse, car le marquis de Mirabeau, qui renonce à la princesse, n'a pu faire accepter la femme d'Honoré par le plus complaisant des d'Hozier ni avec le nom ni avec la qualité que lui donne le *Nobiliaire de Pro-*

vence. L'*Armorial* la qualifie en effet ainsi : « Jeanne Tilhère, veuve de discret homme Bertrand Perrel, et fille de messire Pierre Tilhère, docteur et citoyen de la ville de Digne. » Le titre de *messire* semble ici étrangement accolé à ceux de *docteur* et de *citoyen*.

Si la généalogie des Riqueti présentée par l'abbé Robert n'avait contre elle que le témoignage de l'abbé de Mauvans, on pourrait hésiter d'autant plus que ce dernier se trompe incontestablement dans le détail des faits relatifs à Jean de Riqueti, qui fut premier consul à Marseille et se maria avec une Glandevès *avant* d'avoir acquis la terre de Mirabeau ; mais l'ouvrage de l'abbé Robert a été l'objet d'une protestation très-vive de la part du plus savant et du plus intègre des généalogistes officiels qui ont porté le nom de d'Hozier. Il existe à la Bibliothèque nationale un exemplaire du *Nobiliaire de Provence*, annoté de la main de Charles-René d'Hozier. L'abbé Robert est qualifié par lui *d'auteur vénal d'un mauvais ouvrage*. Outre la dédicace au marquis Jean-Antoine, l'ouvrage en question contenait une seconde dédicace aux consuls et assesseurs de la ville d'Aix. Charles d'Hozier dit à ce sujet : « L'auteur a voulu faire d'un sac deux moutures en tirant encore quelque gratification des consuls et assesseurs ; » et comme dans la dédicace au second marquis de Mirabeau l'abbé Robert disait : « Un autre élèverait bien haut la noblesse de votre famille, » Charles d'Hozier écrit en marge : « Sur quels fondements élever cette ancienneté? » Enfin, le généalogiste officieux terminant sa dédicace au marquis Jean-Antoine par ces mots : « Le parfait attachement que j'ai pour votre *maison*, » Charles d'Hozier s'emporte et écrit en marge : « Le terme de *maison* est trop au-dessus du nom de Riqueti pour l'avoir avili si indignement. » C'est pourtant le neveu de ce même d'Hozier qui, trente-deux ans après la mort de son oncle, devenu à son tour juge d'armes, donnera aux prétentions des Riqueti une sorte de consécration officielle, en insérant dans le volume de l'*Armorial de France* publié en 1764 un long article sur eux, préparé par le marquis de Mirabeau.

Dans cet article Louis d'Hozier se rencontre d'abord avec Nostradamus, en avertissant le lecteur « qu'on adopte d'ordinaire trop légèrement des origines étrangères pour donner plus de lustre aux familles qui n'en ont que de très-communes dans leur propre berceau; c'est, dit-il, ce qui a déterminé le juge d'armes à faire faire des recherches à Florence pour vérifier l'origine italienne des Riqueti. » En parlant ainsi, le juge d'armes ne dit pas la vérité; ce n'est pas lui qui a fait faire des recherches à Florence, c'est le marquis de Mirabeau, ainsi que cela résulte d'une lettre inédite de celui-ci à son frère, datée du 2 décembre 1780, à laquelle nous empruntons le passage suivant : « J'ai tiré de Florence dans le temps tous les livres cités (1) et des extraits des documents publics, et quoique le travail que *j'ai fait faire à cet égard* ne présente rien de bien lié, cependant j'ai retiré le *décret de bannissement de nos pères* et autres rescrits qui forment de valables présomptions et des mémoires plus clairs que n'en ont la plupart des maisons sur leurs commencements. »

C'est donc le marquis de Mirabeau qui a fait rédiger le travail que Louis d'Hozier nous présente comme le résultat de ses recherches personnelles; les documents produits à l'appui de l'origine italienne des Riqueti, et que l'*Armorial* déclare extraits des archives du palais de la ville de Florence, se composent, d'abord, d'un traité, à la date du 4 avril 1252, entre Hubert de Bandello, podestat, et Bonavie de Passignano, syndic, dans lequel, parmi ceux qui cautionnent, est nommé, dit d'Hozier, *Ugolinus filius domini Azzi*. Ce premier document ne signifie évidemment rien, attendu que le nom d'Azzo comme celui d'Ugolin est ici un prénom qui ne s'applique pas plus aux Arrighetti qu'à n'importe quelle autre famille de Florence. Les deux autres pièces citées par Louis

---

(1) Ce sont ces mots, *tous les livres cités*, qui nous paraissent s'appliquer aux auteurs italiens cités par L'Hermite de Soliers, c'est-à-dire à Zazzera et à Paolo Mini, et qui nous donnent l'idée que le marquis de Mirabeau a dû vérifier les falsifications commises par ce généalogiste et en partie reproduites par l'abbé Robert.

d'Hozier ont plus d'importance ; aussi reproduisons-nous *textuellement* le passage de l'*Armorial* qui les rapporte.

L'an 1267 et le 12 décembre 1268, il fut prononcé, dit d'Hozier, des décrets pour expulser et bannir des États de Florence ceux qui étaient soupçonnés de tenir encore de la faction des gibelins contre celles des guelfes, et dans l'état qui en fut dressé sont compris le Seigneur *Azzo Arrighetty*, *Lapus* (sic), *Ghetty*, Gianni et Ugolinus frères, enfants d'Arrighétty, *Azzuccius, filius Gherardi Arrighetty, Bartolus nepos domini Azzi*, et tous ceux qui en étaient procréés, *omnes masculi descendentes ex eis*. De ces trois actes, communiqués et vérifiés en outre sur les lieux par l'abbé Octavien de Buonaccorsi et par le P. Soldani, bénédictin, ces deux savants hommes concluent qu'il n'y a *aucun doute* qu'Azzuccius Arrighetty, mort sur la fin du xiiie siècle, expulsé de sa patrie, ne soit le père de Pierre Arrighetty, dit depuis Riquety, mort vers le milieu du xive siècle dans la ville de Seyne, en Provence, où il s'était réfugié.

Il est facile de reconnaître que ce document a un air d'authenticité sans être cependant authentique. Il est tout à la fois plus complet et en même temps plus embrouillé que le passage déjà cité par nous, dans lequel le marquis de Mirabeau résumait et arrangeait cette pièce en rédigeant sa biographie de Jean-Antoine. On doit remarquer d'abord avec quelle réserve prudente le juge d'armes s'abstient de donner son opinion sur le rapport de paternité et de filiation, qu'on prétend établir ici, entre un des personnages désignés dans le document, c'est-à-dire Azzuccius, et un autre qui n'y est pas nommé, c'est-à-dire Pierre Riquet, ou Riqueti, le seul que nous connaissions positivement, d'après l'enquête de 1584, comme ayant été consul de la ville de Seyne en 1346. Ce n'est pas d'Hozier qui pense qu'Azzuccius doit être le père de Pierre, c'est l'abbé Buonaccorsi et le P. Soldani qui, consultés apparemment par le marquis de Mirabeau, et ayant vérifié le document en question sur *les lieux, ont conclu qu'il n'y avait aucun doute* qu'Azzuccius n'ait été le père de Pierre. Comment d'Hozier n'a-t-il pas demandé au marquis de Mirabeau de lui fournir au moins les motifs de cette conclusion de l'abbé Buonaccorsi et du P. Soldani? La conclusion valait, en effet, la peine d'être motivée, puisqu'elle ne ressort en rien des documents allégués. Cette assertion renverse, il est vrai, tout le système adopté par les ancêtres du marquis de Mirabeau, qui tous, on l'a vu, prétendent que c'est Pierre Ariqueti qui fut banni de Florence, et qui fut banni comme guelfe. Il s'agit aujourd'hui d'un Azzuccius Arrighetti qui aurait été banni comme gibelin, et, en effet, la date du bannissement étant celle du triomphe du parti guelfe, ce bannissement ne peut porter que sur un gibelin ; mais où est la preuve que cet Azzuccius, exilé en 1267 ou 1268, était le père de Pierre Riquet, consul à Seyne? Le marquis de Mirabeau, dans sa biographie de Jean-Antoine, ne voulant pas renoncer à faire venir de Florence Pierre Riquet lui-même, prend le parti de dire qu'Azzuccius se retira en Provence avec son fils. Or, si Pierre avait seulement cinq ans, en 1267, quand il partit de Florence avec son père Azzuccius, il semble qu'il aurait été bien mûr, même pour des fonctions municipales, lorsqu'il fut élu consul à Seyne, le 26 janvier 1346, ainsi que cela est établi par le seul document positif qui témoigne de son existence, car il aurait eu quatre-vingt-trois ou quatre-vingt-quatre ans.

Dans notre extrême désir d'arriver à une solution sur ce point, comme pour toutes les autres difficultés du sujet que nous avons entrepris de traiter, et convaincu par l'exemple même des falsifications, précédemment signalées, que la fraude est très-commune, surtout en matière généalogique, nous avons cherché à faire vérifier à Florence ce décret de bannissement que Louis d'Hozier, parlant d'après le marquis de Mirabeau, nous affirme, en 1764, être déposé aux archives du Palais. Nos efforts ayant été infructueux, nous devons au moins constater que l'assertion même de ce bannissement est en contradiction formelle avec le témoignage des deux historiens les plus autorisés, surtout pour cette période, des annales de Florence. Machiavel et Villani s'accordent tous deux pour affirmer qu'à cette date de 1267, qui fut celle du triomphe des guelfes, il n'y eut point de décret de *bannissement porté contre les gibelins;* que ceux-ci, apprenant l'approche d'un corps de troupes envoyé par Charles d'Anjou, allié des guelfes, quittèrent d'eux-mêmes Florence, et qu'ils y rentrèrent en 1280 (1). Nous devons constater également que le nom des Arrighetti ne figure dans aucune des listes assez nombreuses que donnent ces deux historiens des principales familles des deux partis, précisément à l'époque où, suivant l'*Armorial*, les Arrighetti auraient été *signalés* dans le parti gibelin. On rencontre dans ces listes des Arrigucci et des Arrighi, mais point d'Arrighetti; ce nom ne se trouve pas davantage ni dans le *Nobiliaire florentin* de Scipione Ammirato, ni dans le *Nobiliaire italien* déjà cité de Zazzera, ni dans l'ouvrage de Paolo Mini, ni dans celui de Litta. Le seul document où des Arrighetti soient indiqués comme assez notables à Florence est un *Priorista*, manuscrit de la Bibliothèque nationale, où l'on voit figurer onze Arrighetti qui ont été successivement *prieurs* dans la corporation des charpentiers (2). Mais le premier d'entre eux, Giovanni Arrighetti, n'apparaît qu'en 1367, c'est-à-dire cent ans après l'époque où le document présenté par le marquis de Mirabeau fait bannir de Florence toute la famille. Les armes de ces Arrighetti du

---

(1) Voir l'*Histoire de Florence*, de Machiavel, traduction Periès, t. I, p. 118. La même affirmation se retrouve dans Villani.

(2) C'est du moins ce qui nous semble résulter du mot *legnaiuolo* ajouté à leur nom. Cela ne veut pas dire qu'ils ne fussent pas nobles, cela signifie seulement qu'ils étaient à la tête d'un des douze corps de métiers.

xive siècle sont très-différentes des armes décrites dans l'enquête de Seyne, en 1584, comme étant celles de Pierre Riqueti et adoptées par ses descendants. L'écu des Arrighetti florentins du xive siècle est semé de fleurs de lis sans nombre, traversé par une bande d'argent chargée de trois croix ou *croisettes*, tandis que les Riqueti-Mirabeau portent d'azur à la bande d'or surmontée d'une *demi-fleur* de lis et accompagnée en *pointe* de trois roses. Nous avons déjà constaté, d'après Charles d'Hozier, que les Arrighetti du xviie siècle, qui reconnurent les Riqueti-Mirabeau pour parents, portent à leur tour des armes qui ne sont ni celles des Mirabeau, ni celles des Arrighetti florentins du xive siècle.

En serrant de près cette question généalogique, on aboutit donc, comme dans presque toutes les discussions de ce genre, à l'incertitude. Il y avait en Provence beaucoup de Riquet, il y avait même, notamment à Aix, des Riqueti ou Riquety, anoblis par l'achat d'une charge de secrétaire du roi, qui, tout en prenant l'*i* ou l'*i* grec, ne se prétendaient point Italiens, et que les Riqueti-Mirabeau ne reconnaissaient point pour parents. En revanche, ils avaient reconnu, à la date de 1666, en cette qualité, une famille Riquet, originaire du Languedoc, jusqu'alors obscure, mais dont un membre venait de s'illustrer par la fameuse entreprise du Canal des deux mers. D'après la correspondance du marquis de Mirabeau avec son frère, cette reconnaissance aurait été un acte de pure complaisance de la part des Riqueti de Provence; cependant, comme les Riquet du Languedoc, bientôt titrés, comtes et puis marquis de Caraman, avaient dépassé très-promptement les Mirabeau en opulence et en crédit à la cour, et comme ils se montraient obligeants pour ces derniers, ceux-ci se prêtent gracieusement à tous les certificats de parenté que leur demande, au xviii⁰ siècle, le comte de Caraman, et il en demande assez souvent, car malgré son crédit et sa fortune, il éprouve, pour faire recevoir ses fils cadets à Malte, des difficultés qu'il ne peut lever qu'en se prévalant des admissions dans l'ordre, obtenues habilement dès 1639 par Thomas de Riqueti. Il paraît même que la notabilité éclatante, mais très-récente, des Caraman dans la personne du célèbre ingénieur du canal de Languedoc rendait certains chevaliers de Malte très-rétifs à les accepter comme confrères, si l'on en juge par le passage suivant d'une lettre du bailli de Mirabeau au marquis, en date du 15 mai 1778 : « J'ai plaidé la cause de Caraman dans notre dernier chapitre, où j'admirais que tous nos anciens chevaliers, c'est-à-dire ceux dont les races sont anciennes, étaient de mon avis, tandis que d'autres osèrent objecter entre autres que Pierre-Paul avait été *entrepreneur* du canal de Languedoc, à quoi je répondis que je voudrais bien m'*avoir* appelé *ustus* et être un entrepreneur de cette espèce. »

Ceci n'empêche pas le marquis de Mirabeau, quand il n'est pas content des Caraman, d'écrire de temps en temps : « Je découvrirai le pot aux roses, » c'est-à-dire l'artifice au moyen duquel on avait soudé ces Riquet aux Riqueti de Provence. Ce mot explique aussi l'insistance assez prétentieuse de Mirabeau, dans ses *Lettres de Vincennes*, à déclarer que « les Riquet de Caraman ne sont pas plus Riquety que le Grand-Mogol (1). » Quoi qu'il en soit, les Caraman ayant été acceptés comme Riqueti par tous les généalogistes, peut-être est-il permis de croire que les Riqueti à leur tour sont tout simplement des Riquet de France, qui se sont procuré des ancêtres à Florence en se rattachant aux Arrighetti de la même façon que les Riquet de Languedoc s'étaient rattachés à ceux de Provence. Il est certain que le marquis de Mirabeau, quoiqu'il tînt à son origine italienne, se laisse surprendre parfois en flagrant délit d'oubli absolu de ses illustres aïeux de Toscane. C'est ainsi que, dans sa biographie de Jean-Antoine, après avoir soutenu que le premier notable de sa race, le consul de Marseille au xvie siècle, n'avait point dérogé en faisant le commerce, il concluait par ces paroles : « Au reste, dans tout ceci, je ne

---

(1) *Lettres écrites du donjon de Vincennes*, 1re édition, t. IV, p. 134. — Dans un autre passage, Mirabeau se propose, dit-il, de faire un procès à M. de Caraman, pour lui faire quitter l'*i* grec, de peur que, dans cent ans, le public ne prenne la branche entée pour la bonne, et réciproquement.

prétends point faire une apologie d'antique dérogeance ; bien loin de là, j'ajouterai que le *plus illustre de nos pères fut ce Jean de Riqueti, dont je parle ici.* » L'assertion était parfaitement exacte, puisque Jean de Riqueti a sa place dans l'histoire des troubles de Marseille pendant les guerres de religion : on peut le dire plus notable que le marquis Jean-Antoine lui-même, car si nous connaissons ce dernier, c'est seulement par le récit, d'ailleurs très-curieux, que *l'Ami des hommes,* copié par son fils, a laissé de sa vie. Il n'en est pas moins vrai qu'en écrivant la phrase que nous venons de citer, le marquis de Mirabeau faisait bon marché des Arrighetti de Florence. Il avait, on s'en souvient, envoyé une copie de son manuscrit à son frère le bailli ; c'est celui-ci qui est choqué de l'omission, et qui, parmi les notes rectificatives adressées par lui au marquis, écrit celle-ci : « Après ces mots, Jean de Riqueti dont je parle ici, j'ajouterais : en France, et sauf peut-être quelques-uns de ceux qui eurent les premières dignités de la République dont ils étaient originaires. » Le *peut-être* du bailli indiquait encore un reste d'incertitude. Le marquis de Mirabeau accepte la correction de son frère et la reproduit textuellement ; mais le fils n'aime pas ce *peut-être ;* et, dans sa copie, la double rédaction de son père et de son oncle est modifiée ainsi : « Jean de Riqueti fut le plus illustre de nos pères en France, et l'un des plus illustres de notre race, dont quelques-uns possédèrent cependant les premières dignités de leur république. »

Tout en altérant le texte paternel dans le sens le plus favorable à ses ambitions aristocratiques, Mirabeau, à l'âge où il copie ce manuscrit, c'est-à-dire à trente-deux ans, professe déjà un certain dédain philosophique pour l'aristocratie considérée comme institution, et ce dédain se traduit quelquefois par des phrases qui jurent étrangement avec les phrases de son père et avec ses propres prétentions à lui. Le père, par exemple, après avoir parlé de l'incertitude de son origine en termes assez maladroits pour être atténués ou supprimés par son fils, après avoir dit : « De là jusqu'à Noé, d'où nous venons tous, il y aurait encore quelques mauvais pas à passer, » ajoutait : « En tout, nous fûmes nobles et voulûmes nous maintenir tels dans tous les temps, et, quoique la vanité soit bien commune, tous, à beaucoup près, n'eurent pas celle-là, surtout dans les temps où il n'était pas question d'acquérir la noblesse à prix d'argent. » Mirabeau intervient et rédige la fin de la phrase de la manière suivante : « Surtout aux siècles où la mode d'acquérir la noblesse à prix d'argent n'avait pas confondu toutes les nuances de la hiérarchie sociale et remplacé *les inconvénients sans nombre de la noblesse héréditaire, invention bizarre et vraiment anti-sociale,* par l'abjection de la noblesse achetée, vendue, commercée (1). » C'est là un des rares endroits où le copiste disparaît pour faire place au tribun, car le passage n'aurait pas été écrit par son père ; mais la correction est d'autant plus curieuse que partout ailleurs le comte, en copiant son père, force continuellement le texte au point de vue des préoccupations nobiliaires et remplace tous les termes de doute ou de modestie par des affirmations ou des superlatifs.

Lorsque le marquis, par exemple, exagère peut-être un peu la situation des premiers et obscurs légistes qui se présentent dans ses papiers de famille sous le nom de Riqueti ou de Riquet — les documents à cette époque, surtout en latin, se prêtent aisément à la confusion — lorsqu'il écrit qu'Antoine Riqueti, fils de Pierre, fut juge du palais des villes de Digne, de Marseille et de Tarascon, *et juge en dernier ressort*, Mirabeau, qui ne connaît ses ancêtres que d'après son père, n'hésite pas à amplifier encore en nous disant qu'Antoine fut juge-mage de la *Province, que cette charge revenait à celle de grand-sénéchal*, et que le juge-mage était un *officier militaire*, ce qui devient complètement fantastique. Le marquis de Mirabeau sait beaucoup mieux à quoi s'en tenir, et c'est lui, en définitive,

---

(1) *Mémoires de Mirabeau*, t. Ier, p. 24. L'éditeur place ce passage en dehors du texte et sous ce titre : Note de Mirabeau. Dans la copie de celui-ci, ce passage fait partie du texte.

qui, dans l'occasion, rappelle à la modestie tous les siens, même son frère, quand celui-ci, avec beaucoup plus de candeur que son neveu, s'exagère aussi l'antique splendeur *de sa maison*. Un jour que le bailli se flattait d'obtenir enfin, entre autres papiers illustrant les premiers Riqueti, la preuve écrite de cette fondation de l'hôpital de Seyne attribuée à Pierre, et qui n'avait jamais été établie que sur des ouï-dire, le marquis lui répond le 7 juillet 1767 : « Prends garde aux fripons et aux menteurs. Nous avions à cet égard dans nos vieux papiers des portefeuilles de notaires qui, au fait et au prendre, étaient falsifiés. On me l'a fait voir et toucher, et cela m'a rebuté. Quant à l'homme envoyé par Caraman (1) dans le pays (Seyne), il trouva des Riquet, Ranquet, etc., qui avaient bien des dérogeances. Le fait est que nous étions de pauvres expatriés dont plusieurs faisaient comme ils pouvaient, mais toujours conservant notice de leur origine. »

On voit donc que, même quand il se préoccupe de sa noble extraction toscane, le marquis ne se dissimule pas la modeste situation des anciens Riqueti ou Riquet de Seyne et de Digne. Il dit pourtant dans la même lettre : « Nos actes sont *bons* depuis Antoine, dont nous avons des juge-

---

(1) Une fois soudés aux Riqueti, les Riquet de Caraman s'intéressaient naturellement à ces recherches généalogiques. Aussi voit-on ici que le comte de Caraman envoyait à Seyne un homme pour cela.

ments de 1392 et 1396. » Nous avons constaté, en effet, que les commissaires vérificateurs de la noblesse en 1668 acceptèrent en faveur des Riqueti des titres remontant à peu près jusque-là, ce qui infirme certainement la valeur des critiques de l'abbé Barcilon de Mauvans, dût-on admettre avec lui qu'Honoré Riqueti ait été maître d'écriture ou maître d'école en 1515 et qu'il ait plus ou moins dérogé. Pour une vanité aristocratique moins vorace que celle du futur tribun de la Révolution, ce serait déjà un assez beau lot qu'une noblesse remontant jusqu'en 1392, même sous la modeste forme d'un juge de Digne ou d'un jurisconsulte de Riez. Bien des gens s'en accommoderaient; mais il faut absolument à Mirabeau des guerriers à *cottes d'armes*, des juges *officiers militaires* et de *grands-sénéchaux* dès les temps les plus reculés. Or, il est certain qu'il n'y en a pas parmi les Riqueti jusqu'au xviie siècle. Le marquis le regrette comme son fils; mais au lieu d'en inventer comme lui, il prend quelquefois le parti de s'égayer un peu sur les premiers représentants de sa *maison* en France. Pour prouver, par exemple, à son frère le bailli que les Riqueti ont bien fait de s'établir à Marseille au xvie siècle, il lui écrit le 23 mai 1775 : « Sans cela, nous serions encore des *barbets*. » Le mot déplaît au bailli, qui répond le 6 juin : « Des *barbets* qui auraient su avoir le caractère de notre race auraient aussi bien fait des rois des montagnes. » L'hypothèse du bailli n'a rien d'impossible, mais enfin ce n'est qu'une hypothèse, et le fait réel, c'est que les Riqueti, qu'ils soient Italiens d'origine ou Français, au lieu de commencer, comme le voulait Mirabeau, par épouser des princesses, ont commencé, de l'aveu même de son père, par être des *barbets*. Et, même après qu'ils sont devenus des marquis, le troisième d'entre eux qui a porté ce titre ne se fait pas illusion sur la nouveauté de son accession à la haute noblesse, car c'est encore le père de Mirabeau qui écrit au bailli, le 18 avril 1761 : « Je ne dois pas chercher à primer en Provence ni pour l'étendue des domaines, ni par des prétentions de naissance. Quatre ou cinq races vaines et exclusives ont tant répété concurremment qu'elles valaient mieux que les autres, qu'il ne faut point leur rien disputer. » Ceci donne à peu près la juste mesure du rang des Mirabeau en Provence, même au milieu du xviiie siècle.

Si nous avons cru devoir discuter consciencieusement les principales questions que soulève la généalogie des Riqueti, c'est d'abord parce que nous cherchons avant tout la vérité ; c'est aussi parce qu'il nous a paru intéressant de montrer comment, sous l'ancien régime, se produisaient, se développaient et se consolidaient dans une famille ces prétentions que Mirabeau appelle les *jeux de la vanité humaine*, tout en s'y livrant avec plus d'abandon qu'aucun de ses devanciers;

prétentions éternelles, car elles se retrouvent dans notre société *égalitaire* avec des variantes que les pages qui précèdent permettront peut-être de distinguer plus aisément ; c'est enfin parce que nous avons pensé qu'il n'était pas indifférent de vérifier si un homme extraordinaire dont le nom est pour jamais associé à un des plus grands événements de l'histoire de France, était Italien d'origine ou Français. Après tout ce que nous avons réuni d'arguments pour et contre, en suivant les Riqueti appelés Riquet à Seyne, à Digne et souvent encore à Marseille, jusqu'à l'époque très-tardive où le marquis de Mirabeau produit, en 1764, l'unique document qui les ferait Italiens, document douteux par lui-même, contrarié dans les énonciations et les dates par d'autres documents, et formellement contredit quant au fait du bannissement des gibelins par le témoignage de Machiavel et de Villani, il nous semble que l'origine française de Mirabeau est aussi probable que son origine italienne. Dans tous les cas, il paraît certain que cette origine est obscure, puisqu'on ne voit des Arrighetti figurer à Florence que cent ans après la date indiquée par le marquis de Mirabeau comme celle de leur bannissement, et puisque les armes de ces Arrighetti diffèrent très-notablement de celles adoptées par les Riqueti. Le principal argument que pourrait faire valoir, en faveur de l'origine italienne, non pas un généalogiste, mais un physiologiste, consiste dans le caractère fougueux et exubérant de cette race, qualifiée non sans raison par le marquis de Mirabeau une *tempestive race*. Il serait permis d'objecter à cela que nous ne connaissons guère les Riqueti antérieurs au xviiie siècle que par les portraits que nous en fait celui d'entre eux qui avait peut-être le plus d'imagination, c'est-à-dire le marquis lui-même ; mais quand on connaît bien les Riqueti du xviiie siècle on ne peut guère se refuser à voir en eux les représentants d'une famille exceptionnelle par le mélange des dons de l'esprit avec les passions les plus ardentes et les caractères les plus excentriques. Ce fait suffirait-il pour démontrer l'origine italienne de la famille ? Nous ne le pensons pas. On nous accordera bien qu'entre un type provençal et un type italien, il n'y a pas le diamètre de la terre, et si ce type provençal primitif a été souvent renforcé dans le même sens par des mariages, on comprendra qu'il ait pu aboutir à Mirabeau, c'est-à-dire à un des hommes le plus étrangement organisés en bien et en mal qui aient jamais vécu. Le marquis, son père, aimait assez à analyser les modifications diverses introduites par les femmes dans le tempérament de sa race ; il va sans dire que, pour lui, le sang des Riqueti était la principale source des qualités de cette race. « Je ne puis accuser, écrit-il, le 7 juillet 1767, à son frère, ni les Glandevès, ni les Pontevès de nous avoir donné un certain génie fier, particulier, exubérant, mais toujours noble et probe et éloigné de grappillage, l'esprit de notre famille, en un mot, — qui vaut mieux que le leur, au dire de tous, et que j'ai souvent découvert le même dans des traces de nos vieux pères. » Il reconnaît pourtant plus d'une fois que sa mère, qui est une Castellane, a pu mitiger plus ou moins chez lui, et surtout chez son frère cadet le bailli, l'exubérance turbulente des Riqueti par l'influence d'un caractère à la fois impérieux, austère et méthodique ; mais quand il s'agit d'expliquer le caractère de tous ses enfants à lui, il ne tarit pas sur le *coup de marteau*, il dit quelquefois le *coup de hache*, qu'ils ont reçu des Vassan par leur mère. Mirabeau, en effet, à ne parler que de lui, est incompréhensible pour qui ne connaît pas sa mère, et nous pouvons dire que, jusqu'ici, personne ne la connaît. En comparant l'organisation du père et de la mère, on arrive à se rendre compte du phénomène moral qu'offre le fils, sans qu'il soit besoin de recourir à l'explication arbitraire tirée du sang italien.

IV

LE MARQUIS JEAN-ANTOINE ET SES DEUX BIOGRAPHES.

Après avoir étudié la question de l'origine des Riqueti et exposé sommairement les progrès de cette famille vers la notabilité à partir de la fin du xvie siècle, nous devons rappeler au lecteur que notre travail a spécialement pour objet l'étude des Mirabeau qui ont vécu au xviiie. C'est, en effet, durant cette période que le nom est devenu historique; et ceux qui le portaient alors sont les seuls sur lesquels nous possédions assez de documents pour pouvoir espérer de les peindre avec vérité, soit que nous les laissions manifester eux-mêmes leur caractère, leurs idées, leurs sentiments, leurs passions, soit que nous ayons recours au témoignage des hommes qui les ont le mieux connus.

Le grand-père de Mirabeau, le marquis Jean-Antoine, né le 26 novembre 1666, et dont la carrière active s'est écoulée en grande partie au xviie siècle, n'appartiendrait pas rigoureusement à notre sujet; si nous parlons de lui, c'est que nous sommes en mesure de rectifier ou de compléter sur quelques points, tout en le résumant, le récit développé et curieux de sa vie publié dans les *Mémoires de Mirabeau*, et qui nous a déjà servi pour notre discussion sur la généalogie des Riqueti. On sait maintenant que cette biographie, attribuée au petit-fils de Jean-Antoine, c'est-à-dire au futur tribun de la Constituante, par suite d'une erreur d'autant plus explicable que celui-ci s'en était déclaré l'auteur, est en réalité l'œuvre de son père, le marquis de Mirabeau, l'*Ami des hommes*.

Nous avons dit à quelle époque et dans quelle intention Mirabeau copia cet ouvrage, que son père lui avait prêté, dit-il, pour l'instruire. Nous avons reconnu déjà que le copiste a non-seulement supprimé un assez grand nombre de passages du manuscrit original, mais qu'il a parfois éclairci ou rectifié les irrégularités du style paternel. Il n'en serait pas moins très-injuste de lui faire honneur d'un travail qui contient de fort belles pages, et dans lequel, à vrai dire, il n'a rien mis du sien.

Du reste, comme les questions de plagiat ne se peuvent guère juger que sur des citations, nous commencerons par mettre en regard les deux rédactions du père et du fils pour trois passages seulement, que nous prenons, l'un au commencement, le second au milieu, et le troisième à la fin de la biographie de Jean-Antoine, et l'on verra comment Mirabeau *démarque* plus ou moins le texte paternel qu'il s'approprie, tout en le reproduisant d'ailleurs, au fond, très-servilement.

TEXTE INÉDIT DU MARQUIS.

Je n'ai point suivi en détail les époques de la vie de mon père; ce n'était point un homme que l'on questionnât. Respectable à tous égards par sa réputation, ses services, sa haute et noble figure, son éloquence rapide, son humeur dominante, ses qualités et ses vertus, quoiqu'il fût de la plus grande politesse, il était d'une vivacité si prompte et si susceptible, que le tout ensemble en faisait un homme fort redoutable. Peu de gens l'auraient questionné, et la disparité d'âge et de tout le reste était si grande entre

TEXTE DU COMTE,
Imprimé dans les Mémoires de Mirabeau.

Il me sera difficile de rendre compte, avec ordre, des différentes époques de la vie de mon grand'père. J'ai ouï dire à mon père et à plusieurs de ses contemporains que ce n'était point un homme que l'on questionnât; imposant à tous égards par sa réputation, ses services, sa haute et noble figure, son éloquence rapide, son humeur fière, ses qualités, ses vertus et jusqu'à ses défauts; quoique d'une très-grande politesse, il était d'une vivacité si prompte et si susceptible, que le tout ensemble en faisait un homme

T. I.

lui et moi, que je n'aurais osé lui adresser même un culte direct. Ce que je sais, c'est qu'il fut mousquetaire avant l'âge de dix-huit ans, car il était à cette échauffourée du siége de Luxembourg que cet incendiaire de Louvois entreprit en 1684, en pleine paix. . . .
. . . .

J'ai voulu me rendre compte de cet ascendant naturel; j'ai trouvé qu'un nom sonore (avantage réel, selon Montagne), et qui avait successivement été porté et transmis par des hommes d'un mérite distingué, quoique peu analogues à la fortune, une audace constante, une hauteur impérieuse adaptée à toutes les manières d'être quelconques, un extérieur imposant, et surtout toutes les vertus intérieures qui appartiennent à la magnanimité, forment un ensemble auquel il est difficile que la tourbe des humains se défende de se rallier et

fort redoutable, qu'on ne se familiarisait point avec lui, et que ses enfants n'auraient pas même osé lui adresser un culte direct. Ce que je sais sur sa première jeunesse, c'est qu'il fut mousquetaire avant dix-huit ans, puisqu'il se trouva dans ce corps au siége de Luxembourg, que l'incendiaire Louvois entreprit, en 1684, en pleine paix. . . . . . .
. . . .

En recherchant les causes de cette singularité (l'ascendant de Jean-Antoine), j'ai cru voir qu'un nom sonore (avantage réel, comme dit Montagne), successivement porté et transmis par des hommes d'un mérite distingué, quoique peu analogues, par leur caractère, à la fortune, une audace constante, une hauteur impérieuse mais généreuse, et jamais démentie par la conduite et les procédés, un extérieur imposant, et toutes les vertus intérieures qui appartiennent à la magnanimité, forment un ensemble auquel il est difficile que la tourbe des

d'obéir, quand jamais d'ailleurs ces qualités ne se refusent à la justice, à la faire de soi et des autres, et sont animées et servies d'un courage et d'un esprit supérieur. . . . .
. . . .

Quoi qu'il en soit, personne ne doute, je crois, que partout et dans tous les temps il ne vive et meure, loin de tout éclat, une multitude d'hommes fort supérieurs à ceux qui de leur temps jouent un rôle dans le monde sans avoir la moitié de leur considération et en se trouvant quelquefois même chargés du mépris public. Cependant ces derniers demeurent en apparence, quoique heureux de n'être notés que par le titre et non par l'aloi. L'homme respectable dont je parle et que j'ai peint ne fut point dans l'obscurité, il ne put même être dans la médiocrité un seul jour, un seul acte de sa vie. Je l'ai montré tel qu'il était, et cependant je n'entreprends point de l'offrir à la vénération de la postérité entière, il ne

humains se défende d'obéir et de se rallier, quand ces qualités héroïques sont animées d'un esprit supérieur, et qu'elles ne se refusent jamais à la justice . . . .
. . . .

Quoi qu'il en soit, nous n'imaginons pas que personne mette en doute que partout et dans tous les temps il ne vive et meure loin de tout éclat une multitude d'hommes fort supérieurs à ceux qui jouent un rôle sur la scène du monde, bien que chargés souvent du mépris public. Cependant ces derniers demeurent notés par le titre, si ce n'est par l'aloi. L'homme respectable dont nous avons parlé ne fut point obscur. Il ne put même être dans la médiocrité un seul jour, un seul acte de sa vie. Mais il lui fallait un plus grand théâtre et surtout un meilleur peintre. Nous n'entreprenons point de l'offrir à la vénération de la postérité ; mais il doit être à jamais révéré de la sienne. Heureuse, si elle ne voulait que ce qui lui était dû. Mais il doit être honoré, révéré à jamais de la sienne, heureuse, hélas ! si elle peut se relever un jour au point d'oser prendre ce grand homme pour modèle, ses actions pour exemple et ses vertus pour leçon !

cesse de prendre cet homme pour modèle, ses actions pour exemple, et ses vertus pour leçons !

La première et la troisième de ces deux citations n'ont pas seulement pour but de constater le plagiat commis par Mirabeau; elles établissent aussi un fait sur lequel le véritable auteur de la notice revient souvent, et que Mirabeau écarte ou atténue volontiers dans sa copie : c'est que le fils de Jean-Antoine a très-peu connu son père, et que son travail est basé bien moins sur des informations ou des documents provenant de son héros, que sur ce qu'il a entendu dire de lui. « Je partis enfant, dit-il, de la maison paternelle, et n'y revins du vivant de mon père que deux fois, et pour de courts séjours. » Il avoue même, avec sa sincérité habituelle, dans un passage également supprimé par son fils, que son récit pourrait paraître suspect d'exagération, s'il était communiqué au public. « Je ne doute pas, dit-il, que si quelqu'autre que les miens voyait ceci, il ne dit de moi : « Cet homme était si plein de lui
« et de tout ce qui l'entoure, qu'il s'essouffle à
« donner un air de magnificence à tout ce qui

« lui tient. » Il se défend contre ce soupçon en disant que nul de ceux qui ont fréquenté son père ne lui en a jamais parlé que de la manière la plus distinguée. Mais il reconnaît, dans une autre page, d'ailleurs très-belle et copiée par son fils, qu'on pourrait s'étonner de le voir ériger en héros un homme qui n'est resté *ni dans les fastes des cours qu'on appelle histoire des nations, ni dans les recueils mensongers des gazettes,* pour arriver ensuite à établir dans le passage déjà cité par nous que la célébrité n'accompagne pas toujours la supériorité. Cela est incontestable, mais cela explique comment nous avons en vain cherché soit dans les ouvrages militaires, soit dans les Mémoires publiés sur le règne de Louis XIV, quelque confirmation des récits brillants du marquis de Mirabeau sur son père Jean-Antoine. Ce combat de Cassano, par exemple, où il fait jouer un si grand rôle à son héros, est raconté par plusieurs écrivains, notamment par le marquis de Feuquières, sans que le nom de Jean-Antoine de Mirabeau soit même prononcé ; et Saint-Simon, qui parle du même combat dans ses Mémoires, ne nomme Jean-Antoine qu'en défigurant son nom et en lui donnant celui d'une famille notable du Poitou. « Le Guerchois, dit-il, qui avait si bien fait, Mirebeau (1), et quelques autres, furent pris. »

---

(1) Un de ces marquis de Mirebeau, que Saint-Simon confond

Il est donc permis, en lisant la vie de Jean-Antoine, de se tenir en garde contre les tendances hyperboliques du véritable auteur de cette biographie, surtout quand on les voit reproduites par son fils sans être accompagnées de ces *indiscrétions* sincères qui leur servent de contre-poids, et c'est ce qui nous porte à rectifier, sur quelques points, la copie de Mirabeau; celui-ci ayant eu soin de faire disparaître du récit qu'il emprunte à son père tout ce qui pourrait diminuer la figure de son aïeul. Mais, d'un autre côté, si la défiance est permise, c'est une raison de plus pour signaler l'exactitude du narrateur dans tous les cas où l'on a pu la constater, et c'est ce que nous ferons tout d'abord pour le portrait physique de Jean-Antoine à vingt ans, tel que Mirabeau l'a copié sur le manuscrit paternel, en le modifiant un peu, mais sans autre intention, cette fois, que d'élaguer le superflu. « Il est difficile, écrit-il, d'être plus favorisé de la nature que ne l'était ce beau jeune homme. Il avait cinq pieds dix pouces et la taille parfaite. Adroit à tous ses exercices, il avait le talent de se mettre comme personne ne l'eut jamais. Sa figure noble, militaire et charmante, exprimait tout le feu qui dévorait son âme. »

Il existe encore au château de Mirabeau un

---

ici avec les Riqueti et dont le nom était Chabot, se trouvait dans le carrosse de Henri IV au moment où celui-ci fut assassiné.

portrait authentique de Jean-Antoine en mousquetaire, et il a une figure en effet charmante ; mais, quoique très-animée, elle est plus gracieuse que guerrière ; elle n'offre pas encore ce caractère redoutable que lui donnera bientôt le dur métier des armes, et qui restera dans le souvenir de ses enfants. Ses grands yeux bleus qui, suivant son fils aîné, n'étaient *doux que quand il le voulait*, le sont beaucoup dans ce portrait. La beauté presque féminine du jeune mousquetaire dut bientôt se modifier sous l'influence de la vie des camps. « Il était, » nous dit son biographe dans un style que Mirabeau emprunte à son père, mais qui ne fut jamais le sien, « il était de ces hommes qui à la guerre ont le *ressort* et *l'appétit* de l'impossible ; » et il nous le présente en effet comme un type militaire assez rare ; comme un de ces chefs chez lesquels une audace impétueuse, poussée jusqu'à la témérité, s'allie avec une constance infatigable devant les obstacles, et le calme le plus imposant au plus fort du péril ; qui savent tout à la fois se faire craindre et adorer de leurs soldats par un mélange de sévérité, de sollicitude sincère et de magnanimité. Mais le trait saillant et distinctif du caractère de Jean-Antoine, le trait qui explique pourquoi, malgré sa bravoure, ses talents et ses longs services — car il fit toutes les campagnes de la fin du règne de Louis XIV depuis 1684 — il ne put dépasser le grade de colonel, et n'obtint celui de brigadier qu'en prenant sa retraite, c'est ce que son fils définit à sa manière par le mot de *singularité tranchante*. Il veut parler ici d'une disposition très-marquée chez son héros à n'accepter de subordination que dans la mesure de l'estime qu'on lui inspirait, à tenir aisément en mépris toute autorité non militaire, à ne se refuser jamais le plaisir d'une boutade orgueilleuse ou frondeuse, d'un acte de résistance ou de violence, ou d'une espièglerie désagréable, aussitôt qu'il se sentait mécontent ou offensé, quelles que pussent être les conséquences de la satisfaction qu'il se donnait. « Grâce à lui, nous dit son fils, et à mon grand-oncle (1), notre nom, lorsque j'entrai dans le monde, était, pour les *singularités tranchantes*, aussi noté que celui de Roquelaure pour les bons mots, avec la différence que ces notes étaient comme imprégnées d'une sorte de porte-respect et de brevet de chasse-coquin. » En copiant ce passage, *imprégné*

---

(1) Cet oncle de Jean-Antoine, Bruno de Riqueti, est le seul des Mirabeau qui ait obtenu une certaine notoriété en dehors de la Provence avant le xviiie siècle. Il était capitaine aux gardes-françaises et c'est lui qui a été cité par un assez grand nombre d'écrivains, notamment par Thomas, dans son *Essai sur les éloges*, pour un trait piquant d'indépendance et de franchise militaire que tout le monde connaît. Il revenait de la cérémonie courtisanesque, organisée par le duc de la Feuillade, sur la place des Victoires, autour de la statue de Louis XIV, et passant avec sa compagnie devant le Pont-Neuf, il dit à ses soldats, en leur montrant la statue de Henri IV : « Mes amis, saluons celui-là, il en vaut bien un autre! » Le trait a été attribué à tort par Grimm, par Gleichen et quelques autres, au grand-père de Mirabeau : il est de son arrière-grand-oncle.

lui-même du genre de style particulier à son père, Mirabeau essaye de régulariser la construction; mais il faut avouer que dans cette circonstance il l'affaiblit un peu, car voici ce que devient sous sa plume la fin de la phrase de son père: « Avec cette différence que ces notes, *toutes dans le genre noble*, étaient *comme une sorte* de porte-respect et de chasse-coquin, *si l'on peut parler ainsi.* »

Le marquis cite en effet bon nombre d'anecdotes qui prouvent que son père était ce qu'on appellerait vulgairement une mauvaise tête. Ici, c'est l'histoire d'un de ces commissaires-inspecteurs établis par Louvois qui, trouvant le jeune capitaine absent de sa compagnie au moment où il la passe en revue, voulant le porter absent parce qu'il est revenu trop tard, et ne tenant point compte de ses réclamations, reçoit de lui une volée de coups de cravache accompagnée de ces mots: « Puisque je suis absent, mettez que ceci se passe en mon absence. » Plus loin, le colonel Jean-Antoine, revenant blessé d'un combat où son régiment avait été écrasé, rencontre sur son chemin le frère du ministre de la guerre, de l'incapable Chamillard, lequel frère, devenu très-rapidement maréchal de camp, s'approche du colonel Mirabeau et le félicite de sa belle conduite en lui disant : « Monsieur, je vous promets que j'en rendrai bon compte à mon frère. » Le marquis lui répond: « Monsieur, votre frère est bien heureux de vous avoir, car sans vous il serait l'homme le plus sot du royaume. » On fit une promotion de maréchaux de camp; il va sans dire que le colonel n'en fut pas.

Si nous en croyons son fils, le marquis Jean-Antoine aurait poussé l'audace bien plus loin encore, car, se trouvant à Versailles, et présenté à Louis XIV par le duc de Vendôme, dont il était fort aimé, il aurait osé dire au majestueux monarque : « Oui, sire, si, quittant les drapeaux, j'étais venu à la cour payer quelque *coquine* (le mot est plus fort dans le texte), j'aurais eu mon avancement et moins de blessures. » Le roi feignit de ne pas entendre, et le duc de Vendôme, en se retirant, dit à Jean-Antoine : « Désormais je te présenterai à l'ennemi, mais jamais au roi. » L'authenticité de cette anecdote nous paraît d'autant plus douteuse que, quelques pages plus loin, le marquis de Mirabeau, toujours sincère, et par conséquent peu attentif à éviter les contradictions, nous apprend que son père *eut toujours beaucoup de vénération* pour Louis XIV. Il va sans dire que Mirabeau, qui reproduit l'anecdote, ne reproduit pas ce dernier passage, qui la rend encore moins vraisemblable.

L'originalité de Jean-Antoine nous paraît présentée d'une manière peut-être plus exacte quand son fils nous parle des compromis qui s'opéraient quelquefois entre sa piété très-réelle et ses devoirs militaires. Le même homme qui faisait porter le saint-sacrement dans un de ses bois de pins où le feu avait pris, et qui assurait que les flammes s'étaient rejetées elles-mêmes, apprend un jour, dans une de ses campagnes en Italie, que des soldats de son régiment, qui avaient déserté, s'étaient réfugiés dans un couvent et que les moines refusaient d'ouvrir leurs portes, alléguant le droit d'asile ; il se met en mesure de les faire enfoncer. Elles s'ouvrent et l'abbé paraît sur le seuil, *in pontificalibus*, suivi de tous ses moines et précédé du saint-sacrement. Le marquis Jean-Antoine hésite un instant, puis, se tournant vers son major, il lui dit : « Dauphin, qu'on appelle l'aumônier du régiment et qu'il vienne retirer le bon Dieu des mains de ce drôle-là ! »

La conduite du vaillant colonel au combat de Cassano, en 1705, a inspiré à son fils de très-belles pages que son petit-fils copie presque littéralement et que nous nous contenterons de résumer. Chargé d'arrêter les Impériaux au passage d'un pont, et, suivant son habitude, tenant ses soldats ventre à terre tandis que seul il restait debout, offrant à l'ennemi sa taille colossale pour point de mire, il reçoit d'abord un coup de feu qui lui casse le bras droit, il se fait une écharpe avec un mouchoir, prend une hache du bras gauche et repousse une première attaque ; un second coup de feu lui traverse la gorge, lui coupe la jugulaire et les nerfs du cou, et il tombe sur le pont ; son régiment se décourage, s'enfuit ; un vieux sergent n'a que le temps de lui jeter une marmite sur la tête et toute l'armée du prince Eugène, cavalerie et infanterie passe sur son corps. Comme il avait ce jour-là, selon son habitude aux jours de combat, un très-bel habit, cela le fit remarquer parmi les morts. Un des siens, prisonnier, le reconnut; il donnait quelques signes de vie. Le prince Eugène le fit rapporter dans le camp du duc de Vendôme. Le célèbre chirurgien Dumoulin entreprit de le sauver, bien que son corps ne fût plus qu'une plaie, et qu'il eût la tête à moitié séparée des épaules. Il y réussit, et, trois ans après cette terrible journée de laquelle il disait : C'est l'affaire *où je fus tué*, on vit le marquis Jean-Antoine, criblé de blessures, le bras droit cassé et enveloppé dans une écharpe noire, la tête soutenue par un collier d'argent caché sous sa cravate, se marier avec une jeune et belle personne, Mlle de Castellane-Norante, *pétrie d'élévation*, écrit son fils, et de ces femmes dont Montluc dit: « Quelle est l'honnête dame qui voudrait s'associer à un homme qui eût tous ses nerfs et tous ses os? » Ce guerrier imposant et mutilé lui parut plus intéressant qu'un jeune freluquet intact; elle l'épousa en avril 1708 et en eut sept enfants (1).

Le récit du mariage de Jean-Antoine, dans les

---

(1) Jean-Antoine avait alors 42 ans. « J'ai ouï dire à ma mère, écrit son fils, que comme le bruit avait couru qu'elle épousait un vieux, le curé avait demandé, même en sa présence, où il était, attendu qu'il ne le paraissait pas du tout. »

deux manuscrits, présente des différences assez piquantes. Tandis que le marquis de Mirabeau, tout entier à l'attrait que lui inspirent les *singularités tranchantes* de son héros, se complaît à le montrer plus bizarre encore dans cette circonstance que dans toute autre, le futur tribun, qui eut toujours plus de tact que son père, et qui d'ailleurs se proposait, comme nous l'avons dit, de copier le travail paternel pour le publier, n'accepte des singularités de son aïeul que celles qui ne dépassent pas trop la mesure et qui ne peuvent pas donner de lui une idée désavantageuse. Il raconte d'abord exactement, d'après son père, comment son aïeul, très-épris de mademoiselle de Castellane, qu'il avait rencontrée avec ses parents aux eaux de Digne, débuta en lui faisant une proposition qui paraît d'autant plus bizarre qu'on ne nous dit pas sur quelle circonstance elle s'appuyait, la proposition de l'épouser à l'insu de sa famille et de n'avertir celle-ci que le lendemain du mariage ; comment la jeune personne refusa en disant que « les surprises n'étaient bonnes qu'à la guerre, » et comment ce refus ajourna le projet matrimonial du belliqueux Jean-Antoine. Mais lorsque celui-ci se décide enfin à épouser sans surprise Mlle de Castellane, on voit Mirabeau réduire beaucoup et arranger très-habilement le tableau tracé par son père des nouvelles excentricités de son aïeul. Donnons d'abord sa copie, nous la ferons suivre ensuite du texte original.

Cependant ses idées d'établissement, dit Mirabeau, ayant mûri dans sa tête, il traita et conclut promptement avec les parents de Mlle de Castellane, mais à sa manière. Il voulut, non-seulement qu'elle fût sans dot, mais il donna quittance de tous ses droits, et ne reçut pas même son linge et ses vêtements. Il est des singularités si noblement naturelles qu'elles subjuguent tout le monde.

La dernière phrase s'enchaîne assez bien avec tout ce qui précède ; mais entre cette dernière phrase copiée par le second biographe sur le manuscrit du premier et la phrase précédente copiée également, il y a *une demi-page* supprimée par le copiste, et qui, rétablie, va produire une discordance des plus choquantes : qu'on en juge en lisant le même récit tel que le marquis de Mirabeau l'a rédigé :

Cependant ses idées d'établissement s'ancraient dans sa tête ; il revint en Provence, traita et conclut promptement avec les parents de Mlle de Castellane, mais à sa manière. Il voulut non-seulement qu'elle fût sans dot, mais en donnant quittance de tous ses droits quelconques, qu'elle n'apportât pas seulement son linge, et qu'elle ne fût vêtue que des habits qu'il avait fait préparer pour elle, et *que Mme de Castellane, sa mère, ne mît jamais les pieds chez sa fille*. Ce n'est pas que ce ne fût une très-respectable dame, belle et digne du nom de Gruel, très-bon et ancien du Dauphiné. Peut-être si elle eût manqué de ces avantages, la générosité de son gendre aurait craint de le lui faire sentir. Mais il voulait être maître chez lui, et l'humeur de sa belle-mère sans doute ne lui convenait pas. Le marquis de Castellane, excellent homme, qu'on appelait *le bien* disant, et qui était chéri de tout le monde, ne manquait aucunement de la dignité de son état, mais il s'était pris d'une grande et foncière estime pour son gendre. Plus ce dernier avait dédaigné la fortune, plus on avait pris d'opinion de la sienne qui, d'ailleurs, était considérable encore pour le pays. Le parti donc était fort bon à tous égards ; il voyait sa fille décidée, et il avait fort désiré de la voir établie. Enfin, il est des singularités si noblement naturelles qu'elles subjuguent tout le monde.

Nous craignons fort qu'après avoir lu tout ce que Mirabeau avait sagement retranché du manuscrit paternel, le lecteur ne soit disposé à penser que la singularité de Jean-Antoine n'est pas dans cette circonstance aussi *noblement naturelle* que le croit le marquis son fils, et qu'on ne se demande même si cet arrangement ne fait pas quelque tort à la future et à ses parents.

Que la situation prévue ici se produise après le mariage et qu'une fille bien née, en gardant d'ailleurs tous les sentiments dus à sa mère, et en lui rendant ses devoirs chez elle, se conforme, quant au domicile conjugal, aux volontés de son mari, cela se comprend ; mais qu'une pareille convention soit imposée d'avance par le futur et acceptée d'avance par la future et par ses parents, cela donne forcément à penser que la considération du mariage sans dot et sans trousseau a pesé d'un trop grand poids sur l'esprit des uns et des autres. Pourtant (et c'est là le plaisant de l'affaire), si la partie de ce récit que Mirabeau a cru devoir, non sans raison, supprimer est exacte (et nous l'ignorons), en revanche nous croyons pouvoir affirmer que la partie qu'il a conservée pour honorer son grand-père ne l'est pas. Il n'est pas rigoureusement exact que Jean-Antoine ait épousé Mlle de Castellane sans dot, et il est encore plus inexact qu'il l'ait épousée sans trousseau. Le contrat de mariage des deux époux, daté du 17 avril 1708, que nous avons sous les yeux et que le marquis, fils de Jean-Antoine, avait sans doute oublié quand il écrivait sa notice sur son père, porte expressément que le futur époux reconnaît avoir reçu de Mlle de Castellane pour *trois mille livres* de coffres et meubles, c'est-à-dire de trousseau, et s'il n'y a pas, il est vrai, de dot payée au moment du mariage, Jean-Antoine ne donne nullement quittance de tous les droits de sa future, puisqu'au contraire les père et mère de celle-ci « *s'obligent solidairement* envers lui de faire valoir les droits de leur fille jusqu'à la somme de *dix-huit mille livres*, y compris les trois mille du prix des coffres, et de payer les quinze mille livres restantes après leur décès ou dans l'année du mariage du sieur comte de Castellane, leur fils aîné. » Ainsi donc, Jean-Antoine n'a pas épousé Mlle de Castellane avec un désintéressement aussi absolu que son fils nous le dit. Une dot, très-modeste à la vérité, mais moins faible alors qu'elle ne le serait de nos jours, a été stipulée au contrat et payée dans le cours du mariage. Si l'on était tenté, en effet, de supposer, d'après le récit du marquis de Mirabeau, que ces stipulations n'étaient qu'apparentes et destinées à sauvegarder l'amour-propre des parents de Mlle de Castellane, on serait détrompé en voyant que dans tous les règlements de comptes faits après le décès de Jean-Antoine entre ses héritiers, on déduit constamment sur l'héritage du défunt, outre la donation de survie faite par lui à sa veuve, les dix-huit mille livres indiquées comme formant la dot apportée par elle à son époux.

Nous ne poursuivrons pas en détail cette comparaison entre les deux biographies de Jean-Antoine, parce qu'elle pourrait bien ne pas amuser le lecteur autant qu'elle nous a amusé nous-même. Disons seulement que pour toute la partie qui concerne la vieillesse du héros, et qui le représente dans cette résidence pittoresque et sauvage de Mirabeau déjà décrite par nous, le futur tribun, en copiant les tableaux de son père, adoucit volontiers les nuances de bizarrerie impérieuse et violente que celui-ci, au contraire, n'hésite pas à mettre en relief dans le caractère de Jean-Antoine. Ce terrible homme que les paysans appelaient le *Col d'argent*, à cause du collier qui soutenait sa tête, était, il est vrai, l'appui de ses vassaux contre les agents petits ou grands de l'autorité centrale, depuis les intendants ou subdélégués jusqu'aux procureurs, huissiers, agents du fisc, espèce d'hommes qu'il eut toujours en horreur et dont il légua la haine à ses descendants; mais il était aussi très-prompt à faire sentir la puissance de son redoutable bras gauche, lequel semblait avoir ajouté à sa force propre celle du bras droit cassé, à quiconque parmi ses *sujets* aurait osé résister à sa volonté; s'il assurait dans les mauvais jours de l'année des travaux régulièrement payés à tous les habitants de son fief, il ne craignait pas de faire travailler *d'autorité* les paresseux, et il ne permettait qu'aux malades de se dispenser du travail. Ce dernier détail est écarté par Mirabeau dans sa copie du manuscrit de son père.

Il écarte également des détails plus sincères qu'avantageux sur les côtés faibles du héros: par exemple, son goût exagéré, motivé d'ailleurs par ses blessures, pour les médecins, les recettes de santé et les remèdes; il écarte aussi, sans doute parce qu'il la considérait comme peu intéressante, la nuance de piété que son père indique comme s'étant accusée de plus en plus dans la vieillesse de Jean-Antoine, lequel communiait régulièrement à chaque anniversaire de cette fameuse journée de Cassano où il *avait été tué*.

C'est probablement le même motif qui a porté Mirabeau à supprimer dans sa copie du manuscrit paternel, ce tableau des derniers jours d'un vaillant homme de guerre, tableau qui n'est pourtant pas dénué de caractère, et que, par conséquent, nous croyons devoir rétablir ici d'après le texte original.

Le jeune fils de Jean-Antoine était alors en congé auprès de son père.

Mon semestre, dit-il, expirait; et quoique j'eusse obtenu une prolongation, il voulut que je partisse, ce qui m'empêcha d'être à mon devoir jusqu'au bout; mais je ne le croyais pas, à beaucoup près, si malade. Il cessa bientôt de vouloir prendre de la nourriture, ne répondant à toutes les instances que par ces mots : *Toute ma vie, quand j'ai dit non, cela voulut dire non.* Au reste, ses derniers jours se passèrent dans la plus grande douceur et tranquillité, causant avec confiance et riant même quelquefois avec son confesseur, religieux fort doux et fort saint, qu'il aimait beaucoup. Il s'affaiblit constamment, et je tiens de ma mère qu'à ses derniers moments, où il ne pouvait plus être entendu que parlant dans son oreille, il rendait grâces à Dieu en se rappelant tout ce qu'il avait vu périr d'hommes et de ses amis, d'une mort subite, violente, environnée d'horreurs, sans se reconnaître, sans secours et sans consolation; combien il avait mérité et recherché d'être de ce nombre; et comparant cet état avec la mort douce, tranquille et préparée que la Providence lui accordait. »

Mirabeau écarte aussi du récit paternel une page qui nous apprend que Jean-Antoine avait la réputation d'être un peu jaloux de sa femme. Son fils repousse, il est vrai, cette accusation, mais les détails qu'il donne à ce sujet, et sur son père et sur sa mère, nous paraissent assez intéressants pour être reproduits :

Les conteurs qui prêtèrent, dit-il, dans le temps, toutes

les singularités à notre nom, disaient à Paris, en ma jeunesse, qu'il (Jean-Antoine) avait enfermé sa femme dans un château jusqu'à ce qu'il eût trois enfants mâles. Dans le pays même on le disait jaloux, attendu que sa femme était fort belle; c'était mal connaître l'un et l'autre; jamais femme n'eut à tout âge l'air plus imposant et ne fut plus éloignée d'aucune sorte de prétention quelconque. A douze et quatorze ans, elle se croyait laide, attendu qu'elle ne voyait point de figure qui lui ressemblât. A seize ans, elle était une manière de Caton pour le sérieux et la sagesse. Elle disait qu'elle s'était toujours trouvée trop jeune ou trop vieille pour être dans le monde. Sérieuse et trop retirée, même par caractère, un gracieux quelconque n'eût su par où la prendre. Elle disait que M. de Turenne eût été dangereux pour elle, elle l'a dit toujours; ayant dès l'enfance aimé la société des gens d'âge et de réputation, elle avait beaucoup ouï parler de ce grand homme avec l'enthousiasme qu'il inspira à tous ceux qui l'avaient vu. Ayant trouvé un homme fort imposant et fort respectable, et le voyant honoré de tout le monde, cela sans doute lui avait élevé le cœur. *Ah! madame, si vous saviez combien on est heureuse de pouvoir respecter son mari!* dit-elle un jour à une dame qui voulait lui faire entendre qu'on la plaignait de l'humeur de mon père. Quant à lui, difficilement fût-il venu en pensée à quelqu'un de lui faire un affront, fût-ce pour gagner un royaume, et femme quelconque ne fut à si haut prix. Il savait ces contes et ne faisait qu'en rire; et j'ai ouï dire à ma mère qu'un jour ayant fait un voyage à Aix pour un procès, il lui proposa le matin d'aller se promener ensemble tête à tête au Cours, pour faire nouvelle aux oisifs (1).

(1) Une partie de ce passage, et quelques autres également retranchés par Mirabeau dans sa copie du manuscrit de son père, ont été reproduits en note par M. Lucas de Montigny

Mirabeau a laissé également de côté dans sa copie du manuscrit de son père, un tableau qui représente la vie de son héros, non plus à Mirabeau, mais à Aix, car c'est dans cette ville que s'écoulèrent les huit dernières années de la vie de Jean-Antoine. Son fils nous dit en effet, dans un autre document, qu'à partir de 1728 il résidait à Aix et n'allait même plus dans ses terres. Sa vieillesse à Aix nous est présentée par son premier biographe sous un aspect qui semble parfois assez attrayant :

Ses soirées, dit le marquis de Mirabeau, étaient un véritable lycée d'honneur, de récits historiques, d'éloquence et de dignité. Il s'y rassemblait assez régulièrement un certain nombre de personnes choisies qui venaient les passer chez lui. Son genre d'esprit n'était pas précisément celui qui fait valoir les autres, le meilleur sans doute pour la société, mais aussi le plus rare ; il avait trop de vivacité et de feu pour cela. Il aurait volontiers tourné vers la plaisanterie noble et piquante, mais comme aussi elle eût aisément été mordante, vice de race, ses principes l'en éloignaient. D'ailleurs, sur ses fins, sa santé était si mauvaise, qu'il n'était plus le maître de son humeur (1), et le

---

dans le premier volume des *Mémoires de Mirabeau,* sous le titre d'*Extraits des Mémoires domestiques inédits* du marquis de Mirabeau. Nous devons dire que ces *extraits* ne sont rien autre chose que des morceaux de la biographie de Jean-Antoine par le marquis, non copiés par son fils.

(1) Il y a quelque discordance de pensée entre ce membre de phrase et celui qui le suit ; mais, le marquis de Mirabeau étant un peu coutumier du fait, nous n'avons pas cru devoir intervenir.

ton le plus sérieux et le plus noble était dominant chez lui ; mais toutes les grâces de la diction et toute la chaleur de l'éloquence en faisaient l'âme et le soutien. Au reste, à ses yeux près, affaiblis sans qu'il parût rien au dehors, mais de manière qu'à peine voyait-il à se conduire, il vécut jusqu'au bout tout entier ; sa figure n'avait point changé ; ses vêtements, qui eussent été ordinaires sur un autre, paraissaient fastueux sur lui. Jamais homme n'eut meilleure mine, et ne parut moins y prétendre. Il poussait la propreté jusqu'à changer de perruque à la campagne, y étant seul, en revenant de la promenade avant de rentrer dans l'appartement. Pourquoi peindre un homme, sinon pour le faire vivre? Dans un beau modèle, les plus petits détails sont précieux.

On se demande pourquoi Mirabeau a écarté ce passage en copiant le manuscrit paternel. L'aurait-il par hasard considéré comme un produit de l'imagination de son père? S'il pensait ainsi, on serait tenté parfois d'être de son avis quand on lit telle lettre du fils de Jean-Antoine, écrite avant qu'il eût songé à raconter la vie de ce dernier, et dans laquelle il cherche précisément à faire ressortir le côté triste et prosaïque de sa vieillesse soit à Mirabeau, soit à Aix. Le marquis veut, il est vrai, se justifier auprès de son frère le bailli, d'avoir quitté la Provence; il veut lui prouver que leur père commun avait voulu la quitter aussi, et après avoir indiqué les diverses circonstances qui l'en empêchèrent, notamment une perte de 200,000 livres faite par lui dans *le système*, c'est-à-dire dans les opérations du fameux financier Law, il croit devoir, à l'appui de son argumentation, présenter sous un jour peu brillant les dernières années de la vie de Jean-Antoine : « Il rongea, dit-il, désormais sa vie à Mirabeau, à Pertuis, à faire la *garrigue* (1), de petits placements de concert avec Capus (son homme d'affaires), et, quand la vue lui manqua, à solliciter des procès à Aix pour les montagnards à lui recommandés, sentant son déplacement, faisant force sur lui-même et abrégeant sa vie à l'aide de Joannis et de Deidier (2). »

Dans un autre document dont nous reparlerons plus tard, le père de Mirabeau, se félicitant d'avoir pu faire un mariage dont il ne se dissimule pas les inconvénients, et énumérant les difficultés qu'il trouvait à se marier, fait entrer en ligne de compte l'effroi que mon *grand oncle*, dit-il, *et mon père avaient donné de notre nom*. Si l'on voulait abuser de cet aveu, on en pourrait conclure que la réputation du héros célébré tour à tour par son fils et par son petit-fils, était surtout celle d'un homme très-dif-

---

(1) C'est une grande portion du rocher qui s'étend au midi et à l'est du château de Mirabeau, que Jean-Antoine avait fait aplanir; on avait creusé des trous dans le roc, dans ces trous on avait porté de la terre végétale et planté des oliviers qui n'y ont jamais prospéré.

(2) Lettre inédite du marquis de Mirabeau à son frère le bailli, du 23 mai 1775. Ces noms sont, je crois, ceux de deux médecins d'Aix qui abusaient du faible de Jean-Antoine pour les remèdes.

ficile à vivre ; mais, d'un autre côté, quand on aspire à trouver la vérité, on n'est pas fâché de rencontrer des témoignages étrangers qui viennent à l'appui des sentiments enthousiastes que le marquis de Mirabeau exprime le plus ordinairement pour son père, et c'est ce qui nous a fait remarquer avec plaisir, dans une lettre écrite par Vauvenargues au fils de Jean-Antoine, le passage suivant relatif à ce dernier : « Ce que je dis de la sévérité, écrit Vauvenargues, combat l'exemple d'un père (Jean-Antoine) qui soutenait ce défaut par de *grandes vertus*, par *un esprit solide* et par *une éloquence mâle*, je serais bien fâché d'attaquer sa mémoire qui vit dans votre cœur (1). »

Ce passage, écrit le 13 mars 1740, trois ans à peine après la mort de Jean-Antoine, par un parent et un ami de la famille, qui avait lui-même assez vécu à Aix pour avoir connu sans doute personnellement l'homme dont il parlait, nous met à l'aise pour écarter quelques variations dans les jugements du marquis de Mirabeau sur son père, et pour affirmer que le vieux guerrier qui devait avoir pour petit-fils un des plus grands orateurs des temps anciens et des temps modernes, supérieur à Mirabeau par de grandes vertus,

---

(1) En racontant la vie du marquis de Mirabeau, nous reviendrons sur cette correspondance de jeunesse entre lui et son ami Vauvenargues, devenu depuis si justement célèbre comme moraliste.

était déjà doué comme lui d'une mâle éloquence.

Jean-Antoine mourut le 27 mai 1737, âgé de soixante-dix ans et six mois, laissant par testament sa veuve usufruitière de tous ses biens jusqu'à ce que l'aîné de ses fils eût atteint l'âge de vingt-cinq ans. Nous avons déjà dit qu'il avait eu de son mariage avec Françoise de Castellane, sept enfants, dont six garçons et une fille. Trois garçons seulement lui avaient survécu. L'aîné avait vingt et un ans au moment de la mort de son père. La veuve de Jean-Antoine ayant vécu constamment avec son fils aîné jusqu'en 1769, où elle mourut âgée de quatre-vingt-quatre ans, et ayant exercé sa part d'influence non-seulement sur ses trois fils, mais même sur ses petits-fils, il est naturel qu'après avoir cherché à la connaître un peu, nous essayions à notre tour de la faire connaître au lecteur.

V

LA GRAND'MÈRE DE MIRABEAU.

Nous pouvons d'abord dire en toute sûreté de conscience que Françoise de Castellane fut une des plus belles personnes de son temps. Le témoignage de ses fils sur ce point est confirmé par plusieurs portraits d'elle, dont deux surtout remarquables et authentiques; l'un la représente âgée d'environ vingt-cinq ans, c'est-à-dire dans les premières années de son mariage. C'est une grande femme bien faite, vêtue d'un corsage bleu brodé d'or, avec des traits parfaitement réguliers, la peau blanche, le teint coloré et même un peu vif, de beaux cheveux blonds d'une nuance un peu dorée, relevés sur le front et ornés de rubans d'un rose vif, avec de grands yeux d'un bleu clair tirant sur le gris. Cette figure, dans son expression générale, respire une vivacité noble et fière, mais peut-être un peu agreste.

Dans le second portrait, Françoise de Castellane doit avoir environ soixante ans, et elle est peut-être plus belle encore que dans le premier ; ses yeux bleus semblent devenus un peu plus foncés et plus doux, son teint n'a plus le coloris un peu trop vif qu'il offrait dans sa jeunesse ; il est plutôt d'un blanc mat ; ses cheveux, d'une belle nuance grise, forment deux bandeaux qui encadrent sa figure ovale ; sur sa tête est jeté un voile de dentelle blanche tombant négligemment des deux côtés sur un corsage bleu orné d'un collier de grosses perles blanches ; l'expression de cette physionomie est un peu mélancolique, mais en même temps imposante, ferme et calme.

Mariée à un homme plus âgé qu'elle de vingt ans, qui lui inspirait une estime presque respectueuse, et dont le caractère naturellement violent subissait de plus l'influence d'un corps criblé de blessures, Françoise de Castellane s'accoutuma de bonne heure à se maîtriser, en s'appliquant avant tout à détourner de son mari toutes les occasions de mécontentement ou d'émotion. *C'est elle qui l'a fait durer*, dit quelque part son fils aîné ; mais il paraît bien que le contact d'un mari impérieux n'eut pas pour effet de la rendre flexible ; il développa au contraire en elle des habitudes de sévérité imposante, austère, un peu hautaine et même un peu rude, que ses fils signalent assez souvent dans leur correspondance, tout en exprimant pour la BELLE AME de leur mère l'enthousiasme le plus constant. Son second fils, le bailli de Mirabeau, parlant d'elle en 1760, à une époque où elle avait soixante-quinze ans, la présente ainsi : « Cette respectable mère, dit-il, pleine de force dans l'âme et dans la tête, élevée par de preux gentilshommes, s'exprime avec une énergie qui fait trembler les demi-hommes de ce temps-ci ; mais sa sévérité ne tient pas contre le cœur : née pour aimer ce qu'elle doit aimer, le cœur la ramène toujours ; c'est là, je crois, le fond de son caractère. »

Les deux frères vantent beaucoup la force de sa volonté, et le peu que nous savons de ses actions confirme leur témoignage. Voici, par exemple, comment, aussitôt après la mort de son mari, elle s'occupe de rétablir l'ordre en tous genres dans ses domaines de Mirabeau et de Beaumont. C'est son fils aîné, le père de l'orateur, qui a écrit cette note inédite : « Dès que ma mère se vit à la tête de la maison, elle songea au maintien de la police et justice aussi sérieusement qu'aux affaires. On cachait beaucoup de choses en ce genre à mon père, de peur de l'émouvoir. Elle commença par destituer, à Mirabeau, Duplessis de la charge de bayle ou lieutenant de juge. Ce Duplessis était un des plus grands coquins qui fût au monde. Il y avait à Beaumont une procédure intentée contre un chirurgien établi audit lieu pour une affaire d'avortement; le juge, très-négligent, l'avait suspendue ; ma mère fit arrêter cet homme par Gobart, célèbre exempt de maréchaussée ; il fut poursuivi et banni à perpétuité avec confiscation de biens. L'année d'après, elle fit faire son procès au fils de la nommée *Princesse*, accusé de vol; elle le fit venir lui parler, et l'arrêta ainsi elle-même, ayant fait fermer les portes du château ; il fut condamné et conduit aux galères. »

Ces faits démontrent que la veuve de Jean-Antoine était digne de représenter son mari dans l'exercice des droits de police et de justice qui appartenaient encore aux seigneurs de fiefs. En voici un autre qui prouve aussi qu'elle était avant tout une mère désintéressée. Nous venons de dire que le testament de Jean-Antoine lui conférait l'usufruit de tous ses biens jusqu'à la majorité du fils aîné, par conséquent pour quatre ans encore ; mais lorsqu'il fut question de faire *insinuer*, c'est-à-dire enregistrer ce testament, on demanda *sept mille livres* de droits d'enregistrement pour ce seul usufruit. Or, le simple désir de ne pas grever les biens de ses enfants d'une charge aussi forte suffit pour la déterminer à renoncer à cet usufruit, et à le remettre en fait à son fils aîné, en se contentant de la pension qui lui avait été assignée par son mari. Ce n'est peut-être pas ce qu'elle fit de mieux dans l'intérêt même de son fils, car quoique celui-ci assure que ce trait de *prudente bonté* ne changea rien à la situation, et qu'il continua à laisser gérer sa fortune par sa mère jusqu'à vingt-cinq ans, si nous voulions y regarder de près, il ne serait pas difficile d'établir, comme nous aurons d'ailleurs occasion de le faire, quand nous traiterons de la jeunesse du père de Mirabeau, qu'il intervint lui-même et assez malheureusement dans cette gestion.

La crainte de mécontenter sa mère n'en fut pas moins toujours très-puissante sur son esprit. Nous ne possédons qu'un seule lettre de la mère au fils; mais elle répond assez bien à l'idée que ses enfants nous donnent de son caractère résolu. Elle est écrite dans une circonstance considérable de la vie du marquis de Mirabeau, sur laquelle nous reviendrons, à l'époque où *l'Ami des hommes* avait atteint le plus haut point de sa popularité comme économiste réformateur et apôtre du progrès : après avoir subi huit jours de détention au château de Vincennes pour sa *Théorie de l'impôt*, il venait d'être exilé au Bignon. Il voulait obtenir de sa mère, qui était restée à Paris malade, qu'elle écrivît directement au roi pour demander le retour immédiat de son fils, et il se déclarait décidé à écrire, de son côté, à Mme de Pompadour que si la demande de sa mère était rejetée, « il ferait un éclat, romprait lui-même son exil, et viendrait à Paris demander des juges. » Sa mère, qui désapprouve ainsi que son frère toute démarche violente, repousse ce plan par la lettre suivante datée du 9 février 1761 :

Je me rapporte, mon cher fils, à ce que vous dit ici votre frère : c'est l'intention de votre famille et de vos amis les plus tendres et les plus attachés à vous. A l'égard de la démarche que vous voudriez que je fisse, je puis vous assurer que je n'en ferai jamais rien, et que vous ne sauriez me faire un plus grand chagrin que de la faire vous-même. Au surplus, soyez tranquille sur ma santé ; je ne manque ni de soins, ni de cour ; et au fait, je n'ai point de fièvre. Il y a deux ans que j'étais peut-être plus malade, et je n'en ai rien dit. M. de Saint-Florentin me mande qu'il profitera de la première occasion pour solliciter près du roi votre retour. Encore un coup soyez tranquille, vos amis travaillent avec plus de chaleur que vous ne sauriez le faire vous-même.

Le marquis, alors âgé de quarante-six ans, s'incline devant la volonté de sa mère et renonce immédiatement à son projet avec un ton de déférence filiale qui nous paraît digne d'être noté, parce qu'il compense peut-être un peu la rigueur que nous le verrons déployer, plus tard, dans l'exercice de son autorité paternelle.

Madame, ma très-chère mère,

Le sieur B... arriva hier, et le courrier m'apporta aussi votre lettre du 30 du mois passé, qui a été fort retardée. Prenez, au nom de Dieu, le plus grand soin de votre santé. Je n'ai que cette inquiétude-là ; je me porte d'ailleurs fort bien de corps et d'esprit. A l'égard de mes idées de conduite dans une occasion d'éclat, il est tout simple qu'elles soient analogues à leur principe, et, par conséquent, peu de mise dans des circonstances où il faut agir en père de famille, et non en personnage de théâtre; mais en vous les soumettant, je suis sûr de les rectifier. Soyez donc certaine que je ne ferai rien qui n'ait été approuvé par vous, ma chère mère, ou plutôt que je ne ferai rien du tout. Je m'en remets à la Providence, et je n'y aurai de mérite qu'en ce qui concerne votre santé. Le sieur B... vous dira qu'il nous a trouvés aussi gais que ce dernier article peut me le permettre. Je finis en m'en rapportant à ma lettre à mon frère, pour tout le reste. Je suis avec un profond respect, etc., etc.

Quoique ces documents témoignent de l'influence exercée par la veuve de Jean-Antoine sur son fils aîné, il ne faudrait cependant pas s'exagérer cette influence; elle fut tout à la fois trop forte et trop faible pour leur bonheur à tous deux. La mère ne put jamais se résoudre à se séparer de son fils, et lui-même ne voulut jamais se séparer de sa mère. Elle avait près de soixante ans, lorsqu'il la décida à quitter la Provence pour s'installer successivement avec lui, d'abord dans le Périgord à la suite de son mariage, puis à Paris où il se fixa, renonçant à peu près à toute pensée de retour dans son pays natal, et livré à ses préoccupations, à ses ambitions d'économiste associé au docteur Quesnay dans la direction de l'école des *physiocrates*. Il se maria, néanmoins, sans que sa mère intervînt dans cette grande affaire, conclue par lui seul à Paris, tandis que Françoise de Castellane était encore en Provence, et conclue avec une légèreté bizarre qu'on appréciera plus tard, car ce ne fut pas un mariage d'inclination, et comme mariage d'intérêt, c'était une combinaison des plus chimériques.

Cette erreur, qui fut si fatale pour lui, eut pour première conséquence de le placer entre une mère austère, pieuse, méthodique jusqu'à l'excès, et une femme foncièrement extravagante, dénuée de tenue en tous genres, toutes deux antipathiques l'une à l'autre, et vivant presque toujours pendant bien des années sous le même toit.

La tendre vénération que le marquis de Mirabeau éprouvait pour sa mère dut le rendre parfois rigoureux pour sa femme jusqu'à l'injustice, et il est difficile que la veuve de Jean-Antoine, dont la conscience était très-délicate, ne se soit pas reprochée aussi plus d'une fois d'être pour quelque chose dans la désunion des deux époux. Indépendamment de cette cause habituelle de trouble, la vieille marquise eut à subir des chagrins douloureux, dont le plus vif, peut-être, fut l'affront que lui infligea son troisième fils, duquel nous allons parler tout à l'heure, en contractant un premier mariage non-seulement peu judicieux comme celui de l'aîné, mais *honteux*. Il venait de se remarier plus honorablement, lorsqu'elle le perdit après s'être réconciliée avec lui; et c'est alors que de nouveaux chagrins vinrent l'assaillir par son fils aîné. Celui-ci s'était séparé de sa femme qui était allée vivre en Limousin auprès de sa mère, et sous ce rapport, la vieille marquise, redevenue la maîtresse de la maison, aurait pu se féliciter de l'événement; mais elle voyait sa belle-fille se préparer à ruiner son mari en se ruinant elle-même par des procès interminables et scandaleux.

L'irritation qu'elle en éprouvait la poussait involontairement à distinguer, entre ses petits-enfants, ceux qui physiquement ressemblaient le plus à leur mère; et comme le futur tribun, même en dehors de la laideur accidentelle que lui avait infligée la petite vérole, était, suivant elle, *tout* Vassan, elle contribuait plus ou moins à entretenir le père dans une disposition de sévérité habituelle contre celui-là et d'indulgence plus grande envers le second (depuis le vicomte), qui, dans la maison, était considéré comme rappelant seul les Mirabeau (1).

Tandis qu'elle concourait ainsi à préparer un avenir pénible à ce fils aîné qu'elle aimait avec une si profonde tendresse, elle était obligée, malgré sa piété de plus en plus ardente, de fermer les yeux sur des choses qui blessaient le sentiment le plus vif de son âme. Après le départ de sa belle-fille, elle avait vu s'introduire auprès d'elle, à titre d'*amie* de son fils;

---

(1) C'est au second de ses petits-fils que Françoise de Castellane légua par testament la somme de quarante mille livres qui composait toute sa fortune personnelle, tout en laissant d'ailleurs l'usufruit de cette somme au père de l'enfant.

une personne jeune encore, belle, spirituelle et très-séduisante, que nous ne faisons qu'indiquer ici, mais dont nous parlerons amplement dans le cours de ce travail. Cette jeune femme qui l'accablait de soins et de prévenances, paraît lui avoir inspiré par moments une sympathie très-sincère, et cependant elle ne pouvait se faire illusion sur la nature du lien qui l'unissait à son fils.

Ce n'est pas que Mme de Pailly dont il s'agit ici ait jamais vécu conjugalement, ainsi qu'on l'a écrit quelquefois, avec le marquis de Mirabeau. Les bienséances étaient gardées; elle ne venait habiter chez lui qu'à la campagne, au Bignon, où elle était supposée en visite chez sa mère; elle y venait elle-même quelquefois accompagnée de son père. Elle y trouvait non-seulement la vieille marquise, mais une de ses deux belles-filles, la veuve de son troisième fils, qui vivait dans la maison, et avec laquelle elle était fort liée; elle y trouvait souvent aussi la fille aînée du marquis de Mirabeau, mariée elle-même, et également très-liée avec l'*amie* de son père. Mais nous avons lu un trop grand nombre de lettres intimes concernant cet intérieur, pour n'avoir pas discerné, en ce qui touche la veuve de Jean-Antoine, que la présence de Mme de Pailly, tout en étant souvent pour elle une distraction agréable et parfois même une sorte de plaisir de cœur, est souvent aussi, pour sa conscience de dévote austère, une cause d'agitations et d'inquiétudes très-vives.

Nous sommes entré dans ces détails, surtout pour expliquer, autant qu'il peut être expliqué, le phénomène moral extraordinaire, déplorable et même affreux, qui signala les trois dernières années de cette vénérable femme, qui fit le désespoir de ses deux fils, et au sujet duquel le marquis de Mirabeau s'écriait dans une lettre du 27 septembre 1766 : « Et c'est là la fin et le terme de quatre-vingts ans de vertus. *O altitudo!* »

Nous aurions glissé sur cet incident douloureux, si des *Souvenirs* d'un homme du xviiie siècle, imprimés récemment pour la première fois, n'avaient appris le fait au public en l'exagérant et en le défigurant plus ou moins, par l'omission des circonstances touchantes qui en adoucissent le pénible caractère. Nous voulons parler des *Souvenirs* du baron de Gleichen, l'ancien ambassadeur de Danemarck à Paris, l'ami des Choiseul. L'auteur de cet ouvrage, d'ailleurs intéressant, semble s'être proposé surtout d'y réunir tous les *cas singuliers* et tous les personnages bizarres qu'il a pu rencontrer dans sa vie; il déclare lui-même que s'il parle de la famille de Mirabeau, avec laquelle il a été lié, en effet, comme il le dit, pendant quelques années, c'est surtout pour raconter le genre extraordinaire de folie qui a précédé la mort de la grand'mère de Mirabeau. Il commence d'abord par faire en sa faveur une déclaration qui a tout son prix dans la bouche d'un philosophe: il déclare que « quoiqu'il l'ait con nue *stupidement dévote*, elle n'en avait pas moins gardé jusqu'à l'âge de quatre-vingt-deux ans *une pénétration, une justesse et une force d'esprit étonnantes.* » Voici maintenant comment il explique et raconte la longue et cruelle maladie dont elle fut atteinte :

Sa maladie, dit-il, me paraît avoir développé les combats de son tempérament contre ses principes, et de sa *philosophie* contre la foi la plus aveugle. A l'âge de quatre-vingt-deux ans, elle tomba malade d'une goutte remontée, et que Bordeu prit pour une fièvre catarrhale maligne; il lui donna beaucoup de kermès minéral, qui subtilisa l'humeur goutteuse. Elle se répandit sur les nerfs et se concentra ensuite dans le cerveau; elle devint folle, furieuse, enragée; elle arrachait tous ses vêtements; on fut obligé de la coucher sur la paille, et de la mettre sous la garde d'un vieux valet de soixante et dix ans, qui seul pouvait en venir à bout, parce qu'elle en était devenue amoureuse. Elle était un squelette et n'avait plus qu'un souffle de vie, lorsque la rage la prit. Dès ce moment, sa santé physique changea si miraculeusement, qu'elle engraissa à vue d'œil, devint fraîche comme une jeune fille, et tous les symptômes de son sexe et de la jeunesse lui revinrent.

Mais ce qu'il y a de plus merveilleux encore, c'est que sa folie portait précisément sur les deux points contraires de son caractère moral. Cette femme si vertueuse, si prude, qui s'offensait de l'ombre d'une expression équivoque, vomissait des paroles qui auraient révolté les oreilles d'un grenadier, et qu'on aurait cru devoir lui être totalement inconnues. Le second produit de sa rage était les blasphèmes les plus horribles ; et quand quelqu'un venait la voir, elle lui criait de renier Dieu o qu'elle l'étranglerait. Elle a vécu dans cet état jusqu'à l'âge de quatre-vingt-six ans; et c'est bien d'elle qu'on peut dire par excellence qu'elle a eu la tête tournée et l'esprit à l'envers (1).

Nos documents nous permettent de déclarer que cet affreux tableau est en partie inexact et dans son ensemble très-exagéré. On dirait que le baron de Gleichen a vu le spectacle qu'il décrit ; on dirait même, à lire ces mots irréfléchis : « Quand quelqu'un venait la voir » qu'une personne dans un pareil état recevait régulièrement des visites. Il est certain, au contraire (et nous le prouverons tout à l'heure), que le marquis de Mirabeau, aussitôt que la folie de sa mère prit un caractère furieux, mettait une sorte de pudeur farouche à ne la laisser voir à personne, pas même à ses plus proches. Cela ne veut pas dire qu'il ne s'occupât point lui-même de la malheureuse malade, au contraire, il s'en occupait d'autant plus que lui seul gardait sur elle un ascendant permanent, même au milieu de ses crises les plus terribles. Tant que la démence de sa mère avait été paisible (et elle ne prit pas, aussi soudainement que le dit le baron de Gleichen, le caractère de la fureur), son fils en parlait volontiers à ses amis, et nous avons des lettres de lui très-touchantes, où il peint cette *auguste caducité*, entourée d'un cercle de femmes attentives et res-

(1) *Souvenirs du baron de Gleichen*, publiés en 1868 par M. Grimblot, chez Techener, p. 118-119.

pectueuses à qui elle conte que Jésus-Christ est enterré à *la fontaine des lins* dans le parc, tandis que son fils et le médecin Gatti se promènent dans le salon en silence (1). Mais à partir du jour où cette folie devint furieuse, il cache sa mère à tous les yeux, et ne parle d'elle qu'à son frère le bailli, qui était alors à Malte, où il commandait les galères de l'Ordre, et qui partage sa consternation.

Qu'on imagine, en effet, deux hommes, très-fiers tous les deux, et tous les deux également fiers de leur mère, habitués, dès leur enfance, à la considérer comme un être supérieur, tout à la fois, par la force de son esprit et par l'austère sévérité de son langage, de ses habitudes et de ses mœurs; qu'on imagine leurs impressions en la voyant tombée dans cet horrible état !

Je t'ai déjà prévenu, cher frère, écrit le marquis au bailli, le 27 septembre 1766, du déchet de la tête de notre auguste mère. Il a été si rapide (2), qu'il est incroyable, mêlé de manie continuelle et quelquefois de frénésie. Sa manie est toute en dur et en aversion. Elle sent partie

---

(1) J'ai déjà inséré deux de ces lettres adressées par le marquis de Mirabeau à Mme de Rochefort, dans un volume publié en 1870, sous ce titre : *La Comtesse de Rochefort et ses amis*, et c'est ce qui m'empêche de les reproduire ici.

(2) Ce mot *si rapide*, qui semblerait en contradiction avec ce que nous venons de dire, ne doit pas être pris au pied de la lettre, car, un mois avant, le marquis avait déjà annoncé à son frère que la tête de sa mère déclinait. La lettre écrite à la même date que celle-ci et dont nous avons cité plus haut une phrase, est adressée par le marquis à son gendre.

de son malheur et est invincible dans sa volonté, comme elle le fut toujours ; elle mange peu et ne se couche plus. En un mot, c'est un état à faire pitié et le seul événement de ma vie qui ait pensé me faire pécher contre mon culte absolu de résignation à la Providence, et dire comme Brutus à Philippes : « O vertu, etc., etc. » Tu sens ce qu'est pour moi le terrible détail de ce spectacle, et du devoir relatif. Je ne t'en dirai pas davantage.

« J'ai connu bien des têtes d'homme, répond le bailli de Mirabeau à son frère ; j'en ai peu trouvé que j'eusse mis de niveau avec la sienne, et voilà où elle en est. *Fiat voluntas!* Mais quel rabat-joie à l'orgueil humain! » Et quoiqu'il soit malade des fatigues de son commandement de Malte, il propose à son frère de venir s'associer aux soins qu'il donne à sa mère.

« Tu ne nous es pas nécessaire, lui réplique le marquis, pour soutenir l'état de notre pauvre mère. Bien loin de là, hors ses domestiques continuellement résidant dans sa chambre, il n'y a que ma sœur (1) et moi qui y entrions, parce que c'est une continuation de devoirs nécessaire, pour que ses gens ne la négligent pas. Elle ne dit rien à ma sœur, et en radote quand elle est partie, mais en mal ; et, en général, elle ne peut souffrir les femmes. Pour moi, elle a toujours de la joie deux fois par jour quand j'arrive ; mais la volubilité à bâtons rompus ne cesse pas. En un

---

(1) C'était sa belle-sœur, la veuve du second de ses deux frères, dont il sera question plus loin.

mot, je n'ai pas voulu que mon gendre, qu'elle aimait fort, la vît, à un voyage qu'il a fait ici cet hiver, et si tu arrivais et m'en croyais, tu ne la verrais point, crainte de quelque révolution qui troublerait sa santé, maintenant inébranlable, et nous donnerait de la peine, car elle parle souvent de sa folie (1). »

Ainsi, la pauvre femme avait des lueurs de raison qui lui faisaient sentir sa folie. Quant au caractère cynique ou impie de cette folie, le baron de Gleichen l'exagère beaucoup lorsqu'il transforme en un état habituel des accès qui ont pu se produire quelquefois, mais rarement, d'après le témoignage du fils. Cependant nous devons dire que nous trouvons une sorte de confirmation du fait dans ce passage un peu voilé d'une lettre du marquis au bailli : « Son mal consiste en une opposition diamétrale à tous ses goûts, usages, habitudes et manières et langage d'autrefois. » Mais la même correspondance prouve, et d'une façon émouvante, qu'elle échappait plus d'une fois au démon qui l'obsédait (car cet état semble rappeler ce qu'on appelait des *possessions* au moyen âge). Nous lisons, en effet, dans une lettre de son fils aîné au bailli, qui était alors à Mirabeau, le passage suivant ; la lettre

---

(1) Nous sommes porté à croire, d'après d'autres lettres, que le bailli vint, en effet, passer quelque temps chez son frère, et qu'il eût le courage de s'abstenir ou, peut-être, qu'il n'eût pas le courage de voir sa malheureuse mère.

est du 11 septembre 1767 : « Je ne t'écrirais pas, cher frère, sans un incident qui me tient à cœur; ma mère, qui n'a plus du tout d'idée suivie, m'a parlé, néanmoins, deux jours de suite de faire faire une neuvaine pour elle à Notre-Dame du Lau. Tu sais la foi de toute la famille à cette dévotion; elle voudrait, et c'est du moins ce qu'elle m'a dit à bâtons rompus, qu'on écrivît au supérieur de MM. les prêtres desservants de Notre-Dame du Lau, pour leur demander une neuvaine pour *l'âme de dame Françoise de Castellane, marquise de Mirabeau*. Elle prétend que les lettres vont par Gap. »

N'y a-t-il pas quelque chose de singulièrement attendrissant dans le fait de cette malheureuse folle qui, vivante, demande qu'on prie pour son âme, comme si elle était morte, ou plutôt pour obtenir que cette âme si noble, mais si horriblement opprimée, défigurée, bouleversée, puisse enfin se dégager de son corps et rentrer en possession d'elle-même en reprenant toute son ancienne beauté ! Ce n'est pas que nous adoptions la solution physiologique par laquelle le baron de Gleichen prétend expliquer l'état de la grand'mère de Mirabeau; son explication, qu'on vient de lire plus haut et qui porte sur la réaction du *tempérament* contre les *principes*, à propos d'une femme de quatre-vingts ans qui a mis sept enfants au monde, nous paraît absurde. Le détail du vieux domestique septuagénaire duquel seul elle acceptait les soins dans sa folie, parce qu'elle en était, suivant Gleichen, amoureuse, n'est point mentionné dans la correspondance du marquis (1). On peut l'admettre cependant comme un incident possible d'un état qui a duré trois ans; mais la disposition la plus constante de cet état, c'était, d'après le marquis, l'aversion des femmes, dont la présence était devenue insupportable à sa mère, et c'est cette aversion qu'elle exprimait probablement en termes grossiers, dont Gleichen exagère probablement aussi beaucoup la grossièreté.

Si donc, nous avions la prétention que nous n'avons pas, de déterminer la cause d'une pareille folie, peut-être pourrions-nous alléguer, comme explication plausible, les circonstances dont nous venons de parler, c'est-à-dire les chagrins qu'une personne très-fière et très-austère avait éprouvés par suite des influences féminines qui s'étaient produites dans la vie de deux de ses fils. En un mot, le phénomène nous paraît plus explicable encore par une cause morale que par une cause physique. Ce qui est certain, c'est que la malheureuse femme vécut trois ans dans cette

(1) Ce vieux domestique ne devait pas être tout à fait septuagénaire en 1766, car nous le retrouvons vingt et un an plus tard dans le testament du marquis de Mirabeau, daté du 27 juin 1787, où il est l'objet d'une disposition ainsi rédigée : « Je laisse à Saint-Pierre, s'il est encore à moi au jour de mon décès, 200 livres de pension viagère. Il m'a bien bu du vin; mais il a beaucoup et longtemps servi et soigné les dernières années de ma mère, avec une attention et un zèle que je ne dois pas oublier. »

douloureuse situation : elle avait perdu la raison en août 1766 et elle mourut à quatre-vingt-quatre ans, le 26 mai 1769 (1). Voici en quels termes le marquis apprend à son frère la fin de cette longue agonie : « Je t'avais annoncé, cher frère, que le premier cachet te dirait que notre vénérable mère a été prendre possession d'une meilleure vie. Ce fut hier à neuf heures du soir que nous perdîmes l'honneur de son sexe et la bénédiction de notre maison. Au reste, elle était en tel état, qu'il n'y avait qu'à désirer de voir abréger le combat de la nature. Sa force et son courage étaient tels, qu'elle se faisait toujours lever, mais c'était une agonie presque continuelle. Bénis la Providence de t'avoir engagé à d'autres devoirs. » Dans une autre lettre, il ajoute : « Elle m'a toujours reconnu et chéri jusqu'au dernier moment, et j'y entrais quatre fois par jour. »

Bien des années après, et peu de temps avant de mourir lui-même, le marquis de Mirabeau, récapitulant tous les malheurs de sa vie, qui, on le verra, furent nombreux, et comptant ces trois années parmi les plus cruelles, écrivait à son frère le 11 juillet 1788 : « La chute de notre vénérable mère, transition furibonde pendant près de six mois (2),

---

(1) Le baron de Gleichen se trompe également sur l'âge de la vieille marquise : elle était née en mai 1685.

(2) Cela paraît prouver, contre l'assertion de Gleichen, que la période furieuse ne dura que six mois.

donna à son fils présent et imposant, bon Dieu! et pérorant, des serrements et un exercice qu'on ne peut que supposer; la voyant seul depuis, pendant trois années ; les derniers temps m'avaient mis en état de manquer de tête. » Ailleurs il dit encore qu'il serait devenu fou lui-même, sans la diversion qui le sauva dans cette circonstance comme dans les autres crises de sa vie, la *diversion de sa chère science*. On verra, en effet, avec quelle sincère et infatigable ardeur le marquis de Mirabeau se console de tout, oublie également et ses douleurs et celles qu'il inflige à autrui, en barbouillant d'innombrables volumes sur le bonheur du genre humain par la propagation de toutes les merveilles renfermées dans le *tableau économique* et dans la théorie du *produit net*. Quant à sa mère, il ne l'oublia pourtant jamais, car son testament, écrit vingt ans après la mort de celle-ci, exigeait si expressément qu'on la retirât des caveaux de Saint-Sulpice pour lui faire partager son tombeau, qu'on fut obligé de déplacer dans ce but une masse de cercueils, et tous deux reposent aujourd'hui, l'un à côté de l'autre, dans l'église des bénédictins d'Argenteuil (1).

(1) Cette étude sur la grand'mère de Mirabeau aurait été plus complète, et probablement plus intéressante, si nous avions pu retrouver un *Éloge historique de Françoise de Castellane, marquise de Mirabeau*, rédigé par le marquis son fils à l'instar du travail qu'il avait écrit sur son père. Mais, quoique le marquis nous apprenne lui-même que son ouvrage sur sa mère a été *imprimé*, comme il l'a été probablement à un petit nombre d'exemplaires, il a échappé jusqu'ici à toutes nos recherches.

VI

LE COMTE LOUIS-ALEXANDRE DE MIRABEAU.

Le troisième fils de Jean-Antoine ne devant pas figurer longtemps dans ce travail sur les Mirabeau, parce qu'il mourut jeune encore, à trente-six ans, nous le ferons passer avant ses frères : sa physionomie est d'ailleurs originale comme celle de tous les autres membres de sa famille. Il semblerait, d'après le témoignage du bailli de Mirabeau, que, contrairement à ce qui arrive d'ordinaire, Françoise de Castellane aurait été habituellement plus sévère pour le plus jeune de ses enfants que pour les autres ; ou peut-être celui-ci n'aurait-il pas su, comme ses deux frères, apprécier le fonds de tendresse extrême qui se cachait sous l'austérité maternelle : « La respectable mère que nous pleurons, écrit le bailli à son aîné en 1769, avait, comme être créé, ses imperfections ; sa vertu, sa fermeté, la hauteur et la dignité de son âme se peignaient trop sur son visage, et lui donnaient un air d'austérité qui avait, peut-être, contribué à éloigner son troisième fils. »

Celui-ci était pourtant, non pas le plus beau, mais peut-être le plus joli des trois fils de Jean-Antoine. Sa figure, que nous avons pu juger d'après un portrait qui le représente à l'âge de vingt à vingt-deux ans, n'est ni aussi noble que celle du bailli, ni aussi spirituelle que celle du marquis ; mais elle est fine et gracieuse, ses yeux sont bruns au lieu d'être bleus comme ceux de ses frères ; ses traits sont plus délicats ; il a un petit nez un peu arrondi et une petite bouche en cœur qui font de lui un type assez complet chevalier de comédie au xviiie siècle. Né à Pertuis, le 6 octobre 1724, Louis-Alexandre fut, comme tous ses frères, reçu, dès l'enfance, dans l'ordre de Malte. Jean-Antoine se faisait une loi de ménager cette ressource à tous ses garçons, et, d'après son fils aîné, il dépensa, pour toutes ces réceptions et pour frais de passage à Malte, 56,000 livres.

Élevé, sans doute, d'abord comme ses deux aînés au collége des jésuites à Aix ou à Marseille (1),

---

(1) La supposition est cependant, peut-être, un peu contrariée

il en sortit de très-bonne heure, car nous le voyons dès l'âge de treize ans, en 1737, l'année même de la mort de son père, attaché comme sous-lieutenant au régiment du Roi-infanterie. Il y trouva pour mentor son parent et l'ami de son frère aîné, ce jeune et intéressant Vauvenargues dont nous avons déjà parlé et qui, plus âgé que lui de neuf ans, servait dans le même régiment comme capitaine. Les observations que le mentor adresse à son ami sur le petit chevalier (c'est le titre que portait alors Louis-Alexandre), prouvent que le troisième des fils de Jean-Antoine manifestait de bonne heure le tempérament de sa race. « Il a *comme vous*, dit Vauvenargues au frère aîné, les passions extrêmement vives. Je lui trouve dans l'humeur quelque chose des Riqueti, qui n'est point conciliant; mais il a bien envie de se faire estimer, et cela le corrigera. Je ne manque pas de lui dire, ajoute le jeune et sage moraliste, qu'on n'est guère estimé quand on n'est point aimé. Sa volonté est aussi décidée que la vôtre, et c'est le seul défaut qu'on puisse lui reprocher. »

Le frère aîné de Louis-Alexandre, devenu chef de la famille, ne semble pas disposé, dans cette correspondance, à se prévaloir à l'excès de son droit d'aînesse envers son cadet. C'est la mère

---

par cette phrase du marquis de Mirabeau sur Louis-Alexandre : « Mon frère a eu moins d'éducation que nous, mais il est dans l'âge d'apprendre ou jamais. »

qui représente plutôt l'autorité et la sévérité : « Je suis content de votre frère, écrit Vauvenargues, et madame votre mère ne l'est pas, je n'en sais pas la cause. » Le mentor conseille de lui faire passer un hiver à Paris pour qu'il fréquente la bonne compagnie, qui lui a manqué au régiment : « Je pense comme vous, répond le frère aîné, qu'il lui faut un peu de Paris avant d'aller à Malte. Je le souhaiterais fort, mais ma mère n'est pas de ce sentiment. Ne pourrions-nous pas, par Meyronnet, lui persuader de l'y laisser aller cet hiver?... S'il ne répond pas à mes soins, écrit-il encore, je sais qu'il est en âge de commencer à avoir des volontés, et, pourvu qu'il ne s'écarte point des lois de l'honneur, je suis certain que je n'aurai rien à lui dire. »

Le jeune chevalier resta fidèle aux lois de l'honneur militaire, il fit bravement son métier de soldat, il prit part à presque toutes les batailles ou tous les combats qui précédèrent la paix d'Aix-la-Chapelle; il était à Ettingen, à Fontenoy, à Lawfeld, à Raucoux. Mais il ne respecta pas un autre genre de point d'honneur dont l'importance n'est pas moindre que celle du premier. A vingt-quatre ans, devenu capitaine dans ce même régiment du roi, il eut le malheur de rencontrer à Bruxelles une des nombreuses maîtresses du maréchal de Saxe, une comédienne appartenant à la catégorie des filles entretenues, Mlle Navarre, qui lui tourna la tête au point de s'en faire épouser.

Ce fâcheux épisode de la vie de Louis-Alexandre, lui a valu une assez grande célébrité ; car l'épisode fit scandale même au xviiie siècle, attendu que le mariage comblait ici, en quelque sorte, la mesure du dérèglement. Il se trouva de plus que Mlle Navarre délaissait pour épouser le chevalier de Mirabeau quelques adorateurs également heureux et par suite également désespérés, entre autres Marmontel, qui a cru devoir consigner dans ses Mémoires, écrits pour l'*édification* de ses enfants, un récit détaillé de cette aventure (1). Il y fait jouer au chevalier de Mirabeau un rôle à la fois sentimental et ridicule qui a procuré à celui-ci l'honneur de figurer dans plusieurs vaudevilles et dans un certain nombre de romans.

Marmontel croit devoir nous déclarer que, tout en adorant illégitimement Mlle Navarre, il n'avait jamais voulu consentir, quoiqu'elle le désirât aussi pour mari, à *s'oublier lui-même* jusqu'à

---

(1) Il est difficile de résister à l'envie de mettre en relief, au moins par une citation, le caractère parfois si choquant et si gravement grotesque des confidences que Marmontel fait à ses enfants. C'est après leur avoir raconté en détail sa première entrevue avec Mlle Navarre et ce qu'elle lui dit dans *quelques moments tranquilles,* que ce père vertueux termine le chapitre par cette apostrophe : « Ici, mes enfants, je jette un voile sur mes déplorables folies. Quoique ce temps soit éloigné et que je fusse jeune encore, ce n'est pas dans un état d'enivrement et de délire que je veux paraître à vos yeux. » Ce qui ne l'empêche pas, *cinq* pages plus loin, de se présenter derechef à ses enfants dans une situation si *dévoilée* qu'on ne peut pas même l'indiquer approximativement, et de leur dire : « Figurez-vous, s'il est possible, de quel transport je fus saisi ! »

accepter cette proposition ; il nous apprend encore que le chagrin qu'il éprouva de se voir supplanté par le chevalier de Mirabeau fut soudainement calmé lorsqu'il apprit que le fils du marquis Jean-Antoine ne reculait pas devant l'extrémité jugée déshonorante par le fils d'un cultivateur limousin ; et, néanmoins, il croit devoir exprimer la plus vive indignation contre le frère aîné du jeune gentilhomme, c'est-à-dire contre le marquis, considéré par lui comme inexcusable d'avoir remué ciel et terre pour empêcher ce honteux mariage. « C'est depuis cette époque, dit-il, que cet *ami des hommes*, hypocrite de mœurs, intrigant de cour, etc., etc., est devenu ma *bête d'aversion*. »

Marmontel en parle à son aise ; qui sait ce qu'il aurait fait s'il s'était agi de préserver son nom d'une souillure ? Nous ne connaissons pas bien au juste les moyens qu'employa le marquis de Mirabeau pour s'opposer à un événement qui faisait le désespoir de sa mère, et qu'il considérait comme flétrissant pour sa famille. Nous voyons seulement dans ses lettres qu'il se mit lui-même en campagne, armé de toutes les recommandations qu'il put se procurer auprès des ministres ; mais il avait affaire à un Riqueti aussi entêté que lui, et comme ses efforts furent inutiles, puisque le mariage fut régulièrement célébré soit en Hollande, soit à Avignon, nous sommes portés à douter, quoi qu'en dise Marmontel, que le frère aîné ait pu, tardivement et après la célébration du mariage, tenter de faire arrêter à Avignon les deux époux ou l'un d'eux, et que le saisissement, occasionné par cette tentative, ait amené la mort de la nouvelle comtesse de Mirabeau. Le seul fait certain, c'est qu'elle mourut à Avignon, en 1749, peu de temps après son mariage.

On se tromperait cependant, si, jugeant sur cet acte de folie le chevalier de Mirabeau, qui, en déposant la croix de Malte pour épouser M{{ll}}e Navarre, prit le titre de comte, on en concluait que l'ardeur des passions de sa race se rencontrait chez lui associée à une intelligence faible et bornée, comme le donnerait à penser un pareil coup de tête. Ce qui va suivre prouve le contraire. Le comte Louis-Alexandre était resté veuf à Avignon, renié par toute sa famille. « Il était, écrit son aîné, à bout de fusées, remboursé en totalité de sa légitime, dont il n'avait fait que trois morceaux. Faut-il pas qu'il passe là un margrave, beau-frère du roi de Prusse, et sa femme, princesse fort éclairée ! Ils allaient en Italie ; ils s'engouent de ce *virtuose* et obtiennent de sa générosité qu'il veuille bien les accompagner. Il fut régner en Allemagne et nous débarrassa de sa personne. »

Le fait était parfaitement exact malgré le ton moqueur de celui qui le raconte et qui, d'ailleurs, ne tardera pas à prendre son frère au sérieux.

— C'est en 1755 que le margrave de Bayreuth et sa femme, sœur du grand Frédéric, traversant les États du Pape pour se rendre en Italie, s'enthousiasmèrent de ce *mauvais sujet d'Avignon,* comme disent les deux frères en parlant de lui. « Il les a suivis en Italie, écrit l'aîné ; on mande que le Pape lui a fait rendre son ancienneté à Malte, et quant au prince, il ne lui a encore accordé que 12,000 florins d'Allemagne de pension, et un carrosse entretenu, ne jugeant aucune charge chez lui digne d'un tel seigneur; tout cela ne sera qu'un chapitre de la vie de l'aventurier Buscon. » Deux ans s'étaient à peine écoulés et l'aventurier Buscon, devenu un personnage, commençait à inspirer beaucoup plus de considération à son frère aîné. Il était grand chambellan et conseiller privé du margrave de Bayreuth. Son petit souverain, trouvant en lui le talent des affaires, l'envoyait même à Paris chargé d'une négociation très-importante, et le marquis de Mirabeau ouvrait de grands yeux. « Le crédit des affaires lui vient, écrit-il au bailli, et il y a beaucoup de talent. »

Il avait, en effet, assez de talent pour que le roi de Prusse, dans le moment le plus critique de sa vie, ait été induit par sa sœur, la margrave de Bayreuth, à accepter, à solliciter même l'intervention de ce Mirabeau comme sa dernière planche de salut. C'était en juillet 1757; Frédéric, attaqué à la fois par la France, l'Autriche, la Russie et la Suède, faiblement soutenu par l'Angleterre, ayant déjà perdu une partie de son royaume, traqué de partout et résolu, disait-il, à se tuer plutôt que de se livrer à la discrétion de ses ennemis, reçoit tout à coup de sa sœur une proposition qui le ranime et à laquelle il répond par la lettre suivante, datée de Leitmeritz, 7 juillet 1757 :

Puisque, ma chère sœur, vous voulez vous charger du grand ouvrage de la paix, je vous supplie de vouloir envoyer *ce M. de Mirabeau* (1) en France. Je me chargerai volontiers de sa dépense ; il pourra offrir jusqu'à cinq cent mille écus à la favorite pour la paix, et il pourrait pousser ses offres beaucoup au delà, si, en même temps, on pouvait s'engager à nous procurer quelques avantages.

Vous sentez tous les ménagements dont j'ai besoin dans cette affaire, et combien peu j'y dois paraître ; le moindre vent qu'on en aurait en Angleterre pourrait tout perdre. Je crois que votre émissaire pourrait s'adresser de même à son parent qui est devenu ministre, et dont le crédit augmente de jour en jour (2). Enfin, je m'en rapporte à vous (3).

---

(1) Dans un article sur la margrave de Bayreuth, citant cette lettre et rencontrant ce nom, M. Sainte-Beuve, qui ignorait les faits et gestes du plus jeune des oncles de Mirabeau, semble persuadé que le nom a été écrit ainsi par erreur, mais il n'en est rien, c'est bien d'un Mirabeau qu'il s'agit.

(2) C'est le cardinal de Bernis, avec lequel les Mirabeau revendiquaient des relations de parenté, et qui venait, en effet, d'être nommé ministre.

Œuvres complètes de Frédéric le Grand, t. XXVII, p. 296.

Conformément à cette lettre du roi de Prusse, le comte Louis-Alexandre partit de Bayreuth et arriva à Paris dans les premiers jours de septembre 1757. — La situation de Frédéric paraissant alors trop désespérée pour que le Gouvernement français pût songer à se séparer de ses alliés et à traiter avec lui, le négociateur échoua : mais peut-être fut-il pour quelque chose dans les dispositions pacifiques manifestées l'année suivante par le cardinal de Bernis, et qui amenèrent la disgrâce de ce dernier. Les lettres de Frédéric à sa sœur prouvent qu'il suit avec sollicitude les démarches de Louis-Alexandre à Paris, et c'est quand il n'en espère plus rien qu'il écrit à la margrave, le 17 octobre 1757, ces lignes : « Puisque les Français sont si fiers, je les abandonne à leur sens pervers, et je suis en pleine marche pour faire changer de face au destin. » Quelques jours après il le faisait, en effet, changer de face à Rosbach.

Deux ans plus tard, Louis-Alexandre revenait à Paris pour plaider cette fois, auprès du duc de Choiseul, la cause de son souverain, le margrave de Bayreuth, et son frère aîné nous apprend que dans cette circonstance il fut plus heureux qu'en 1757.

« Notre frère, écrit le marquis au bailli, le 31 juillet 1759, eut hier au soir, dans les vingt-quatre heures de son arrivée, un rendez-vous avec M. de Choiseul dans le bois de Marly; non qu'il eût rien à traiter comme l'autre fois, mais force explications à donner sur la conduite de son maître, qu'on eût pu lui attribuer, vu sa faveur, et qu'il a justifiée. La conversation a été bonne et a duré une heure et demie; elle a fini par lui donner la confiance de notre cour dans ce centre de l'Allemagne. »

Le *mauvais sujet d'Avignon* a déjà changé de nom, ses deux aînés l'appellent maintenant *Germanicus* : « Je suis fort charmé, écrit le bailli de Mirabeau, de la fortune de Germanicus. Il a du brillant et du fond; ainsi, il n'est pas étonnant qu'il chemine. Quant à moi, si je vais en avant, je le devrai à m'être trouvé entre vous deux et à une sorte de ténacité dans le caractère vers ce que je crois juste et très-peu de souci des faveurs de la fortune. » Le caractère du bailli est ici peint d'un trait par lui-même, et sa prophétie, quoique invraisemblable, se réalisa complétement, car il devint le plus riche, ou plutôt le seul riche des trois, en restant toujours pauvre, attendu qu'il fut dévoré toute sa vie par sa famille. Le marquis adhère, il ajoute même à l'éloge de Germanicus, mais cependant avec une restriction finale : « Il est bon et honnête, écrit-il le 13 août 1759, il est même grand à bien des égards, mais décousu comme il le fut et le sera toujours. »

Cependant, la réconciliation était déjà complète entre les trois frères avant que la vieille mère, plus tenace, se fût décidée à pardonner l'injure faite à sa fierté et à sa vertu par un fils qui avait, comme le disait jadis son frère aîné, introduit *du fumier* dans la maison de Mirabeau. Pour que la mère fût vaincue, il fallait que la courtisane morte fût remplacée par une honnête fille et par une fille de qualité. C'est le plaisir que Germanicus donna enfin à sa mère, en lui présentant une jeune Allemande *à quartiers*, Julie-Dorothée-Sylvie, comtesse de Kunsberg, épousée par lui à Bayreuth et dotée par le margrave.

« Avant-hier au soir, écrit le marquis au bailli, le 12 octobre 1760, notre frère est arrivé avec sa femme et son beau-frère, ci-devant grand-écuyer du duc de Wurtemberg. Mon frère est maigri et craint de nouvelles rechutes, mais il est beaucoup mieux que quand il est parti de là-bas. Sa femme est petite, blanche et blonde, douce et parlant peu. Tu sais qu'on dit merveille de son bon sens et de son économie. Au reste, il voyage sur l'argent du margrave, qui a voulu lui-même qu'il changeât d'air. Au surplus, ses affaires n'en sont pas plus mal là-bas, et il a des espérances de tout genre. Comme ils ne comptent être ici qu'une douzaine de jours, je crains que tu n'y reviennes pas assez tôt pour les voir. Ma mère m'a paru fort sensible aux caresses de cette petite femme qui a l'attitude allemande, c'est-à-dire humble quant aux femmes, surtout envers les hiérarchies, et cela semble rajeunir ma mère..... Je t'avoue que j'ai une véritable satisfaction d'avoir depuis longtemps travaillé à amener les choses au point de faire jouir cette respectable femme d'une pleine et entière maternité. »

Quand la mère est définitivement réconciliée avec Germanicus, le fils aîné s'associe de cœur à toutes les prétentions de son plus jeune frère. « Nos Allemands, écrit-il au bailli, sont partis mardi, à midi, et comptent arriver vendredi à Lyon, où ils trouveront armes et bagages, à savoir cuisiniers, heiduques, coureurs, etc. Il iront faire un tour à Mirabeau. Notre cadet n'est pas fâché de faire voir à ses adoptifs, par les domaines de la famille, qu'il n'est pas aventurier français. » Dans une autre lettre il ajoute : « Je crois nos Germains actuellement à Mirabeau. Ils n'y feront qu'un court séjour, pour venir se reposer ensuite à Avignon. On sera tout étonné dans nos cantons de voir des heiduques, et, comme je leur disais, il n'y a rien de tel que les gueux pour être splendides. »

Cependant les splendeurs de Germanicus devaient être aussi fragiles qu'elles avaient été imprévues. Après avoir étalé aux yeux de sa femme les beautés sauvages du manoir patrimonial, il était à peine revenu à Bayreuth, où il semble que la faveur dont il jouissait auprès du margrave excitait beaucoup de jalousie, qu'il fut emporté par une maladie soudaine. Le second des trois frères était à Malte, quand l'aîné lui annonça cette triste nouvelle par une lettre du 10 août 1761 :

« Je t'écris, cher frère, pour une occasion bien triste : la lettre que tu trouveras ci-jointe t'annoncera que nous avons perdu notre pauvre frère. Tu es trop éloigné pour qu'on puisse user de précautions pour t'apprendre cette nouvelle; et, d'ailleurs, comme me disait quelqu'un hier, les précautions à cet égard ressemblent assez à l'étalage des outils avant une opération. Ce pauvre garçon a été emporté par une fièvre chaude provenant d'une bile exaltée, et qui n'a duré que sept jours. Quelque incident des noirceurs dont on l'environnait le mit dans une fureur terrible au sortir de laquelle il tomba malade, et n'a plus relevé depuis. La violence de ses mouvements a ainsi causé sa perte; je le lui avais prédit. Heureux qui se trouve mieux organisé pour la constance!... J'espère que ma mère soutiendra ceci fortement. Si je l'avais pu prévoir, peut-être ne me serais-je pas donné autant de soins pour rapprocher les esprits et réveiller dans son cœur une tendresse absolument éteinte. Peut-être aussi ce qui reste de l'impression reçue dans un caractère opiniâtre et ferme nous servira-t-il; mais quelque chose me répugne à désirer cela, tant l'affection de nos proches me paraît un bien nécessaire, et dans la vie et après la mort. Je n'en voudrais pas dépouiller la mémoire de ce pauvre garçon (1). » Le bailli n'est pas moins

---

(1) Il nous sera, peut-être, permis de faire remarquer au lecteur tout ce qu'il y a de délicatesse et de bonté dans le sentiment

affligé que son aîné. « Je t'avoue, cher frère, que le sang a furieusement parlé, lorsque j'ai appris la mort de notre pauvre frère. Dieu le veut, il faut le vouloir. Mais à trente-six ans, âge auquel on est également préservé de la fougue de la jeunesse et de la caducité de la vieillesse, être emporté en sept jours de maladie, cela m'aurait donné des soupçons sur les intrigues de toute cour, si je ne me faisais une loi de ne croire jamais que le mal que je vois, et non celui qui n'est que plausible ! Mais je tire un rideau sur ce triste objet. »

Son esprit ne se dégage pourtant pas aisément de cette préoccupation qui reparaît de temps en temps dans ses lettres. « Je pense toujours à ma famille, écrit-il, et alors notre pauvre Allemand me revient avec amertume. »

Le comte Louis-Alexandre mourait sans enfants ; mais il laissait une jeune veuve d'autant plus intéressante pour le marquis et son frère, que sa petite fortune personnelle avait été sacrifiée par elle à son mari. Elle avait plu, d'ailleurs, à la vieille marquise, et il n'en fallait pas davantage pour que le fils aîné de celle-ci lui proposât de venir vivre auprès de sa mère. Elle y consentit d'autant plus volontiers qu'elle avait reçu

exprimé ici par un homme qui passe généralement pour très-dur. Nous avons lu bien des lettres du plus fameux des Mirabeau, sans y trouver jamais rien d'aussi expressif en ce genre.

du margrave de Bayreuth, à l'occasion de son mariage, un don de cent soixante mille francs sur une créance de ce prince contre le gouvernement français, pour des subsides à lui promis, et elle comptait sur l'appui du marquis de Mirabeau pour rentrer dans cette créance. Elle vint donc s'établir, en octobre 1763, dans la maison de son beau-frère. « Notre excellente belle-sœur, écrit celui-ci au bailli, est auprès de ma mère. C'est un trésor que cette petite femme, de sagesse, de prudence, de sensibilité. Elle court risque de ne rien tirer du tout de ce don sur les subsides, de cent soixante mille francs, et je sais, d'ailleurs, que cette digne femme a tout fondu pour payer les dettes de son avaleur de mari; mais je ne lui manquerai ni à la vie, ni à la mort. »

Dans toutes ses lettres relatives à cette jeune Allemande, qu'on appelle la *petite comtesse*, le marquis de Mirabeau se loue d'elle avec effusion. « C'est un ange que cette petite femme, » répète-t-il sans cesse. Et comme son installation auprès de sa mère a coïncidé à peu près avec le départ de sa femme à lui, il écrit à son frère : « Tu ne trouveras ici rien de changé, sinon un ange à la place d'un diable! »

La petite comtesse fut, en effet, la providence du marquis de Mirabeau dans les rudes épreuves que lui fit subir la longue démence de sa pauvre mère. De son côté, il ne négligea rien pour assurer des moyens d'existence à sa belle-sœur.

Il ne put obtenir que le Gouvernement français reconnût sa créance de cent soixante mille francs, mais il obtint du moins pour elle, par la protection de la duchesse de Choiseul, une pension de quatre mille livres, de sorte que cette excellente personne, qui était arrivée sous son toit presque dénuée de ressources, conquit par lui un bien-être assuré. Aussi ne quitta-t-elle plus la maison du marquis, où elle mourut le 14 novembre 1772 ; et comme le désintéressement de *l'Ami des hommes* a été souvent mis en question, nous croyons devoir déclarer que nous avons vu une quittance constatant que le marquis de Mirabeau paya aux héritiers allemands de sa belle-sœur une somme de dix mille cinq cent soixante-deux livres, que celle-ci avait économisée chez lui. Ainsi ce Louis-Alexandre, ce *mauvais sujet* d'Avignon, qui avait fait le désespoir de sa famille par un premier mariage, lui rendit par le second un service signalé en procurant à sa mère et à ses frères une fille, une sœur douce, empressée, aimable, dévouée, digne en un mot de toute leur affection.

VII

LE CHEVALIER, DEPUIS BAILLI DE MIRABEAU [1]

« J'aime et je révère mon oncle... Mon oncle a l'âme et les vertus d'un héros. » Ainsi s'exprime Mirabeau dans ces *Lettres écrites du donjon de Vincennes* où le prisonnier se montre si souvent injurieux, non-seulement envers son père, qui est son geôlier, mais envers tous les autres membres de sa famille, sans en excepter sa mère, de laquelle il parle quelquefois très-irrespectueusement, quoiqu'il soit alors associé à sa cause.

---

[1] Le chevalier de Mirabeau ne prit le titre de bailli qu'à l'âge de quarante-six ans, en 1763, en devenant grand-croix de l'ordre de Malte. Mais comme l'auteur des *Mémoires de Mirabeau* l'a fait connaître avec cette qualification, nous la lui donnerons souvent, même à l'époque où il portait encore le titre de chevalier.

Le seul de ses parents qui ait le privilége de lui inspirer un respect inaltérable, c'est son oncle, le bailli.

On connait déjà un peu ce personnage imposant et original par l'intéressant ouvrage de M. Lucas de Montigny, mais on ne le connait guère que dans ses rapports avec son fougueux neveu; et même quand nous l'étudierons à notre tour en sa qualité d'oncle, serons-nous obligé de constater qu'il ne fut pas toujours un oncle aussi débonnaire qu'on pourrait le croire d'après les *Mémoires de Mirabeau*, que s'il rendait plus de justice que le marquis son frère aux brillantes facultés de son neveu, il savait très-bien discerner et parfois décrire avec une rare énergie les infirmités morales de l'homme à qui la fortune réservait un si grand rôle dans notre histoire. Ce ne fut donc pas seulement à sa bonté que l'oncle de Mirabeau dut de pouvoir inspirer à celui-ci un sentiment très-rare chez lui, le sentiment de la vénération : ce fut surtout à l'ascendant d'un beau caractère, uni au prestige d'une haute situation justement acquise par une vie pleine de labeurs et de périls.

Quoique le bailli de Mirabeau n'ait obtenu ni la célébrité passagère de son frère aîné, l'auteur de *l'Ami des hommes*, ni l'éclatante renommée de son neveu, nous sommes convaincu que ceux qui auront pu l'apprécier dans ses actes, dans ses travaux dans ses idées, dans ses sentiments, reconnaîtront qu'il mérite de nous intéresser autant que les deux personnages les plus notables de sa famille. Aussi bien doué qu'eux du côté de l'esprit, il leur est supérieur à tous deux par la noblesse de l'âme, par la droiture et la loyauté du caractère, par le désintéressement et la délicatesse d'une conscience scrupuleuse, par toutes les qualités, en un mot, qui constituent l'honnête homme. Il est incontestablement le plus beau produit moral qui soit sorti de cette race impétueuse et souvent effrénée. Mais comme si l'excès, même dans le bien, était inhérent à la race, le meilleur de tous fut excessif dans sa passion pour la vérité et la justice. C'est un Alceste que le bailli de Mirabeau, et un Alceste féodal, dont la physionomie se détache vigoureusement au milieu des figures frivoles du xviiie siècle ; cependant il n'eut de commun avec le héros de Molière que cette exagération de franchise et de rigorisme. Outre qu'il ne fut jamais accessible à la domination d'une Célimène, il ne se contenta point de déclamer contre les vices de l'humanité, et, en remplissant tous les devoirs d'une carrière laborieuse, il fut plus occupé encore de faire le bien que de critiquer le mal. Il n'en est pas moins vrai que cette impossibilité de contenir son blâme et de joindre un peu d'habileté à tous les genres de mérite, devait suffire pour empêcher l'oncle de Mirabeau de remplir toute sa destinée et d'illustrer à son tour le nom qu'il portait.

Après vingt-sept ans de services distingués comme marin, après avoir gouverné une de nos colonies, il eut un instant l'ambition, et il fut presque en mesure de devenir ministre de la marine à une des époques les plus désastreuses de nos annales maritimes. Il s'était dès longtemps préparé à légitimer cette ambition, non-seulement en acquérant à fond la pratique de son métier, mais en se donnant toutes les connaissances si variées qui s'y rattachent. « Nos officiers de marine, écrivait-il en 1754, sont braves, et assez navigateurs quant à la portion de cet art qui leur compète ; mais aucun ne connaît ni les intérêts de l'Etat sur lesquels la marine peut influer, ni le commerce, ni les colonies, ni les établissements des autres nations. Bornés au plat détail de leur métier, et presque aussi ignorants que la cour, ils sont incapables de rien imaginer de grand... L'ameublement de la tête n'étant pas du ressort des rois, c'est sur leur palier qu'il faut venir les attaquer, non par une ambition de prédominer relative à soi-même et à son propre avantage, mais dans la vue de servir l'Etat... » C'est pour se donner cet *ameublement* de la tête, et en même temps pour prouver qu'il le possédait, que le chevalier de Mirabeau utilisait son expérience et ses observations en écrivant de nombreux travaux dont aucun n'a été, je crois, imprimé, mais qu'il adressait soit aux divers ministres de la marine, soit aux personnages influents qui lui demandaient son avis (1). Il fut donc noté de bonne heure, dans les bureaux de Versailles et dans nos ports, comme un marin très-capable, et lorsque, par des circonstances que nous expliquerons, il eut un moment de crédit auprès de Mme de Pompadour, quoiqu'il ne fût encore que capitaine de vaisseau, sa famille et ses amis le crurent appelé à diriger et à relever notre marine. Malheureusement, il tenait de son père, le marquis Jean-Antoine, que nos lecteurs connaissent déjà, une incapacité radicale à se plier aux habiletés et aux dissimulations qu'exige un rôle politique.

(1) Nous croyons devoir donner ici la liste des ouvrages inédits de l'oncle de Mirabeau, en nous réservant de revenir à leur date sur ceux d'entre eux qu'il nous paraîtra utile de signaler particulièrement. Nous ajouterons que, si nombreux que soient ces divers mémoires, qui forment la matière d'environ trois volumes in-4°, nous pensons que la liste en est incomplète, et qu'il doit encore se trouver d'autres écrits du même auteur, soit aux archives du ministère de la marine, soit à celles du ministère de la guerre, où le chevalier fut employé pendant quelques années, ayant été chargé par le maréchal de Belle-Isle de l'inspection et de la réorganisation des milices garde-côtes qui relevaient alors du ministre de la guerre:

Mémoire sur les opérations de la campagne des escadres combinées de France et d'Espagne sous les ordres de M. de Court, en 1744. — Réponse à une lettre du 12 octobre 1744 que l'on soupçonne être sortie des bureaux de la marine. — Réflexions sur la guerre de la France avec l'Angleterre et la reine de Hongrie, en 1745. — Mémoire concernant l'île de Corse, en 1745. — Mémoire sur la marine, en 1747. — Deux mémoires sur les galères, 1748. — Mémoire sur l'arsenal de Marseille, 1748. — Projet de commerce dans le golfe de Darien et le pays des mines du Choco. — Observations sur un projet de commerce de la colonie française de Saint-Domingue avec la côte d'Espagne. — Mémoire sur le commerce. — Mémoire sur le port de Rochefort.

Pour prouver d'avance à quel point il était un ambitieux d'une espèce particulière, nous citerons seulement un passage d'une de ses lettres écrite précisément à l'époque où il est question de lui pour la place de ministre ou d'adjoint au ministre de la marine. Son frère aîné, *l'Ami des hommes*, qui a aussi son ambition, mais dans un genre complétement chimérique, et qui sent la supériorité pratique de son cadet, le pousse de son mieux, en lui prêchant sans cesse la prudence et la circonspection. « Tu as de quoi faire, lui écrit-il, un grand homme accompli, si tu parviens à dominer la vivacité de ton sang et l'intempérance de ta langue. » Le bailli ne peut parvenir même à comprendre qu'on soit obligé, pour arriver à servir l'État, de déguiser sa pensée : « L'on n'entend plus rien à notre langue, répond-il à son frère le 12 août 1758, et ceci ressemble assez à

— Discours sur la nécessité de la marine en France, 1750. — Mémoire sur l'Amérique, fait en 1750. — Mémoire sur la plume et la marine. — Mémoire sur les abus de la marine, 1750. — État des bâtiments sur lesquels on peut compter, suivant les réponses des ports à la lettre de M. de Moras, du 16 mars 1757. — Mémoire sur le commerce du Nord et notamment sur celui de la Russie, 1757. — État du commerce que les Anglais font dans la Baltique. — État du commerce des Isles du Vent, 1757. — Deux mémoires sur l'état présent de la guerre avec l'Angleterre, 1758. — Réponse à un mémoire sur la nécessité et les moyens de rétablir le crédit public, 1758. — Observations sur un mémoire concernant les moyens de vivifier le commerce, 1758. — Projet d'armement pour la défense des côtes au moyen de chaloupes canonnières, 1759. — Mémoire sur la marine et son administration, 1763.

la tour de Babel, quoique dans un genre différent. On s'est donné le mot pour appeler tête chaude, tout homme droit, ferme, et qui ose fronder les abus ; un sot indolent, faute de sentiment et de lumières, est qualifié d'homme sage. Un fripon n'est plus qu'un habile homme ; un honnête homme est un sot ; un citoyen est un rêve creux. D'où vient donc cette confusion dans notre langue ? Serait-ce que, tout le monde étant vicieux, et cependant aimant à être flatté, on donnerait des noms honnêtes aux vices, et en même temps des noms odieux aux vertus, parce que tout le monde les craint et les fuit ? Si cela est, nous perdons notre temps, et nous gémirons en vain, jusqu'à ce que la machine, corrodée dans tous ses ressorts, vole en éclats de toutes parts et redevienne *quem Græci dixere chaos.* »

Qui pourrait s'étonner qu'un candidat au ministère taillé si exactement sur le patron d'Alceste ait dû renoncer à l'ambition ? Le bailli y renonça, et manqua ainsi la renommée qui s'attache à un rôle historique ; mais il la mérita peut-être mieux que plusieurs de ceux qui l'ont obtenue. Quoiqu'il fût très-modeste dans ses jugements sur lui-même, il ne laissait pas de penser quelquefois que sa vie n'était pas indigne de l'attention de la postérité. Sa correspondance nous apprend que pour faire plaisir à son frère aîné, qui l'en priait, il avait commencé, pendant son gouvernement de la Guadeloupe, à écrire sa propre biographie. Ce document serait, sans nul doute, très-curieux, mais il est malheureusement perdu (1). Toutefois, la correspondance du bailli, très-volumineuse, et qui n'embrasse pourtant que la seconde moitié de sa carrière, nous fournira assez de renseignements pour nous permettre de rétablir la première moitié.

Dans une de ses nombreuses lettres, l'oncle de Mirabeau semble prévoir que quelque biographe s'occupera un jour de lui. Se trouvant au Havre, où il est venu se faire bombarder par les Anglais, et s'expliquant sur le contraste de sa vie très-active et de son goût pour la tranquillité, il écrit le 30 juin 1759 à son frère : « Je ne répondrais pas qu'il n'entre un peu de paresse dans mon tempérament, mais je ferai bien de le consigner dans mes écrits, sinon il pourrait se faire que si, dans la postérité, quelque animal est assez désœuvré pour s'occuper de mes faits et gestes, il ne s'en douterait pas trop. »

Sans nous arrêter à la qualification peu polie et très-inexacte, quant au désœuvrement, que nous donnait d'avance le bailli, nous devons dire qu'en étudiant sa vie, on ne se douterait guère, en effet, qu'il ait jamais été paresseux. S'il eut

(1) Nous l'avons cherché ou fait chercher dans presque tous les pays où le bailli a successivement résidé, nous l'avons fait chercher jusqu'à Malte, où il est allé mourir en 1794. Peut-être ce document intéressant est-il enfoui dans quelqu'une de nos archives départementales et cette note donnera-t-elle à quelque archiviste l'occasion de le découvrir.

ce faible, la Providence ne lui permit pas de s'y abandonner, car nous verrons que même dans sa vieillesse, quand il avait amplement conquis le droit de se reposer, ce qui lui manqua toujours ce fut le repos.

VIII

LA JEUNESSE DU BAILLI ET SA VIE DE MARIN

Jean-Antoine-Joseph-Charles-Elzéar de Riqueti naquit le 8 octobre 1717 à Pertuis, dans la même petite ville, voisine du château de Mirabeau, où naquirent tous ses frères.

Celui de ses fils auquel le marquis Jean-Antoine donna ses prénoms était le plus beau de tous. Il tenait à la fois de son père et de sa mère. Dans sa vieillesse, en 1788, son frère aîné lui écrivait : « Quoique, dans les bras, les gestes, le son de voix, tu tiennes plus qu'aucun de notre père, cependant tu fus celui qui prit le moins du tempérament bilieux de la race, et le plus de celui de notre mère, qui fut sanguin et lymphatique. » Par la figure, le bailli ressemblait plutôt à sa mère qu'à son père. Dans une lettre écrite par lui à cinquante-deux ans, il se reproche d'outrer le caractère un peu hautain du visage maternel. « Les traits de ma physionomie, écrit-il, sont ressemblants aux siens ; mais ce qui est très-bien en elle est en charge chez moi ; le métier que j'ai fait a donné à ma mine un air plus mâle et plus brusque qu'on ne le veut à Paris, mais je ne puis me refondre. » Il faut croire que la vie de marin avait en effet forcé à la longue la physionomie du bailli ; car nous avons vu un portrait de lui, daté de 1748, qui le représente, par conséquent, à l'âge de trente et un ans, et il est difficile de rencontrer une figure, non-seulement plus noble, mais aussi plus belle et plus attrayante.

Il est en cuirasse, avec une fourrure de peau de tigre sur l'épaule, le col entouré d'une cravate blanche. Ses cheveux blonds sont relevés sur un large front ; ses yeux sont bleus, moins grands que ceux de son frère aîné, mais plus calmes et plus doux, quoique fiers et spirituels ; son teint blanc et coloré, diffère notablement de celui de *l'Ami des hommes*, qui tourne un peu au jaune, et qu'il dit lui-même être un teint de Circassie. Ses traits sont également plus réguliers que ceux de son frère ; les lignes de sa figure forment un ovale un peu arrondi au bas des joues et au menton, de manière à indiquer une légère tendance à l'embonpoint. En un mot, la figure du bailli, remarquablement belle, quoique un peu grasse, offre bien plus d'agrément que la figure sarcastique, tourmentée, quoique peut-être encore plus spirituelle, du marquis de Mirabeau (1). Et cependant, on ne peut guère douter que cette physionomie, si attrayante à trente ans, ne soit devenue plus tard un peu rude, et que l'excellent cœur de celui que l'on appelle habituellement dans la famille le *bon bailli* ne se soit caché, comme dit son frère, sous une *écorce redoutable,* car il est bien souvent question de sa mine austère, froide et imposante. Ajoutons qu'il était de très-haute taille et le plus robuste de toute sa famille. A cinquante-deux ans, il écrit : « J'étais aussi gros et aussi grand à quinze ans qu'aujourd'hui. »

Si l'on s'en rapportait à un passage déjà imprimé d'une lettre de *l'Ami des hommes* où celui-ci, pour expliquer les irrégularités de son style, dit avoir été élevé avec ses frères « dans un château de la montagne *par un précepteur à trente écus,* » on pourrait penser que le marquis Jean-Antoine négligeait un peu l'instruction de ses fils. Mais ce passage est en contradiction avec un autre d'une lettre inédite du bailli, qui, gouver-

(1) Les portraits des deux frères, qui ont été gravés, figurent dans le sixième et septième volumes des *Mémoires de Mirabeau* : la gravure de celui du marquis n'est pas aussi bien réussie que l'autre. Il est d'ailleurs représenté à un âge plus avancé que son frère.

neur de la Guadeloupe, écrit à son frère aîné le 10 janvier 1754 : « J'ai trouvé ici un jésuite, que tu te rappelleras peut-être, qui était régent de la cinquième *quand nous étions au collége*, et qui était dès lors un bon petit homme nommé Magloire; il est ici supérieur. » Reparlant plus loin de ce même père jésuite avec lequel il s'est brouillé, le gouverneur ajoute : « Il était régent de cinquième lorsque j'étais en quatrième. » Cette assertion prouve que le marquis Jean-Antoine ne se contenta pas pour ses fils du *précepteur à trente écus*, et qu'il les plaça dans un collége de Jésuites, probablement à Marseille. Cependant le chevalier ne put guère dépasser la quatrième, car ses états de service nous apprennent que son père, après l'avoir fait admettre dès l'enfance dans l'ordre de Malte, le fit entrer presque en même temps, à douze ans et demi, dans la marine royale. Le 15 mars 1730 il fut reçu dans le corps des galères du roi, qui formait alors un corps distinct de celui des vaisseaux, comme garde de l'étendard, grade à peu près analogue à celui d'aspirant de marine. L'instruction classique de l'oncle de Mirabeau fut donc un peu brusquée, comme le fut d'ailleurs celle de son père, qui quitta le collége à treize ans. Il n'est pas étonnant que ce dernier, homme de cabinet, après une petite partie de sa vie consacrée au service militaire, ait complété son instruction et donné à son esprit une culture très-étendue et très-variée. Mais quand on voit le bailli mener de front, quarante ans de suite, tous les labeurs de son métier de marin ou de diverses fonctions plus ou moins relatives à ce métier, et les études les plus diverses; quand on le voit non-seulement écrire les nombreux mémoires que nous avons déjà cités, mais encore exprimer des idées très-arrêtées sur une foule de questions historiques, politiques, financières ou même littéraires, qui n'ont aucun rapport avec sa profession, quand on le voit prouver en même temps par des citations fréquentes, qu'il est aussi familier avec les auteurs latins ou les principaux auteurs français, qu'avec la Bible dont les passages se rencontrent fréquemment sous sa plume; quand on voit cela, on se demande s'il n'était pas encore mieux doué que son frère aîné, et si l'exemple de l'un et de l'autre ne prouve pas que l'esprit de nos enfants ne perdrait peut-être rien à ce que la vie de collége qui se prolonge pour eux d'ordinaire jusqu'à dix-huit ans, fût un peu abrégée.

On ne saurait cependant se dissimuler, d'un autre côté, que l'exemple des deux frères prouve aussi qu'il y a des inconvénients à mettre prématurément la jeunesse aux prises avec les dangers et les séductions de la vie. Le marquis Jean-Antoine, tout en exigeant de ses garçons qu'ils fussent des hommes avant l'âge, ne paraît pas s'être occupé beaucoup de les préparer à cette précocité, à en juger du moins par le témoignage de son fils aîné : « Il observait, je crois, dit celui-ci (dans la notice sur son père dont nous avons déjà parlé), de dire devant nous de bonnes choses au moins autant que devant tous autres ; mais, à cela près, il nous faisait peu ou point de leçons directes. Il n'en avait pas besoin pour nous inculquer ses principes ; et s'il est vrai que *initium sapientiæ timor Domini*, il nous avait inspiré tout ce qu'il fallait pour nous rendre sages : et, franchement, s'il n'eût pas été craint de ses enfants, ils auraient eu un privilége bien particulier, car il l'était de tous autres. » Cette éducation par la crainte pouvait avoir son effet de près ; mais les leçons directes auraient eu peut-être cet avantage de conserver plus d'efficacité à distance.

Ce n'est pas que le marquis Jean-Antoine n'eut aussi sa manière d'inculquer de bons préceptes dans l'esprit de ses enfants. Voici une preuve que, tout en donnant ses leçons sous une forme un peu vive, il prenait la peine de les motiver de manière à en prolonger l'effet. C'est son fils cadet le bailli qui a consigné dans une de ses lettres un souvenir d'enfance propre à démontrer que le terrible châtelain *au col d'argent* n'était pas toujours préoccupé de se faire craindre de ses vassaux, qu'il voulait aussi s'en faire aimer, en apprenant à ses fils à se montrer polis envers le moindre d'entre eux. Ce souvenir se réveille dans l'esprit du bailli de Mirabeau, un jour qu'il a vu deux ou trois *demi*-gentilshommes dédaigner, dit-il, de rendre leur salut à des paysans :

« Il y a aujourd'hui environ cinquante ans, écrit-il à ce sujet, passant à Mirabeau devant la porte qui va à la fontaine, mon père étant derrière nous, un petit paysan nous salua ; faute d'attention seulement, je ne rendis pas le salut, car le *naturiau* de la bête chez moi n'était point tourné à l'impertinence ; mon père s'aperçut que je n'avais point rendu ce salut, et, accompagnant sa prose d'un coup de pied assez bien asséné, me dit que quand on me saluait, il fallait que je saluasse ; *du depuis*, je ne sache pas y avoir manqué. » Nous verrons, en effet, qu'un des traits saillants du caractère du bailli fut toujours de se montrer d'autant plus affable à l'égard des petits qu'il était plus porté à la roideur envers les grands. Mais si les leçons de son père lui furent utiles sous ce rapport, elles ne suffirent pas, dès qu'il l'eut quitté à douze ans et demi, pour lui apprendre à maîtriser les premières explosions d'un tempérament fougueux.

La jeunesse ou plutôt l'adolescence de cet homme qui devait être si sage dans son âge mûr, bien plus sage en tous genres que son frère et ses neveux, cette adolescence fut terrible, si nous en croyons le marquis de Mirabeau, car c'est lui dont la jeunesse, comme nous le verrons, ne fut rien moins qu'exemplaire, qui a décrit, dans un petit tableau très-coloré, les excès d'intempérance auxquels se livra d'abord son cadet, le jeune garde de l'étendard. Ce passage ayant été déjà imprimé sans explication dans les *Mémoires de Mirabeau,* a besoin d'être expliqué pour faire comprendre qu'il est probablement un peu exagéré. Le marquis de Mirabeau avait confié à la garde de son gendre, le marquis du Saillant, son second fils, celui qu'on appela depuis Mirabeau-Tonneau, et qu'on appelait alors Boniface, de son nom de baptême. Le jeune homme âgé de dix-sept ans, effrayait tellement son beau-frère par son intempérance que ce dernier avait cru devoir avertir le père. Le marquis, ordinairement plus indulgent pour son second fils que pour son aîné, veut rassurer son gendre, et il lui raconte que le grave et majestueux bailli a commencé par être, lui aussi, un jeune ivrogne des plus effrayants :

« Je connais, lui écrit-il le 26 janvier 1770, ma tempestive race. J'ai vu, en quelque sorte, la jeunesse du bailli, qui, pendant trois ou quatre ans, ne passait pas huit jours de l'année hors de la prison, et sitôt qu'il voyait le jour courait se perdre d'eau-de-vie, et de là tomber sur le corps de tout ce qu'il trouvait en son chemin, jusqu'à ce qu'on l'abattit et le portât en prison. Mais, avec cela il avait de l'honneur à l'excès, et ses chefs, gens expérimentés, promettaient toujours à ma mère qu'il serait un jour excellent. Cependant personne ne pouvait l'arrêter, et il s'arrêta tout à coup de lui-même. »

Nous sommes porté à croire que ce tableau est un peu forcé, d'autant que le marquis n'ose pas dire qu'il a vu ce qu'il raconte; il dit : « J'ai vu *en quelque sorte.* » Mais le fait en lui-même est exact. Seulement cette période d'intempérance chez le futur bailli fut très-courte, car son frère aîné lui rappelle souvent dans leur correspondance la précocité de raison qui le distinguait : « Ta raison, dès l'âge de dix-huit ans, lui écrivait-il le 29 août 1778, m'est tout aussi présente que celle d'hier (1). »

Le bailli de son côté s'explique sur ce mauvais moment de son adolescence de manière à nous permettre d'en limiter la durée avec précision. Il s'agit, entre son frère et lui, de savoir si l'on peut sans danger envoyer ce même Boniface, dont nous venons de parler, faire ses caravanes à Malte à l'âge de dix-sept ans. Le bailli trouve ce séjour très-dangereux pour un jeune homme de dix-sept ans. « Tu me diras, ajoute-t-il, que j'y ai été à *seize ans*, mais c'était à tous égards un autre temps. D'abord, pour ce qui me concerne, *la prison des gardes de l'étendard avait mis de l'eau dans mon vin*, et je n'avais pas d'ailleurs le caractère aussi ouvert que celui de Boniface; de plus, l'évêque

---

(1) Dans une lettre de la même année, le marquis revient sur la raison précoce de son cadet. « Depuis l'âge de cinq ans, lui dit-il, tu n'as pas varié de caractère : insoucieux de bagatelles, ennemi de tout enfantillage à part dans les délassements, sommaire dans les réflexions, emporté d'abord par le ferment des liqueurs, mais plus fort ensuite que toi-même. »

de Malte, en disant un mot, m'aurait fait mettre au château paternellement. Le grand maître s'y serait prêté en riant. Tout cela a changé; la jeunesse d'aujourd'hui, absolument livrée à elle-même, s'y trouve exposée à tous les dangers du vice et du jeu le plus grand; et enfin tu juges ce que c'est qu'une jeunesse des quatre nations absolument sur sa bonne foi. »

Revenant dans la lettre suivante sur cette comparaison entre sa jeunesse et celle de son second neveu, il ajoute : « J'ai été plus jeune que lui à Malte, mais outre que j'étais déniaisé par trois ans de service, tu sais que feu madame de Saint-Micaud (leur tante à tous deux) disait que j'étais un fol sérieux, tandis que Boniface est un fol polisson, ce qui est bien différent. » Dans une autre lettre du 2 juin 1769, il se peint encore à l'âge de quinze ans très-différent de ce même neveu : « A quinze ans, dit-il, j'avais déjà diablement couru, j'étais silencieux, pas très-doux, et rien moins qu'étourdi. »

Déjà, en effet, il comptait deux campagnes de mer, et c'est après sa troisième campagne qu'il fit, sur les galères de Malte, les deux ans de services désignés sous le nom de *caravanes*. Dès cette époque, grâce à la prison des gardes de l'étendard, et plus encore à la fermeté de son caractère, il était déjà guéri de ce malheureux penchant à l'ivrognerie qui s'était, en quelque sorte, emparé de lui au sortir de l'enfance.

Nous ne voulons pas dire que la jeunesse du bailli, même à partir de cet âge de dix-huit ans, où son frère aîné le présente comme si raisonnable, ait été toujours un modèle d'austérité ; on ne pourrait guère s'attendre à rencontrer ce phénomène chez un homme de sa race, de sa profession et de son temps ; il déclare, d'ailleurs, lui-même, dans quelques-unes de ses lettres, qu'il a eu une jeunesse *peu sage*. Ce qui est certain, c'est que nous le verrons renoncer de lui-même à tous les genres d'irrégularités dès qu'ils n'auront plus l'excuse de la jeunesse.

En 1735, après ses deux ans de caravanes sur les galères de son ordre, le jeune chevalier de Mirabeau repassa en France et rentra dans le service des galères du roi ; il fit partie du détachement de marins envoyés sur le lac de Garde, à l'appui des opérations militaires qui précédèrent la paix de 1736. L'année suivante, voyant les galères de France dans l'inaction, il retourna à Malte, où il servit encore un an, non plus sur les galères, mais sur les vaisseaux de l'ordre, afin de pouvoir passer plus facilement en France dans la marine des vaisseaux.

Le 1ᵉʳ avril 1738, il fut nommé enseigne de vaisseau, il avait alors vingt ans et demi, et il comptait déjà huit années de service actif. Cette même année, il fit campagne sous les ordres du marquis d'Antin. En mai 1740, il partit pour l'Amérique sur le vaisseau *le Borée*, commandé par un de nos plus braves marins, le chevalier de Caylus. Profitant d'une croisière qui dura huit mois, le jeune enseigne s'appliqua à étudier le Nouveau-Monde dans sa topographie, ses intérêts commerciaux, ses productions diverses, et les notes qu'il recueillit lui servirent à rédiger quelques-uns des mémoires que nous avons énumérés plus haut. Au retour, la petite escadre de Caylus, composée de trois vaisseaux, fut attaquée à l'entrée de la nuit par quatre vaisseaux anglais dans les eaux de Gibraltar. Le chevalier de Mirabeau, qui commandait la mousqueterie du *Borée*, fit vaillamment son devoir, et les vaisseaux anglais se retirèrent après avoir été fort maltraités (1).

A peine débarqué à Toulon, en septembre 1741, le jeune Mirabeau repartit sur *le Léopard*, pour ne revenir qu'au mois de juin 1742. Dans cette même année, le vice-amiral de Court le chargea d'aller, conjointement avec un autre enseigne, à la Cale, en Barbarie, ramener deux demi-galères, dont les équipages et officiers avaient été faits prisonniers par les Tunisiens à

---

(1) La guerre avec l'Angleterre, quoique imminente, n'étant point encore déclarée, les Anglais feignaient de prendre les vaisseaux français pour des bâtiments espagnols. Le lendemain de cette affaire, un officier anglais vint à bord du *Borée* faire des excuses à Caylus qui, d'après les relations du temps, aurait répondu : « Je ne suis nullement fâché, au contraire, c'est moi qui vous dois des remercîments; cela a servi à égayer cette jeunesse que vous voyez et m'a donné occasion de voir ce qu'ils savent faire. »

l'affaire de Tabarca. Les deux jeunes gens étaient chargés de traiter avec les Tunisiens par l'intermédiaire du sieur Faure, directeur de la Compagnie d'Afrique. Ils le firent à des conditions plus favorables que celles qu'on leur avait prescrites, et ils ramenèrent en plein hiver les deux galères au port de Toulon. En 1743, nouvelle campagne du chevalier de Mirabeau, d'abord sur le vaisseau *le Duc-d'Orléans*, et ensuite sur *le Léopard*, dans l'escadre de M. de la Jonquière.

En 1744, il prit part à la bataille de Toulon ou de la Ciotat, livrée le 22 février 1744 par les deux escadres combinées de France et d'Espagne, formant en tout vingt-huit vaisseaux, à une flotte anglaise de trente-quatre vaisseaux de ligne (1). Quoique les Anglais eussent l'avantage du nombre et du vent, après un engagement qui dura depuis une heure jusqu'à la nuit, ils firent retraite. Comme cette bataille navale, quoique peu importante par ses résultats, était la première qui eût été livrée depuis bien des années dans des proportions aussi considérables, elle fit grand bruit en Europe. Tandis que les Anglais mettaient en jugement les deux chefs de leur flotte, qui s'incriminaient réciproquement, les Espagnols, ayant été plus maltraités que nous,

---

(1) Les chiffres des vaisssaux diffèrent dans les relations de cette bataille ; nous prenons ceux qui sont portés dans le récit du chevalier de Mirabeau.

accusèrent l'amiral français, de Court, de les avoir mal secourus, et ils parvinrent à le faire exiler dans ses terres. C'est pour défendre ce vieux marin plus qu'octogénaire, mais plein de bravoure et d'énergie, que le jeune enseigne Mirabeau, qui avait été blessé au pied dans cette bataille, écrivit les deux premiers des nombreux mémoires dont nous avons donné la liste. Il s'emporte violemment contre les Espagnols, qu'il accuse à son tour d'inhabileté et de lâcheté; et, tandis que l'amiral don José de Navarro vient d'être décoré par la cour d'Espagne du titre de marquis de la Vittoria, le chevalier affirme que, sous prétexte « d'une légère blessure dont la douleur ne dura, dit-il, que le temps du combat, cet amiral avait attendu à fond de cale les grâces que lui réservait sa cour. »

L'année suivante, en 1745, le chevalier de Mirabeau fit partie de l'escadre commandée par le chevalier de Piosin, qui alla croiser vers les Açores. Il en revint après avoir vu presque tout l'équipage atteint et détruit par le scorbut. C'est sans doute dans cette même année qu'il séjourna en Corse, à en juger par la date d'un des mémoires cités plus haut, dont l'objet est assez curieux, puisqu'il s'agit de proposer au prince de Conti, au petit-fils de celui qui fut un instant roi de Pologne, un plan pour se faire roi de Corse. Les circonstances paraissent très-favorables à l'auteur du mémoire; les Français, après avoir mis fin au règne de l'aventurier allemand couronné sous le nom de Théodore, ont laissé les Corses aux prises avec les Génois, qui leur inspirent une antipathie invincible. Le prince n'aurait qu'à se présenter avec un peu d'argent et quelques amis pour être reçu avec acclamation. Le jeune auteur du mémoire se fait fort de se charger de tous les moyens d'exécution : « Cet officier, dit-il en parlant de lui-même, connaît la Méditerranée aussi exactement qu'on le puisse, ayant fait un grand nombre de campagnes dans cette mer. Il traiterait pour du canon, des fusils et des munitions de guerre, s'engagerait à les transporter, et enfin à exécuter tout ce qu'il y aurait à faire du côté de la mer. Il offrirait même ses services au prince pour aller dans le pays sonder les habitants et faire des tentatives. » On voit que l'esprit d'aventures ne fut pas étranger à la jeunesse du bailli de Mirabeau.

Nommé lieutenant de vaisseau le 1er janvier 1746, il s'embarqua sur *le Mars*, vaisseau de 64 canons, commandé par le chevalier de Crenay, et il prit part à une de nos plus malheureuses expéditions. Dix vaisseaux de ligne, cinq frégates et des bâtiments de transport chargés de huit ou dix mille hommes de troupes, partirent de Brest pour aller secourir le Canada et tenter de reprendre Louisbourg. La flotte, mal construite, mal équipée, munie de vivres avariés, mal conduite par un marin de cour, le duc d'Anville, fut assaillie par de violentes tempêtes et décimée par les maladies. Son chef inhabile mourut lui-même de maladie et de chagrin à Chibouctou, depuis Halifax. On essaya sans succès l'attaque de quelques forts anglais, et, lorsqu'on se décida à revenir en France, il restait à peine assez de monde pour ramener la flotte. Le vaisseau *le Mars* étant resté en arrière des autres, parce qu'il avait quatre voies d'eau, fut attaqué par un vaisseau anglais.

Après deux heures de combat, il fut obligé de se rendre, et le chevalier de Mirabeau, gravement blessé d'un coup de canon à la cuisse, fut conduit en Angleterre, où il resta trois mois au lit.

Le mauvais succès de cette expédition augmenta de beaucoup [l'antipathie que le jeune marin éprouvait d'instinct pour ce qu'il appelle *la plume*, c'est-à-dire l'administration de la marine, dont les principaux employés se nommaient alors officiers de plume, et qui était particulièrement déplorable à cette époque.

Dans les divers mémoires qu'il a écrits contre cette bureaucratie maritime, mémoires courageux, car il barrait ainsi son avancement, il cite souvent l'expédition du duc d'Anville à l'appui des accusations d'impéritie, d'usurpation et de malversation dont il poursuit la plume. En 1747, le prisonnier fut renvoyé sur parole de ne plus servir pendant la guerre, et cet engagement lui était d'autant plus facile à tenir qu'il traîna, dit-il, la jambe pendant deux ans (1). A partir de 1749, il reprit la mer, et, après trois ans de service comme capitaine de frégate, il fut nommé en 1752 capitaine de vaisseau, et bientôt après gouverneur de la Guadeloupe.

Jusqu'ici nous n'avons pu qu'exposer sommairement les principaux faits de la vie du bailli, d'après ses états de services et quelques autres renseignements. Nous pouvons maintenant étudier de plus près l'oncle de Mirabeau, non-seulement dans ses actes, mais dans ses sentiments et ses idées, grâce à une très-longue correspondance qu'il en-

(1) C'est pendant ce loisir forcé que, ne pouvant plus naviguer, il écrivit ses deux mémoires sur les galères, à l'occasion de l'ordonnance du 27 septembre 1748 décrétant la réunion de la marine des galères avec la marine des vaisseaux, qui avaient formé jusque-là deux corps distincts. Quoiqu'elle ne supprimât point encore les galères, cette ordonnance prescrivait que les chiourmes ne les habiteraient plus. Le chevalier de Mirabeau prévoit que ce genre de bâtiments ne tardera pas à être abandonné. C'est pour démontrer son utilité qu'il prend la plume ; comme il a pratiqué également les deux marines, il énumère tous les cas où les galères peuvent avantageusement remplacer ou compléter l'emploi des vaisseaux ; cette discussion, appuyée d'exemples, est assez curieuse pour nous qui avons peine à comprendre aujourd'hui que des bâtiments de guerre naviguant à la rame aient si longtemps coexisté avec les bâtiments à voile, et qui nous persuadons volontiers que les galères n'avaient d'autre but que d'utiliser les forçats. Il va sans dire que la plupart des arguments du chevalier de Mirabeau en faveur des galères sont tombés devant l'emploi de la vapeur ; mais, en définitive, s'il est vrai que la science de la guerre nautique tende aujourd'hui à multiplier, non pas seulement les énormes navires armés de nombreux canons, mais aussi les petits ayant un faible tirant d'eau et armés d'un petit nombre de gros canons, ce fait augmente l'intérêt des mémoires dont nous parlons, car l'auteur insiste beaucoup sur des considérations du même genre en plaidant la cause des galères.

tretient avec son frère aîné, à partir de son séjour à la Guadeloupe. Leur correspondance de jeunesse, qui nous manque, devait former aussi un recueil considérable, car ils se sont écrit, durant toute leur vie, avec une abondance et une continuité qu'explique l'affection la plus inaltérable et la plus intime. Depuis le 4 décembre 1753, date de la première lettre du chevalier à son frère en arrivant à la Martinique, jusqu'au 8 juillet 1789, date de la dernière lettre écrite par le marquis de Mirabeau, trois jours avant de mourir, à son bien-aimé bailli, nous possédons une suite d'environ quatre mille lettres échangées entre les deux frères (1).

Leur tendresse réciproque, commencée dès leur enfance, ne subit jamais de refroidissement. Tous deux se brouillèrent avec leur frère puîné, quand celui-ci fit le honteux mariage déjà raconté par nous ; tous deux se réconcilièrent avec lui, mais ils n'eurent jamais à se réconcilier ensemble. A l'âge de quarante et un ans, en 1756, l'aîné écrivait à son cadet : « Je te jure, comme au mo-

(1) Nous devons dire, pour être exact, que nous ne possédons les lettres échangées par les deux correspondants que depuis 1753 jusqu'en avril 1783. Le marquis de Mirabeau, pour les conserver, les avait fait copier par son secrétaire et relier en dix volumes grand in-folio. A partir de 1783, les lettres du bailli nous manquent et nous n'avons plus que celles qui lui sont adressées par son frère jusqu'à la mort de celui-ci; mais chaque lettre de l'un répond visiblement à une lettre de l'autre; en un mot, la correspondance entre eux ne s'arrête que quand ils vivent sous le même toit.

ment de ma mort, que depuis certain jour, qui n'est pas trop proche, car alors j'étais plus fort que toi, jour où je te battis bien, non sans égratignure ripostée, depuis ce jour et tous autres je n'ai, de ma vie, rien eu envers toi dont je t'aie célé la moindre parcelle. » Ailleurs l'aîné écrit encore au cadet : « Je t'ai dit souvent qu'étant venu après moi et avant mes enfants, tu devais me survivre et les précéder dans mon cœur. » Le cadet, de son côté, écrit à l'aîné : « Si je n'avais pas été ton frère, et que je t'eusse connu par hasard, j'aurais été ton ami. J'ai plus de confiance en toi qu'en moi-même, ce qui ne veut pas dire que je sois toujours de ton avis. »

IX

DEUX FRÈRES SOUS LE RÉGIME DU DROIT D'AINESSE

Cette intimité absolue et constante entre deux hommes également fiers et même impérieux dont le caractère, les idées et les goûts diffèrent, comme nous le verrons, sur plusieurs points, trouve surtout son explication dans un sentiment qui n'est plus guère de notre temps et qui mérite d'être analysé. Il s'agit de l'esprit de famille à sa plus haute puissance, représenté surtout par le cadet. Le droit d'aînesse accepté par celui-ci, non pas seulement avec résignation, mais avec une sorte de fanatisme raisonné, fait de lui un type d'abnégation et de dévouement très rare même alors, et qui ne se retrouverait certainement plus aujourd'hui. Nous disons que ce type était déjà très-rare, car à ceux qui invoqueraient l'exemple du bailli de Mirabeau pour regretter la constitution de la famille sous l'ancien régime, nous pourrions opposer, dans la famille même que nous étudions, celui du troisième frère, de ce comte Louis-Alexandre, dont nous avons parlé, et qui fut en ce point l'opposé du second, car non-seulement il ne reconnut jamais la suprématie morale de son aîné, mais il le vit avec une amertume jalouse entrer en possession de la presque totalité des biens paternels, et il le força, en le menaçant d'un procès, de lui livrer le capital de la pension qui constituait sa légitime (1). L'inconvénient du droit d'aînesse et des substitutions apparaîtra bien plus sensible encore quand nous en observerons les effets sur la seconde génération des Mirabeau du xviiie siècle, c'est-à-dire sur les rapports des enfants du marquis de Mirabeau, soit avec leurs parents, soit entre eux.

---

(1) Le marquis y consentit, pour éviter un débat judiciaire avec son frère, et la portion de Louis-Alexandre dans la succession paternelle fut réglée par des arbitres à la somme de *cinquante mille livres*, mais cet arrangement fut évidemment une concession de la part de l'aîné, attendu que le testament de Jean-Antoine ne donnait à chacun de ses deux fils puînés qu'une pension annuelle et viagère de 1,500 livres, plus 10,000 livres en argent, laquelle somme ne devait leur être payée qu'à l'âge de vingt-cinq ans. « J'ai lieu de croire, ajoutait le testateur, que mes deux fils puînés seront contents de ce legs s'ils font attention aux dépenses que j'ai faites pour les faire recevoir à Malte en minorité. »

Il n'en est pas moins certain que, pour ce qui concerne *l'Ami des hommes* et son frère le bailli, l'ancienne constitution de la famille, pleinement acceptée des deux parts, a produit entre eux un genre d'intimité fraternelle très-particulier, très-touchant, plus intéressant encore chez le cadet que chez l'aîné, mais qui l'est aussi chez ce dernier, et qui, en définitive, leur fait le plus grand honneur à tous les deux. Puisqu'il nous a été donné de pouvoir suivre en quelque sorte jour par jour et pendant près de quarante ans ce rapport de deux frères sous l'ancien régime, nous essayerons d'abord de résumer les principaux caractères de leur affection avant de continuer, d'après leur correspondance, notre biographie du bailli de Mirabeau.

Quoiqu'il n'y ait entre les deux frères qu'une différence d'âge de deux ans, l'autorité de celui qui représente la famille est si puissante sur l'autre, que le cadet se considère à toutes les époques de sa vie comme absolument tenu de ne prendre jamais aucun parti dans les affaires qui lui sont le plus personnelles sans avoir l'assentiment formel de son aîné.

Cela va si loin qu'ayant été longtemps chevalier de Malte non profès, c'est-à-dire n'ayant fait ses vœux que très-tard et pouvant par conséquent se marier, il laisse constamment cette question à la décision exclusive de son frère ; c'est une affaire qui regarde la famille et qui, par conséquent, doit être uniquement décidée par le chef. Conformément à ce principe, le bailli, même quand il gouverne en souverain la Guadeloupe, répondant à son frère, à l'occasion d'une idée de mariage pour lui dont le marquis l'a entretenu, lui écrit ceci : « Je te laisse la direction des affaires de là-haut : j'ai assez de celles-ci. Si tu juges que le bien de la race soit que j'aie progéniture, tu verras ce qu'il y a à faire du côté de cette certaine demoiselle. » Dans une autre lettre du 10 mars 1755, il écrit avec le même détachement personnel : « A propos, on m'a encore ici parlé mariage ; à présent que tu as deux fils, vois si celui dont tu m'as toi-même parlé est utile pour la famille. » Nous verrons plus loin que dans la seule circonstance où son cœur, qui n'était pas d'ailleurs très-sensible aux attraits de la vie conjugale, se laissa engager un peu sérieusement, il suffira que son frère aîné ne l'encourage pas pour le déterminer à renoncer à son projet.

Dans les affaires d'intérêt, le frère cadet de *l'Ami des hommes* nous offre la même abnégation ; non-seulement il a désapprouvé son second frère d'avoir fait régler par des arbitres sa légitime, mais il ne s'est même jamais informé du chiffre du capital obtenu par celui-ci, et qui est la mesure de son propre droit ; c'est très-sincèrement qu'à l'âge de trente-neuf ans, après avoir constaté son ignorance sur ce point, il dit à son aîné le 2 novembre 1756 : « Je me suis fait d'enfance à la douce idée que tu devais avoir tout ce qu'il ne me faut pas absolument pour vivre, parce que tu es le chef de la race, parce que tu es chargé de tout; et qu'il est de mon devoir de contribuer et non de m'approprier. » L'idée de *faire tort* (c'est son mot) de sa légitime à sa famille lui apparaît comme une sorte de crime. Aussi économe, aussi rangé que son frère aîné l'était peu (1), il trouve le secret de se faire honneur dans les emplois assez relevés qu'il occupe successivement et dont les émoluments sont faibles, en ne dépassant jamais la pension de deux mille livres qui lui appartient et que lui fournit son frère. Bien plus, il laisse souvent cette modeste pension s'accumuler entre les mains de l'aîné, et ce n'est qu'avec une sorte de pudeur et à la dernière extrémité qu'il lui parle de ses besoins. C'est ainsi qu'ayant été chargé d'une mission sur les côtes de Bretagne, qui va finir et qui le laissera sans appointements, il écrit de Brest au marquis le 5 août 1758 : « Si tu juges que je doive retourner à Paris, mande-le-moi, et fais-y-moi trouver de quoi subsister ; si tu le juges plus à propos, je suis prêt à rester ici et à y vivre très-doucement quant à la dépense. »

La réponse de l'aîné va nous faire comprendre

(1) Ce n'est pas que le marquis de Mirabeau fût ce qu'on appelle un dissipateur; c'était, au contraire, comme nous le montrerons bientôt en parlant de lui, un calculateur, mais le plus chimérique et le plus inhabile des calculateurs.

tout ce qu'il y a de délicat dans le procédé du chevalier : « A l'égard de ce que tu me dis sur ton séjour là-bas, les larmes me sont venues aux yeux, en considérant la grandeur, la simplicité et la bonté de ton âme. Je serais fâché de ne pas confier au registre qui contient tes lettres que je te dois 15,000 livres, au moment où tu me proposes sérieusement de te confiner dans un cul-de-sac de la basse Bretagne (1). Il faut que tu viennes le plus tôt qu'il se pourra ; je n'attends au contraire que cela pour te céder le plancher, et tu trouveras ici tout ce qu'il te faut. »

« Tu me fais, répond le cadet, le plus magnifique compliment, et je me trouve avoir fait de la prose sans le savoir. La proposition que je t'adressais est toute simple, à ce qu'il me semble, et ma *grandeur d'âme* ne s'est pas fort secouée, attendu que je parlais pour le cas où tu aurais jugé le tout convenable pour le bien des affaires de la famille, et sur cela j'ai le mérite que j'ai eu bien des fois en faisant mon quart ou en montant ma garde. A l'égard de ces fameuses 15,000 livres, si elles me sont nécessaires pour monter un vaisseau ou pour tel autre arrangement qui puisse faire honneur ou profit à ma famille, en me mettant à même de m'avancer et de faire honorablement

---

(1) Il faut noter que ces 15,000 livres dues par l'aîné ne portaient nullement sur le capital appartenant au cadet, et qu'il n'avait jamais réclamé. C'était tout simplement un arriéré dans le payement de la pension annuelle de 2,000 livres.

mon métier, je compte bien les trouver, mais autrement elles sont aussi bien entre tes mains, et assurément je me ferais scrupule d'y toucher pour autre chose que pour le bien de la case. »

Comme l'on pourrait se demander où est le mérite de l'aîné dans ce rapport qui semble tout entier à son avantage, hâtons-nous d'ajouter que de son côté le marquis de Mirabeau est incessamment occupé de faire valoir son frère et de lui être utile. Quoiqu'il ait une très-haute opinion de lui-même, opinion entretenue par la modestie même du bailli, qui, tout en s'apercevant très-bien des défauts de jugement ou de calcul de son aîné, se croit néanmoins inférieur à lui du côté de l'esprit, le marquis ne se dissimule pas que le mérite de son frère est d'un genre plus pratique que le sien. Dans son exaltation de réformateur et d'utopiste, il aime souvent à se persuader que si l'humanité voulait s'abandonner aveuglément à sa direction il serait en état de la régénérer de fond en comble : avant même d'avoir publié *l'Ami des hommes*, en 1754, il écrit au bailli cette phrase : « Plus je considère les abus de la société et le remède, plus je reviens à ce que tu m'as ouï dire il y a cinq ans dans nos promenades au Luxembourg : que 12 principes établis en 12 lignes, une fois gravés dans la tête du prince ou de son ministre, et suivis exactement dans les détails, corrigeraient tout et feraient renaître l'âge de Salomon. » Malgré sa confiance dans ses 12 principes, quand le marquis de Mirabeau veut être sincère avec lui-même, il se juge mieux : « La Providence, dit-il dans une autre lettre adressée à Mme de Rochefort, ne m'a pas construit d'un acabit à pouvoir jamais être mis en œuvre. »

Tel n'est pas son frère cadet; il a bien, lui aussi, comme nous le montrerons, sa nuance d'utopiste, c'est un de leurs traits d'union à tous deux de ne pouvoir jamais se désintéresser des maux de l'humanité et des moyens de les guérir; mais le bailli n'en reste pas moins, sauf ses boutades d'Alceste, un homme très-pratique. Outre qu'il est très-habile non-seulement dans son métier de marin, mais aussi pour tous les tenants et aboutissants de ce métier, il sait conduire les hommes et se faire respecter à première vue; il a, en un mot, le génie du commandement ; aussi l'aîné rêve-t-il pour son cadet les plus hautes destinées, et on le verra animé d'un zèle infatigable pour lui aplanir les voies. Tandis que le bailli remplit les devoirs de sa profession, soit sur les vaisseaux, soit dans les colonies, le marquis lui ménage de belles relations à Paris; c'est dans l'intérêt de son frère au moins autant que dans le sien qu'il cultive assidûment les Duras, les Durfort, les Castellane, les Nivernois, les Bernis, les Belle-Isle. C'est pour pousser son frère qu'il fait des frais d'esprit avec les belles dames influentes, et qu'il ne néglige même pas les premiers commis du ministère de la marine. « Va ton chemin, écrit-il au gouverneur de la Guadeloupe, je ferai pour toi tous les petits pas, et sans bassesse. » Ce correctif est bien nécessaire avec un caractère aussi chatouilleux que celui du bailli. Mais la sollicitude constante de l'aîné pour l'avancement du cadet contribue à nous expliquer la sorte de déférence confiante avec laquelle celui-ci, quoique le plus sage des deux, abandonne en quelque sorte à l'autre la direction de sa propre vie.

Cette déférence, qui se concilie d'ailleurs avec la plus entière indépendance dans la discussion, devient encore plus intéressante lorsque la situation respective des deux frères se trouve complétement renversée. Jusqu'à l'âge de cinquante ans, le bailli est un cadet de Provence possédant deux mille livres de rente que lui paye assez irrégulièrement son aîné ; toutefois, cet aîné, qu'il croit beaucoup plus riche qu'il ne l'est en réalité, l'aime, le protége, le reçoit à bras ouverts dans sa maison, lui procure des relations utiles et le pousse vers les plus hauts emplois. Rien de plus naturel après tout que sa déférence envers lui. Mais voici que ce frère, esprit chimérique s'il en fut, s'est ruiné méthodiquement, par une série de faux calculs que nous expliquerons quand nous parlerons de lui ; il s'est brouillé à mort avec sa femme au moment même où celle-ci, après avoir été à sa charge pendant un grand nombre d'années, vient enfin de recueillir la fortune sur les revenus de laquelle il avait compté pour réparer la sienne ;

après avoir soutenu contre elle une suite de procès dont les frais l'ont achevé, après avoir donné à ses filles des dots supérieures à ses ressources, après avoir pourvu à l'éducation de ses fils et marié l'aîné de ceux-ci en lui donnant une pension également au-dessus de ses moyens, il se voit judiciairement séparé de biens avec sa femme, chargé d'une masse de dettes dont les intérêts suffisent à absorber tous ses revenus personnels, et exposé, par conséquent, comme il le dit lui-même, à manquer littéralement *de pain*, tandis qu'il est pourvu de deux fils qu'il qualifie non sans raison « deux avaleurs capables d'engloutir la mer et ses poissons. »

Heureusement pour lui, le marquis de Mirabeau, parmi toutes ses mauvaises spéculations, en a fait une bonne, quoiqu'elle fût d'abord un peu aventureuse ; il a forcé, comme nous l'exposerons plus tard, son cadet à accepter les fonctions horriblement dispendieuses de général des galères de Malte. Vainement celui-ci objecte qu'il faudra consommer non-seulement cette modeste légitime de 50,000 livres, dont il ne voudrait pas faire tort à sa famille, mais une somme plus forte encore qu'il ne veut pas emprunter, car il a horreur des dettes; vainement il objecte que l'espoir d'obtenir en échange une riche commanderie est fort incertain, le marquis se charge de tout, emprunte, en ajoutant de nouvelles dettes aux siennes, et suffit à tout. Après trois ans d'inquiétudes cruelles pour le cadet bien plus que pour l'aîné, habitué à porter allègrement le fardeau d'un passif énorme, et qui répète sans cesse au bailli : « Va ton chemin et laisse-moi faire, » la plus riche commanderie de la langue de Provence devient vacante, le bailli de Mirabeau l'obtient, et le voilà pourvu de 40,000 livres de rente. Plus tard, une seconde commanderie, dite d'ancienneté, qui lui est encore accordée, porte son revenu à plus de 50,000 livres (1). Il rembourse les sommes empruntées pour lui par son frère, il rembourse aussi, je crois, cette fameuse légitime qu'il considère toujours comme appartenant à sa famille, et, en continuant à vivre avec la plus stricte économie, il fait à son aîné, jusqu'à la mort de celui-ci, 15,000 livres de rente, sans préjudice d'une pension de 12,500 livres qu'il lui paye pour quelques mois qu'il vient passer chez lui, et de sommes également considérables que lui soutirent ses neveux et nièces ; en un mot, c'est le pauvre cadet qui est devenu la providence de la famille ; sans lui, l'aîné n'aurait plus de quoi subsister. Eh bien, dans cette situation, si différente de la précédente, les rapports des deux frères n'ont pas subi le moindre changement. C'est toujours

---

(1) Je vois dans une lettre inédite de Mirabeau, du 22 octobre 1782, que le chiffre officiel du revenu des commanderies de son oncle à cette date montait à 72,000 livres, mais que l'Ordre de Malte retenait, à divers titres, sur cette somme, 21,000 livres, ce qui réduit le revenu réel du bailli à 51,000 livres.

de la part du bailli la même déférence, compatible, comme autrefois, avec une complète liberté de discussion quant aux idées, mais aussi rigoureuse que jadis pour ce qui concerne les actes. Comme autrefois, le cadet est toujours prêt à se conformer aux volontés de son frère, même quand elles lui sont très-déplaisantes. Riche, vieux, fatigué, ayant toujours eu Paris en aversion, le bailli écrit, le 5 février 1779, à son frère ruiné : « Malgré la terrible répugnance que j'ai pour habiter Paris, si je te suis absolument nécessaire, je m'y résoudrai, en baissant la tête sous la Providence. »

Quand l'aîné a reçu le coup qui achève sa ruine, par la sentence du parlement prononçant la séparation de biens contre lui, et paralysant plus ou moins son recours sur les biens de sa femme, le cadet, après avoir exhalé sa fureur contre la femme et contre les juges, réfléchit que son frère pourrait lui survivre, et que, comme le revenu de ses commanderies est viager, il resterait sans ressources; il demande à son aîné la permission de faire un arrangement avec Malte, de renoncer à la moitié de son revenu total, à la condition que la moitié restante sera reversible sur la tête de son frère, si celui-ci lui survit. L'aîné met son *veto* à cette idée du bailli en termes qui valent la peine d'être cités : « Quant à la bonté que tu as, cher frère, de rêver à te mutiler pour m'assurer survivance, j'ai besoin que tu sois riche, et, par ma foi, si tu venais à me manquer, quinze jours après, je n'aurais plus besoin de rien. »

A un seul moment de cette correspondance de quarante ans, on voit le cadet se montrer parfois un peu dur pour son aîné, mais il est alors sous l'influence de son éloquent et habile neveu, le futur tribun, qui a su lui monter la tête et engager son amour-propre dans le procès qu'il intente à sa femme, en 1783, pour la forcer à revivre avec lui. Le père de Mirabeau, plus sagace que son oncle dans cette circonstance, juge avec raison que les faits et gestes du mari ne lui permettent guère de recourir honorablement et avec quelques chances de succès aux voies judiciaires. Le pauvre vieux bailli, poussé par son neveu, qui lui fait dépenser 20,000 livres en pure perte, s'emporte de temps en temps contre son frère. Mais à peine a-t-il prononcé une phrase un peu âpre, qu'un remords le prend : « Cher frère, écrit-il, tu me connais ; quand je t'afflige, c'est ma plume, c'est ma tête échauffée, mais jamais mon cœur ; table toujours sur cela. » Aussi Mirabeau est-il obligé de constater que ses efforts pour tourner son oncle contre son père sont au fond impuissants, et il écrit avec un égoïsme naïf à un tiers, en parlant de son oncle : « Cet honnête homme n'a de défaut que son invincible faiblesse pour son frère (1). »

(1) Ce passage fait partie d'une longue lettre écrite par Mira-

Tel est ce rapport des deux frères considéré au point de vue de leur affection réciproque. On ne saurait rien imaginer de plus touchant; mais leur correspondance offre un autre aspect non moins curieux et qui nous ramènera naturellement à reprendre la biographie du bailli, et à mettre en lumière les autres nuances de son caractère et de son esprit. Sur les quatre mille lettres échangées entre eux, il n'y en a peut-être pas dix dans lesquelles, à travers les préoccupations personnelles parfois les plus impérieuses et les plus absorbantes, on ne rencontre de grands débats sur toutes les questions générales qui méritent d'intéresser deux esprits élevés. A tout moment, les deux correspondants font trêve à leurs affaires particulières pour discuter sur la religion, sur la politique, sur l'administration, sur les finances, sur l'histoire, sur le bien et le mal, sur le progrès, sur la liberté, sur l'aristocratie, sur la démocratie, sur l'état de la société, sur les dangers qui la menacent, sur les réformes qui pourraient la sauver, sur la question de savoir si elle peut être sauvée, et sur l'avenir qui l'attend. Chacune de ces dissertations, souvent chaleureuses et éloquentes, remplit quelquefois dix ou douze pages grand in-folio. Il nous paraît très-douteux qu'on

---

beau, le 14 août 1783, à un Anglais, sir Gilbert Elliot. Cette lettre, qui contient un assez bon nombre d'assertions inexactes que nous relèverons plus tard, a été publiée pour la première fois dans l'ouvrage intitulé : *A Memoir of the right honourable Hugh Elliot by the Countess of Minto.*

rencontre, de nos jours, deux hommes disposés à dépenser uniquement, l'un pour l'autre, tant d'idées, tant de verve et tant d'encre. Dès qu'ils seraient capables de disserter si amplement sur toutes choses, ils réserveraient leur prose pour le public et ils s'écriraient au plus quatre pages sur du petit papier. Il est bien vrai que l'aîné des deux frères possède une plume intarissable, qui suffit à toutes les consommations. Non-seulement il prodigue sa littérature à son frère et à une foule de correspondants de tous pays, mais il fait gémir la presse et entasse volumes sur volumes ; tandis que le bailli, qui se borne à écrire des mémoires sur les affaires de son métier ou relatives à son métier, mémoires qu'il ne songe pas d'ailleurs à faire imprimer, s'abandonne avec un sentiment plus dégagé de toute vanité au plaisir de communiquer ses impressions et ses opinions à un frère qui lui inspire une entière confiance, et qui, même en le contredisant, alimente et intéresse son esprit. Aussi ses lettres à lui, remarquables, d'ailleurs, par le même genre de style coloré et indiscipliné qui distingue celles de son frère, ont-elles généralement une physionomie moins doctorale, moins pédantesque. L'homme s'y manifeste avec plus de naïveté, de vérité et de variété. Nous laisserons donc souvent le second fils de Jean-Antoine raconter lui-même les événements et les vicissitudes de la dernière partie de sa carrière active.

X

LE BAILLI, GOUVERNEUR DE LA GUADELOUPE

Le bailli de Mirabeau, qui portait encore le titre de chevalier, vint s'établir dans son gouvernement de la Guadeloupe en décembre 1753. Quoiqu'il y eût alors un gouverneur général des Isles du Vent et un intendant ou préfet résidant à la Martinique, les attributions du gouverneur particulier de la Guadeloupe étaient considérables, d'après ce que nous en dit le chevalier. « Je suis ici MICHEL MORIN, écrit-il, non-seulement commandant, mais à demi évêque, à demi intendant, à demi président, et même entièrement. »

On connaît déjà assez le noble caractère de

l'homme que nous étudions pour deviner d'avance que, dans une telle situation, le sentiment qui le dominera sera celui de sa responsabilité devant sa conscience et devant Dieu pour tout le mal qu'il laissera faire ou pour tout le bien qu'il ne fera pas. Écoutons-le, racontant à son frère ses premières impressions : « Le jour de ma réception, dit-il, instruit par le travail assidu que j'avais vu faire un mois durant au gouverneur général, qui me montra tout l'ensemble, lorsque je vis cette bizarre foule d'hommes de toute couleur, attirée par la curiosité, me suivre à la porte de l'église, où le préfet apostolique m'arrêta pour me haranguer, et me désigner par les louanges qu'il me donna celles que je devais mériter, j'avoue que je fus consterné. Ma prière à Dieu fut de me préserver de l'injustice et de me donner la fermeté de la réprimer; et elle fut bien vive. Dieu veuille l'avoir exaucée! » Dans une autre lettre il ajoute : « Je deviens dévot, cher frère; cela te paraîtra plaisant, aussi cela ne doit-il pas être interprété suivant la commune signification du mot. Je n'ai ni plus de goût, ni plus de talent pour la mysticité, mais en vérité je n'avais jamais prié Dieu avec ferveur. Je ne connais cet exercice que par la crainte de faire du mal, et j'ai si fort peur d'en faire ici, que je le prie sincèrement de l'empêcher. »

Ces préoccupations du nouveau gouverneur s'expliquent aisément par l'état de la société qu'il est appelé à régir. Les tableaux qu'il trace de la vie coloniale à cette époque nous la présentent sous un aspect, en général, peu attrayant. Voici un de ces premiers tableaux, il est daté du 24 décembre 1753 :

Les causes du mal sont ici dans le physique et dans le moral. La grande chaleur rend les blancs paresseux et leur donne tous les vices annexés à l'oisiveté. Elle a introduit de plus l'usage des noirs, qui, fournissant aux blancs des nourrices, leur donnent encore par là une partie de leurs vices en même temps qu'une sorte de couleur plombée qui provient du lait des négresses. Au moral, la nécessité de tenir les nègres dans un état d'esclavage met de cette espèce à la blanche une si grande différence, que celle qu'il peut y avoir de blanc à blanc devient presque nulle. La plus vile partie de l'humanité blanche s'estime ici plus qu'un pair de France à Paris ; c'est au point qu'un malheureux garçon menuisier qui arrive de France presque sans ressources aimera mieux tendre la main que de travailler chez l'habitant le plus qualifié, si celui-ci ne lui donne pas sa propre table. Tu sens aisément jusqu'où l'orgueil et la misère unis peuvent pousser la scélératesse dans un pays où la fermentation du sang est toujours forte et où les passions sont toujours très-vives. La paresse et la facilité jettent les blancs dans l'amour des négresses et les font encore participer par là aux vices des esclaves. Les négresses savent abuser de la faiblesse de leurs amants, et il n'y a pas de fille entretenue sur le meilleur ton, à Paris, qui coûte plus à son amant que ces vilaines créatures. Le dérangement produit ici tout ce qu'il produit en Europe, et il va d'autant plus vite qu'il faut qu'un créole ait mangé son bien et celui de dix autres personnes avant de faire la moindre réflexion..... Le monde est ici dans son enfance quant aux arts et à l'agriculture, et il est dans la plus caduque vieillesse du côté des vices. Le seul qui n'y soit pas plus fort qu'en Europe, c'est le désordre des femmes blanches. Celles-ci y sont sages, moins par vertu que par indolence, par l'obsession éternelle des négresses (dont, par vanité, elles ont toujours le plus grand nombre possible à leurs côtés), par la construction des maisons, où tout se voit et s'entend par la nécessité où l'on est de donner partout passage à l'air.

Plus loin, parlant des créoles, de leur vanité mélangée de cruauté et d'ignorance : « Imagine, dit-il, la vanité naturelle à quelqu'un qui, dès l'enfance, a été élevé au milieu d'esclaves n'osant le contredire, qui est accoutumé à voir déchirer à coups de fouet des malheureux, par caprice, par jalousie relative aux négresses, et que cela rend inhumain... Faire du sucre, fouetter des nègres, faire des bâtards et s'enivrer, voilà la grande affaire des créoles. Demande-leur qui est le père du roi ; ils n'en sauront rien pour la plupart. » Le meurtre ou l'improbité indignent naturellement l'austère gouverneur plus encore que la débauche ou la paresse.

Figure-toi, cher frère, que j'ai trouvé dans une portion de ce gouvernement un usage établi de ne point punir le meurtre des nègres ; et, dans les commencements, il n'y avait pas de jour où, par jalousie de quelque infâme négresse, des échappés de la roue en Europe, ou des enfants de ces gens-là, ne tuassent quelqu'un de ces malheureux. Bien plus, un vil mulâtre, enfant de la plus détestable débauche, espèce de monstre toujours composé de la scélératesse des deux couleurs, tue un nègre et son père se donne pour l'auteur du meurtre pour éviter à son fils la punition! Va donc prêcher l'indulgence dans un pays où l'on est tout étonné que je ne veuille pas permettre que l'on tue un homme avec moins de cérémonie qu'ailleurs on tue un chien.

Que dirais-tu d'un pays où il passe pour constant que toute affaire au serment est perdue? Aussi la friponnerie et la mauvaise foi ont si fort dominé, que la plus belle des îles du Vent est la plus misérable. Celle-ci pourrait rapporter trente millions et n'en rapporte pas le quart; le commerce n'y vient pas; et, quand je m'efforce de faire venir des vaisseaux des ports de France, la réponse unanime est que la mauvaise foi du pays les écarte, parce qu'il leur est impossible de percevoir leurs fonds. Cette friponnerie, qu'on a laissé introduire par mollesse, a ruiné cette île. Mais consulte dans les ports et informe-toi si, depuis que j'y suis, quelque vaisseau marchand français perd ses fonds? Cela en ramène quelques-uns, et les bons citoyens en sont charmés, eux que l'absence de commerce dans cette île prive d'un cinquième de leurs revenus en faveur du commissionnaire de la Martinique. Voilà, cher frère, le principe de ma sévérité. Je veux faire le bien. C'est à Dieu d'abord que je dois compte de mon administration, et le respect humain ni le désir de faire fortune ne doivent pas m'arrêter. Je lui demande toujours la force, qui est plus nécessaire ici que toute autre vertu cardinale; car assurément il me serait plus agréable de jouir de la considération due à ma place, de rendre service à des protégés, et de laisser, d'ailleurs, aller tout le reste. Mais serait-ce là mon devoir? et que dirais-je à Dieu, au roi, à moi-même?

Ce n'est pas que le chevalier de Mirabeau

s'exagère le pouvoir d'un homme contre une masse d'abus. « Je vis bientôt, dit-il, qu'il était impossible de déraciner les abus tout à la fois et tous, mais il fallait les attaquer, et c'est ce que je fis de mon mieux. Aidé, soutenu de l'exemple, des conseils, de l'autorité et de la confiance du général, je tâchai de réussir. Il est vrai que je suis parvenu à ramener un peu la bonne foi dans le commerce ; ce n'est guère, mais Dieu ne me demande que mon temps et mes peines : il m'est témoin que je ne m'y épargne pas, ainsi qu'à empêcher les meurtres. J'attends son jugement sans crainte. »

Dans ses premières lettres le gouverneur de la Guadeloupe paraît disposé à se féliciter des bons effets de son administration, et il nous fournit en même temps l'occasion d'apprécier l'austérité du genre de vie qu'il s'impose pour n'être en prise par aucun côté. « J'ai la satisfaction d'entendre dire qu'on est fort content de ma manutention, et que l'on rend justice à la bonne envie que j'ai de bien faire. Les fripons, qui ne sont pas en petit nombre, tremblent ; les honnêtes gens se réjouissent ; les pauvres savent que justice leur sera rendue sans acception de personnes. La porte de leur gouverneur leur est ouverte, disent-ils, à toute heure, et toute la colonie sait que pas un de mes gens ne serait assez osé pour empêcher le plus petit et pauvre nègre de me conter ses raisons. Ils savent aussi que je ne veux pas de présents ni de bien mal acquis; que je n'ai ni femme, ni maîtresse, ni parents, ni amis; que je suis un vrai Melchisédech qui ne boit, ne joue ni ne représente, et qui ne peut manquer de rendre la justice que parce que je me tromperais, et partout on pardonne ce qui ne part pas du cœur. »

Dans d'autres lettres, il semble se résigner, non sans tristesse, à la nécessité de se faire craindre : « Je ne sais, dit-il, si j'ai acquis une réputation d'équité, et pourquoi; mais figure-toi que je juge plus de procès qu'une sénéchaussée. Je sais que je suis un peu aimé, assez estimé, et encore plus craint. Tu ne reconnais pas à cela mon étiquette : mais je connais trop ces gens-ci ! Aucun sentiment honnête ne se logera jamais dans leur cœur; le mensonge croît sur leurs lèvres comme les cèdres sur le Liban. Tel homme vous arrache des larmes par le récit circonstancié de ses malheurs, qui, si on ne se laisse pas attendrir et qu'on l'envoie au fort, paye sur-le-champ. Ils ont, en général peu d'esprit naturel et moins encore d'acquis; mais, ils ont cependant tous le talent d'embrouiller les affaires de façon que, si on ne les suivait pas de près, ils vous feraient tourner la cervelle. Mais je suis à présent au fait de leurs méthodes, moyennant quoi ils me redoutent comme le prévôt; tu sais comme cela cadre avec mon caractère naturellement compatissant. Au surplus, jamais père de la Trappe n'a mené une vie plus dure. D'un soleil à l'autre, rendre la justice, ou écrire, ou signer, enfin travailler, voilà ma vie. Je te prie de faire prendre quelques informations dans les ports et de me mander avec sincérité ce qu'on t'aura dit de ma manutention ; c'est le seul moyen qui me reste de savoir la vérité. Ici peu de gens, ou point, oseraient me contredire, par un malheur attaché à la première place. »

Le marquis de Mirabeau, de son côté, encourage son frère avec des formes de langage dont la gravité éloquente étonnera, peut-être, mais qui se retrouvent à tous moments dans la correspondance de ces deux hommes, quoique mélangées souvent aussi d'intonations familières ou ironiques.

Ton genre et ordre de vie, écrit-il à son cadet, est presque entièrement celui de Caton dans l'île de Sardaigne. Dieu te bénira dès que tu cherches à faire le bien, car aimer la justice et la vérité, c'est aimer Dieu et son prochain, ce qui renferme toute la loi de Notre Seigneur lui-même. Notre passage, ici-bas, est court et traversé. Quand la loi de Dieu ne serait pas écrite, nous sentirions par les seules lumières de notre conscience que nous sommes coupables de plusieurs fautes contre le droit naturel, en actions, en omissions, et par le mauvais exemple et par le peu de soin ; mais la loi est écrite, et les ténèbres à cet égard ne peuvent plus être que volontaires. Tâchons donc de semer cette vie orageuse de quelques bonnes actions, qui nous consolent dans l'agonie ; c'est ce que je me dis chaque jour, et ce que je crois pouvoir d'autant mieux te dire, que tu n'as pas attendu mes avis sur cet article.

La seule distraction du chevalier, au milieu d'une existence sevrée de tous plaisirs, c'est de consacrer à la lecture tout le temps qu'il peut dérober à ses laborieuses fonctions. Aussi demande-t-il, sans cesse, à son frère de lui envoyer des livres, et des livres de tous genres, ouvrages militaires, diplomatiques, judiciaires, géographiques, ouvrages sur les finances et le commerce. Continuellement occupé d'augmenter ses connaissances, il rédige des mémoires sur toutes les questions relatives aux colonies ; il réunit et compare les diverses ordonnances par lesquelles elles ont été successivement régies : « Je veux, dit-il, entreprendre un recueil de tout ce qui a force de loi ici et faire à cela des notes..... Compte, cher frère, que si vue et santé tiennent, dans six ans je serai en état de conduire tout le politique de la marine mieux qu'aucun de ceux qui s'en sont jamais mêlés. Si l'on veut m'employer en grand, ma vie est au service de l'État, mais, pour baguenauder et me bercer de vains parchemins, qui vous laissent l'étroite nécessité de courtiser des scribes ou d'en essuyer des déboires, c'est ce qu'après plus de trente ans de service, je ne ferai pas. »

Une des difficultés de la place qu'il occupe est dans l'insuffisance du traitement, qui oblige un gouverneur pauvre à s'abstenir de toute représentation. Ce traitement est de *douze mille livres* de France, dans un pays où, dit le chevalier, une poule coûte 6 livres ; le pain, 7 sols la livre ; la viande, 15 sols ; la façon d'un habit, 70 livres ; des souliers, 12 livres. Il est vrai qu'il y a plusieurs moyens pour un gouverneur de faire des profits illicites et considérables. Il en est même qui passent pour licites auprès de gens peu scrupuleux, et le marquis de Mirabeau en indique quelques-uns qu'on lui a présentés comme tels. Mais le chevalier est inflexible sur ce point ; il n'admet pas que dans son poste un homme pauvre puisse s'enrichir honnêtement :

Je t'ai toujours dit, cher frère, qu'il y a longtemps que j'ai renoncé à la fortune ; si elle vient, tant mieux ; mais cette vile maîtresse du genre humain n'aura seulement pas la gloire de me faire fléchir le genou ; peut-être est-ce par vanité. Soit ; si mes vices me rendent meilleur, je les aime autant que des vertus ; c'est bien un peu tant pis pour mes pauvres neveux et nièces, mais je ne sais s'il ne leur vaut pas mieux pouvoir dire qu'ils sortent d'un sang où l'on préfère l'honneur à cent mille livres de rente, que d'être plus riches de bien acquis par un homme de leur race par des voies obliques. Tâche, cher frère, de leur inspirer l'honneur, il seront aussi riches que moi ; pauvreté ne m'a pas empêché d'être gros, grand et fort, et d'avoir autant pris de tous les besoins réels de la vie que le plus riche financier. Je t'avoue qu'il me choque un peu de sentir que l'on dira que je suis un sot ; je vois bien que cela est une faiblesse ; j'ai même assez d'amour-propre pour penser que je ne serai jamais condamné à ce sujet quand je serai entendu ; mais l'homme est ainsi ; il craint plus les ridicules que les vices, s'il n'est éclairé par la réflexion.

Il revient souvent sur ce dédain des richesses. C'est un des sentiments qu'il exprime avec le plus d'énergie. Citons-en encore un exemple : « J'ai calculé, il y a longtemps, que le pire des maîtres était l'or, le pire de tous les esclavages, celui des richesses. Je le dis un jour à M. de Marivaux, faiseur de livres, qui me traduisait les paroles d'un ancien, disant que la pauvreté est ridicule (1). Quand un homme est pauvre pour n'avoir pas voulu blesser l'honneur; qu'il sait mépriser les biens et passer sur le ventre de ceux qui n'ont pas d'autre mérite que d'en posséder, il se fait respecter, et sa pauvreté n'est pas ridicule. »

Un autre sentiment, plus remarquable, peut-être, encore chez un gentilhomme du xviiie siècle, peu porté, d'ailleurs, à s'enthousiasmer pour les philosophes de son temps, c'est celui qu'exprime souvent le gouverneur de la Guadeloupe sur l'esclavage et sur les nègres :

Je suis ici à portée, écrit-il le 10 janvier 1755, de bien connaître l'esclavage et toute son étendue, car celui de ce pays-ci est le plus fort qu'il y ait jamais eu, non dans le droit, mais bien dans le fait; l'on a assez suivi les lois romaines sur l'esclavage, mais la couleur y ajoute une

---

(1) Marivaux citait, sans doute, au bailli ces vers de Juvénal :
Nil habet infelix paupertas durius in se
Quam quod ridiculos homines facit....
à moins, ce qui est peu probable, qu'il ne lui traduisît un texte grec recueilli par Stobée, qui exprime la même idée que Juvénal.

indélébilité physique. Le nègre, même lorsqu'il est libre, reste au moins aussi esclave que le Grec l'est chez les Turcs, avec cette aggravante circonstance que rien ne peut jamais le blanchir, au lieu que le Grec, en reniant sa foi, devient un Turc.

L'on ne peut cependant se cacher qu'un nègre est un homme, et un philosophe qui considèrerait l'humanité de sang-froid, dans ce pays-ci, donnerait, peut-être, la préférence au nègre. Je sais les divers reproches que l'on fait aux gens de cette couleur, mais, en approfondissant, je ne vois moi, confesseur de tout le monde, que le crime des blancs. Qu'un homme fasse travailler un autre homme autant que ses forces le lui permettent et refuse de lui donner la nourriture la plus vile, si celui qui est si cruellement traité commet quelque crime, qui a tort? C'est l'histoire perpétuelle de ce pays-ci . . . . .

Cette île est à peu près grande comme la Provence et beaucoup plus fertile, sans compter que la sorte de denrées qu'elle porte est plus précieuse. Trente-cinq mille blancs, destinés au travail de la terre, ne font pas ce que deux mille feraient ailleurs. L'esclavage me paraît par cela seul un mal, en ne le considérant que du côté de la cupidité, dont il tire son origine, car il n'est pas nécessaire de dire qu'il répugne à l'humanité. Je vois avec chagrin que l'on introduit les nègres dans la Louisiane, pays très-bon, très-fertile, d'un climat admirable, où quelques Allemands, autrefois transportés, ont très-bien réussi et où l'on aurait fait une magnifique colonie sans ce secours (1). »

Dans une autre lettre, il revient encore sur ce sujet :

---

(1) Cette réflexion datée de 1755 frappe d'autant plus, quand on pense à tout le sang que l'introduction de l'esclavage devait faire verser de nos jours aux États-Unis.

L'esclave, dit-il, tout esclave qu'il est, doit être considéré comme un homme, et moi, je crois devoir aussi le considérer comme un frère. Par parenthèse, il ne s'est pas encore donné six coups de fouet dans ma maison, excepté à de petits nègres et négrettes qui en auraient eu tout autant s'ils eussent été mes enfants... L'on a dans ce pays-ci et l'on emporte assez communément une prévention contre les nègres qui est injuste. Je regarde ce peuple-là comme tout à fait le même que nous, à la couleur près. Je doute même que l'esclavage ne nous rendît pas pires que lui. Il y a des traits héroïques parmi ces gens-là. Je vais t'en citer un dont le héros était mort quand je suis arrivé, sans cela j'y eusse perdu mon latin ou je lui eusse attiré de la cour quelque marque de distinction ; voici son fait. Cet homme était nègre matelot, abus considérable, mais dont ce n'est pas le lieu de traiter. Ce malheureux est pris par les Anglais et sert si bien chez eux qu'il obtient sa liberté. Sa maîtresse, pauvre vieille femme d'ici, était dans la misère, il l'apprend, quitte Antigoa où il était et vient à son secours. Il était excellent matelot ; il se loue comme tel et met dans son marché que son argent sera donné tous les mois à sa pauvre maîtresse. Cela dure quelque temps ; cette femme meurt et laisse un enfant très-jeune, son petit-fils ou son arrière-petit-fils. Ce généreux nègre emploie son argent à élever cet enfant, vient à bout de lui acheter un petit nègre, et enfin emploie à son profit toute sa vie et tout son avoir. A quelle nation un pareil trait ne ferait-il pas honneur ? (1)

(1) Nous devons dire en passant que sur cette question de l'esclavage, le marquis de Mirabeau exprime des idées encore plus avancées que celles de son frère, car il écrit à celui-ci le 7 avril 1755 : « On ne peut concilier l'esclavage avec le christianisme. Comment s'est-il donc introduit si généralement dans le Nouveau-Monde ? c'est une chose inconcevable. Je sais bien

On comprend aisément que le gouverneur, d'une île à esclaves animé de pareils sentiments, ait pu se faire aimer des nègres (1), mais on comprend aussi que les maîtres de ces nègres, qui trouvaient en lui un appréciateur sévère de leurs cruautés, et que tous les aventuriers fripons arrivant d'Europe pour faire fortune à tout prix, envers lesquels il se montrait inflexible, aient poussé parfois contre lui des clameurs dont le retentissement arrivait jusque dans les bureaux de Versailles. On se souvient que son frère aîné, toujours attentif à écarter de la carrière du chevalier ce qui aurait pu lui faire obstacle, cultive assez assidûment, dans son intérêt, les premiers commis de la marine. Il a eu une conversation avec l'un d'entre eux qui, sans être le chef immédiat du futur bailli, le connaît beaucoup, lui est très-dévoué et se tient au courant de tout ce qui le concerne. Cette conversation, que le marquis de Mirabeau communique à son frère, nous apprend ce qu'on reproche au gouverneur de la Guadeloupe dans les bureaux de Versailles, et il nous paraît intéressant de la reproduire en la résumant.

que si j'étais ministre de la marine demain, je ferais passer un édit qui déclarerait tout nègre libre en recevant le baptême et en s'attachant à certaine portion de la glèbe, dont il donnerait redevance proportionnée selon les lieux à l'ancien propriétaire, s'il y en avait, ou à l'État, si c'était un terrain encore non concédé. »

(1) Il paraît que ceux-ci criaient sur le passage du gouverneur : *Vive le bon Becqué !* Ce mot, dans le jargon nègre, répond, je crois, à celui de blanc.

Avec infiniment d'esprit, dit ce premier commis de la marine, et encore plus de vertu et de probité, le chevalier de Mirabeau risque de les rendre inutiles à sa fortune et au bien de l'État. Il a une mine froide qui déconcerte et qui effraye, et avec cela une vivacité qui éclate par moment : c'est l'excès d'un feu concentré (1). Il a trop de zèle, il nous envoie de grands mémoires sur les abus du pays. D'abord c'est trop tôt, ensuite il doit penser qu'il y a des choses que nous voyons sans avoir la force d'y remédier, d'autres auxquelles nous ne voulons pas remédier ; nous ne sommes pas dans le siècle de la régénération. Le chevalier ne se renferme pas assez dans la partie d'administration dont il est chargé, il embrasse trop de choses, il est trop tranchant, il faut donner son avis avec une modestie douce, une subordination marquée aux lumières d'un ministre, quoi qu'on n'en pense pas un mot. Il a pris parti avec trop de chaleur pour son gouverneur général, Bompar, qui est accusé par les créoles d'un excès de sévérité et d'une roideur maladroite. Il défend aussi l'intendant, dont la probité est attaquée. Le premier commis déclare, il est vrai, que les accusations de ce peuple de colons, d'aventuriers et d'interlopes, tous gens sans foi, ont peu de valeur aux yeux de l'administration, mais il ajoute que le gouvernement n'aime pas que les principales autorités d'une colonie s'affectionnent trop les unes aux autres, et que le chevalier n'a pas

---

(1) Le futur bailli, en effet, quoique Provençal, se distinguait de son frère aîné, aussi abondant en paroles qu'en gestes, par une attitude très-froide au premier abord. « Les Provençaux, écrit-il, portent leur pétulante vivacité partout ; aussi le général Bompar (autre Provençal) et moi qui, comme tu sais, ai l'air assez froid naturellement et cent fois plus ici, où il ne faut mettre personne à son aise, nous passons pour deux animaux rares dans notre pays. Les coquins tremblent et donnent de grand cœur à tous les diables les physionomies froides de Provence. »

mission de venir en aide à ses collègues quand ceux-ci sont attaqués.

On prévoit l'effet que peut produire cette morale de bureaucrate sur un fonctionnaire de l'espèce du chevalier. Aussi répond-il par une lettre fort longue et fort expressive, dont nous ne donnerons également que des extraits.

La menace de manquer ma fortune, répond-il à son frère, est la plus petite qu'on puisse me faire. Je dois à Dieu et à mon nom d'être le plus honnête homme que je pourrai. Je dois à l'État mes sueurs, mes peines, mon sang et ma vie pourvu qu'on ne me vexe pas dans mon honneur. J'ai trente-sept ans, dont j'ai servi vingt-cinq, et j'ai au moins vingt campagnes; je pense avoir acquitté, autant que cela m'a été permis, ma dette à l'État. Félicite-moi, cher frère, de ce qu'en butte ici à un amas de fripons, ils n'osent m'accuser que d'avoir une mine trop froide, je ne me refondrai pas pour eux... Quant au reproche d'être tranchant, je ne m'en effraye pas. Le nouveau ministre (Machault) a, dit-on, ce caractère, et c'est comme cela que je les veux. Les hommes tranchants sont à l'État comme le couteau courbe au membre gangrené; les gens de ce caractère aiment la vérité, la disent et l'entendent sans émotion. Tous les honnêtes gens de ce pays te diront que je fais le bien et que ma sévérité ne porte que sur ce qui est incorrigible. Que vingt brigands qui avaient assassiné, volé, pillé des vaisseaux et qui se promenaient dans l'île n'y soient plus ou n'osent se montrer, où est le mal? Demande dans les places de commerce, si le pays ne s'accrédite pas, autant qu'il est possible que cela soit en si peu de temps? Compte que l'homme en place dans un pays comme celui-ci fait bien du mal s'il ne sait pas se vaincre sur l'indulgence et en évite furieusement par une apparente sévérité : à l'égard de la cour, je ne lui mâche pas les vérités, je lui dis même ses propres fautes. Il m'importe peu de faire fortune, il m'importe peu d'être caressé, mais il m'importe beaucoup d'avoir dit vrai, d'avoir rempli ma tâche, d'avoir dévoilé l'iniquité, d'avoir combattu le vice, étant en place. Au surplus, il arrivera ce que Dieu voudra. Je sais qu'on commence à m'attaquer ; l'on sème ici de faux bruits, l'on ne peut dire que je vole, ne voulant pas même recevoir les plus petits présents de fruits. L'on ne peut dire que j'ai des maîtresses qui me mènent, ma maison est comme une église ; l'on n'y voit entrer que des gens demandant justice ou des officiers ; je ne donne jamais audience aux femmes qu'en lieu où, de la rue, les passants peuvent me voir sans m'entendre ; mais on a fait courir le bruit que je voulais faire mettre un nouvel impôt. La cour, qui confie et qui retient en même temps l'autorité, qui ne met jamais un homme en place que pour s'en méfier ; qui, occupée des affaires les plus prochaines, ne sait même pas ce qu'elle doit répondre aux affaires des pays éloignés, la cour, dis-je, est l'éternelle dupe des fripons. Au reste, c'est quand je serai attaqué directement que la fougue de tête paraîtra. A la première lettre montrant méfiance, je répondrai par la demande précise que mon accusateur me soit livré, ou que l'on m'envoie mon successeur... Quant à l'axiome de Gaudin, touchant le besoin de me renfermer dans ma sphère stricte, je te dirai que si j'ai écrit en toute confiance à Gaudin, que je considère comme mon ami, j'ai été plus réservé à l'égard du ministre et du premier commis de mon département ; mais j'ose assurer, d'après vingt-cinq ans passés à courir les quatre parties du monde, qu'il n'y a qu'un sot qui se borne à sa sphère actuelle et qui, lorsqu'il est à un poste, ne s'efforce pas de mériter le poste supérieur en s'en rendant capable. Voilà la sphère stricte franchie. Cet axiome n'a eu que trop de partisans dans la marine, où des scribes accrédités avaient besoin que les officiers fussent des automates incapables de rien, que de suivre servilement des ordres dictés par tel intérêt qu'il appartiendra sans en examiner la valeur. Comment peuvent-ils me reprocher d'avoir écrit à la louange du gouverneur général et de l'intendant? L'union des chefs leur déplaît donc? c'est pourtant cette union dont tous les fripons frémissent et qui fait le bonheur des colonies. Depuis que je suis ici, je vois de près le général Bompar, et je dirai mille fois que le roi n'a pas de plus honnête homme à son service, et que je ne saurais faire mieux que de me modeler sur lui, car il est l'équité et le désintéressement personnifiés. Quand tu trouves que je m'explique trop net sur les infamies que l'on fait à l'intendant (1), c'est que tu ne les a pas sous les yeux. Souviens-toi qu'un honnête homme soutenu fait plus de bien et d'honneur que mille coquins combattus ne peuvent faire de mal.

Un dernier article de cette longue lettre peint mieux que tous les autres le puritanisme, peut-être, excessif du chevalier. Nous avons déjà dit que le premier commis, qui lui fait transmettre par son frère les observations qu'on vient de lire, n'est pas son chef immédiat; mais il a pour ami le

---

(1) Cet intendant, M. Hurson, était un conseiller au parlement de Paris que le premier commis de la division des colonies voyait avec irritation dans un poste qu'il voulait donner à un de ses parents ; on lui suscitait donc des désagréments qui le forcèrent à se retirer. La sympathie qu'exprime pour lui le chevalier de Mirabeau a d'autant plus de poids, qu'en général il est très-prévenu contre les intendants, qu'ils appartiennent à la robe ou à la plume.

chef de la division des colonies, et il voudrait que le chevalier fît plus de frais pour ce personnage, duquel il dépend en partie, qui se déclare plein d'estime pour le gouverneur de la Guadeloupe et qui ne demanderait qu'à se lier avec lui. Il n'y a à cela qu'un obstacle, c'est que la probité de ce premier commis, devenu énormément riche, et qui place tous ses parents dans les colonies, excite depuis longtemps la défiance du chevalier. Dès les premiers jours de son arrivée à la Guadeloupe, il écrit à son frère : « Je suis plus que moralement confirmé que l'opinion publique est vraie sur l'homme que tu sais, duquel je t'avais dit que, malgré ma prévention, je ne l'avais pas pu surprendre dans plus de vingt conversations à me lâcher aucun axiome qui me le manifestât fripon. Il est cependant tel, ou je me trompe fort ; il est de plus inappliqué ; et soit friponnerie, soit négligence, il laisse beaucoup de choses en arrière. Tu sais que je me suis toujours méfié de cet article. S'il me craint, il est très-bien avisé, car s'il est fripon pour lui ou pour les siens, je dévoilerai toute l'iniquité. »

On conviendra, je crois, que nous avons affaire ici à un fonctionnaire d'un acabit assez rare, puisque le voilà occupé de vérifier si un chef de division très-influent, qui peut beaucoup pour son avancement et qui désire son amitié, est oui ou non un fripon, et résolu, dans le cas de l'affirmative, à lui déclarer la guerre. Le marquis de Mirabeau, qui a vu lui-même ce premier commis, qui l'a entendu exprimer les meilleures dispositions pour son frère, cherche à ramener ce terrible frère à des sentiments plus politiques; il voudrait qu'il écrive amicalement à l'homme en question : « Si cet homme, lui écrit-il, a, en effet, 80,000 livres de rentes, comme le disent ses ennemis, il peut s'être intéressé au commerce, avoir eu des revenants-bons, que sais-je? Ce siècle-ci est le siècle des tours de bâton, si tu voulais faire pendre tous les fripons, tu dépeuplerais le monde prévôtalement; d'ailleurs, s'il est tel qu'on le dit, il faut se mettre dans la tête qu'il est impossible de le jeter par terre, ayant toute la confiance du ministre; routiné à ce pays-ci avec plus d'esprit qu'eux tous, il tiendra toujours : or, en le supposant méchant, c'est le déchaîner que de lui arracher le masque de probité dont il se couvre. Je t'en conjure, cher frère, graisse les roues de la voiture; autrement nous verserons. Au nom de Dieu, un peu de liant, il te restera toujours assez de morgue pour n'être pas valet. En voilà plus qu'il ne t'en faut pour ruminer beaucoup, mais ne va pas t'échauffer, où je ne suis qu'un sot. »

Le marquis ne s'est pas trompé en supposant qu'Alceste allait s'échauffer :

Est-ce à moi, s'écrie celui-ci, est-ce à moi, fils d'un homme qu'un joueur de billard a empêché d'être maréchal de France (1), que Gaudin apprendra que les ministres ont toujours raison et peuvent facilement faire manquer sa fortune à l'homme du plus éminent mérite ? Sûrement non. Il s'en faut de beaucoup que je fasse de mes talents le cas qu'ils en font, peut-être, eux-mêmes, et je regarde la perte de ma fortune et de mon avancement comme aussi facile au plus petit scribe, qu'indifférente pour l'État; mais heureusement elle m'est indifférente à moi-même, et je retournerai à l'état de cadet de Provence sans la moindre répugnance, plutôt que d'endurer rien qui m'humilie *intus et in cute*...

Je passe à l'article de son ami : le cri public est contre lui. Tu sais ce que je t'en ai dit ; tu sens bien qu'il est trop habile pour laisser contre lui des preuves judiciaires, mais pour toutes les preuves morales, elles sont telles que l'aveuglement le plus complet ne saurait, à quelqu'un qui a vu le pays, laisser même du doute. Quant à m'ouvrir à lui, quand je le croirais innocent, je n'en ferais que ce que je dois pour le bien du pays; et quant à cela aucune raison d'amour-propre ou autre ne m'empêchera de faire ce que je croirai être utile au pays; mais de l'amitié, est-il possible de l'accorder sans estime ? Je sais qu'il n'a que faire de mon amitié ; j'aurais plus besoin de la sienne, mais je ne m'en fais pas besoin ; je sais manger des fèves, mais jamais adorer le vice et l'encenser... Si c'est pour moi, cher frère, que tu te donnes le soin d'aller à Versailles, n'y va pas ; tu auras beau faire et beau dire, je ne ferai pas fortune, c'est moi qui te l'assure, quoique je

---

(1) Allusion au ministre Chamillard, dont la faveur auprès de Louis XIV était attribuée à son talent sur le billard, et qui passait dans la famille Mirabeau pour avoir arrêté l'avancement du marquis Jean-Antoine. Si la boutade adressée par Jean-Antoine (d'après le récit déjà cité de son fils) au frère de Chamillard est authentique, il faut bien reconnaître que le mauvais vouloir du ministre aurait été assez motivé.

te promette de me conduire très-sagement ; mais je te demande ton avis net, quoique mon parti soit pris sans lui. Veux-tu que je sois honnête homme et me casse le col, ou bien veux-tu que je fasse une fortune dont je rougisse pendant la vie et frémisse à l'article de la mort (1) ?

Les citations qui précèdent ne donneraient pas une idée complète du caractère du bailli, si nous n'en ajoutions quelques autres destinées à montrer que cette préoccupation du devoir, cette rigidité sévère et un peu hautaine, ces brusques explosions dans le genre du *Misanthrope* de Molière, sont habituellement réglées en lui ou contenues par l'équité et adoucies par un grand fonds de bonté.

On se rappelle que le second fils de Jean-Antoine avait été aussi humilié et indigné que l'aîné,

(1) Il n'est, peut-être, pas inutile de dire que ce premier commis de la marine, dont nous n'avons pas cru devoir publier le nom, fut, de la part du chevalier de Mirabeau, l'objet d'une hostilité persévérante et courageuse, car le gouverneur de la Guadeloupe s'en fit un ennemi dangereux qui ne contribua pas peu à l'empêcher, plus tard, d'arriver à une grande situation ; mais il paraît bien que les accusations portées contre ce haut fonctionnaire n'étaient pas sans fondement, puisque nous voyons, dans la suite de cette correspondance, qu'il fut révoqué en 1759, et qu'un autre fonctionnaire, dont le nom est bien connu par ses travaux d'économiste, Forbonnais, alors premier commis aux finances, s'adresse à cette époque au chevalier de Mirabeau pour lui demander de lui fournir des renseignements contre le fonctionnaire destitué. Le chevalier répond à Forbonnais qu'il a dit tout ce qu'il avait à dire dans l'intérêt public, quand l'homme était en place, et qu'il ne parlera plus de lui que dans le cas où l'on voudrait le replacer.

du mariage de leur frère puîné, Louis-Alexandre, avec une fille entretenue, la Navarre. On appréciera donc aisément le genre de mérite qu'il montre en racontant à son aîné l'aventure très-imprévue qui vient le surprendre, à la Guadeloupe, dans son cabinet de travail. « Ma sagesse, cher frère, écrit-il, vient d'être mise à une rude épreuve. J'avais fini le dernier mot de l'alinéa précédent, lorsqu'il entre un homme, qui vient me demander mes bontés, et me dit qu'il a connu beaucoup un de mes frères. Je lui demande son nom : il me dit qu'il est en droit de compter sur mon amitié, qu'il s'appelle Navarre. Le sang des pieds me monta à la tête. Je lui ai pourtant répondu de sang-froid, et sans m'agiter, que son nom, comme il devait le savoir, n'était pas un titre pour mériter mon amitié ; que cependant j'étais homme public ; qu'il trouverait toujours chez moi la justice qu'il mériterait, sans que je me ressouvinsse jamais de qui il était frère ni en bien ni en mal. Je suis encore tout ahuri de cette visite et de savoir que cet homme sera mon habitant. »

En prouvant ici son empire sur lui-même, le gouverneur de la Guadeloupe nous montre, dans un grand nombre d'autres lettres, combien son cœur est naturellement bon :

« Les affaires m'excèdent, cher frère, écrit-il le 2 juillet 1754, j'en ai déjà été malade une fois, et je ne sais si je ne le serai pas encore. Il m'arrive cependant de temps en temps quelque consolation :

j'ai eu hier celle de sauver la vie à un homme ; j'ai été assez heureux pour que ce misérable, condamné tout d'une voix à la mort, ait été sauvé sur mon plaidoyer. Dieu me fit l'insigne faveur de remarquer une erreur dans les jours et les dates, erreur dont personne ne s'était aperçu. Si tu avais été juge, tu sentirais cette satisfaction, qui, peut-être, ne te paraîtra pas grand'chose, et qui est un des plus sensibles plaisirs que j'aie connu. »

Nous avons laissé de côté, dans cette correspondance de la Guadeloupe, une foule de développements très-étendus sur les moyens d'améliorer l'administration et le commerce des îles du Vent. Ces détails, qui n'intéresseraient, peut-être, pas le public, prouvent, du moins, avec quelle conscience le digne gouverneur s'acquittait de ses fonctions. Nous ne voudrions pas garantir que son caractère si noble, mais si inflexible, quand il avait pris le parti qui lui semblait le plus juste, ne lui ait pas fait commettre quelques erreurs, mais il laissa, certainement, parmi ses administrés, la réputation d'un homme public aussi zélé qu'intègre. Nous voyons même, par une adresse qui lui fut envoyée au moment de son départ, et qui est signée des dix principaux négociants de l'île, que ceux-ci considèrent son éloignement de la colonie comme une calamité. « Occupés, lui disent-ils, de la perte dont nous accable votre départ, nous essayerions en vain de justifier nos regrets par les sentiments que vous nous avez inspirés. »

Le futur bailli avait à peine séjourné deux ans à la Guadeloupe, lorsque sa santé, gravement atteinte par une maladie d'estomac particulière au pays, l'obligea à demander son rappel, et il revint en France, en septembre 1755. Il se proposait cependant, après son rétablissement, de retourner en Amérique, étant déjà désigné pour succéder, comme gouverneur général des îles du Vent, à son ami M. de Bompar, lorsque les événements, les désirs de son frère, et quelque perspective de crédit à la cour, tournèrent ses vues d'un autre côté.

XI

LE BAILLI A LA COUR ET A L'EXPÉDITION DE MAHON

On sait déjà que le marquis de Mirabeau fut longtemps très-ambitieux pour son frère. Trouvant en celui-ci des aptitudes pratiques dont il est lui-même dépourvu, il travaille de son mieux à le prôner à Versailles et à lui faire des amis.

Le futur bailli, de son côté, quoique souvent rétif aux ambitions fraternelles, quoique aimant à répéter un de ses axiomes favoris : « La place d'honneur est la vie privée, » ne laisse pas que de s'abandonner parfois à l'espoir de servir son pays en *grand*, et l'on a déjà vu qu'il ne néglige aucune occasion de s'y préparer. Quelques mois avant de quitter la Guadeloupe, il écrit : « Je n'aurai jamais de regrets d'être venu ici, parce qu'indépendamment de l'ouverture que cela donne pour le commerce et les grands ressorts de la navigation et puissance maritimes, l'on y apprend aussi à gouverner les hommes. Les principes moraux relatifs à cela sont répandus dans tous les livres, mais il semble, et l'expérience me le confirme tous les jours, qu'on manque d'une certaine dextérité à faire ce que l'on n'a pas fait. Qui ne sait un million d'aphorismes de gouvernement? Et qui, avant d'avoir gouverné, a bien compris la vérité de ces aphorismes? »

C'est donc sans trop de peine qu'à son retour des colonies, voyant son frère assez lié avec un certain nombre de personnages influents, notamment avec l'abbé de Bernis, déjà en grande faveur auprès du roi et de Mme de Pompadour, le chevalier de Mirabeau, dont la tête était, d'ailleurs, remplie de projets pour la restauration de notre marine, se laissa induire à tenter de se pousser à la cour, en cultivant les ministres et les gens en crédit. Mais s'il avait dans l'esprit et dans le cœur toutes les facultés et tous les sentiments qui légitiment l'ambition, il était essentiellement dépourvu d'un certain nombre de petits talents qui, malheureusement, sont presque toujours indispensables aux ambitieux. L'art de flatter même ceux qu'on méprise, s'ils peuvent nous servir, la patience à subir les dédains d'un sot important, en attendant qu'on soit en état de les lui rendre au centuple, la facilité à dire le contraire de ce que l'on pense, la souplesse de l'épine dorsale, une indifférence philosophique pour les stations prolongées dans les antichambres, toutes ces aptitudes diverses, complément trop souvent nécessaire de l'ambition, avaient été refusées par la nature au chevalier de Mirabeau. On en peut juger par une lettre qu'il écrit à son frère, de Compiègne où est la cour, et où il s'évertue à faire le métier de courtisan :

Je t'avoue, cher frère, que la clientèle vis-à-vis d'un ministre est déjà au delà de ce que je puis porter. J'en ai à présent vis-à-vis de deux et presque de trois; il ne tient qu'à moi, suivant ton avis, d'en avoir vis-à-vis de cinq. Je t'assure que cela est plus fort que moi. Je te répéterai ici par écrit ce que je t'ai dit mille fois : les coups de vent, les coups de mer et de canon, la faim, la soif, la peste, sont choses auxquelles les enfants d'Adam furent condamnés en punition du péché de leur père commun, et jamais je n'ai trouvé ces choses assez dures pour projeter de tout planter là pour m'y soustraire; mais les antichambres me feraient devenir fol; car encore, si l'on y finissait quelque chose; mais figure-toi qu'il ne m'a pas été possible, en me desséchant du matin au soir et me tenant toujours à portée, de venir à bout de parler du projet que l'on m'a renvoyé et qui les regarde très-absolument, puisque son succès quelconque ne me peut importer que comme citoyen. La cour, cher frère, est un amas d'encre très-noire qui l'hiver, à Versailles, le paraît un peu moins, parce qu'elle est alors délayée par la quantité de gens qui y viennent tous les jours, mais ici qu'elle est en résumé, c'est une horreur.

Cependant l'esprit du chevalier de Mirabeau n'est pas toujours monté sur ce ton de misanthropie. Quand un homme puissant lui plaît, il s'arrange pour plaire à cet homme puissant. L'abbé de Bernis est dans ce cas, et quoique plus tard son protégé reconnaisse en lui les qualités décevantes qui distinguent les enfants de la Gascogne, il commence par le prendre en amitié, et il compte d'abord sur la sienne.

L'abbé, écrit-il le 10 octobre 1755, a parlé à la *cause efficiente* (Mme de Pompadour) et lui a dit que, naturellement ferme et droit, je me déplaisais dans un tripot où la clique plume avait juré de ne laisser parvenir aucun mortel de ma trempe ; que quoique assez habile pour avoir jusqu'à présent évité toute affaire d'éclat, je n'en étais pas moins dégoûté, que le roi pourrait tirer parti de moi par ailleurs, que tout ce que j'avais appris avait trait à la place d'outre-mer, que je connaissais le génie de ce peuple (1), que M. Rouillé pourtant, parce que je lui tenais, n'oserait me promouvoir, si elle ne l'ordonnait, etc., etc. Il a demandé de plus que je fusse à elle présenté, mais non comme tous, et dans le particulier ; il lui a fait un portrait admirable de moi ; il a paru qu'elle donnait dans tout cela,

---

(1) Il s'agit ici du poste d'ambassadeur à Constantinople, pour lequel l'abbé de Bernis songeait au chevalier depuis bailli de Mirabeau. M. Rouillé, précédemment ministre de la marine et très-bien disposé pour le chevalier, était alors ministre des affaires étrangères.

et l'abbé m'a semblé content de sa mission. Voilà où j'en suis. Quant au reste du genre humain, il me paraît que j'ai haussé de crédit, car l'on me révérencie beaucoup et l'on tient compte de moi, plus que je ne m'y attendais. Jusqu'à cette heure, je ne puis que me louer beaucoup des amitiés et attentions de Mme Rouillé.

Nous verrons, tout à l'heure, que cette présentation, qui semblait si prochaine, fut cependant ajournée. Dans l'intervalle, le chevalier, quoique sa santé ne fût pas encore complétement rétablie, ne put résister au désir de faire partie d'une expédition navale qui se préparait à Toulon, pour conduire et protéger un corps d'armée destiné à reprendre sur les Anglais l'île de Minorque. On sait que le corps de débarquement était commandé par le duc de Richelieu et la flotte par le vice-amiral la Galissonnière. Le chevalier n'étant point alors en service actif, et, par conséquent, ne commandant point de vaisseau, avait obtenu du ministre de la marine une lettre invitant l'amiral à le recevoir à son bord. Il était arrivé joyeux à Toulon, mais qu'on juge de sa fureur, quand il se vit tout à coup exposé, par un refus net de la Galissonnière, à voir partir la flotte sans lui. La lettre du 6 avril 1756, par laquelle il annonce à son frère sa mésaventure, est un peu orageuse, le tempérament volcanique de la race s'y fait sentir, et c'est dans ces cas-là que le marquis de Mirabeau qualifie volontiers son cadet « Jean-Antoine-la-bourrasque : » « Je ne t'écris qu'un mot, cher frère, pour te dire que je reçois ici le plus rude affront qu'on puisse recevoir. Je ne suis pas embarqué. Ce n'est pas la faute de M. le garde des sceaux (1) dont, au contraire, je n'oublierai jamais la bonté à cet égard ; mais ce général à bosse des Français élude cet ordre, et sous le prétexte que M. le garde des sceaux lui mande qu'il lui laisse le choix de m'embarquer sur son vaisseau ou de m'employer dans les galères ou chébecs armés pour l'affaire de Port-Mahon, s'il juge à propos d'en avoir, il me dit hier qu'il me destinait à commander un chébec, qu'on armerait, peut-être, ces bâtiments-là. Je lui dis que si c'était pour son expédition, je le voulais bien ; que, si c'était pour rester sur la côte, ce n'était pas la peine. Enfin, je vis qu'il me battait la campagne et que c'était un leurre. J'ai demandé à m'embarquer comme soldat, s'il le fallait, néant ! Enfin, dis à ma mère qu'elle se mette en prières, pour que Dieu me fasse la grâce de pardonner à cet homme, dont l'âge et la faiblesse de corps au moins m'empêcheront de délivrer la terre et la mer. Je t'assure que je suis outré. Je me suis retenu jusqu'à aujourd'hui, et j'espère ne le plus voir avant son départ, sans cela

---

(1) M. de Machault, alors ministre de la justice et en même temps chargé du ministère de la marine. Quant au général à *bosse* dont il est question dans la même phrase, le mot s'applique à la Galissonnière qui, quoique très-bon marin, était en effet bossu et d'apparence chétive.

je ne réponds de rien. » Deux jours après, il écrit : « L'escadre est prête à mettre à la voile, et je n'y suis pas embarqué. Voilà à peu près tout ce que je sais dire et penser. La rage m'étouffe. »

Quel motif avait pu porter la Galissonnière à donner ce désagrément à un officier aussi distingué que le chevalier de Mirabeau? Les deux marins, n'ayant jamais eu de rapports personnels, n'avaient pu s'offenser mutuellement; mais l'amiral était, sans doute, en garde contre la réputation de frondeur que le futur bailli devait à ses ennemis.

« Il a craint, dit celui-ci, l'inspection véridique d'un homme de ma trempe. » Toujours est-il que l'affaire fit du bruit à Toulon, où l'ex-gouverneur de la Guadeloupe avait beaucoup d'amis; un des chefs de l'expédition, le marquis de Massiac, envoya un courrier extraordinaire à Versailles; le marquis de Mirabeau, de son côté, n'avait pas perdu son temps pour réclamer contre l'injure faite à son frère, et le courrier rapporta l'ordre formel de trouver un emploi sur la flotte au chevalier de Mirabeau. Comme il eût été difficile de l'imposer de force à l'amiral en personne, on lui proposa le commandement en second du vaisseau *l'Orphée*, de soixante-quatre canons; il accepta d'autant plus volontiers, qu'il se trouvait sur ce bâtiment avec un état-major de Provençaux, parmi lesquels figurait le chevalier, depuis bailli de Suffren, dont le nom devait devenir si fameux, et qui, plus jeune de neuf ans que son compatriote Mirabeau, servait alors sur *l'Orphée*, comme lieutenant.

On sait qu'après avoir protégé le débarquement à Minorque des douze mille hommes destinés à faire le siége du fort Saint-Philippe, débarquement qui s'opéra, d'ailleurs, sans obstacle, la flotte de la Galissonnière, qui comptait douze vaisseaux de ligne, fut attaquée le 20 mai 1756 par une flotte de treize vaisseaux commandée par l'amiral Byng. *L'Orphée*, faisant partie de l'avant-garde de la ligne française, fut un des bâtiments les plus engagés. La courte relation du combat, adressée le lendemain par le chevalier de Mirabeau à son frère, nous prouve d'abord que, malgré son ressentiment très-vif contre la Galissonnière, il sait rendre justice au talent de ce marin éminent, qui eût à remédier à un changement de vent accompli en faveur des Anglais au commencement même du combat.

Cette relation nous explique aussi comment les Anglais se montrèrent rigoureux jusqu'à la cruauté envers l'infortuné chef de leur flotte (1). La lettre du chevalier est écrite à bord de *l'Orphée*, le 21 mai 1756.

Nous avons eu hier, cher frère, un combat de deux

(1) Personne n'ignore que l'amiral Byng, traduit devant une cour martiale, fut condamné à mort et fusillé pour cette affaire de Mahon.

heures et demie, qui eût été plus long si cela eût plu aux Anglais. Grâce au Seigneur, j'en suis sorti absolument sain et sauf. Je le remercie avec d'autant plus de reconnaissance que pendant une demi-heure ce fut une grêle de mitraille si prodigieuse, que nous ne pouvions cesser d'en ramasser partout. Tous nos officiers du vaisseau ont eu le même bonheur que moi ; ainsi nous en sommes quittes à bon marché, quoique nos manœuvres aient beaucoup souffert. Les ennemis ont souffert encore davantage. Ils avaient l'avantage du vent, qui se décida en leur faveur en changeant (car l'on doit justice sur cela à notre général), il faut aussi avouer qu'il n'a tenu qu'aux Anglais de le chauffer bien fort, car il s'y est prêté de la meilleure grâce du monde. Notre avant-garde, dont est ce vaisseau, est ce qui a été le plus engagé, mais en tout, je crois que l'on peut dire que les Anglais n'ont que bien médiocrement soutenu devant notre canon la fierté dont ils ont usé envers nos marchands. Au surplus, la partie était égale, et comme ils avaient l'avantage du vent, ils eussent pu la rendre plus sérieuse. Je dis partie égale, puisqu'ils n'avaient qu'un vaisseau de ligne de plus.

Dans une seconde lettre, le chevalier de Mirabeau, après avoir donné le chiffre des vaisseaux engagés des deux parts et des canons, et après avoir constaté une supériorité de cent canons en faveur des Anglais, ajoute : « Par cet état, cher frère, tu vois que, quand ils nous auraient battus, il n'aurait pas fallu crier au miracle ; heureusement ils ont manœuvré comme des cochons, ce qui a fait que nous les avons étrillés. »

Au retour de cette expédition, le chevalier, atteint par un nouvel accès de la maladie d'entrailles qu'il avait apportée de la Guadeloupe, fut retenu deux mois au lit, à Toulon. Il passa le reste de l'année à la campagne, au Bignon, chez son frère, et ne reparut à la cour qu'en 1757.

XII

LE BAILLI CANDIDAT AU MINISTÈRE DE LA MARINE,
SES RAPPORTS AVEC MADAME DE POMPADOUR. —
LE BAILLI AU COMBAT DE SAINT-CAST.

C'est pendant l'année 1757 et la suivante que se formèrent et se détruisirent diverses combinaisons qui portaient le futur bailli au ministère de la marine, ou du moins à un poste important dans ce département. Quoique ces combinaisons n'aient pas eu de résultat, elles nous intéressent cependant par rapport à l'homme, dont le caractère ne contribua pas peu à les empêcher de réussir. S'il fût arrivé au ministère, il nous paraît douteux, qu'avec sa roideur, il eût pu tenir longtemps dans un poste où cinq ministres, dont un seul marin, se succédèrent en moins de neuf ans; mais s'il y eût tenu, il eût été un ministre essentiellement réformateur, car il ne visait à rien moins qu'à bouleverser de fond en comble toute la bureaucratie maritime. Le 8 août 1756, il écrivait : « Tout ce que l'on paraît faire pour la marine, c'est greffer sur un tronc pourri. Lorsque Sully voulut rétablir l'artillerie sous Henri IV, il commença par casser quatre cents de ceux qui se mêlaient de l'administration et changer le plan du total. Sans cette opération, tous les trésors du monde ne feront, sur cette machine-ci, qu'un feu de paille. » Ces dispositions du chevalier étant bien connues, on comprend, sans peine, qu'il n'eût jamais pour lui la faveur des bureaux.

Si l'on en croyait le témoignage de son fameux neveu, l'oncle de Mirabeau se serait perdu par une boutade adressée directement à Mme de Pompadour. « Le cardinal de Bernis, écrit le prisonnier de Vincennes à Mme de Monnier (1), portait le chevalier au ministère (de la marine). Le préliminaire essentiel était de le raccommoder avec la marquise de Pompadour. Le chevalier, un des plus beaux et des plus spirituels hommes de son temps, est introduit à la toilette. Il cause longtemps; il brille de tous ses agréments naturels et acquis; en un mot, il est *charmant*, et tu

---

(1) *Lettres inédites du donjon de Vincennes*, t. II, p. 317.

sens bien que d'un *homme charmant* à un *homme d'État* il n'y a, en certaines circonstances, qu'un pas. Dans un de ces moments d'engouement qui mènent par sauts et par bonds son respectable sexe, Mme de Pompadour dit au chevalier : *Quel dommage que tous ces Mirabeau soient si mauvaises têtes!* Le chevalier reprend à l'instant toute l'âpreté d'un marin, et répond ces mots remarquables : « Madame, il est vrai que c'est le
« titre de légitimité dans cette maison. Mais les
« bonnes et froides têtes ont fait tant de sottises
« et perdu tant d'États, qu'il ne serait, peut-être,
« pas fort imprudent d'essayer des mauvaises.
« Assurément, du moins, elles ne feraient pas
« pis. »

Nous verrons, tout à l'heure, d'après le chevalier de Mirabeau lui-même, dans quelle circonstance cette phrase a dû être prononcée. Mirabeau tient, sans doute, le fait de son oncle, mais il l'entoure d'un cadre de fantaisie quand il suppose, en vertu de sa prétention d'appartenir à une famille notable depuis des siècles, que Mme de Pompadour savait pertinemment que tous les Mirabeau étaient mauvaises têtes. Elle n'en connaissait qu'un seul, le chevalier, et un peu son frère, le marquis, et c'est, sans doute, au chevalier personnellement qu'elle reproche sa mauvaise tête.

Reste à savoir comment et à quelle époque elle a connu le chevalier. A quel propos Mirabeau écrit-il qu'il s'agissait de *raccommoder* celui-ci avec Mme de Pompadour? Nous venons de constater par une lettre de ce dernier, du 10 octobre 1755, que l'abbé de Bernis lui a promis de le présenter à la favorite, à laquelle il a fait de lui un portrait fort avantageux. Mais nous pensons que l'auteur des *Mémoires de Mirabeau* se trompe quand il affirme que la présentation suivit cette lettre, et que c'est dans cette présentation que fut prononcée la phrase citée par le prisonnier de Vincennes. La lettre, du 10 octobre, en effet, ne parle ni de raccommoder le chevalier avec une personne qu'il ne connaît pas encore, ni de le porter au ministère de la marine, puisqu'il s'agit alors de *la place d'outre-mer*, c'est-à-dire de l'ambassade de Constantinople. D'autres lettres subséquentes du futur bailli prouvent, d'ailleurs, que cette présentation, qui devait se faire en octobre 1755, n'eût pas lieu; car, non-seulement celui-ci n'en parle pas, mais, longtemps après, le 29 juillet 1757, nous voyons le marquis de Mirabeau exhorter son frère à se mettre en relations avec Mme de Pompadour « en se servant, dit-il, pour l'ostensoire, de l'abbé de Bernis, et pour *l'en-dessous, de ma conquête de la faculté,* » c'est-à-dire du docteur Quesnay, que la récente publication de *l'Ami des hommes* avait rendu très-passionné pour l'auteur de cet ouvrage (1). Il semble

---

(1) Nous aurons bientôt l'occasion de parler des rapports du marquis de Mirabeau et du docteur Quesnay; rappelons seulement ici que ce chef des économistes *physiocrates*, alors mé-

qu'à ce moment le chevalier ne connaît point personnellement Mme de Pompadour, car il répond de Compiègne, le 31 juillet 1757 : « Aucun marin ne connaît la personne en question. Est-ce à moi à leur montrer ce chemin? J'ai vécu jusqu'à aujourd'hui sans cela ; je risquerais fort que cela ne me menât à rien et que, si j'en voulais tirer parti, la chose ne me manquât dans la main. Je n'ai cependant pas tout à fait renoncé à une idée assez bizarre qui m'est venue dans la tête, qui est de me faire désirer là. Peut-être en viendrai-je à bout. Je fus hier dîner chez *ta conquête* (le docteur Quesnay) qui est un homme de beaucoup d'esprit; il y avait deux ou trois sous-ordres que je trouvai très-polis et fort bonnes gens. L'*amphitryon* a de l'esprit comme un diable. Je restai avec lui jusqu'à près de sept heures sans m'en être aperçu, ni lui non plus. Il me fit sur cela un compliment que je lui rendis de très-bonne foi ; il m'a dit qu'il fallait que tu te développasses sur le chapitre de l'agriculture, et que tu en montrasses les ressorts. Je lui dis que tu n'avais pas voulu entrer dans les détails. « Oh !
« dit-il, je vois bien qu'il va un train de chasse
« sans regarder derrière lui ; et il fait bien, car
« il n'y a pas un mot à ôter en tout son livre (1). »

decin du roi et de Mme de Pompadour, avait *par en dessous*, comme dit le marquis, un certain crédit sur l'un et sur l'autre de ses deux clients.

(1) Le compliment de Quesnay est un peu forcé ici, par le

Je lui demandai si Mme la marquise de Pompadour l'avait lu : il me dit : « Elle l'a sur sa table, « mais cela est un peu abstrait pour les dames. » Quant à notre ami *ostensoire* (Bernis), il ne sera, ou je me trompe fort, jamais que cela. »

Nous sommes donc porté à penser que c'est plutôt par le docteur Quesnay que par l'abbé de Bernis que le chevalier de Mirabeau fut mis en rapport avec Mme de Pompadour. Le docteur excita vraisemblablement la curiosité de la marquise en lui vantant la belle tournure, la belle figure et l'esprit original du futur bailli, et il ne tiendrait qu'à nous de croire qu'elle lui portait beaucoup d'intérêt, puisque sa femme de chambre, Mme du Hausset, dans le curieux et véridique journal qu'elle a laissé, nous apprend qu'au moment où l'auteur de *l'Ami des hommes* fut arrêté et mis à Vincennes pour sa *Théorie de l'impôt*, en décembre 1760, Mme de Pompadour dit devant elle au docteur Quesnay : « Vous devez être affligé de la disgrâce de votre ami Mirabeau, et j'en suis fâchée aussi, *car j'aime son frère* (1). »

Le mot n'a pas pu être inventé par Mme du Hausset, qui ne parle jamais du frère du marquis

---

chevalier, car on verra plus tard que c'est précisément pour faire des objections à l'auteur de *l'Ami des hommes*, que le fameux docteur *physiocrate* demanda à entrer en relations avec lui.

(1) *Mémoires de Mme du Hausset*, p. 129.

de Mirabeau ; il a donc été prononcé et il a certainement sa valeur, mais nous devons dire que les lettres du chevalier en diminuent beaucoup la signification, car elles indiquent généralement peu de confiance en Mme de Pompadour. Presque au même instant où celle-ci parle de lui dans les termes que nous venons de rapporter, voici comment le chevalier, à son tour, parle d'elle dans une lettre à son frère, du 9 février 1761 : « Tu t'es beaucoup trompé et tu es la dupe de ton naturel confiant à l'excès, si tu crois celle à qui tu écris (Mme de Pompadour) favorable ou même neutre. Comme il s'en faut de beaucoup que ta punition ait réussi dans le public, elle affecte de ne pas paraître s'en être mêlée et d'être plutôt ton amie, ou, pour mieux dire, de parler assez bien de toi. Mais financière par l'âme, le corps, l'esprit et le cœur, sois convaincu que c'est ta pire ennemie, soufflée encore par ce vilain *sac à charbon*, qui est le mien à toute outrance et, par contre-coup le tien, outre que par nature il l'est de tout ce qui est honnête (1). »

Dans la même lettre, racontant qu'il a essayé de se présenter chez la marquise, il dit : « Elle a refusé de me voir assez sèchement pour que Gourbillon (son valet de chambre) qui m'avait an-

---

(1) Ce sobriquet ingénieux de *sac à charbon* est appliqué par le chevalier de Mirabeau à l'ancien lieutenant de police Berryer, alors ministre de la marine, duquel il dit, ailleurs : « Son âme est aussi noire que sa peau. »

noncé, croyant que j'entrerais comme tout le monde, en fût tout étonné ; ainsi je sais à quoi m'en tenir à cet égard... *Je ne la connais pas assez* pour savoir jusqu'à quel point elle est susceptible de sentir les choses ; mais j'entends dire qu'elle n'est que ce qu'on la fait être, et elle a pour confident intime, sur tout ce qui est affaire, le *sac à charbon*. »

Deux ans après, le chevalier, devenu bailli de Mirabeau, général des galères de son ordre, et ayant renoncé à toute ambition du côté de Versailles, écrit à son frère au sujet de Mme de Pompadour : « Mon capitaine de pavillon, le chevalier de Rességuier, et quelques autres, m'ont conseillé de me remettre bien avec Mme de Pompadour. Ce conseil, qui s'accorde avec le temps pascal, a occasionné la lettre que tu trouveras ci-jointe, dont tu feras l'usage que tu voudras, c'est-à-dire que tu la rendras ou ne la rendras pas, tu la brûleras ou la jetteras à la rivière, tu en feras enfin tous usages relatifs au papier ; je n'en prohibe aucun. Ma mère trouvera que je mens, et moi aussi, à la fin de ma lettre ; mais il faut mentir ou dire des injures. »

Voici maintenant la lettre. Elle est assez gauche pour ne pas faire de tort, suivant nous, au digne marin qui l'a écrite :

Malte, le 24 mars 1763.

Madame,

Le refus que vous fîtes de consentir à ce que j'eusse

l'honneur de vous faire ma cour au retour de l'inspection qui m'avait été confiée, et lorsque je partis pour ce pays-ci, ne m'annonçait que trop les impressions désavantageuses qu'on avait réussi à vous donner contre moi.

Ne pouvant, madame, ni connaître, ni conséquemment détruire des imputations qu'un service de trente ans, fait avec autant de zèle que d'assiduité, aurait dû m'épargner, je partis avec le chagrin de n'avoir pu obtenir votre estime et vos bontés, qui eussent été le prix le plus flatteur de mes services. Vous daignerez me les rendre, madame, dès que l'erreur, qui vous offusquait sur mon compte, sera dissipée. Je connais assez la justice de votre caractère pour les réclamer avec confiance; et si le mien était connu de vous, vous trouveriez, dans la démarche que je fais, une preuve certaine de la haute opinion que j'ai des vertus qui vous distinguent.

Le marquis, usant du pouvoir discrétionnaire que lui donne son frère, sur cette missive, déclare qu'il ne la fera point parvenir à son adresse, attendu, dit-il, que c'est une idée *saugrenue autant que longinque*.

Enfin, en apprenant à Malte que la marquise a cessé de vivre, le bailli s'exprime sur elle en ces termes : « La mort de Mme de Pompadour a sûrement dû mettre beaucoup de tabut dans Versailles. Quant à moi, sans pouvoir prendre sur moi de la regretter beaucoup, je lui avais déjà pardonné de son vivant le mal qu'elle m'a fait et je lui pardonne encore. Dieu veuille la traiter aussi favorablement. »

De tout cela nous concluons que, si le chevalier,

depuis bailli de Mirabeau, a été en assez bons termes avec Mme de Pompadour pour que celle-ci ait dit le mot cité par Mme du Hausset, ce mot n'était déjà plus sincère au moment où il fut prononcé, et que la faveur passagère du chevalier fut bientôt traversée par des adversaires et transformée en disgrâce. Il va, d'ailleurs, nous expliquer, lui-même toute l'histoire de ses rapports avec les ministres, de sa défaveur auprès de la maîtresse du roi, de sa propre candidature soit comme ministre, soit comme adjoint au ministre de la marine, dans un mémoire inédit, rédigé par lui pour le duc de Choiseul, à qui l'on avait fait croire qu'il avait quitté le service. Quoiqu'il soit alors général des galères de Malte, il prétend, non sans raison, être maintenu sur les états de la marine française. Nous ne citerons qu'une partie de ce mémoire, où l'auteur parle de lui à la troisième personne. Nous prenons son récit au moment où, revenu de l'expédition de Mahon, il expose ses relations avec le ministre de la marine, en 1757, M. Peirenc de Moras, ancien maître des requêtes, qui venait de succéder à M. de Machault. La citation est un peu longue; mais il nous semble qu'elle contient des détails assez curieux, sur les divers personnages qui sont mis en scène et sur le déplorable état de notre marine à cette époque, pour mériter d'être lue avec intérêt :

C'est ici le lieu, dit le chevalier, de fixer l'époque des

premières impressions qu'on a voulu donner au roi contre son fidèle sujet. M. de Moras le traitait avec bonté et même avec distinction ; il y répondait par sa manière ordinaire, respect et vérité. Le ministre lui dit un jour que le roi le destinait à commander une petite escadre à Toulon, composée de deux vaisseaux et de deux frégates. Le chevalier lui répondit que cette destination était au-dessus de ce qu'il eût pu espérer, mais qu'il le priait d'en remercier le roi et de lui demander la permission de refuser, et celle en même temps d'être embarqué capitaine en second sur un vaisseau. Le ministre lui ayant demandé la raison de cette singularité : « C'est, Monsieur, lui dit-il, que ma vie est au roi, et non pas mon honneur. On a manqué de parole aux matelots d'une manière inouïe. Le défaut de payement de ces misérables est une cruauté excusée ici par la nécessité, sans doute, mais marquée par des détails qui font frémir quand on les a sous les yeux, et qui ont rendu le mécontentement universel sur cette côte. L'armement de M. du Quesne lui a manqué dans la main devant l'ennemi (1) ; je ne puis ni ne veux m'exposer à un pareil sort. Si j'avais du bien, je le vendrais, tout à l'heure, pour payer d'avance mes matelots ; et à moins que vous ne me donniez tout ce qui est dû aux matelots de la côte du Levant, ce qui n'est pas si considérable qu'on le pense, et de quoi payer les mois d'avance à mon armement, j'irai en second, et c'est même chose nécessaire, attendu mon refus ; mais je ne saurais accepter de commandement. »

Le ministre ne parut point prendre en mauvaise part cette franchise ; au contraire, il suivit cette conversation, et le chevalier, une fois monté sur son ton de vérité, ne

---

(1) Le chevalier parle ici du marquis du Quesne de Menneville, chef d'escadre et petit-neveu de l'illustre marin de ce nom ; il fait allusion à un combat où celui-ci perdit deux vaisseaux et fut fait prisonnier.

lui en épargna aucune de celles de sa connaissance, mais toujours avec le ton dû à un supérieur, et qu'il n'a jamais ignoré. Loin que cette conversation parût fâcher le ministre, il la continua jusqu'à ce que, M. de Boulogne étant entré dans son cabinet, il lui dit: *Monsieur le chevalier, venez dîner demain avec moi, nous poursuivrons cette conversation.*

Cependant, soit qu'il y eût mieux songé depuis, soit qu'il eût été ravisé par un premier commis qui avait été pendant tout le temps dans l'embrasure de la fenêtre, et que le chevalier ne croyait pas suspect, M. de Moras chez qui il dîna le lendemain, sans être requis de reprendre le dialogue, fut se plaindre à madame de Pompadour que le chevalier de Mirabeau lui avait personnellement manqué et parlé avec toute la chaleur et l'inconsidération imaginables. Le chevalier ne sut cela que par ricochet et par un autre ministre qui prit vivement son parti (1). Mais l'impression fut faite, et le chevalier demeura atteint et convaincu d'être une *tête chaude.*

Quant à cette allégation, si facile à faire et si commode contre les gens qu'on ne peut accuser d'autre chose, elle devrait comme toute autre être soumise à la preuve. Le chevalier n'a rien à répondre à cet égard, sinon qu'il a servi sous toute sorte de chefs de terre et de mer, commandé à toute sorte d'hommes, forçats, matelots, soldats, nègres, colons, gens de plume et d'épée, négociants, municipaux, magistrats dans sa colonie, et que sur tout cela il défie qu'on en montre un seul qui se plaigne de lui. Il a, toute sa vie, désiré d'être craint des ennemis du roi, mais il ne l'a jamais été que des bureaux de Versailles.

Il se trouva, en effet, pour son malheur, être alors un

---

(1) C'est probablement à cette époque que le chevalier de Mirabeau eût quelque explication avec madame de Pompadour, qui lui reprochait sa mauvaise tête, et prononça la phrase citée par son neveu.

objet d'invasion sur leur territoire. M. Pallu, qui avait les classes, les pêches et les fortifications maritimes étant mort, M. le maréchal de Belle-Isle et M. le cardinal de Bernis désirèrent de faire passer ce détail alors si important au chevalier de Mirabeau, et cet arrangement ne tomba que par le refus absolu de M. de Moras. La rumeur qui s'en répandit ayant grossi de bouche en bouche, et M. de Moras s'étant retiré (en mai 1758), il courut alors un bruit qu'on songeait au chevalier de Mirabeau pour la marine. Ce bruit, accueilli par le public et par le commerce, devint une fureur. Le roi lui-même reçut une multitude de lettres anonymes qui l'importunèrent au point qu'il dit que c'était une cabale. Cette cabale, faite par un cadet, pauvre gentilhomme né avec deux mille livres de rente, et qui avait passé sa vie à la mer, ne servit qu'à éveiller tous les scorpions du pays où l'on devait craindre de voir un homme instruit à la tête de cette besogne, et livrer le chevalier de Mirabeau à tous les piéges, qu'il n'était ni de son état, ni de son caractère de démêler ni de prévoir.

M. Le Normand de Mezy ayant quitté la place d'adjoint de M. de Massiac (successeur de M. de Moras), le chevalier de Mirabeau fut averti que Sa Majesté avait jeté les yeux sur lui pour cette place, ainsi que sur M. le baron de Narbonne. Le chevalier, qui n'avait fait aucun mouvement pour avoir cette fonction, apprit que M. de Massiac n'avait pas voulu d'adjoint. Peu de temps après, celui-ci s'étant retiré, M. Berryer lui succéda.

L'on proposa au chevalier de Mirabeau de prendre sous M. Berryer, la place qu'il devait avoir sous M. de Massiac. Le chevalier montra à cet égard la plus grande répugnance, parce qu'il n'avait pas l'honneur de connaître M. Berryer. M. le cardinal de Bernis est témoin que lorsqu'il sut que le roi jugeait que c'était le bien de son service et le voulait, il ne répondit plus que par un signe de soumission et de respect. Il ne dissimula pas qu'il avait grand'peine à croire que M. Berryer voulût d'un adjoint que le public pouvait regarder comme plus instruit que lui dans les affaires de la marine, et, quoiqu'on l'assurât que M. Berryer le désirait, il n'en était pas persuadé. Ce fut alors qu'il reçut la lettre dont copie est ci-après, qui ne fit qu'augmenter ses doutes.

M. Berryer, ministre de la marine, au chevalier de Mirabeau.

2 novembre 1758.

M. le cardinal de Bernis, Monsieur, doit vous entretenir d'une opération de marine qui demande d'être examinée soigneusement, et pour laquelle vos lumières et vos connaissances seront très-utiles. Il doit, en même temps, vous engager à me faire l'honneur de venir chez moi dimanche prochain, sur les cinq heures, où j'espère que M. le maréchal de Conflans, M. de Bompar et M. le baron de Narbonne voudront bien se trouver aussi. Ce ne sera pas assurément dans cette seule occasion que je tâcherai d'entrer en relation particulière avec vous sur le département de la marine, dont le roi a voulu que je fusse chargé. J'espère que votre attachement au bien de l'État vous y engagera. De ma part, je vous en aurai la plus grande obligation, et je chercherai avec empressement toutes les occasions de vous en marquer ma reconnaissance, ainsi que les sentiments, etc.

Signé : BERRYER.

Le chevalier de Mirabeau se rendit aux ordres du ministre à l'heure marquée. Il y fut question des moyens de défendre la Guadeloupe et la Martinique, que M. Berryer dit devoir être attaquées. On stipula sur le départ et l'augmentation de l'escadre de M. de Bompar, mais il ne fut ensuite rien fait de ce qui avait été réglé là et promis à ce général.

M. le maréchal de Conflans et M. de Bompar étant sortis, M. Berryer remercia M. le baron de Narbonne et M. le chevalier de Mirabeau de la bonté qu'ils avaient eue de consentir à l'aider. *Je n'y vois qu'un étang*, leur dit-il, *mais avec votre secours j'espère relever la marine*. Ensuite il leur demanda quel titre ils voulaient. Le chevalier, comme plus ancien que le baron de Narbonne, prit la parole et lui répondit qu'ils demandaient de n'être pas confondus avec de simples commis, que d'ailleurs le titre n'y faisait rien et qu'ils seraient trop heureux s'ils pouvaient servir utilement. M. Berryer leur parla ensuite des appointements, leur dit qu'il était convenu qu'ils seraient de 25,000 livres, en ajoutant qu'au premier travail du roi cela se ferait solidement.

Le chevalier de Mirabeau vit M. Berryer pendant six semaines sans lui parler de rien; au bout de ce temps, ce ministre lui reparla de cette destination et paraissait étonné lui-même du retardement, qu'il rejetait, tantôt sur ce qu'il n'avait pas travaillé avec le roi, tantôt sur la nécessité de l'attache de M. l'amiral, etc., etc.

Enfin, vers Noël 1758, c'est-à-dire deux mois après l'entrée de M. Berryer à la marine, le chevalier de Mirabeau s'aperçut que ce ministre était très-froid avec lui, et même quelque chose de plus; cela le confirma dans le soupçon, qu'il n'avait jamais cessé d'avoir, que M. Berryer ne voulait point d'adjoint. Ce ministre finit par cesser de lui parler, et même le regarda de manière à lui faire sentir qu'il lui déplaisait. Au commencement du mois de mars 1759, le chevalier reçut une lettre du ministre qui lui annonçait le commandement d'un vaisseau dans l'escadre de M. de la Cluë. Cette lettre le pressait de partir, quoiqu'il y eût encore bien du temps avant qu'on dût commencer cet armement. Le chevalier objecta sa santé, qui était réellement mauvaise alors, ayant été obligé de se mettre au lait, et il rappela au ministre qu'il lui avait fait espérer de servir plus utilement auprès de lui. — M. Berryer n'a cessé depuis de donner des marques de mauvaise volonté au chevalier de Mirabeau.

Ainsi, en moins de deux ans, de février 1757 à novembre 1758, le chevalier de Mirabeau, animé d'un ardent désir de travailler au rétablissement de notre marine, toujours à la veille d'être appelé à y concourir, avait vu passer devant lui trois ministres : il avait pu espérer remplacer M. de Moras, il avait été question ensuite de l'adjoindre à M. de Massiac, marin lui-même, mais vieux et fatigué, qui se retira au bout de cinq mois, et après lui à M. Berryer, ex-lieutenant général de police, dont l'ignorance des choses de la mer se peint suffisamment dans cette phrase qu'on vient de lire : « Je n'y vois qu'un étang. » Celui-ci, d'autant plus jaloux du chevalier de Mirabeau qu'il avait été exposé à le subir comme adjoint, après l'avoir détruit dans l'esprit de Mme de Pompadour, lui faisait offrir un vaisseau pour se débarrasser de lui (1), et sur son refus, justifié par l'état de sa santé qui ne lui permettait pas de reprendre la mer, il le compromettait en le présentant comme un officier qui recule devant un service de guerre. C'est pour échapper à tous ces

---

(1) Ce vaisseau, le *Modeste*, offert au chevalier de Mirabeau dans l'escadre de M. de la Cluë, s'il eût été accepté par celui-ci, eût très bien servi les vues de son ennemi, car le bâtiment fut brûlé par les Anglais au combat de Lagos, et je crois que le commandant fut tué.

désagréments que le futur bailli, profitant de la bienveillante estime qu'il inspirait au maréchal de Belle-Isle, alors ministre de la guerre, accepta de celui-ci une mission importante qui l'éloignait de la cour et lui permettait de donner carrière à l'ardeur de son patriotisme et à l'activité de son esprit. Il fut chargé d'inspecter et de réorganiser les milices garde-côtes de Picardie, Normandie et Bretagne.

L'oncle de Mirabeau n'avait pas d'ailleurs attendu sa nomination pour s'occuper de la défense de nos côtes contre les Anglais. Dès 1757, à chaque tentative faite par eux, on le voit quitter la cour en poste et courir aux endroits menacés. Lorsqu'au mois d'août 1757, l'Angleterre équipa une flotte de dix-sept vaisseaux de ligne avec des bâtiments de transport portant onze mille hommes de troupes, qui vint menacer Rochefort et la Rochelle, le chevalier se prépare à recevoir l'ennemi avec une batterie de canons sur un cap « pareil, dit-il, à celui où feu Palinure eut la berlue. » Il est campé à Chatelaillon, entre Rochefort et la Rochelle, juste en face du pertuis d'Antioche, « entouré, ajoute-t-il, de figures de garde-côtes qui eussent donné à Callot des idées pour les caricatures militaires. »

L'on m'a posté, écrit-il à son frère, tout en arrivant ici, à l'endroit où il était vraisemblable qu'ils viendraient débarquer. Ils n'avaient que deux endroits, et le mien étai le plus commode pour eux. Ils étaient mouillés sous ma batterie, hors de portée, et je les observai toute la nuit, comptant non suivant mes idées, mais suivant la règle du métier, qu'au flot de la nuit ils m'attaqueraient. Je donnai avis au maréchal de Senneterre, que les mouvements qu'ils faisaient me marquaient ou une attaque pour moi, ou leur évasion prochaine; que je croyais celle-ci, mais qu'il était de la prudence de repousser celle-là si elle avait lieu et d'y être bien préparé. Somme toute, ils s'en sont allés, et voilà le journal en bref de leurs opérations.

Le 22, ils ont mouillé à l'île d'Aix. Le 23, cinq de leurs vaisseaux, dont trois à trois ponts, se sont embossés devant la forteresse de cette île, qui n'a pu tenir, n'étant pas terrassée et n'étant pas achevée.

Tous les jours suivants, ils se sont occupés à détruire absolument cette forteresse jusqu'au 29, qu'ils ont envoyé une galiote à bombe, soutenue d'une frégate, bombarder le fort de Fouras : deux de nos chaloupes carcassières ont attaqué et canonné la galiote, qui, au bout d'un quart d'heure, a fait signal d'incommodité ; la frégate s'en est approchée et a envoyé plusieurs chaloupes, qu'elle couvrait, au secours de la galiote qu'elles ont retirée tout à temps de dessous le feu de nos chaloupes carcassières ; de là, les Anglais ont quitté la rade de l'île d'Aix après en avoir détruit toutes les fortifications, qui étaient, comme je l'ai dit, très-peu de chose, et sont venus à la rade des barques sous Chatelaillon.

Le 1er octobre, à la marée du matin, au commencement du jusant, ils ont appareillé et sont sortis par le pertuis d'Antioche. Voilà, cher frère, toute la besogne très-plate des Anglais. J'ai déjà écrit et au maréchal de Belle-Isle et à M. de Moras. Je leur ai marqué à l'un et à l'autre, que si le roi veut mettre à rétablir et à fortifier l'île d'Aix, un sixième de ce qu'il en a coûté aux Anglais pour la raser, ils ne la raseront plus jamais.

On s'explique difficilement que les Anglais, avec de si grandes forces, n'aient rien tenté de plus sérieux en cette circonstance. Leur inaction fut causée, dit-on, par les dissentiments de l'amiral Hawke, chef de la flotte, et du général Mordaunt qui commandait les troupes de débarquement.

L'année d'après, le chevalier de Mirabeau est en Bretagne ; les Anglais ont débarqué à Cancale et menacent Saint-Malo. Apprenant que le duc d'Aiguillon marche sur eux avec des troupes, ils se rembarquent le 11 juin et reparaissent le 8 août devant Cherbourg, dont ils s'emparent. Ils démolissent les fortifications, incendient les navires marchands qui se trouvent dans le port, ravagent les campagnes environnantes et retournent vers les côtes de Bretagne. Le chevalier de Mirabeau, qui les a attendus à Brest et qui apprend qu'ils se dirigent de nouveau sur Saint-Malo, suit leurs mouvements avec une sorte de rage : « Je pars demain, cher frère, écrit-il de Brest le 6 septembre 1758, pour Saint-Malo, où il a plu aux Anglais de venir nous faire une seconde visite. Boirons-nous assez de ce calice d'humiliation et pouvons-nous espérer une fin aux insultes et aux injures ? »

Le calice paraît d'autant plus amer à ce digne

patriote qu'il vient d'apprendre que Louisbourg et l'île Royale, la clef du Canada, sont de nouveau tombées entre les mains des Anglais : « Notre marine est perdue, écrit-il le 1ᵉʳ septembre 1758, nous n'aurons bientôt plus de vaisseaux : ils pourrissent, mal soignés, dans les ports ; on nous en a pris douze ; nous en avons perdu en tout vingt de ligne et une multitude de frégates. Il est assez plaisant qu'on commence à me demander : Eh! que diable faites-vous ici ? Je réponds que j'y suis très-bien, on me rit au nez et voilà tout. » On le croirait découragé. C'est à ce moment, au contraire, qu'il voudrait que la France fît un grand effort :

Plût à Dieu, s'écrie-t-il, que je pusse parler à gens qui pensassent comme moi. Rien n'est perdu ; je connais l'énorme perte que nous faisons, mais je connais nos ressources, et ne crains que Versailles. Un bon plan d'administration réveillerait tous les cœurs engourdis... J'ai vu avec un sentiment que je pourrais appeler tendresse, la crinière de notre jeunesse se hérisser à cette terrible nouvelle, et tout son sang prêt à se verser avec joie pour réparer ce qu'ils appellent un affront et l'opprobre éternel de notre nation ! Deux chemins se présentent. L'un plus doux (la paix) qui ramènera tout le monde à Paris, qui ne nous laissera de mouvement que le ferment intérieur des longues jaquettes (les parlements) ; l'autre, âpre, dur et difficile, qui nous ramènerait au point de splendeur qui nous est dû. Il faut opter. Pour le premier, je n'ai rien à dire, et nulle puissance sous le ciel ne saurait m'y faire prêter ma signature. Je préférerais qu'on m'abattît le poignet et même la tête.

Une vie dure comme je l'ai menée, et dans laquelle j'ai vu lever le soleil de tous les côtés, ne dresse pas aux humiliations et n'est pas bien précieuse! Quant à l'autre, reprenons en sous-œuvre. Ce n'est pas connaître notre nation, que de ne pas savoir de quoi elle est capable, quand elle verra à son roi des entrailles de père, quand elle sentira son honneur et celui de son roi compromis! Tu me diras que tout cela est bon, mais qu'il faut de l'argent, et c'est ce qui manquerait le moins, si l'on voyait quelques têtes qui méritassent de la confiance!

Et il rédige alors deux mémoires destinés au cardinal de Bernis pour proposer une attaque sur Halifax ou sur la Nouvelle-York, combinée avec une tentative de débarquement en Angleterre, ou du moins une grande démonstration destinée à inquiéter et à occuper la plus grande partie de la flotte anglaise. Un passage de ce mémoire nous a paru digne d'être cité :

Je respecte trop les personnes qui ont décidé de nos opérations pour blâmer notre conduite dans la présente guerre; mais je ne puis trop déplorer que nous ayons laissé cesser les craintes que nos troupes répandues sur nos côtes et prêtes à débarquer en Angleterre inspiraient au gouvernement anglais. J'attribue à l'inquiétude qu'elles lui causaient, les différends entre M. Pitt e M. Fox. Mais la preuve la plus décisive de l'effroi que nous leur inspirons, c'est que leurs fonds publics, dont les papiers étaient montés de 100 à 128, descendirent presque subitement à 88, preuve certaine de la diminution du crédit de la Banque et; la création si souvent agitée d'une milice nationale, l'introduction des troupes étrangères chez une nation qui craint d'armer les souverains, sont encore des preuves bien fortes. D'après tout cela, je crois qu'il faut nous mettre dans le cas de nous faire craindre chez eux. Ils n'ignorent pas le peu de distance de nos côtes aux leurs, le formidable appareil de leur nombreuse marine ne les rassurerait pas aussi efficacement qu'on le pourrait croire, contre des tentatives qui n'ont trait à la mer que pendant un très-court trajet. Les vents du sud qui les retiennent dans leurs ports de la Manche, peuvent nous faire traverser le petit bras de mer qui nous sépare, les vents d'est peuvent nous y mener et s'ils veulent nous empêcher de le tenter, nous les obligerons à avoir un grand nombre de vaisseaux destinés à cela, surtout si à nos préparatifs nous ajoutons une escadre considérable armée à Brest et qui les menace de toute part.

Au milieu de ces angoisses patriotiques, le chevalier de Mirabeau eut enfin une consolation : « Je n'ai, cher frère, écrit-il de Lamballe, le 12 septembre 1758, que le temps de te marquer que nous avons enfin peigné les Anglais, proche du village de Saint-Cast, à quatre ou cinq lieues de Saint-Malo ; ils avaient trop légèrement compté que des troupes ne pouvaient pas faire quatorze, onze et dix lieues par jour. Somme totale, nous les joignîmes à leur rembarquement, et là, pour 300 hommes environ blessés ou tués, nous leur en avons fait laisser à l'engrais de la plage de Saint-Cast environ 1,000 ou 1,200, et de plus, autour de 8 à 700 prisonniers. *Je m'en porte très-bien.* La manœuvre a été belle de la part de

M. le duc d'Aiguillon, à ce que dit tout ce qui y entend quelque chose, et il me semble que cela se voit. Je te le détaillerai par le premier ou le deuxième courrier. Les officiers avaient tous le plus grand zèle et les troupes n'ont jamais eu plus de gaieté et de volonté. Parmi nos prisonniers, il y a un nombre considérable de gens de la plus haute distinction (1). »

Je m'en porte très-bien paraîtra peut-être un peu féroce, mais nous ne pouvons dissimuler que l'oncle de Mirabeau, en sa qualité de marin et de marin souvent vaincu, ne connaît pour la France

---

(1) Dans une autre lettre où il raconte le combat avec plus de détails, le chevalier de Mirabeau, quoique aimant peu le duc d'Aiguillon, insiste sur l'activité et la bravoure déployées par celui-ci : « Je ne le quittai jamais d'un pas, écrit-il, et je fus témoin très-satisfait de ce que je vis. » Ceci répond aux plaisanteries très-connues dont on poursuivit plus tard le duc d'Aiguillon à propos de ce combat de Saint-Cast, à l'époque des démêlés du gouverneur de Bretagne avec le procureur général La Chalotais. Quelques historiens de nos jours, s'appuyant sur Duclos, ont reproduit les accusations que réfute la lettre du chevalier de Mirabeau. Duclos accuse le duc d'Aiguillon d'avoir rendu la victoire incomplète, mais ce n'est pas lui qu'il faut en accuser, c'est la marine, et c'est ce qu'établit le bailli dans une lettre du 17 septembre 1758 : « Quand je songe, dit-il, que deux vaisseaux qu'on eût armés et qui, un peu bien conduits, pouvaient échapper à la vue de la grande escadre anglaise, s'ils fussent arrivés à Saint-Cast le 7, 8, 9, 10, 11, 12 ou 13 de ce mois, auraient détruit absolument toute la flotte détachée de la grande escadre, de manière qu'il n'en aurait pas pu échapper un seul homme, que nous aurions pris le prince Édouard et une petite armée ; je t'avoue que je suis enragé et que je ne puis cesser de déplorer notre triste état. Nous n'avons de guerre que par mer et nous n'avons pas un seul vaisseau armé dans nos rades. »

qu'un seul ennemi, c'est l'Anglais. Il n'en est pas à dire, comme le dira plus tard son neveu l'orateur, mieux inspiré que lui : « Jeter les bases d'une éternelle fraternité entre cette nation et la nôtre, serait un acte profond d'une politique vertueuse et rare. » Il écrit, au contraire, sans remords, le 27 décembre 1754 : « Je me suis accoutumé à regarder les Anglais comme les ennemis du genre humain et particulièrement de la France. » Il reconnaît pourtant les qualités sérieuses de l'esprit anglais, car il dit ailleurs : « Lorsqu'en 1747, je revins d'Angleterre, où j'avais passé mon temps à *ratiociner*, je trouvai tout Paris occupé des pantins (1). » Il semble aussi que l'organisation aristocratique de l'Angleterre devrait se concilier avec les opinions féodales du bailli, opinions dont nous reparlerons plus tard, mais l'Angleterre n'est pas encore assez aristocratique à son gré. Le patriciat y dépend trop, suivant lui, de la plèbe, on n'y fait pas assez de cas des vertus militaires, et on y estime trop l'argent ; toutes ces causes réunies lui font prédire hardiment, dès 1754, que l'Amérique du Nord échappera complétement à l'Angleterre d'ici à très-peu d'années.

(1) C'était, en effet, l'époque où ce genre de jouet faisait fureur. « La postérité, écrit d'Alembert, aura peine à croire qu'en France des personnes d'un âge mûr aient pu, dans un accès de vertige assez long, s'occuper de ces jouets et les rechercher avec un empressement que dans d'autres pays on pardonnerait à peine à l'âge le plus tendre. »

Dans tout ce qu'il écrit sur la politique de son temps, on voit le chevalier de Mirabeau animé du même esprit, faire entrer en première ligne l'hostilité naturelle, suivant lui, de la France et de la Grande-Bretagne. Un de ses mémoires daté de décembre 1757, destiné à prouver que nul danger ne peut menacer la France si ce n'est de ce côté-là, offre un contraste si marqué avec la situation qui nous est faite à la suite de notre désastreuse guerre contre l'Allemagne que nous en citerons seulement le début : « La politique nous dit que nous ne saurions avoir désormais d'ennemis que les Anglais ; eux seuls peuvent quelque chose contre nos frontières maritimes ; notre frontière d'Espagne est désormais à couvert; le roi de Sardaigne ne pourra rien contre nous, si les Anglais ne lui fournissent de l'argent pour avoir des troupes, ou si les Impériaux ne lui envoient des troupes, qui ne sauraient arriver de si loin sans l'argent des Anglais. Les Suisses ne demandent qu'à vivre en repos. *L'oligarchie germanique ne saurait s'ébranler contre nous sans le secours des Anglais*, et tous les puissants princes du nord de l'Europe sont trop éloignés pour que nous puissions craindre leurs attaques, qui, sans argent, ne sont que des irruptions. Les Hollandais ne sont plus qu'une province marchande de l'Angleterre, dont elle bride le commerce avec plus de soin encore que celui de ses colonies. En cet état, nous n'avons rien à craindre que des Anglais, de leur ambition et de leur argent. »

Le danger est ailleurs à l'heure où nous sommes, et ce n'est plus l'Anglais qu'il nous faut considérer comme l'ennemi naturel de la France. Cinquante-huit ans de paix ininterrompue avec la seule nation qui jusqu'ici ait été en mesure de menacer la sûreté de nos ports et de nos rivages ont fait abandonner l'ancienne organisation défensive adoptée dans un temps où la guerre contre l'Angleterre semblait presque l'état normal de notre pays. Le bailli de Mirabeau étant un des hommes qui ont travaillé avec le plus de zèle à la perfectionner, nous fournira une occasion toute naturelle d'en dire un mot, sans perdre de vue le personnage actif et original dont nous racontons la vie.

XIII

LE BAILLI ET LES MILICES GARDE-COTES. — NOS PROVINCES MARITIMES PENDANT LA GUERRE DE SEPT ANS. — LE BAILLI ET LA DAME DE CAEN.

C'est en mai 1759, au plus fort de la guerre de Sept ans, que l'oncle de Mirabeau fut nommé inspecteur général des milices garde-côtes. Le maréchal de Belle-Isle, alors ministre de la guerre, s'étant fait attribuer la partie de la défense des côtes qui, avant lui, relevait du ministre de la marine, et ayant la plus grande confiance dans les lumières et le zèle du futur bailli, le chargea de surveiller et de réorganiser ce service sur tout le littoral de l'Océan, depuis Dunkerque jusqu'à Rochefort. L'ancien système de défense de nos côtes, adopté par suite de nos guerres fréquentes avec l'Angleterre, ayant été abandonné depuis longtemps, et n'ayant pas été remplacé, il nous paraît utile de l'exposer très-sommairement avant de suivre le chevalier de Mirabeau dans ses voyages à travers nos provinces maritimes.

En dehors des milices ordinaires, il y avait sous l'ancien régime des corps sédentaires, composés de tous les hommes mariés ou non mariés qui habitaient les paroisses les plus rapprochées du littoral, et n'étaient point inscrits pour le service de la flotte. Ces riverains, exemptés de tirer à la milice, étaient spécialement chargés de signaler et de repousser les débarquements de l'ennemi. Ils étaient organisés en compagnies d'observation, mélangées de fusiliers et de canonniers, et en compagnies du guet. L'ensemble des compagnies dans chaque province maritime formait des capitaineries commandées par des gentilshommes de la province, anciens militaires, ou même en activité de service, qui portaient le titre de capitaines généraux de la garde-côtes.

Un travail de M. de Tressan, publié en 1785 dans l'*Encyclopédie méthodique*, présente ce système de défense du littoral comme très-utile pour épargner, dit-il, le service aux troupes du roi. Parmi les capitaineries les mieux organisées, il cite celle de la province du Boulonnais, où en douze heures, suivant lui, le commandant de la province peut mettre sept à huit mille hommes sous les armes. « L'ordre établi en Boulonnais, ajoute-t-il, est très-bon, n'est point à charge au pays; l'esprit militaire s'y conserve. Cette province, la plus voisine de l'Angleterre, peut se garder par ses propres forces, sans que la culture des terres en souffre. Pendant la dernière guerre, les troupes enrégimentées étaient fort belles, ont bien servi, et étaient très-bien composées en officiers. Nous avons plusieurs provinces maritimes où le même ordre serait très-utile à établir... Il serait à désirer qu'on mît plus d'uniformité dans le service des garde-côtes. Il sera toujours très-important, en temps de guerre, de mettre ce service au point que les côtes puissent être défendues par leurs propres forces, et que les armées en campagne ne soient point obligées de détacher des brigades ou des régiments pour remplacer ce qui manque à la défense des côtes. »

L'opinion de Tressan ne fut point adoptée par la Constituante, qui supprima en 1791 ces milices spéciales, et confia la défense des côtes à l'association de la troupe de ligne et de la garde nationale. Rétabli en 1799, et plus ou moins modifié sous le Consulat et sous l'Empire, le système des corps spéciaux préposés à la défense du littoral fut définitivement supprimé par une ordonnance du 14 août 1815. Ce ne fut qu'en 1840, sous l'influence des événements qui semblaient menacer la France d'une guerre générale, qu'une commission instituée par le ministre de la guerre s'occupa de remplacer l'ancienne garde-côtes par la double combinaison d'un système d'ouvrages défensifs (batteries et redoutes) et d'un personnel réuni dans des camps d'observation à portée du littoral; mais ce système est resté à l'état de programme, et tandis que l'Angleterre conservait, en la perfectionnant de plus en plus, l'organisation du *coast guard*, rien n'a succédé chez nous à l'institution analogue établie sous l'ancien régime.

Il est vrai que cette institution des milices gardes-côtes était d'une utilité beaucoup plus contestable que ne le dit Tressan, à en juger par le témoignage même du chevalier de Mirabeau. Dispendieuse pour l'État et très-onéreuse pour les populations, qu'elle arrachait en temps de guerre, et même en temps de paix, aux travaux de l'agriculture, elle ne constituait presque jamais une force suffisante pour s'opposer aux entreprises de l'ennemi. Aussi voit-on le consciencieux inspecteur général de 1759 et 1760 aussi occupé de diminuer le nombre de ces rassemblements de paysans picards, normands ou bretons, que de leur donner une plus grande consistance militaire au point de vue de l'exercice, de l'armement et de l'habillement, toutes choses qu'il présente généralement comme défectueuses.

« La besogne dont on m'a chargé, écrit-il le 11 octobre 1759, dépérit par tous les bouts. Non-seulement on exige trop du peuple, puisque, par le relevé général de la population des pays compris dans mon département, je montrerai qu'on prend entre le quatrième et le cinquième en hommes, mais aussi parce que cette machine-là n'a point encore reçu d'organisation fixe, et que ce que l'on a fait à cet égard ne peut se soutenir. Toutes les autorités quelconques se croisent à ce sujet. Les commandants, les intendants, les inspecteurs, les maires, les syndics, les maltôtiers, tout instrumente sur ce malheureux peuple et tous veulent avoir voix au chapitre. Chacun a sa façon de penser, chacun a son intérêt ou sa vanité, et *quidquid delirant reges, plectuntur Achivi.* » L'année suivante, il écrit : « J'ai été assez heureux pour faire décharger le peuple d'une partie du service qu'on exigeait de lui l'hiver. J'espère encore parvenir à procurer une petite diminution sur le nombre de soldats gardes-côtes. Je ne tiens encore que des espérances; il me reste à prier Dieu que je réussisse, et je dirai ensuite d'un grand cœur le *Nunc dimittis.* » Cette préoccupation, dont nous pourrions citer beaucoup d'autres exemples, prouve combien l'organisation des milices garde-côtes laissait à désirer. Mais ce n'est peut-être pas une raison suffisante, surtout à l'époque où nous vivons, pour motiver l'absence de toute organisation défensive de notre littoral.

Quoi qu'il en soit, ne voulant point insister sur une question étrangère à notre compétence, nous laisserons de côté, dans la correspondance du chevalier de Mirabeau avec le marquis son frère, tout ce qui concerne la mission spéciale dont il est chargé, pour y chercher seulement les traits de caractère qui peignent l'homme, les divers incidents de cette période de sa vie, et les réflexions que lui suggère l'état des provinces qu'il parcourt au moment où la France porte le poids d'une guerre malheureuse.

Il a commencé ses tournées par la Picardie, et le 31 mai 1759 il est à Dunkerque. Il vient de traverser l'Artois, dont l'air riant l'a frappé. « Il y a vu, dit-il, avec plaisir, le peuple plus content ; enfin on y dansait. » L'aspect de Dunkerque est plus triste : le port et l'arsenal sont encore dans l'état où les a laissés Louis XIV, forcé par le traité d'Utrecht de les démolir. « On ne peut penser sans une profonde humiliation, écrit le futur bailli, que l'on nous a forcé la main pour détruire nous-mêmes cette place, qui, comme arsenal de marine, aurait une sorte de pied sur la Tamise, le Texel et même le Nord, et, comme place de commerce, le disputerait à Amsterdam, et ferait une liaison et un entrepôt du Nord et du Midi. Le délabrement affreux de ceci fait une vergogne que j'ai sentie comme bon Français, attaché à la gloire du roi et de la nation, et que j'ai ensuite rengaînée comme homme devenu un peu plus sage, puisque c'est de ce mot qu'il a plu à notre siècle de baptiser la sorte de perversité de cœur qui fait qu'on sacrifie la vérité à la crainte de déplaire, et qu'on se désintéresse de tout ce qui n'est pas soi-même. »

Toutefois, à la faveur de la guerre, on commence à relever au moins l'arsenal. Mais, en admirant les ouvrages construits par un ingénieur habile, le chevalier prévoit déjà l'humiliant traité de 1763, qui nous forcera à démolir derechef nos travaux, et il écrit à son frère : « Si à la paix nous détruisons encore ceci, je crois que je ne m'en consolerai pas. »

Continuant sa route sur Calais par Gravelines, il constate l'état misérable du pays. « Gravelines, dit-il, a l'air d'une ville ravagée par une longue peste, où les maisons sont entières, mais vides. » A Boulogne, le pays est moins misérable, la campagne est plus fertile, le peuple a un certain air militaire ; il est bien mieux qu'à Calais. Néanmoins, dans la lettre suivante, on reconnaît que les tristes effets de la guerre se font sentir aussi dans le Boulonnais ; car le chevalier raconte qu'en se promenant avec le duc de Chaulnes, gouverneur de la province, il a vu à trois ou quatre reprises des troupes de femmes de matelots se jeter aux pieds du gouverneur en demandant miséricorde, et montrant de petits enfants pâles et décharnés. Leurs maris sont morts ou prisonniers en Angleterre, beaucoup aussi se sont enfuis pour éviter d'être enrôlés. Le futur bailli fait à ce sujet une sortie contre les intendants, dont l'influence, substituée à celle des hommes de guerre, tend, suivant lui, à rendre la nation lâche. « Figure-toi, écrit-il à son frère, que l'idée d'être déplacés de chez eux et envoyés à la guerre, qui monta à la tête des garde-côtes de Picardie, en a fait mourir le cœur serré. Qui eût dit que le Français en viendrait là ! »

De Boulogne, il passe à Abbeville, « où l'industrie pétille, dit-il, par tous les bouts, et dont la rivière de la Somme fait une petite Venise. » Après avoir séjourné à Dieppe et à Fécamp, le futur bailli arrive au Havre, où il est appelé tout à la fois par sa mission et par le désir du maréchal de Belle-Isle d'avoir son avis sur une grande entreprise de laquelle on dit merveille. Il s'agit de trois cents bateaux plats dont la construction est commencée dans cette ville, et qui sont destinés à transporter des troupes de débarquement en Angleterre. L'entreprise est surtout dirigée par l'état-major des bureaux de la marine, dont le principal commis a pour gendre l'intendant de la marine au Havre. On connaît déjà l'antipathie du digne chevalier pour la *plume*, on ne s'étonnera donc pas de le voir en défiance contre ces fameux bateaux. Les événements d'ailleurs ne tardent pas à lui donner raison ; car un des premiers inconvénients de l'établissement des chantiers au Havre est de procurer à cette ville la visite d'une flotte anglaise, sans qu'on ait pris aucune mesure de précaution contre un bombardement probable. Ce bombardement commença quatre jours après l'arrivée de l'inspecteur général.

Je suis un peu honteux pour la nation, écrit celui-ci à son frère, le 16 juillet 1759, de voir que cinq vaisseaux, quatre frégates, sept ou huit bombardes, quelques *senaw*, et autres bâtiments, au nombre de vingt-huit, viennent écraser impunément une jolie ville presque aux portes de la capitale. L'arsenal d'ici n'a pu nous fournir une seule chaloupe. Ces bateaux plats, qu'on appellera quand on voudra de plats bateaux, que tout le monde vante à forfait, n'ont pu être armés, et n'auraient pu servir à rien. Voilà où nous en sommes. Avant-hier au matin, cela a commencé, et la troisième ou quatrième bombe me fit l'honneur de me rendre visite et abattit la maison où je logeais : je venais d'en sortir. Je me porte bien, quoique ayant légèrement dormi. Nous n'avons jusqu'à présent perdu que fort peu de monde ; j'espère que cela se soutiendra. Nos bateaux plats ont attiré cet orage au Havre. Il n'y avait dans toute la côte qu'un endroit pour les mal placer, c'est celui qu'on a choisi. Cela sera ainsi tant que les perruquiers feront les bottes.

« Je n'avais de raison de te croire au Havre, lui répond le marquis de Mirabeau, que la sorte d'amalgame qui est entre toi et les Anglais, à peu près semblable à la sympathie de la belette et du crapaud. En 1756 à Port-Mahon, en 1757 à Rochefort, en 1758 à Saint-Malo et à Saint-Cast : il fallait bien être en 59 au Havre. Je sus à Versailles que tu y étais, et le maréchal me dit qu'il t'avait écrit quatre lettres consécutives, à un jour l'une de l'autre. »

Le maréchal de Belle-Isle tient, en effet, d'autant plus à la présence du chevalier au Havre, que tout y est dans un grand désarroi, au moins du côté de la mer, car du côté de la terre on a installé un camp sous le commandement du duc d'Harcourt, lieutenant général au gouvernement de Normandie (1), avec des forces suffisantes pour repousser toute tentative de débarquement ; mais aucun préparatif n'a été fait pour tenir les Anglais à distance et pour riposter à leur feu.

« Quoique mon érudition, écrit le chevalier, du côté du *déficit* de nos arsenaux, soit, comme tu sais, assez étendue, l'état de ce port-ci m'a étonné. Il y a trois vieux officiers hors de service, trois jeunes en état de servir, desquels nous avons perdu un qui vient d'être tué ; pas une chaloupe, pas un canot, rien en état. Il y a, à la vérité, un intendant, plusieurs commissaires et un grand nombre de scribes. »

Il va sans dire que le futur bailli fait très-froide mine à tous ces scribes, à commencer par le *magister*, c'est-à-dire l'intendant. Tous, d'ailleurs, sont assez mal disposés à son égard, mais il ne s'en inquiète guère. Fort de l'appui du duc d'Harcourt, qui s'entend parfaitement avec lui, et duquel il écrit à son frère : « C'est un d'Harcourt, et c'est en dire beaucoup, cette race étant honnête et bonne de tous temps ; » il travaille de son mieux à remédier aux erreurs de l'administration, quoique l'entreprise soit difficile. Nos mortiers

---

(1) Le gouverneur en titre était le maréchal de Luxembourg, auquel le duc d'Harcourt succéda en 1764.

ne portent pas assez loin pour atteindre l'ennemi ; on essaye d'armer quelques-uns de ces bateaux plats tant vantés, et il se trouve qu'ils ne peuvent pas servir à la défense de la rade. Le chevalier voudrait employer des chaloupes canonnières ; il n'y en a point ; il voudrait, au moins, faire établir des pontons en avant de la rade et y placer du gros canon. « Toute la plume se récrie, dit-il, contre l'impossibilité de la chose » ; bref, si les Anglais se retirent après trois jours d'un bombardement beaucoup moins meurtrier qu'on aurait pu le craindre, c'est de leur propre volonté, car rien n'aurait pu les empêcher de détruire la ville (1). Cependant, comme l'on s'attend à les voir reparaître d'un jour à l'autre, le chevalier est retenu au Havre à la fois par le maréchal de Belle-Isle et par le duc d'Harcourt, qui tire parti de son activité et de son courage à braver « la fureur des commis, plus redoutable, dit-il, que la fureur des anciens Normands. »

Il obtient du maréchal que l'on applique son plan de chaloupes-canonnières et de pontons armés de gros canons, et lorsque les Anglais essaient de renouveler, le 30 août 1759, l'attaque

(1) Toutes les critiques du chevalier contre l'administration maritime du Havre en 1759, sont confirmées par des lettres du duc d'Harcourt, de la même époque, qui font partie d'un recueil de documents souvent intéressants tirés des archives du château d'Harcourt et publiés par M. Hippeau. On voit dans ce recueil que le maréchal de Belle-Isle recommande le chevalier de Mirabeau au duc d'Harcourt comme un auxiliaire très-utile.

du 3 juillet précédent, le feu des canonnières et des pontons suffit pour les forcer à reprendre le large (1).

Dans l'intervalle des deux tentatives de bombardement, on continuait la construction des fameux bateaux plats destinés à l'invasion de l'Angleterre. « À la fonte de la cloche, écrit le futur bailli, on éprouvera si ces bâtiments peuvent naviguer. En attendant, on en a deux cents de faits et on a gâté du bois pour faire vingt vaisseaux de ligne, sans savoir si ces bâtiments peuvent aller. Comment y placera-t-on les troupes, bagages, malades, blessés, eau, vivres, etc.? Je t'avoue que de voir qu'on aille si fort en avant sans consulter qui que ce soit du métier, m'a paru une chose unique, et c'est là de ces actes de suffisance qu'on ne trouve que dans Barthole; il faut avoir été revêtu d'une charge de *passe-partout* toute sa vie pour avoir pareille présomption. »

Il expose, ailleurs, longuement, les différents

---

(1) On voit aussi dans les documents du château d'Harcourt, que le chevalier de Mirabeau est employé à l'examen d'une sorte de feu grégeois imaginé par le sieur Dupré, invention, écrit alors un ingénieur, qui *fait frémir l'humanité;* toutefois, on ne peut parvenir à lancer ce feu au delà de trente toises. Le duc d'Harcourt, d'ailleurs, redoute que les Anglais ne s'emparent du secret et n'en fassent, dit-il, contre nous, l'usage le plus funeste. Depuis cette époque, les progrès de la civilisation ont fait dépasser de beaucoup cette invention si redoutée, et l'humanité s'arrange des bombes à pétrole, des torpilles et autres ingrédients plus meurtriers, ce semble, que le feu du sieur Dupré.

motifs qui le portent à augurer fort mal de ces
bateaux. Une fois sortis du Havre, ils furent, en
effet, presque tous coulés, brûlés ou capturés par
les Anglais, et en somme, ne servirent à rien. Le
chevalier proposait d'y substituer un système de
chaloupes-canonnières, dont il détermine, dans
un mémoire détaillé qu'il adresse au maréchal de
Belle-Isle, la construction, l'armement et les
frais.

Au milieu de tous ces préparatifs pour porter
la guerre en Angleterre, les revers fondent sur
nous et s'accumulent. La Guadeloupe est prise,
notre armée est défaite à Minden (1); deux batailles navales perdues presque coup sur coup,
l'une à Lagos, l'autre dans la baie de Quiberon,
achèvent la ruine de notre flotte. « A quoi est
réservé ce malheureux pays! s'écrie le chevalier;
Dieu veuille y mettre la main! J'en ai pleuré et
j'en pleure encore. L'État est comme quelqu'un
qui nous est cher : quand il se porte bien on n'y
pense pas, quand il périclite on sent renouveler
toute sa tendresse. »

L'année suivante, en mai 1760, le futur bailli
est envoyé en Bretagne. Il visite successivement
Nantes, Vannes, Lorient, Quimperlé, Quimper,

---

(1) Cette défaite était d'autant plus sensible aux Français
qu'elle avait été précédée de la victoire de Bergen, remportée
par le duc, depuis maréchal de Broglie, le seul homme de
guerre qui se soit produit parmi nous durant cette période si
désastreuse pour nos armes.

et tout en écrivant à son ministre des mémoires, soit sur les garde-côtes, soit sur les moyens de retirer de la Vilaine ceux de nos vaisseaux qui s'y sont échoués après la bataille perdue par le maréchal de Conflans, il garde pour son frère ses réflexions tantôt sérieuses, tantôt plaisantes, sur l'état général et les mœurs de la province qu'il parcourt.

Comme son frère, il est grand partisan de l'administration des provinces par elles-mêmes, au moyen des états, et très-opposé à l'administration par les intendants : « On ne peut s'empêcher, lui écrit-il de Quimper, de voir ici et de sentir le bien-être des pays d'états, quand on est comme moi obligé d'entrer dans le détail des affaires des pauvres gens. Je voudrais que certains fripons qui ont été consultés sur les pays d'états, et qui ont dit que c'était une chose contraire au service du roi, vissent le zèle de ces gens-ci, gentilshommes, paysans et tous. Dieu veuille préserver ces pauvres peuples de perdre jamais leur idiome barbare et leur droiture de cœur. »

Ce qui ne l'empêche pas de s'amuser parfois de l'accoutrement des garde-côtes bretons et de leur culotte, où « l'on trouverait, dit-il, de la toile pour faire la grande voile d'un vaisseau de cinquante canons. » Mais les conséquences de la guerre malheureuse où nous sommes engagés le ramènent promptement aux idées tristes. En quittant Quimper, il est arrivé au bourg de Pont-Croix, formant un fief dont la seigneurie appartient alors à l'une des plus belles et des plus brillantes femmes de Paris, à la comtesse de Forcalquier, qui, très-probablement, comme le suppose le chevalier, n'y a jamais mis le pied : « Ce pays-ci, écrit-il, a souffert une des plus grandes calamités qui puisse arriver à un canton. Le capitaine du *Superbe* (1) était de ce pays. Il a embarqué le détachement de la garde-côtes de cette capitainerie. C'étaient tous laboureurs, ils ont été engloutis au nombre de cent. En conséquence le pays est dévasté et fait pitié. Les gésiers de l'infâme capitale n'ont pas senti toute l'horreur de cette dernière action de mer. L'air infect qu'on y respire m'a peut-être moi-même rendu moins sensible que je n'aurais dû l'être à cet affreux événement ; mais je le vois de près, à présent, où des veuves nous redemandent leurs maris, des orphelins leurs pères. »

Cependant, quoique moins tourmentée que les autres provinces régies par les intendants, la Bretagne souffre, suivant le chevalier, de la tyrannie des classes, c'est-à-dire du mode de recrutement des gens de mer, « qui fait, dit-il, périr tous les ans 1,500 hommes faits. Les Anglais, à ce moment maîtres absolus de la mer, empêchent tout commerce de cabotage, même par les petits bras de mer appelés couraux, par lesquels nos côtes commerçaient entre elles. Les provinces limitro-

(1) Vaisseau coulé dans le combat en vue de Quiberon.

phes de la Bretagne, du côté de la terre, ayant à peu près les mêmes produits qu'elle, n'offrent aucun débouché aux siens. »

A ces causes passagères de malaise, le futur bailli en ajoute d'autres tirées de la constitution de la province, et qui prouvent que ses opinions aristocratiques ne l'aveuglent pas sur les mauvais côtés de l'ancien régime. Il constate que les corvées portent exclusivement sur un trop petit nombre d'hommes, parce que les nobles surabondent; l'anoblissement est aussi commun en Bretagne qu'ailleurs, et les cas de dérogeance sont plus rares. « Il y a ici, dit-il, un tas de gentilshommes, rats de cave dans les fermes, dans les plus vils emplois. Par cet arrangement tout deviendra noble; non-seulement les nobles ne payent point la taille, mais les biens nobles possédés par des roturiers restent nobles et ne sont sujets qu'aux droits de francs-fiefs. De plus, un noble qui achète un bien roturier l'anoblit par une résidence de quarante ans. La noblesse finira par anoblir tout le bien, et le pauvre peuple qui porte les classes, les corvées et les tailles périra dessous. »

« Heureusement, ajoute le chevalier dans une autre lettre du 8 juillet 1760, que le caractère de la noblesse bretonne n'est pas la tyrannie. Ce peuple-ci, très-balourd et grossier, est admirable d'ailleurs. Tout l'état-major de la garde-côtes est composée de gens de qualité et de races de mille ans. Je n'en ai pas encore vu un s'échauffer contre un soldat paysan, et j'ai vu en même temps un air de respect filial de la part de ces derniers. »

A mesure qu'il avance dans les contrées les moins fréquentées de la Bretagne, le chevalier s'enthousiasme de plus en plus pour les mœurs du pays.

Le hasard, écrit-il de Saint-Brieuc, ou pour mieux dire, ma marche, m'a fait écarter du côté de Tréguier, Lannion, villes assez éloignées de la grande route pour n'avoir pas encore été infectées par l'air des arrivants de Paris. C'est le paradis terrestre pour les mœurs, la simplicité, la vraie grandeur patriarcale. Des paysans dont l'attitude devant leurs seigneurs est celle d'un fils tendre devant son père, des seigneurs qui ne parlent à ces paysans, dans leur langage dur et grossier, que d'un air bon et riant. On voit un amour réciproque entre ces maîtres et ces serviteurs ; des femmes grandes, bien faites, sages, douces, et qui paraissent à peine se compter pour quelque chose, tandis que leurs maris bons et honnêtes paraissent pleins d'une complaisance tendre et mâle pour elles. Les femmes m'ont édifié. Ma mère est représentée cent fois dans ces petites villes.

J'ai trouvé ici un de nos commandants de bataillon, homme descendant très-directement des anciens souverains du pays, père de deux belles demoiselles et de deux hommes de cinq pieds onze pouces. L'honnêteté et la vraie grandeur jointes à la simplicité étaient comme naturalisées dans cette maison. Je sentais combien je suis peu digne de commander à des gens de cette trempe-là, et combien ces gens-ci sont supérieurs à tout ce qui hante l'infâme capitale... Cher frère, l'humanité est bien plus aimable telle que Dieu l'a faite qu'après qu'elle s'est *aguinchée* dans les grandes villes ; Dieu serait injuste s'il n'avait fait un enfer pour ceux qui gâtent l'humanité ! Enfin, j'ai regret de n'être pas breton, et je t'assure que je ne me défendrais pas d'un établissement dans ces cantons, aux cinq sixièmes meilleur marché qu'ailleurs. J'y ai vu ce que l'homme peut avoir de vrai bonheur ici-bas avec des richesses fort médiocres.

Dans toute cette partie de la correspondance entre les deux frères, le futur bailli revient souvent sur le triste état de la marine française et sur la supériorité de celle des Anglais.

D'anciens marins, écrit-il, dirigent la marine d'Angleterre. Un officier qui imagine une expédition, en la proposant à ses chefs, ne fait pour ainsi dire que réveiller des idées à demi-formées déjà dans leurs têtes... Les inconvénients qu'ont rencontrés ces anciens marins lorsqu'ils naviguaient leur ouvrent l'esprit sur les remèdes que le navigateur actuel propose ou sur les moyens de perfectionner. Tandis que nous, quand nous parlons à notre chef une langue qui lui est étrangère, il a recours à la routine de ses bureaux, il veut y adapter nos idées et forcer, pour ainsi dire, nature à s'y plier. Colbert, suivant eux, a dit telle ou telle chose ; peut-être a-t-il dit même une sottise, et si je l'entreprenais, je le démontrerais. Cela ne fait rien, il faut que l'oracle soit adoré et respecté ; peut-être même n'a-t-il jamais dit ni pensé ce qu'on lui fait dire, mais cela se trouve favorable aux idées et affaires des bureaux.

... Si l'on savait combien il y a de différence de notre façon de gréer les vaisseaux à la façon des Anglais, combien ils ont de choses dont nous manquons, on serait étonné. Nos représentations ne font rien ; on nous force à rester dans l'enfance. On fait pour nous ce que les Chinois font pour les pieds de leurs femmes. On nous resserre si fort dans les règles d'une routine favorable aux friponneries, que nous ne pouvons croître. Il nous faut faire la guerre comme du temps de Tourville ; elle a bien changé depuis. Fais servir une armée avec des piques et la cavalerie avec des lances, et tu verras. Mais te voilà mariné tout ton saoûl.

Citons encore ce passage assez curieux écrit de Brest le 9 juin 1760 :

Jérémie ne serait qu'un bouffon auprès de moi, si je te disais le crève-cœur que j'ai tous les matins en ouvrant ma fenêtre qui donne sur le port. L'air de mort et de désolation qui y règne me fait gémir. Un silence affreux ! une solitude dévastée ! je ne sais que te dire, mais tout ceci va bien mal ! La plus terrible méfiance du conducteur aux conduits et de ceux-ci à lui (1), un morne et farouche dépit, et tu serais attendri si tu voyais les mouvements du plus beau zèle étouffés par les plus noires réflexions. Une jeunesse admirable qui est rendue inutile et qui ronge son frein !

Je n'ai qu'à me louer de la réception qu'ils m'ont faite ici ; j'ai trouvé ce qui m'a toujours le plus flatté et me flattera le plus, les marques de l'amitié et de l'estime de mon corps. Ce n'est pas les prévenances que les chefs ont cru devoir à ma position actuelle, mais l'air d'amitié et de confiance de cette jeunesse qui m'ont fait un vrai plai-

---

(1) Allusion à l'irritation qu'éprouvait la marine en voyant à sa tête un homme de robe, Berryer.

sir, et d'autant plus vif qu'il ne tient en rien au cérémonial.

Lorsque après trois mois et demi d'excursions en Bretagne, le chevalier se retrouve en Normandie, cette province commence par souffrir un peu dans son esprit du souvenir de l'autre.

« Me voilà actuellement revenu dans le pays de *sapience*, écrit-il de Caen, le 14 août 1760. Ce pays est très-différent de la Bretagne, quant aux villes; car la campagne lui ressemblerait assez si, au lieu d'un intendant, ces gens-ci étaient assez heureux pour être pays d'états. Les villes surtout, comme Caen, qui est très-considérable et la plus grande ville de cette province après Rouen, veulent imiter la capitale et la cour, et tu sens bien que, comme tous imitateurs, on commence par imiter le mauvais. »

C'est pourtant la Normandie qui devait offrir au chevalier le modèle de cette sorte de patriciat qu'il aime et dont il déplore sans cesse la disparition. C'est chez le duc d'Harcourt, au château de ce nom, où il a été appelé pour s'occuper avec le duc de la réorganisation de la garde-côtes, qu'en voyant de près la vie d'un grand seigneur, justement populaire, le futur bailli se complaît à la peindre avec des détails que nous croyons devoir reproduire, car ce genre d'existence ne se retrouve plus guère aujourd'hui, au moins dans notre pays.

Je suis à Harcourt, dit-il à son frère, le 25 septembre 1760, où j'admire la bonne et honnête grandeur du maître. Tu ne saurais penser le plaisir que j'ai eu les jours de fête de voir le peuple entier partout dans le château, et de bons petits paysans et petites paysannes venir regarder le bon patron sous le nez et presque lui tirer sa montre pour en voir les breloques, tout cela avec l'air de fraternité sans familiarité. Au reste, cette simplicité ne nuit en rien à la décence, car c'est une aussi bonne et grande maison qu'on en peut trouver. Un domestique nombreux, sage et poli, bien des gens honnêtes, affectionnés, qui passent leur vie ici, la meilleure et la plus grande chère, à peine le temps de désirer, chasses de toute espèce, etc. Le bon duc ne laisse point plaider ses vassaux; il les écoute et les juge en les accommodant avec une patience admirable. Enfin, c'est vraiment un homme rare par sa bonté, douceur, charité et vraie bonhomie...

Il aime beaucoup Harcourt, quoiqu'il soit à peu près impossible de choisir un lieu plus bizarre; cette maison est au bord d'une rivière, qu'elle voit mal, dans un *cul-de-lampe (sic)* terrible, avec cela sa situation ne me déplaît pas. La belle-fille du duc est une femme fort estimable et aimable; elle a ici Mme de la Feuillade, sa mère, femme très-distinguée. Il y a d'ailleurs toujours au moins vingt personnes, très-souvent trente et quarante; nous y avons eu Jélyotte (1), ce qui a amené de la bonne musique, que la patronne de céans aime beaucoup. Il y a sept ou huit femmes très-aimables et enfin très-bonne compagnie.

Je te dirai que tes ouvrages font ici les trois quarts et demi de mon mérite, car on me toise avec respect sous la dénomination que tu t'es donnée et qui formerait notre nom en sobriquet si cela fût venu dans les temps qu'on

---

(1) Célèbre chanteur de l'Opéra. Il est souvent question de lui dans les mémoires de Mme d'Épinay.

en adopta pour les races (1)…. Il m'est arrivé sur cela une chose plaisante. Une femme de qualité et pleine de mérite, à ce que tout le monde dit et croit, car je le vois à l'air de déférence qu'on a pour elle, me dit le lendemain de son arrivée ici, que si elle avait confiance à donner à quelqu'un, ce serait à moi. Je fus d'autant plus étonné de ce propos qui fut dit avec grâce, que cette femme, sans avoir tout à fait l'air aussi sérieux que ma mère, est d'ailleurs assez de même signalement et est d'un froid poli et honnête, mais assez grand. Tu sens bien que je suis très-corrigé d'attribuer de grands effets à mes grâces, ainsi je fus très-étonné, d'autant plus que j'étais au milieu de trente personnes que je ne connaissais pas. Tu juges de la longueur, froideur et platitude de ma physionomie, de manière qu'après avoir fait la révérence, et gardant mon sérieux, je dis à cette dame que si elle me faisait l'honneur de me confier quoi que ce pût être, je pensais qu'elle n'aurait pas lieu de s'en repentir, mais que je la priais de me dire par où j'avais pu mériter la bonté qu'elle me témoignait, et dont je faisais d'autant plus de cas que j'étais physionomiste, et que son attitude et son maintien avec tout le monde me faisaient sentir le prix de ce qu'elle me disait. Eh! monsieur, me répondit-elle, monsieur votre frère m'a démontré que l'ami de tout le monde était précisément le mien. On m'a dit que vous lui ressemblez un peu; ainsi je suis de vos amies du moment que je vous ai vu.

---

(1) Il s'agit encore ici de l'ouvrage intitulé *l'Ami des hommes*, qui a déjà figuré dans la correspondance du bailli avec son frère, et dont nous reparlerons bientôt en nous occupant de l'auteur. Le livre était alors dans toute sa vogue, qui fut très-grande. Le frère aîné, complimenté à ce sujet par son cadet, lui répond gracieusement : « Je suis fort aise que le nom que le hasard m'a donné te profite en quelque chose. Compte que jusqu'à présent nous avons fait entre nous une sage distribution de départements, moi en annonçant *l'Ami des hommes*, toi, en le montrant. »

Pour diminuer un peu, ajouta-t-elle, la bizarrerie que vous devez trouver à mon propos, je vous dirai que, sans vous avoir vu, je vous connais par mon fils, qui m'a dit que vous lui aviez témoigné de la bonté et qui s'en vante beaucoup. Effectivement, elle me nomma son fils, qui ne porte pas le même nom qu'elle, et que j'avais vu assez longtemps au Havre, et auquel j'avais fait la sorte d'amitié que je fais toujours à la jeunesse, qui est de l'avertir en plaisantant de ce à quoi elle manque. Ce jeune homme m'en avait su gré.

Il semble que cette belle dame qui était veuve et que nous retrouverons tout à l'heure, commence déjà à attirer l'attention du chevalier. Comme elle fut le dernier objet des rares velléités matrimoniales que nous rencontrons dans sa carrière, nous croyons devoir rappeler ici que l'oncle de Mirabeau était, comme l'a dit son neveu, « un des plus beaux hommes de son temps. » A l'époque où nous sommes, en 1760, il n'est plus jeune, sans être cependant encore tout à fait vieux, il a quarante-trois ans accomplis. Les fatigues de son métier de marin, et peut-être aussi les conséquences de cette jeunesse *peu sage* dont il parle quelquefois, l'ont fait grisonner prématurément, et sous ce rapport, il semble plus âgé que son frère aîné, mais sa figure noble et imposante, sa grande et belle tournure, lui donnent sur *l'ami des hommes* un avantage que celui-ci aime à constater à tout propos, car chacun des deux frères se complaît à faire valoir l'autre : « Je ferai toujours bien, écrit l'aîné au cadet, de te donner ma procuration pour représenter, j'ai vu mille fois dans les physionomies la chute des idées conçues d'après toi et mon droit d'aînesse. Tout au premier coup d'œil, il me semblait voir écrit depuis le front jusqu'à la bouche : « *Ce n'est que cela !* »

« Tu es, lui dit-il ailleurs, une de ces sortes d'êtres proéminents, par un moral qui tient au physique, et ce sont ceux-là que les hommes respectent naturellement et singent sans le vouloir. » Il constate cependant chez son frère cadet une certaine aptitude à se faire non-seulement respecter, mais redouter : « Tu as une sorte d'extérieur dur lorsqu'on te remue. » Le futur bailli, de son côté, avoue sa promptitude à *répercuter* avec mépris l'arrogance aussitôt qu'elle lui apparaît chez les autres. Plus loin il se qualifie « un animal *fauve* à qui la déambulance est particulièrement désagréable à cause des nouvelles figures. » Parfois il exagère ce qu'il appelle sa vétusté : « Je me rappelle, écrit-il, d'avoir lu dans un bouquin assez mauvais une très-bonne chose : *Si tu veux savoir*, disait-il, *si tu as vieilli, regarde-le dans les yeux des dames.* Il y a déjà quelque temps qu'indépendamment de quelques autres symptômes diagnostics et pronostics, par lesquels je me suis trouvé atteint de vétusté, la recette du bouquin m'a donné là-dessus confirmation (1). »

(1) A propos de cette citation d'un bouquin, le marquis de Mi-

Dans une autre lettre, le cadet des Mirabeau pousse le dénigrement envers lui-même jusqu'à se dire plus vieux à quarante-trois ans qu'un autre à soixante. Mais si son aîné, prenant au mot ses déclarations de vétusté, se moque de lui et se vante d'une jeunesse éternelle, il sait très-bien rectifier son dire et rétablir l'équilibre entre son frère et lui : « Ne crois pas, cher frère, ré-

rabeau, qui se pique d'érudition littéraire, relève une erreur de son frère : « Le mot que tu prétends avoir trouvé dans un bouquin est bravement dans La Bruyère, et il y ajoute ceux-ci : *dure épreuve!* mot qui me fit rire de la platitude d'un philosophe. J'étais bien jeune quand je le lus, j'en haussai les épaules alors, à plus forte raison le ferais-je aujourd'hui. »

Le chevalier persiste dans son affirmation : « La Bruyère soit, mais en ce cas il a pensé la même chose que l'auteur de mon bouquin, je ne m'en dédis pas ; je me rappelle la longitude du lieu et sa latitude, mais non le titre du livre, qui était misérable d'ailleurs, à cela près qu'il ne faisait pas la sotte exclamation de La Bruyère. » Le fait est que le marquis a raison, et cependant le chevalier qui invoque ici d'une façon si originale la *longitude* du lieu et sa *latitude* à l'appui de sa mémoire de marin, pourrait bien aussi n'avoir pas tort ; le passage est en effet dans La Bruyère au chapitre des femmes, mais sous une forme très-différente de la phrase que le futur bailli assure avoir lue dans un bouquin, et qui est bien plus concise : « Un homme, dit l'auteur des *Caractères*, qui serait en peine de connaître s'il change, s'il commence à vieillir, peut consulter les yeux d'une jeune femme qu'il aborde, et le ton dont elle lui parle ; il apprendra ce qu'il craint de savoir. Rude école ! » La persistance du chevalier permet de supposer que La Bruyère a peut-être lui-même emprunté l'idée à l'ouvrage en question. Avis à ceux qui voudraient essayer sur l'auteur des *Caractères* un genre de commentaires qu'on n'a pas encore fait, peut-être parce qu'il est plus difficile que les autres. Ce serait un commentaire portant non plus seulement sur les clefs des noms de fantaisie adoptés par La Bruyère, mais aussi sur les emprunts qu'il a pu faire à des auteurs plus ou moins obscurs.

pond-il, qu'à la bile près qui te tourmente plus que moi, nous soyons fort différents en tempérament ; ma vieillesse me tourne plus en plaisant qu'à toi dans la tête, et je fais des aveux outrés dans des circonstances où tu gardes un silence prudent ; voilà notre fait. »

Nous refusons donc, à notre tour, d'ajouter foi aux *aveux outrés* du chevalier, et afin de prouver que, malgré sa modestie un peu farouche et son aspect majestueux, il est encore assez jeune pour s'intéresser aux dames et leur inspirer de l'intérêt, il nous suffira d'emprunter une citation de plus à ses lettres datées du château d'Harcourt.

« Je suis toujours à Harcourt, écrit-il, le 29 septembre 1760, où, grâces à Dieu, je n'ai pas le temps de m'ennuyer, car on y voit la meilleure compagnie du monde. Il me semble que non-seulement le maître de la maison, mais même tous les domestiques, m'y voient avec plaisir, et tout ce qui y aborde. L'*ami des hommes* est un peu la cause de cela, et on croit l'entrevoir en voyant quelqu'un qui lui tient de si près. Jélyotte revient encore demain ; ainsi musique va son train. J'ai été très-sérieux dans le commencement et très-poli, mais très-retenu avec tout ce monde-ci, qui ne me connaissait pas et que je ne connaissais point. Enfin, hommes et femmes se sont aventurés. L'avantage d'être ton frère me mettait à l'abri du soupçon de bêtise. Le silence et l'air grave que ma mère m'a donnés me faisaient passer pour un homme de poids ; enfin, ils ont fait comme les grenouilles firent au soliveau, et le tout s'est accoutumé petit à petit. Les dames, même, malgré mes cheveux gris, m'ont fait assez de gracieusetés. Je passe ma matinée à écrire et à travailler; l'après-dînée, avec tout le monde : on ne me fait jouer que rarement, parce qu'on sait que je n'aime pas le jeu. L'air de cette maison-ci est très-bon; j'ai une peine terrible à n'y pas faire trois repas, et ce que je n'avais éprouvé nulle part, je ne m'en trouve point mal. »

On voit que tout en s'occupant des milices gardes-côtes, tout en adressant à son frère de grandes dissertations politiques et philosophiques, que nous écartons pour le moment, l'austère chevalier n'est pas insensible aux agréments de la vie du beau monde dans un beau château : « Je crois m'apercevoir, écrit-il, qu'on me voit avec plaisir ici, ce qui fait tout simplement que j'y suis sans peine. » Aussi, sa résidence à Harcourt se prolonge-t-elle bien au delà du temps nécessaire à son travail d'inspecteur général; il y reste cinquante jours, et voici qu'au moment où son aîné l'attend à Paris, nous le retrouvons à Caen. On se rappelle qu'au mois d'avril cette ville lui semblait très-ennuyeuse; il paraît qu'au mois de novembre elle a changé d'aspect.

Il y a une dame qui reçoit très-bonne compagnie, comme le duc d'Harcourt, et c'est précisément la dame veuve qui était en visite à Harcourt en même temps que le chevalier, et à la suite de laquelle ce dernier est revenu à Caen. Ici, la correspondance nous apprend que ce marin, un peu farouche, s'est *féminisé* au point de faire habituellement de la tapisserie chez la dame en question. Il fait aussi, dans son salon, sur les sujets politiques à l'ordre du jour, des discours très-éloquents dont il rend compte à son frère, et qui excitent l'admiration de celui-ci, mais qui, en même temps, le surprennent un peu ; car il n'est pas accoutumé à voir le taciturne chevalier *se mettre*, dit-il, *en faconde*, si ce n'est dans l'intimité. Et pourtant le marquis ne peut deviner que la dame de Caen est pour quelque chose dans cette métamorphose, car les deux frères sont en ce moment même occupés d'une grande affaire qui semble devoir exclure chez le chevalier toute préoccupation de mariage.

On se rappelle que le futur bailli avait accepté le poste d'inspecteur général de la garde-côtes, principalement pour se dérober aux ennuis de sa position de candidat, très-combattu par les uns, quoique poussé par d'autres, aux fonctions soit de ministre, soit d'adjoint au ministre de la marine. Chaque fois qu'en revenant de ses tournées, il reparaissait à Versailles ou à Paris, son frère cherchait à le ramener aux idées d'ambition ministérielle, en lui disant : « L'arbre de Cracovie se réveille sur ton compte (1). » — « Si les bruits publics, répondait le chevalier, aboutissaient à me mettre en position d'être utile au roi et à

(1) On donnait alors ce nom à un arbre du jardin du Luxembourg autour duquel les nouvellistes avaient coutume de se réunir. D'après les *Souvenirs* du duc de Levis, cet arbre avait été ainsi nommé à l'occasion des troubles de Pologne. C'est à ce rendez-vous que les oisifs venaient entendre pérorer un certain abbé qu'on appelait l'abbé *trente mille hommes*, parce qu'il

l'État, je ne m'en fatiguerais pas tant, mais je vois bien que, dès que je reparais, moitié par la faute des amis indiscrets qui croient bien faire, moitié par celle des ennemis cachés qui veulent nuire, je suis tympanisé. Cela me fait voir avec le *fœnum in cornu* à tous les prétendants et me fait des ennemis. Cela me force à mesurer mes pas et mes paroles, et m'oblige à une méfiance perpétuelle qui flétrit le cœur. » — « D'ailleurs, ajoute-t-il dans une autre lettre, les maux de l'État ne sont plus guérissables pour celui qui ne pourrait pas prescrire un régime général; à quoi servirait de panser un ulcère sur une jambe quand la gangrène est dans le sang? »

Il avait donc renoncé à toute ambition politique; mais comme l'inspection des gardes-côtes, mission temporaire, du reste, ne pouvait pas remplir les vues du marquis de Mirabeau sur son frère, il avait été convenu entre eux que, tout en remplissant cette fonction, le chevalier se retournerait du côté de ce qu'il appelait *son couvent*, c'est-à-dire de l'ordre de Malte, couvent qu'il avait quitté depuis sa jeunesse, mais auquel il appartenait à moitié comme chevalier non profès; il s'agissait de lui appartenir entièrement, de se décider à

avait toujours, dit le duc de Levis, ce nombre de soldats à sa disposition, ni plus, ni moins, pour effectuer ses plans de campagne et battre tous ses ennemis. Plus tard, les nouvellistes et les amateurs de nouvelles se transportèrent sur la terrasse des Feuillants, aux Tuileries, où brillait un autre hâbleur nommé Metra.

faire les vœux de religion, à rentrer au service de l'ordre en lui apportant le mérite d'une notabilité acquise dans la marine royale, de manière à devenir un des grands dignitaires de Malte, et à obtenir ensuite une riche commanderie. L'ambassadeur de Malte en France, le bailli de Froulay, s'était chargé de communiquer au grand-maître, en l'appuyant, la demande du chevalier de Mirabeau, et Son Altesse Éminentissime Emmanuel Pinto de Fonseca avait gracieusement répondu au postulant par l'épître qui suit, datée de Malte, le 8 juillet 1760 :

Très-cher et bien-amé religieux, nous apprenons, avec un vrai plaisir, par votre lettre du 25 avril, le dessein que vous avez de vous rendre utile à la religion, après avoir servi votre roi si longtemps avec tant d'honneur. C'est une résolution à laquelle nous ne pouvons point refuser les louanges qu'elle mérite, et dont nous vous savons un gré infini. Vous pourrez vous en entendre avec le vénérable bailli de Froulay, notre ambassadeur, qui sera chargé, en son temps et lieu, de vous communiquer nos intentions à ce sujet.

Sur ce, nous prions Dieu qu'il vous tienne en sa sainte et digne garde.

Pinto.

En conséquence de cette lettre, le bailli de Froulay avait présenté le chevalier de Mirabeau pour les fonctions de général des galères de l'ordre, et c'est au moment où il ne devait songer qu'à faire ses vœux, que le futur général s'attardait à Caen sous prétexte des milices gardes-côtes, et sans oser encore dire à son aîné la véritable cause de ses hésitations. Cependant, pressé par ce dernier, il s'en explique d'abord à mots couverts :

« Si jamais, écrit-il le 8 novembre 1760, j'avais eu besoin d'être pressé pour me décider à faire des vœux irréfragables par eux-mêmes, et que je tiendrais pour tels par honneur, quand je ne les regarderais pas comme plus sérieux encore, c'était dans le moment présent. Je t'expliquerai à la première vue cette énigme. Cependant je ne reculerai pas, et l'engagement est trop fort pour le rompre autrement que par un autre tout aussi fort et aussi authentique, et comme il s'en faut beaucoup que je sois à portée de cela, le bailli de Froulay peut regarder la chose comme faite ; je ne veux cependant m'engager que lorsque je serai de retour. »

Le marquis commence à comprendre, quoiqu'il prétende le contraire : « Je n'entends pas bien, répond-il, l'*article décisif* dont tu me parles ; si tu trouves un mariage qui te convienne et que le cœur t'en dise, il vaut toujours mieux faire race que d'être le figuier de l'Évangile ; sinon, tu as des neveux et nièces et à peu près la certitude de trente mille livres de rente dans deux ans au plus tard, qui ne devront rien à personne. Que la Providence te tienne toujours entre de tels écueils (1). »

(1) Il semble évident, dès l'abord, que le marquis préfère le

Le chevalier se détermine enfin à exposer la situation très-nettement, et les deux frères discutent la question avec des formes de langage et des traits de caractère qui nous paraissent donner du prix à ce dialogue :

Tu as presque mis le nez, écrit le cadet à l'aîné, sur l'*article décisif*. Figure-toi ma mère (1) encore jeune assez pour se marier. J'ai trouvé cela ici à peu près ; c'est-à-dire figure et conduite aussi, même réputation à peu près, même estime générale, même retraite, excepté ce qui est de décence. Tu m'as souvent ouï dire que si je trouvais de sens froid une femme dont je voulusse être le mari, je ne balancerais pas ; je dis de sens froid, parce que les passions font illusion. Je suis fort de sens froid, car, malheureusement pour l'humanité, les vertus ne passionnent pas aussi aisément qu'un je ne sais quoi. La fraternité de l'*Ami des hommes* m'a attiré plus de prévenances que l'on n'en avait jamais vu faire par cette femme (2). Je suis trop détaché du péché d'orgueil sur mes grâces pour m'être persuadé qu'elles aient eu

---

parti de Malte, car il se fait illusion comme toujours sur la facilité des choses qu'il désire. On verra bientôt que le résultat fut plus brillant encore qu'il ne l'espérait ; mais se produisit beaucoup plus lentement et plus difficilement qu'il ne l'avait cru, et que les 30,000 livres de rente n'arrivèrent pas en deux ans.

(1) On a déjà eu occasion de constater plus haut cette préoccupation assez caractéristique qui fait que le futur bailli ne peut s'intéresser sérieusement qu'à des femmes qui ressemblent plus ou moins à sa mère.

(2) Nous nous permettrons de douter que ce fût absolument à cause de l'*Ami des hommes* que la dame de Caen avait distingué le chevalier.

un grand effet sur un caractère qui a essuyé toute sorte d'épreuves, et c'est ce qui fait que je ne me méfie pas, car je craindrais également si ma tête ou celle de la personne se prenait; et l'une comme l'autre de ces deux circonstances rendrait le marché nul pour moi.

Cependant, tu sens bien que ce n'est pas au pied levé qu'on détermine un caractère de cette espèce, quoique des gens experts du pays pensent qu'elle finirait par là si j'avais le temps de la déterminer. Je vois monsieur le marquis qui va attribuer à cela mon séjour à Caen, mais c'est que monsieur le marquis ne connaît pas encore bien monsieur le chevalier, car cela n'y entre pas pour un clou à soufflet, attendu le peu d'espérance d'une part et le plan fixe que j'ai formé de ne jamais mettre les dames en ligne de compte vis-à-vis des affaires. Au surplus, je te prie de garder cela pour toi tout seul, car dans la position où je suis, c'est précisément une billevesée.

C'est seulement en apprenant qu'il s'agit d'une admiratrice de l'*Ami des hommes*, que le marquis reconnaît enfin la dame.

A la sorte de tableau que tu me fais, répond-il à son frère, je crois apercevoir qu'il s'agit encore de la dame confidente à Harcourt. Comme je suis devenu grand calculateur, je suppose que le fonds en pécule, dont tu ne m'as jamais parlé, équivaut le fonds moral, auquel cas il me semble au contraire que les circonstances où tu te trouves, dites simplement et avec vérité, sont les plus propres et les plus commodes pour décider le oui ou le non d'une affaire fondée en raison. Je t'assure que pour mon compte j'aimerais mieux encore une adjonction en ménage qu'en commanderie. A te dire vrai, je ne sais pas trop pourquoi, sinon que Dieu m'avait fait pour être un chef de tribu, et que je me soucie beaucoup plus de mes proches présents que de mes proches futurs. Au reste, je ne te fais pas assez d'honneur, je t'assure, pour penser qu'un quart d'heure de ton séjour normand tînt à cela. Je t'ai toujours connu très-barbare pour tout genre d'harmonie, et ce n'est pas à notre âge qu'Hercule fila. Quoi qu'il en soit, il faut finir, cher frère; finir il faut, attendu que l'*Africaine* (1) est pressée d'épouser.

Mais le chevalier est moins impatient que l'Africaine.

Quant à l'Africaine, réplique-t-il, ils peuvent compter sur moi, pourvu que je ne trouve pas mieux; on n'a jamais stipulé autrement... Tu as à peu près deviné sur la Normande. A l'égard du pécule, il n'est pas excessif, mais très-honnête, et ce ne serait pas là de quoi rompre le marché, si marché il y avait, parce que ce pécule, moindre que ceux qu'on trouve à Paris, présente toute sa surface au soleil, et est uniquement en terre, chose qui, à mon avis, nourrit toujours avec plus de sûreté que le diable de 5 pour 100, sujet à banqueroute; mais tu te trompes, si tu crois que je n'ai pas usé de la recette que tu me conseilles, c'est-à-dire, d'exposer avec vérité mon fait et ma position. Cela était fait quand je t'ai écrit; mais la personne en question, que j'examinai bien dans le temps de mon récit, ne répondit que des choses vagues, et je trouvai ce que j'avais imaginé et dont voici l'exposé. Cette femme ne suppose pas qu'elle puisse se remarier, et ce ne serait que petit à petit qu'elle y viendrait; or, c'est ce petit à petit qui me manque par la presse. Tu vas dire que je suis fort lent à décider mon monde, mais

(1) On comprend que l'Africaine, ici, c'est Malte.

tu sauras qu'elle habite d'ordinaire la campagne, où je ne puis être souvent, et que du caractère dont elle est, il faut que cela vienne d'elle. Cela viendrait à la fin, ou je ne me connais guère en femmes ; mais elle ne l'imagine pas à beaucoup près, et ce ne serait qu'à la longue qu'elle y viendrait. Tu sens bien, en outre, qu'il faut exciter le goût, et que cela ne se présente pas comme affaire sortable ; mais je crois pouvoir assurer, malgré le mépris que tu as pour mes grâces, et qui, à la vérité, n'est pas absolument injuste, qu'elles auraient cependant leur effet si elles avaient le temps d'agir sur un caractère aussi froid et aussi méthodique. L'été prochain m'aurait peut-être servi, si je ne suis pas lié ; mais c'est te parler trop longtemps d'une billevesée.

Soit que la perspective ne paraisse pas assez brillante ou assez assurée au marquis, soit que ce mariage contrarie ses vues, on dirait qu'il trouve que la prétendue billevesée se prolonge trop, et que le moment est venu de la combattre en mêlant, comme c'est assez son habitude, la moquerie au sérieux :

Malgré tout le respect que je puis avoir pour tes grâces, répond-il à son cadet, je ne saurais m'empêcher de rire en me figurant le réduit grison occupé pour son *nunc dimittis* à considérer dans la physionomie d'une belle gelée l'effet que peut lui faire la menace d'un vœu dont le sacrifice sera de l'aloi le plus mince. Certes si ta carrière en ce genre a été un peu légère, il faut avouer que la fin prenait un tour platonicien tout à fait intéressant ; mais j'admire comme la réserve a des droits pour nous agacer ! Je vois à ton récit, à peu près, que tu regarderais comme une fortune le rôle de seigneur châtelain vis-à-vis madame Honesta, toi qui n'as pas voulu te baisser pour en prendre en ce genre dans des occasions beaucoup plus décisives selon le siècle. Je n'en augure pas moins bien de ton bon sens, attendu que c'est là un marché qu'il faut faire à sa guise, et quand il s'agit de se lier indissolublement à autrui, lui chercher des perfections et commodités présuppose notice de nos propres *déficits* en ce genre. Notre père en a usé ainsi ; mais notre père était le dernier de son estoc, bien moulu, bien cassé et n'avait au fond de perspective que d'aller ramer ses choux tout seul s'il n'eût pris compagne, ce qui fait une différence. Quant à ce qui est de la décision que l'été prochain aurait pu opérer, à ce que tu crois, je le crois aussi ; car, à commencer par la ville de Troie, il n'est femelle qui ne se rende à la fin ; mais, par saint Jean ! un printemps de plus ne nous fera pas comme aux asperges.

La riposte du cadet semble indiquer qu'il est tout à la fois un peu découragé et un peu piqué, car il porte la guerre sur le terrain où les deux frères sont le plus ordinairement en contradiction, la supériorité de la vie rurale comparée à la vie de Paris. Peut-être aussi y a-t-il à la fin de sa réponse quelque allusion au ménage souvent troublé du marquis.

A l'égard du rôle de seigneur châtelain, c'est, à mon avis, cher frère, le seul qui aille à un homme de condition : tout le reste est bourgeois de Paris et quelque chose de moins, puisque les vrais bourgeois, même de la plus petite espèce, mènent le total de ces gens de qualité devenus citadins avec la plus grande hauteur et de la façon la plus cavalière. Je vois ici un nombre de seigneurs châtelains, et je t'assure que cela fait meilleure compagnie que les gens de Paris ; au moins est-elle meilleure pour moi, et c'est tout ce qu'il faut. Au surplus, il y a longtemps que l'on dit qu'il n'y a plus d'honneur que dans les châteaux... Pour ce qui est de Mme Honesta, je t'assure qu'elle en vaudrait bien une autre comme pain de ménage, et La Fontaine revient à cet avis. Je ne voudrais cependant pas de celle qui fit enrager le diable ; mais quand elle ne fait enrager personne, le titre d'Honesta ne sied pas trop mal. Mais en voilà bien assez sur cette affaire.

Quoique le majestueux chevalier mette son amour-propre à se déclarer supérieur à toute influence féminine, nous serions tenté de croire que la dame de Caen lui tient au cœur un peu plus qu'il ne le veut avouer. Nous devons reconnaître pourtant que sa préoccupation conjugale n'est pas assez forte pour le détourner d'une foule d'idées d'un tout autre genre, car les explications intimes qu'on vient de lire sont extraites de cinq ou six lettres volumineuses où les deux frères dissertent à perte de vue, selon leur habitude, sur les sujets les plus austères, depuis la question philosophique du *tout est bien*, jusqu'à celle de l'état de nos finances ou de la mission sociale d'un « régénérateur. »

On ne s'étonnera donc point de voir l'inspecteur général des gardes-côtes renoncer assez aisément à vaincre les hésitations de la dame normande, et, poussé par son frère, opter enfin pour l'*Africaine*. Il suffisait, d'ailleurs, pour le ramener brusquement à Paris, d'une lettre que lui adresse son aîné en date du 16 décembre 1760, et qui débute en ces termes : « Cher frère, je vais être arrêté ; c'est par l'ordre du Roi, ainsi nous n'avons rien à dire... »

Après avoir pris sa part des agitations produites dans la famille par ce grand événement que nous exposerons en racontant la vie du marquis de Mirabeau, le chevalier, abandonnant décidément toute idée de mariage, découragé aussi de plus en plus de tout désir d'un rôle à la cour par la mort du maréchal de Belle-Isle, son principal appui, se prépare à faire ses vœux et à accepter, avec la permission du roi, le commandement des galères de Malte.

Il faut remarquer toutefois que cet honneur ne laissait pas que d'être fort onéreux, et ceci nous conduit, à la suite du futur général, à pénétrer dans l'organisation, ou plutôt dans la désorganisation intime de cette république aristocratique, monacale et guerrière, qui touchait à sa fin, mais dont la durée de sept siècles n'est pas un des phénomènes les moins curieux de l'histoire moderne.

XIV

UN GÉNÉRAL DES GALÈRES DE MALTE
AU DIX-HUITIÈME SIÈCLE.

Dans son *Histoire de l'ordre de Saint-Jean de Jérusalem*, l'abbé de Vertot raconte qu'un grand relâchement s'étant introduit, vers le milieu du xive siècle, parmi les chevaliers alors établis à Rhodes, le grand-maître Hélion de Villeneuve, sommé par le pape Clément VI d'y porter remède, édicta, avec l'assistance du grand conseil de l'ordre, plusieurs règlements pour la réforme des mœurs, par lesquels il fut défendu, entre autres choses, aux chevaliers « de se vêtir de draps qui coûtassent plus de deux florins la canne (une aune et deux tiers). Par le même règlement on leur interdisait la pluralité des mets et l'usage des vins délicats. »

Après avoir rapporté cette ordonnance, l'historien s'écrie : « Discipline sage et utile, et qu'il serait à souhaiter, pour le bien de l'ordre, qu'on vît renaître de nos jours! » Aux temps de l'abbé de Vertot, en effet, les règlements d'Hélion de Villeneuve étaient étrangement oubliés ; car voici, après les trois vœux de chasteté, d'obéissance et de pauvreté, les conditions essentielles exigées en 1760 de tout chevalier aspirant à l'honneur de commander pendant deux ans les galères de l'ordre. La nomenclature suivante, que nous trouvons dans les papiers du bailli de Mirabeau, est trop longue pour pouvoir être reproduite complétement ; il nous paraît cependant utile d'en mettre au moins une partie sous les yeux du lecteur.

ÉTAT DES CHOSES NÉCESSAIRES POUR LE GÉNÉRALAT DES GALÈRES.

Livrée.

12 habits de grande livrée, drap de Châteauroux écarlate, de 18 à 20 livres l'aune, à Lyon. — 6 de petite livrée du même drap. — Boutons de livrée pour grande et petite. — 6 habits de bouracan écarlate pour l'été. — 6 redingotes de drap gris. — 2 habits d'adjudant, drap écarlate, de 22 livres l'aune, boutonnières d'or, chapeaux bordés d'or. — 1 habit de patron de felouque, habit complet rouge, doublé de serge écarlate, la veste doublée de serge blanche, chapeau bordé d'argent. — 6 habits à la matelotte, 12 aunes de drap de

Châteauroux, galonnés de livrée en grand. — 6 autres habits, *idem*, avec petit galon de livrée.— 4 habits complets pour les hautbois, boutons de Pinsbeck.

Habits pour le général.

2 habits d'hiver, 2 habits d'été et 2 de printemps, le tout aussi beau que cela peut être ; il faut, en outre, un habit d'écarlate avec la veste et les parements de drap blanc pour uniforme, et un d'été de camelot rouge avec les parements et la veste de soie blanche, les boutons d'hiver de Pinsbeck, ceux d'été, d'or trait. Il faut ajouter à cela une veste de satin brodée en chenille, pour faire avec un surtout de velours noir un troisième habit. — Plus de l'écarlate pour faire un manteau. Le manteau est d'étiquette. — 6 paires de manchettes de dentelles de Valenciennes. — Une canne à pomme d'or, qu'il faut très-belle.

Vins.

Vin de Bordeaux, environ 1,200 bouteilles, rouge. — Vin de Graves, 600 bouteilles. — Vin de Côte-Rôtie, 2 tonneaux. — Vin de Champagne, 5 paniers non mousseux et 1 ou 2 mousseux. — Vin blanc de Cassis, 10 dames-jeannes. — Vin de Roquevaire, 10 dames-jeannes. — Vin de La Malgue, 20 dames-jeannes. — Malaga, 30 dames-jeannes. — Chypre, 20. — Alicante, 10. — Vin muscat de Frontignan, 2 caisses de Marseille.

Liqueurs.

Ratafia de Bologne, 20 bouteilles. — Eau de la côte Saint-André, 30 bouteilles. — Scubac et eau d'or, 30 bouteilles. — Eau des Barbades, s'il est possible, en canelle ou fine orange, 30 bouteilles. — Ratafia de Grenoble, 40 bouteilles. — Huile de Vénus, de M. Cigogne, rue des Boucheries, à Paris, 8 bouteilles. — Marasquin, 20 bouteilles.

Dessert.

5 grandes et 20 petites figures de porcelaine de Sceaux. Fleurs pour les côtés, quelques grandes et plusieurs petites. Cristaux pour le dormant du dessert de 5 grandes pièces. Il faut de quoi garnir ces 5 pièces. — Petite palissade ou charmille en vert et fleurs pour faire le tour du dessert, environ 33 ou 35 pieds de tour en tout. — 6 seaux d'argent haché de Paris, de moyenne grandeur, pour rafraîchir les bouteilles.

Les dépenses d'ameublement sont sur le même pied, et enfin le général devant tenir table ouverte, soit à terre, soit en mer, et cela pendant deux ans, devant pourvoir *aux salaires et pitances* de tous les gens attachés à son service, il lui fallait dépenser en argent une somme évaluée, dans l'état que nous avons sous les yeux, à 42,400 écus de Malte, faisant en monnaie de France 101,760 livres.

C'était donc, en y ajoutant les frais d'installation, d'ameublement et d'habillement qu'on vient d'indiquer, une somme de 130 à 140,000 livres qu'un chevalier de Malte, pour commander les galères de son ordre, devait commencer par tirer de sa bourse (1). Or non-seulement le chevalier depuis bailli de Mirabeau n'avait pas cette somme,

---

(1) Le trésor de l'ordre ne concourait aux frais du généralat que pour une somme d'environ 15,000 livres par an. Cette somme n'était point appliquée aux dépenses spécifiées plus haut, qui restaient exclusivement à la charge du général.

mais il ne savait pas encore, à quarante-trois ans, quels étaient au juste ses droits sur l'héritage paternel. C'est ici qu'il convient de le montrer de nouveau avec ce caractère d'abnégation absolue comme cadet de famille, caractère que nous n'avons fait qu'esquisser précédemment, mais qui va ressortir avec plus de netteté dans la délibération entre les deux frères sur la question de savoir si le cadet doit accepter le généralat pour obtenir plus promptement une plus riche commanderie, dite commanderie *de grâce*, ou s'il doit se contenter, en faisant ses vœux, d'aller à Malte pour y vivre comme simple chevalier, en attendant la commanderie d'ancienneté.

Tu sais, cher frère, écrit le futur bailli à son aîné, que je n'ai jamais compté avec toi depuis vingt-quatre ans que notre père est mort, et je ne sais pas un mot de ce qui me revient de légitime. Je vois à vue de pays que la dépense du généralat doit être comptée pour près de cent mille livres (1)... Je sais que si le grand-maître me donne la commanderie *de grâce*, avant ou pendant mon généralat, le revenu servira à payer une partie de la dépense, mais la commanderie peut tarder à venir... Si Dieu me prête vie, mon intention est bien assurément de laisser à ma famille ce que j'en ai reçu et de te faire rentrer les fonds que j'aurai pris sur toi, mais je suis mortel, et si Dieu me prend avant de l'avoir pu, ma famille perdra ma légitime et les fonds qu'elle aura avan-

---

(1) Il ne connaissait pas encore à ce moment l'état des dépenses cité plus haut, et qui augmente beaucoup la somme.

cés. Il n'est point de moment dans la vie où la mort ne puisse frapper à notre porte, et si elle me venait après les dépenses faites, tout serait perdu pour ma famille.

Je te fais toutes ces objections pour que tu statues, parce que depuis que je respire je n'ai jamais eu en vue que le bien de ma famille, ensuite celui de l'État, et je n'ai presque jamais, jusqu'à présent, beaucoup pensé à moi-même... Je suis prêt à me résigner encore à aller jouer un rôle, si ma famille le juge à propos pour son utilité ; je te montre, à toi qui es son chef, les inconvénients. Opte donc, et ne me considère que comme un animal impassible, dont tu feras, pour le profit de la famille, un général des galères, un bailli, peut-être un personnage dans les suites, ou que tu peux laisser, à ta commodité, être un philosophe, vivant doucement en attendant la commanderie d'ancienneté, sans inquiétude, regret ni impatience, et à qui le tout est très-égal.

Je t'avertis de plus que tu me mets au désespoir si tu ne décides pas, et comme ma sorte d'obligation est remplie vis-à-vis de ma famille, en lui laissant les fonds avec lesquels je suis venu au monde, comme je me reprocherais, à l'article de la mort, de l'en avoir privée pour suivre de moi-même une carrière où j'envisagerais mon avantage ; je t'avertis, dis-je, que si tu n'opines pas et ne décides pas pour le généralat, je me contenterai de la vie philosophique et ne prendrai pas sur moi de risquer de priver ma famille de mon bien sans être sûr de le lui revaloir.

Le marquis n'hésite pas devant la décision que sollicite son frère.

Tu m'écris, cher frère, répond-il, une longue lettre divisée en paragraphes et fournie de raisons pour et contre, autant que la scène de Sertorius et de Pompée, dans Corneille (1). Tout cela me paraît répondu dans un seul mot ; ce mot est que tu remets là en question une affaire discutée l'année passée, décidée, mise en avant, conclue, et paroles données en conséquence.

Partant, toute la rhétorique est de surérogation et pure générosité de ta part... Tu peux te souvenir qu'un quart d'heure nous suffit l'année passée pour débattre et constater notre résolution, toi et moi, Givodan (2) en tiers. Givodan obligé de présenter toutes les faces offrait l'alternative de demander simplement une galère. Tu penchais, par générosité, de ce côté-là. Je pris alors la parole, et dis que sur cet article c'était à moi de décider, attendu qu'il n'importait qu'à moi, et que quand tu aurais mis tout ton fait à tenir le généralat, la récompense te mettrait en état de t'en passer, d'où résultait que le plus ou le moins t'importait très-peu ; au lieu que moi, comme conservateur de toute légitime, qu'on peut garantir de glissade quant au fonds, j'étais, *secundum ordinem Melchisedech*, le véritable intéressé dans cette option ; qu'en conséquence, je décidais que ton âge, tes services et ta considération demandaient le généralat et non la galère qui aurait l'air d'une planche de naufrage ; que si tu vivais tu payerais tes dettes sur tes revenus, parce que ton pli était pris à cet égard, et qu'en conséquence, les fonds légitimaires me rentreraient, ou pour mieux dire, à la case ; que si tu mourais, au diable les cinquante écus ! j'aurais bien autre chose à regretter. Dieu est sur tout, le parti fut pris et il n'est plus temps de regarder en arrière... Quand tu seras grand seigneur, et moi toujours pauvre hère, tu aideras à ma famille. Ainsi, à l'intérêt

---

(1) Nous avons abrégé la lettre du chevalier qui était en effet très-longue.

(2) Le receveur de l'ordre, pour la langue de France.

d'attrait que j'ai seul écouté en ceci, se joint, sans trop donner dans des idées vagues, l'intérêt de rétribution.

Partant, après avoir raisonné ceci comme on raisonne de ses affaires, je décide, en vertu du grand *décidoir* que tu m'attribues, pour ce qui a été décidé l'année passée... Si, après cela, tu veux savoir au juste ce que c'est que ta légitime qui va n'être qu'une goutte d'eau dans l'Océan de ton opulence, tu n'as qu'à faire prendre, par Poisson, dans mon cabinet, au rang de mes manuscrits, un livre vert intitulé au dos: *Mémoires d'affaires;* qu'il cherche à la table l'arrêt d'expédient qui a fini cette discussion entre l'Avignonnais (1) et moi... Tout est discuté et réglé dans cet arrêt qui se trouve transcrit à la page indiquée par la table.

Le marquis s'engageait donc résolûment à fournir à son frère non-seulement les 50,000 livres formant la légitime de celui-ci, qui la considère comme la propriété de sa famille, mais toute la somme en plus qui pourrait lui être nécessaire pour tenir le générálat. Quand on connaîtra l'état des affaires du marquis à cette époque, on verra qu'il jouait gros jeu et que si l'hypothèse de mort toujours présente à l'esprit du cadet s'était réalisée, l'aîné se fût trouvé dans un cruel embarras. Devant la décision du chef de la famille, le chevalier n'hésite plus et il part pour Malte, s'arrêtant seulement à Marseille afin de pouvoir y faire ses vœux plus promptement, car c'est lui qui nous apprend cette particularité assez

---

(1) Il désigne ainsi le second de ses deux frères, le comte Louis-Alexandre.

bizarre que les vœux qui avec une dispense se faisaient en deux heures hors de Malte, étaient toujours à Malte une affaire de trois ou quatre mois. Ce n'est pas que le nouveau profès attache peu d'importance à cette grave cérémonie, au contraire. Quand elle est régulièrement accomplie à Marseille par le ministère de son ami le commandeur de Tressemanes, devenu son parrain en religion, il écrit à son frère : « Tu ne saurais croire combien cette profession a réglé mes idées et calmé ma tête. Je me vois lié indissolublement, ainsi je ne projette plus rien que relativement à cette ligature. »

Le vaisseau de l'ordre est arrivé ; le futur général va le chercher à Toulon où l'attendent également quatre-vingts chevaliers mandés à Malte par une convocation du grand-maître à l'occasion des menaces de guerre dont l'ordre était alors l'objet de la part du sultan Mustapha III, menaces qui d'ailleurs n'eurent pas de suite (1). En s'embarquant, le chevalier de Mirabeau envoie à son frère ces lignes d'adieu : « Tu serais édifié de l'air de volonté de cette bande

---

(1) Il s'agissait d'une frégate turque enlevée par une révolte de l'équipage composé en partie d'esclaves chrétiens. Le bâtiment avait été conduit par les révoltés à Malte, où il avait été déclaré de bonne prise par le conseil de l'ordre qui refusait de le restituer. Le gouvernement français qui ne voulait point de conflit entre l'ordre et la Turquie et dont l'influence était prépondérante à Malte, acheta la frégate aux chevaliers et la rendit au sultan.

joyeuse, et je t'assure qu'il n'y en a pas un qui fasse grand état de la colère de notre saint-père le Turc. Il est fâcheux que ces équipées-là coûtent de l'argent à la religion, car d'ailleurs ce genre de frottement nous rend l'air mâle et militaire qu'il est nécessaire que nous conservions. Adieu, cher frère, porte-toi bien. Jean-Antoine-Joseph-Charles-Elzéar va courir une nouvelle carrière; il y portera le caractère que tu lui connais et il espère que Dieu lui fera la grâce d'y mettre toute l'honnêteté possible. »

Le chevalier, auquel nous ne donnerons plus désormais que le titre de bailli, quoiqu'il n'ait pris ce titre qu'un peu plus tard, arriva à Malte le 5 juillet 1761. Il ne devait entrer au généralat qu'en janvier 1763, il avait donc dix-huit mois devant lui pour étudier un terrain qu'il avait quitté depuis vingt-quatre ans; il pouvait même se dédire de son acceptation de la charge de général, s'il la trouvait ou trop difficile ou trop dispendieuse, pourvu qu'il y renonçât en temps utile, de manière à laisser au grand-maître la faculté de choisir un autre chevalier.

Les premières impressions du bailli nous éclairent sur la décadence toujours croissante de cette congrégation singulière qui, née de l'esprit religieux, aristocratique et guerrier, avait perdu en quelque sorte sa raison d'être et ne se soutenait plus que par l'esprit de spéculation, c'est-à-dire la chasse aux commanderies, à laquelle se livraient avec ardeur tous les cadets des familles nobles de l'Europe.

Il constate d'abord que, même sous le rapport matériel, la population maltaise soumise à l'ordre, population nombreuse et agglomérée sur un rocher qui ne lui fournit pas la cinquième partie de sa subsistance, devient de plus en plus misérable. La guerre entre les princes chrétiens a pour effet de ruiner le commerce de Malte, où les bâtiments ne viennent plus, et en même temps ces princes chrétiens s'accordent presque tous pour empêcher l'ordre de *faire son métier*, c'est-à-dire de courir sus aux Turcs, d'inquiéter leur navigation et de se substituer à elle dans le commerce du Levant. « *Par la nature de la chose,* dit le bailli, la guerre avec le Turc était notre élément ; elle pouvait seule nourrir notre peuple et maintenir parmi nous cette audace militaire qui a produit de grands hommes et de grandes actions. »

Condamné à l'inertie, l'ordre de Malte se détériore naturellement, comme une machine dont les rouages ne fonctionnent plus ; la rouille s'y introduit sous toutes les formes. D'abord la constitution s'altère par les empiétements du chef. « Un despotisme destructif, écrit le bailli, tend à écraser une république aristocratique. » Le grand-maître, assisté de quatre conseils résidant à Malte, conseils qu'il préside et sur lesquels il a une influence prépondérante, représente le pouvoir exécutif, mais il ne peut gouverner que conformément aux statuts de l'ordre ; et le pouvoir législatif, c'est-à-dire le pouvoir de modifier ou de changer les statuts, n'appartient qu'aux chapitres généraux composés de délégués de tous les chevaliers des diverses langues (1) de l'Europe.

D'après les anciens statuts, ces chapitres généraux devaient s'assembler tous les cinq ans, quelquefois même, suivant l'urgence, on les convoquait tous les trois ans ; mais depuis longtemps déjà, les grands-maîtres avaient trouvé plus commode de ne plus les assembler du tout. Indépendamment des chapitres généraux, il y avait, dans les diverses provinces de l'Europe où l'ordre possédait de grands domaines, des chapitres particuliers, composés des chevaliers de chaque langue, présidés par le grand-prieur et dont les décisions étaient souvent en conflit avec celles du grand-maître et des conseils résidant à Malte. Le Saint-Siége, par une extension progressive de son autorité sur l'ordre, s'était attribué le droit de résoudre les conflits, mais ses décisions étaient souvent contestées, et ses prétentions spéciales sur les commanderies d'Italie suscitaient une vive opposition. Les tribunaux des divers pays où

(1) On sait que l'ordre se recrutait dans les circonscriptions territoriales de l'Europe où il possédait des biens, et qu'il divisait en *langues*. Il y en avait primitivement huit : Provence, Auvergne, France, Italie, Aragon, Allemagne, Castille, Angleterre; mais depuis l'introduction du schisme dans ce dernier pays, l'ordre ayant perdu les biens qu'il y possédait, on ne comptait plus, en réalité, à Malte, que sept langues.

l'ordre était propriétaire, et notamment les parlements de France, intervenaient souvent aussi contre les mesures prises soit par le grand-maître, soit par les chapitres des diverses langues à l'occasion des commanderies.

A ces causes d'anarchie se joignait l'arbitraire le plus fâcheux dans la distribution des domaines appartenant à l'ordre. Les plus riches commanderies, dites de *grâce*, étaient données au choix du grand-maître, par l'effet soit de sa bienveillance personnelle, soit des sollicitations des ministres des diverses cours de l'Europe, que celui-ci avait intérêt à ménager. On voyait des dignitaires posséder jusqu'à quatre commanderies, qui leur rapportaient cent mille livres de rente, tandis que des chevaliers plus méritants attendaient dans la misère une maigre commanderie d'ancienneté, ou même étaient obligés de se contenter d'une minime pension sur les gros revenus accordés à un confrère moins ancien. Quand l'obtention d'une commanderie était la conséquence de l'exercice de telle ou telle fonction, il arrivait presque toujours que la fonction était horriblement dispendieuse, et ne pouvait par conséquent être accessible qu'à des chevaliers riches, ou appartenant à des familles riches, qui leur fournissaient des fonds remboursables sur les revenus de la commanderie en expectative. Ce que nous venons de constater, par exemple, pour la fonction de général des galères, se reproduisait dans une foule de cas, notamment pour la dignité de *pilier,* ou chef des diverses *auberges,* c'est-à-dire des palais où les chevaliers de chaque langue résidant à Malte, soit profès, soit novices, étaient admis à venir prendre leurs repas gratis. Le trésor de l'ordre ne fournissait pour cela qu'une somme très-insuffisante ; mais chacun des sept chefs suppléait avec son argent à l'insuffisance de l'allocation du trésor de l'ordre, et c'était celui qui faisait faire aux chevaliers les repas les plus somptueux qui avait le plus de chances d'être remboursé largement en commanderies. En un mot, cette congrégation religieuse et chevaleresque en était venue à ressembler à une maison de commerce où chacun des associés ne vise qu'à retirer un bénéfice proportionné à l'argent qu'il a fourni. De là chez tous les dignitaires de l'ordre une rivalité de dépenses qui habituait les jeunes caravanistes, vivant aux frais de leurs chefs, à n'estimer ceux-ci que d'après le luxe qu'ils déployaient. On ne s'étonnera point que cet état de choses soit antipathique à l'esprit et au caractère du bailli de Mirabeau.

Je vois avec douleur, écrit-il de Malte le 1er novembre 1761, que la corruption a pénétré ici et fait même bien plus de progrès qu'elle n'en devrait faire, vu l'étoffe de ceux qui composent la république; mais on n'a pas été si scrupuleux qu'il eût été à désirer sur le choix des sujets, et nous avons eu un temps où l'on a reçu bien des gens de trempe équivoque. Ce relâchement dans nos principes a fait un effet très-considérable et précisément celui qu'on en pouvait attendre. Des gens dont l'argent avait fait tout le mérite l'ont employé à tout, et la rouille nous a gâtés comme le reste de l'Europe ; il est d'ailleurs impossible que nous ne portions pas ici chacun les vices de sa patrie.

Si je prends les fonctions de général, dit-il ailleurs, je veux travailler à ridiculiser le luxe, et j'espère en venir à bout ; mais pour cela, en ne faisant que ce que l'usage m'impose précisément, il faut aussi que rien ne puisse avoir l'air de l'épargne, car alors ce ne serait pas à bien qu'on interpréterait ma simplicité, mais à avarice ou cupidité... je me meublerai donc comme les autres généraux, c'est-à-dire en damas cramoisi avec des baguettes d'or pour le principal salon et pour les autres en satinade ; mais ma chambre à coucher sera avec des chaises de paille, un lit de caravaniste, et je la montrerai à tout le monde en disant du beau meuble : Voilà la sottise et la vanité, et en montrant ma chambre : « Voilà le soldat religieux ; » quant aux beaux habits, je les mettrai un jour ou deux et je dirai en plaisantant à tous les chevaliers de les bien regarder, parce que quand ils les auront bien vus je les prie de permettre que je porte l'habit de soldat, qui est celui auquel je suis le plus accoutumé et qui va le mieux à ma tournure naturelle, et mon habit de fête sera toujours l'uniforme de général des galères. Je ferai dans tous les points ce qui est d'étiquette, et je resterai simple en montrant que je puis faire autrement. J'établirai tous mes domestiques sur la place, afin qu'ils paraissent comme ceux des autres ; mais je prendrai le plus souvent que je pourrai la liberté de n'en être pas suivi (1).

(1) Pour donner une idée des habitudes prises par les gens attachés au service du général, le bailli écrit à son frère : « Figure-toi un pilote, un comite ou un argousin maltais, c'est-à-dire un Arabe baptisé, noir, sec, le regard fauve, les cheveux

Malgré ses belles résolutions contre le luxe, le bailli s'épouvante souvent en pensant à la quantité d'argent qu'il lui faudra jeter par les fenêtres; il voit à l'œuvre le général qu'il doit remplacer : celui-ci dépense beaucoup, et cependant on le trouve mesquin, et cela nuit à sa considération, même auprès du grand maître, qui aime le faste, quoiqu'il soit personnellement très-désintéressé. Le bailli, un peu pessimiste de sa nature, et qui, sans être bien au courant des affaires de son frère aîné, soupçonne qu'elles sont passablement en désordre, craint que celui-ci ne puisse pas lui fournir toute la somme nécessaire pour aller jusqu'au bout de ses deux ans de généralat. Si ce malheur lui arrivait, « cela le mettrait, dit-il, dans le tombeau, car cela donne un ridicule à ne s'en relever jamais, attendu que chacun dit : « Qui « est-ce qui le forçait à être général ? »

Autre difficulté. Le grand maître actuel (Pinto) a quatre-vingt-un ans passés (1); les cabales s'agitent ardemment pour sa succession; s'il venait à mourir avant que le bailli fût pourvu d'une com-

---

répus, une moustache à faire trembler les gardiens du Saint-Sépulcre. Eh bien, ces mignons de toilette-là ont été mis en habitude, par des généraux peu faits pour l'être, de prendre tous les matins leur chocolat dans une tasse de porcelaine où leur moustache fait le plus ridicule effet possible. »

(1) Emmanuel Pinto de Fonseca appartenait à une noble famille portugaise. Il fut un des grands maîtres de l'ordre qui occupèrent le plus longtemps cette haute dignité. Il mourut à 93 ans.

manderie, le nouveau grand maître ne serait tenu à rien envers le général, à moins que le général n'eût été de *son parti*, et le bailli déclare d'avance qu'il est très-improbable qu'il puisse être du *bon parti*, c'est-à-dire du parti triomphant : « Car, dit-il, j'ai promis solennellement à Dieu, et l'honneur me dicte de ne donner mon attache qu'à celui que je croirai le plus digne, et vingt mille paires de couronnes ne me feraient pas manquer à cela. » Quand il voit ainsi les choses en noir, le bailli propose à son frère d'aller trouver le grand maître et de se désister de ses engagements pour le généralat pendant qu'on peut encore lui trouver un remplaçant. « Il n'y a pas à rougir, dit-il, de manquer une place faute d'argent, cela ne fera aucune brèche à ma réputation, et j'attendrai ici la commanderie d'ancienneté. »

Heureusement l'*Ami des hommes* est, comme il dit, *grand entrepreneur*. Il a décidé que son frère serait général des galères, et il le sera. « Le Rubicon est passé, lui dit-il sans cesse. Je te répète qu'à moins que je ne sois mort, tu auras tout l'argent qu'il te faudra. Tiens-toi donc l'esprit en repos. » Et, appelant le patois provençal à son aide : « *Qui ben fara, ben troubara.* » Nous n'avons songé qu'à bien faire dans cette circonstance, et il ne saurait nous en advenir que bien. Je t'ai parlé quelquefois de la peine que j'avais à me procurer des fonds pour toi, dans un temps où toutes les cassettes ont des ceintures de chasteté, j'ai eu tort, tu es de nature trop soucieux de tout fait qui intéresse autrui, et trop étranger aux opérations de finances, pour t'en entretenir. Ceci est mon affaire. Ainsi donc, plus de retour sur cet article; tout est dit, il n'y a qu'à marcher. » Si le cadet revient encore à ses inquiétudes : « Sauf respect, s'écrie l'aîné, tu serais aussi bien le commandant général des escadres de rabâcheurs que de celles de Malte. » Et, pour le rassurer tout à fait, le marquis envoie coup sur coup, et d'avance, à Malte, linge, meubles, habits de maître et de livrée, tous galonnés sur toutes les coutures, cristaux, porcelaines, vins, liqueurs, sans oublier même les manchettes de Valenciennes indispensables au général, et les six seaux en argent destinés à rafraîchir les bouteilles, qu'il a eus d'occasion à 55 livres la pièce; le tout accompagné d'énormes provisions de bouche, car le rocher de Malte ne produit presque rien : il faut tout faire venir du dehors.

Ce n'est pas sans effort que le marquis de Mirabeau, qui se qualifie, non sans raison, *un vise-en-l'air*, propre à faire des républiques de Platon, se livre à ce métier de fournisseur. « Ces sortes de choses, écrit-il, m'enchevêtrent plus la tête que ne feraient les quatre départements des secrétaires d'État. » Il s'en tire pourtant très-bien, et sauf le fameux manteau d'écarlate qui devait servir à la cérémonie de l'entrée en fonctions, et qui se trouve tellement court que le bailli compte, dit-il, en faire cadeau au nain du grand maître, tout est pour le mieux, jusqu'à la canne à pomme d'or, qui est, dit le cadet, d'une beauté *resplendissante*. Quant aux vins, ils sont très-bons ; celui de Bordeaux, en particulier, est d'une telle qualité que le bailli s'écrie : « On n'en vit jamais ici de cette suprême excellence. »

Sur ce dernier article le marquis est préparé aux compliments, car il a forcé la dose indiquée dans le programme, et pour la qualité et pour la quantité : il envoie deux mille cent bouteilles qui, sur place, à Bordeaux, lui coûtent 2,524 livres. « Par saint Jean ! écrit-il à son frère, je te conseille de ne donner celui-là que dans des coquilles de noix, car le prix en est effrayant. » Mais ce bordeaux ne doit pas peu contribuer à la popularité du général parmi les jeunes caravanistes (1). Pour ce qui est de l'argent comptant, qu'il faut prodiguer, comme tout le reste, le principal banquier de Malte a reçu l'ordre de son correspondant de Paris d'ouvrir à l'inquiet bailli un crédit illimité. Celui-ci commence enfin à se rassurer

(1) Plus tard, en effet, on voit le bailli dans sa galère capitane, dînant gaiement entouré de vingt chevaliers caravanistes, écrire à son frère : « C'est une chose plaisante de voir mes *pauvres* jeunes gens quand je leur fais servir d'autre vin, me dire : Eh ! général, et votre vin de Bordeaux ! Je réponds : Comme il n'est ici que pour vous, allons tant qu'il durera. » Ceci contribue peut-être à expliquer qu'un jeune chevalier espagnol ait poussé l'enthousiasme jusqu'à dire : « Nous ne méritons pas d'avoir un général comme celui-là. »

un peu, et devient, dit-il, à son tour le médecin *Tant mieux*.

Il a toutes les chances possibles de réussir dans son commandement. Son nom n'est pas nouveau dans l'ordre; il n'est pas de ceux qui n'ont d'autre mérite que leur argent; on sait qu'il a fait la guerre et qu'il est bon marin. Sa crinière blanche et hérissée (*sic*), sa taille haute, quelque chose de particulier dans l'allure et le ton, combiné avec beaucoup de simplicité, lui donnent de la prise sur les honnêtes gens, et principalement sur la jeunesse et le *pauvre peuple*, qui lui témoignent une sorte d'amitié respectueuse tenant de l'affection filiale. Il s'attend bien qu'à Malte, comme partout, les importants et les fripons lui seront hostiles, mais il ne craint ni les uns ni les autres. Le grand maître paraît très-bien disposé pour lui; il l'a même loué d'un trait de modestie assez rare chez ses prédécesseurs. Jusqu'ici, tous les chevaliers désignés pour occuper la dignité de général des galères, qui donne la grand'croix, s'étaient empressés de se décorer de cet insigne longtemps avant d'entrer en fonctions; le nouveau général a demandé au grand maître de ne prendre la grand'croix qu'en prenant les fonctions, et le grand maître a dit au vice-chancelier : « Cet homme-là nous montre bien qu'il n'a pas la tête pleine de vent. »

Ce n'est pourtant pas sans regret qu'il quittera la jolie maison et le jardin qu'il occupe, pour aller habiter le palazzo réservé au général des galères; mais, comme dit son frère, le Rubicon est passé. Le jour solennel de l'entrée en fonctions arrive enfin, et au lieu de résumer, comme nous venons de le faire, les réflexions du bailli, nous le laisserons parler lui-même : on verra que son premier sentiment porte encore sur l'éternelle crainte de faire banqueroute à sa famille, mais que ce sentiment s'éclaircit bientôt sous l'influence des honneurs qu'il reçoit.

C'est le 12 de ce mois, cher frère, écrit-il le 23 janvier 1763, que je suis entré en danse; j'ai eu beau être préparé à l'effroi que tout le monde m'a toujours dit que j'aurais en voyant les premières dépenses, et m'assurant en même temps que cela se calmait après les premiers jours, je suis cependant toujours inquiet pour la rentrée de tes fonds. Mais la Providence y pourvoira. Ce qui me calme beaucoup, c'est que tu as voulu que je sautasse le fossé.

Après ce retour sur la dépense, il est juste que je te détaille l'honorifique de ma besogne. Je vois avec bonheur que mon entrée au généralat a fait plaisir à tout le monde. Tu as eu le soin de m'envoyer une livrée brillante, et moi j'étais mis modestement. Mes cheveux blancs m'ont servi, on les aime dans les places de commandement. J'eus le plaisir de voir que toute mon *auberge* vint me prendre chez moi; mais à cela, qui est assez d'usage, se joignit une réunion de chevaliers de toutes les nations, ce qui est presque inouï, de manière que jamais ambassadeur n'eut un si beau cortége. Il faisait le plus beau temps qu'il ait fait ici de l'année, ce que les Maltais ont pris à bon augure. J'ai eu de plus l'agrément de voir que la congrégation des galères, qui est ici le ministère de cette partie, a bien voulu me faire une visite en corps, chose qu'elle n'avait pas fait depuis son institution pour aucun général, bien qu'il y en ait eu de très-considérables par eux-mêmes comme des Rohan, des Colonne et autres ; outre cela, cher frère, le pauvre peuple, qui est toujours l'objet le plus digne de notre attention, me voit avec plaisir, et j'ai eu ce matin un compliment d'un bon vieillard de cette catégorie qui m'a touché à un point que je ne saurais exprimer. « *Va*, m'a-t-il dit en me voyant passer, *va, Excellenza, le pietre su le quali tu marci ti vogliono bene* (1). » J'ai dépêché tout de suite toutes les choses de protocole, c'est-à-dire les grands repas, etc.

Cependant le nouveau général ne tarde pas à se trouver aux prises avec les difficultés de son rôle. Tandis qu'il s'occupe à mettre de l'ordre dans le service des galères en supprimant des sortes de commis aux vivres qui volaient les généraux et les équipages ; tandis qu'il modifie, relativement aux équipages maltais, l'étiquette italienne non militaire, qui, dit-il, avait introduit ici des baisements de main, du bas de l'habit et autres marques de servitude que j'ai retranchées; tandis qu'il supprime même les coups de bâton pour les chiourmes et qu'il promène de temps en temps sur la Méditerranée les jeunes caravanistes pour les former au métier de marin, les cabales s'agitent à Malte pour la succession du grand maître et se montrent d'autant plus en-

---

(1) Les pierres sur lesquelles tu marches te veulent du bien.

vieuses de la popularité du général qu'il ne veut s'enrôler dans aucune. On se rappelle que l'ordre était gouverné par un vieillard agé de quatre-vingt-un ans, au moment de l'arrivée du bailli à Malte; ce vieillard en a maintenant quatre-vingt-trois, et il occupe le rang suprême depuis vingt-deux ans; on comprend aisément, d'après ce que nous avons dit plus haut du pouvoir du grand maître, combien cette dignité élective devait être enviée par tous les ambitieux, d'autant que l'élection se faisant trois jours après la mort du titulaire, le nombre des compétiteurs et des électeurs se bornait à celui des chevaliers, baillis ou commandeurs présents à Malte au moment du décès. — C'était donc en quelque sorte d'un jour à l'autre, et dans un cercle restreint, que se formaient et se déformaient les candidatures autour du vieux Pinto, qui devait déjouer dix ans encore l'avidité des prétendants à sa succession.

Nous avons déjà dit un mot des principes du bailli de Mirabeau en matière d'élection ; laissons-le exposer encore une fois, et avec plus de précision que la première, l'idée qu'il se fait de son devoir comme électeur : « Parmi les serments que j'ai faits lors de ma profession, il en est, dit-il, de pure religion, auxquels la faiblesse humaine peut faire manquer. Les passions physiques peuvent donner des moments d'ivresse dans lesquels on peut succomber ; mais les passions compliquées, telles que l'intérêt ou l'ambition, sont trop directement contre l'honneur pour que rien soit capable de me faire manquer en ce genre à ce que je dois. Tu connais mon tempérament; la misère et peut-être la mort même en perspective ne me feraient pas donner par exemple ma voix à quelqu'un que je croirais incapable d'occuper la première place ici. En fait de brigue, c'est un grand crime que cette manière de penser. Si j'avais une commanderie, ce serait moins important. » L'indépendance absolue que revendique le bailli lui eût été, en effet, plus facile s'il n'eût eu rien à redouter des aspirants. Mais chacun d'eux pouvant, d'un moment à l'autre, être élu grand maître, il s'exposait, en se brouillant avec l'un ou l'autre, à perdre cette commanderie sur laquelle il comptait pour ne pas mourir *banqueroutier envers sa famille*.

Comme si Dieu voulait mettre à l'épreuve cette conscience d'Alceste, il se trouva que le chef de la cabale la plus puissante, le dignitaire qui passait pour avoir le plus de chances d'être appelé à la succession de Pinto, fut précisément celui qui parut au bailli de Mirabeau le moins digne de l'obtenir. Ce n'est pas qu'il eût à se plaindre personnellement de ce candidat; au contraire, il était à peine débarqué à Malte qu'il s'était vu l'objet de ses prévenances les plus courtoises; mais à travers ses cajoleries, l'homme important laissait percer si indiscrètement et ses défauts, et ses vues intéressées, et ses prétentions, que le bailli, après s'être efforcé d'user envers lui de diplomatie, n'y put tenir longtemps et ne tarda pas à lui rompre en visière. C'était un Français. Le bailli en parle d'abord à son frère, sans le nommer, mais un lecteur instruit peut déjà le reconnaître :

« Il y a ici, écrit-il, un homme qui, au mépris des règles de l'ordre et de la probité et honnêteté, brigue hautement. Cet homme, qui, si l'on avait suivi les règles, ne serait pas chevalier, a cependant quatre commanderies des meilleures de l'ordre. Les débris d'une fortune considérable faite au Mississipi, ou, pour mieux dire, à la rue Quincampoix, avaient mis un de ses parents à portée d'acheter un chapeau de cardinal, ce qui est ici de quelque poids et dont il s'est servi pour se faire accabler de biens. »

Ce personnage n'était autre que le neveu ou cousin du cardinal de Tencin et de cette chanoinesse, plus célèbre que vertueuse, qui fut la mère de d'Alembert et qui tint un des salons les plus distingués du dix-huitième siècle. Le bailli de Tencin, richement pourvu, ainsi qu'on vient de le voir, membre du conseil ordinaire de l'ordre, tenait à Malte un grand état de maison : « Cet homme, dit le bailli de Mirabeau, a pris ici une sorte d'étiquette et on la lui souffre ; il a un tas de gens qui l'entourent, le flattent et vivent à ses dépens. »

A mesure que le dissentiment entre eux devient plus vif, le bailli de Mirabeau en parle plus souvent. Voici un portrait en pied qui lui est consacré ; nous ne saurions dire jusqu'à quel point la ressemblance est exacte, mais comme portrait, celui-ci vaut, à notre avis, les meilleurs de Saint-Simon :

Le célèbre *briguant* (celui qui brigue) est d'un caractère à peu près pareil à celui qu'on reprochait aux jésuites ; il en a sûrement tous les vices et il n'en a aucune des vertus. Mielleux dans ses expressions, mais haut et vain dans sa ridicule étiquette, se croyant un habile homme parce qu'il sait suer huit jours, pour accoucher d'une page d'écriture pleine de similitudes et de ce que l'on appelait *alibi forains*, où le fond est noyé sous un tas de digressions inintelligibles, un peu cacochyme, mais le contrefaisant parce qu'il a lu que cela avait réussi à Sixte V, animal faible et timide, mais prétentieux et malfaisant, il commence toujours par des propos flatteurs, il donne deux ou trois fois à dîner, ensuite il compte sur votre voix, et si vous paraissez récalcitrant il vous attaque, non pas de front, une femmelette le ferait trembler, mais par un tas de coups de dessous. Il nourrit et paye publiquement une foule de roués qui vont semant tous les bruits qu'il veut, et l'on se trouve accablé de calomnies sans savoir d'où cela vient. L'infâme cabale à laquelle il préside a poussé la noirceur jusqu'à faire couper la gorge à des chevaliers entre eux... Telle est ici la cabale prédominante, parce que le grand maître paraît avoir beaucoup de confiance en son chef.

Ce n'était cependant pas le bailli de Tencin

qui était le plus avant dans la confiance de Pinto, c'était le vice-chancelier ; mais on assurait que ce dernier s'était entendu avec Tencin qu'il portait vers le magistère, à la charge que Tencin aiderait, à son tour, le vice-chancelier à devenir son successeur. « Les âges respectifs, dit le bailli de Mirabeau, s'accordent assez avec ce plan, en supposant qu'il soit réel. » Quoi qu'il en soit, Tencin et ses partisans ne laissaient passer aucune occasion de nuire au général des galères dans l'esprit du grand maître. Le bailli raconte à son frère les divers incidents de cette lutte ; nous en choisirons quelques-uns, les plus propres à donner une idée des agitations intestines de cette république de patriciens à la fois soldats et moines, réunissant souvent les défauts de ces deux professions, dépensant dans des conflits de vanité, dans des distractions peu édifiantes ou parfois brutales, une activité qui ne trouvait plus d'aliment au dehors, et cela non sans dommage pour la race indigène, mi-partie arabe, mi-partie italienne, soumise à leur domination :

Il y a ici, écrit le bailli le 11 juin 1763, une fête qu'on appelle la Cocagne. C'est une pyramide de feuillage sur laquelle on met des veaux, des cochons, des moutons, volailles, etc., que l'on donne au peuple qui, à un certain signal, se jette sur sa proie et attrape qui peut. Cette année-ci, le peuple, trompé par un faux signal, partit trop tôt. Le grand maître ordonna qu'on fît rendre immédiatement leur proie aux plus pressés.

Cet ordre, peut-être imprudent, fut exécuté sous les fenêtres du palais dans lequel se trouve ce jour toute la religion. L'exécution en fut faite par les gardes du grand maître d'une manière si barbare, qu'il en a coûté la vie à dix hommes et qu'il y a eu plus de cinquante blessés. Toute la religion est, ce jour-là, dans un certain balcon très-long et couvert, et assez étroit. J'étais fort loin du grand maître ; mais voyant tuer des hommes, et surtout du pauvre peuple, je criai à très-haute voix à des grand-croix qui étaient à portée de faire apercevoir le grand maître de cette barbarie, ensuite je regardai avec des yeux pleins de colère un certain chevalier, grand ami du célèbre *briguant*, qui était le chef de l'exécution, et qui y mettait toute la cruauté d'un homme lâche qui est le plus fort et n'a rien à craindre. Il est certain que si, comme l'on dit, mes doigts eussent été des canons, ce vil maraud n'existerait plus. Le peuple aperçut bien mes gestes et mes intentions, parce que le général, les jours de fête, est le seul vêtu de rouge, et ceci tourna à mon avantage dans l'esprit des Maltais, qui disaient le soir : Voyez celui-là qui a plus vu tuer d'hommes qu'eux tous (ils me savent blessé, et je suis actuellement le seul grand-croix ici dans ce cas), c'est celui qui plaint le plus le sang du peuple.

Pour se venger de la popularité du général qui les offusquait, les hommes de la cabale Tencin saisirent l'occasion d'une rixe entre quatre jeunes caravanistes et des Maltais, rixe où figuraient deux prêtres du pays, « engeance, dit le bailli, qui est ici d'une insolence et d'une crapule révoltantes » ; ils trompèrent le grand maître et le poussèrent à faire rendre contre ces jeunes gens, par le tribunal de l'évêque, une sentence d'excommunication qui retombait indirectement sur le général, tuteur naturel des caravanistes. Mais celui-ci fit agir à temps l'inquisiteur de Malte, son ami, qui obtint de Rome un bref d'absolution conditionnelle, c'est-à-dire pour le cas où les jeunes gens seraient condamnés, et l'absolution arriva le jour même de la condamnation.

Ces querelles de *couvent*, puisque c'est ainsi que les chevaliers de Malte nommaient leur résidence, ont assez fréquemment un caractère qui n'est rien moins que conforme à l'état religieux : non-seulement les novices tirent l'épée les uns contre les autres, mais les commandeurs les imitent quelquefois, et le *vénérable frère* général des galères se laisse aller de temps en temps à tenir envers les frères dont il a à se plaindre un langage peu canonique, à en juger par ce propos qu'il raconte à son aîné : « J'ai dit devant l'auteur présumé d'un bruit qu'on m'avertit courir sur mon compte, que celui qui avait dit cela le premier était un j... f..., que je n'étais ni général ni grand-croix quand il le fallait, et que je romprais cette belle canne (en montrant celle que tu m'as envoyée, et qui a été trouvée magnifique) sur le dos du faquin qui oserait parler. »

Les adversaires du général portent souvent contre lui auprès du grand maître une accusation très-grave à Malte, qui, heureusement, se trouve parfois démentie par le grand maître lui-même. Ils l'accusent de ne pas dépenser assez d'argent, et ceci confirme ce que nous avons dit plus haut sur l'esprit de pure spéculation qui devenait de plus en plus le pivot de l'ordre. De même que les titulaires des dignités qui procuraient de riches commanderies cherchaient à exercer leur charge au meilleur marché possible, de même, le chef de l'ordre, d'accord en cela avec tous les chevaliers, voulait que les gros revenus des commanderies fussent achetés le plus cher possible.

Un jour donc que le grand maître pestait contre un capitaine de galère que son équipage accusait de parcimonie, un homme de la cabale Tencin lui dit : « Monseigneur, cela devient de mode ; messieurs les généraux et capitaines se mettent sur le pied de ne plus dépenser. M. le général a donné hier un concert, et il a renvoyé les musiciens avec un verre de limonade. — Oui, dit le grand maître ; mais avant cette limonade ils avaient apparemment bu du vin, car ils vinrent tous ivres sous mes fenêtres. » « Cette réponse, ajoute le bailli, fit taire mon apologiste. »

Malheureusement le chef de l'ordre de Malte n'est pas toujours en mesure de vérifier par lui-même les calomnies dirigées contre le général des galères.

« On vint à bout, un jour, de l'ulcérer si fort contre moi sur un faux exposé, écrit le bailli, le 30 novembre 1763, que je vis le moment où cela devenait du plus grand sérieux. Je laissai passer son feu; ensuite, prenant le ton respectueux mais fier, je lui dis : Monseigneur, je ne suis pas un enfant; il y a plus de trente-quatre ans que je sers, et mes cheveux ont blanchi sous des travaux de toute espèce. Je ne suis pas venu à Malte pour apprendre le service. Personne ici, monseigneur, mais personne n'est en état de me rien apprendre en ce genre; et si Votre Éminence voulait réfléchir qu'elle doit ajouter plus de foi à ce que le premier officier de la religion a l'honneur de lui dire qu'aux délations de quelques misérables, elle m'aurait épargné le désagrément d'être compromis. Je vis alors qu'il rentrait en lui-même, et moi lui ayant expliqué le fait, il voulut absolument faire punir corporellement le délateur, qui était un coquin de Maltais dont la femme vivait avec un des principaux agents de la cabale; je m'opposai à la punition, et lui dis que cette punition ferait penser que Son Excellence avait prêté l'oreille aux propos d'un maraud, sur un article où elle ne devait y voir que par le général, et qu'un prince n'était pas fait pour écouter des drôles de cette espèce. Enfin, il m'accorda la grâce avec beaucoup de peine. »

Le vieux Pinto, on le voit, n'a point de parti pris contre le bailli de Mirabeau; animé lui-même d'intentions honnêtes, la droiture de son subordonné finit toujours par avoir raison avec lui. C'est ainsi que, dans une autre circonstance, celui-ci lu présentant sous son vrai point de vue une question sur laquelle on l'avait encore une fois trompé, il s'écrie : « Comment! mais ce serait une injustice et je n'en veux pas faire. » Et tout de suite il signa, dit le bailli, le décret contraire à ce qu'on nous avait assuré être sa volonté.

Le général des galères a pour lui deux choses qui l'aident à se maintenir dans de bons rapports avec son chef, malgré les machinations incessantes des cabaleurs : d'abord il est très-aimé de ses équipages, des jeunes caravanistes et de la population maltaise; ensuite il possède une qualité qui compense les défauts de son caractère un peu roide et même un peu frondeur. Le prix que le grand maître attache à cette qualité prouve que ce vieillard, duquel le bailli dit : « Il vaut absolument mieux que tout ce qui l'entoure, » gardait au moins une partie des sentiments nécessaires au chef d'un ordre religieux. Quelqu'un lui parlant du général des galères, il dit : « Ce qui m'étonne et ce qui m'intéresse en lui, c'est que, étant encore fort et bien portant, et étant dans un poste où les occasions ne lui manquent pas, il a les meilleures mœurs du couvent. » Le mot: *Ce qui m'étonne*, peint suffisamment, à notre avis, l'état de la congrégation prise dans son ensemble.

Cependant le généralat, qui était, on s'en souvient, une fonction biennale, touchait à sa fin. Grâce à son frère, le bailli avait admirablement fait les choses : « Avant moi, dit-il, les généraux étaient souvent obligés d'empruntailler à leurs amis ; les banquiers, à qui ils étaient accoutumés, comme débiteurs, à faire des révérences, m'en font à moi de très-considérables. Le besoin d'espèces les contraignait souvent à encanailler leur table ; la mienne ne l'a jamais été. Comme tous mes gens, qui sont cependant une quarantaine, sont payés le dernier du mois, cela se répand dans la ville. Les équipages des galères, très-accoutumés à attendre quelquefois deux ou trois prêts pour leurs *pitances* et *payes*, ont toujours été payés huit jours d'avance, ce qui ne me coûte pas une obole de plus, mais me vaut une renommée considérable parmi ces gens-là. »

C'est son frère qui s'est chargé de tous les désagréments du métier d'emprunteur et même d'*empruntailleur,* pour permettre au bailli de faire le Crésus et de se donner le genre de mérite le plus apprécié à Malte, chez un général des galères, celui d'un homme qui sème l'or. En revanche, la réputation de l'*Ami des hommes*, soignée par son cadet, est devenue prodigieuse à Malte : « Tu ne sauras jamais, écrit le bailli, toute l'étendue de ma sensibilité et de ma reconnaissance pour toi. Dans quel instant de ma vie n'ai-je pas eu à me louer de tes procédés, moi, engrené tour à tour dans la marine, corps de cadets, dans l'ordre de Malte, autre corps de cadets, que j'ai quasi tous vus avoir à se plaindre de leurs aînés, et parmi lesquels tu as acquis une telle réputation de phénomène, que je me rappelle l'expression d'un cadet de Gascogne, chevalier ici à l'auberge de Provence : « Mordieu! dit-il, si M. le marquis de Mirabeau venait jamais à mourir, il faut le brûler et en faire avaler les cendres à tous les aînés du pays. »

Mais la tendresse du bailli pour son frère ne fait que rendre son anxiété plus poignante. Le voilà sorti du généralat, en janvier 1765, au grand désespoir de tous les Maltais attachés à divers titres au service des galères. « Le pilote *réal*, leur chef naturel, n'est-il pas venu, écrit-il, me dire que le *bourg* qui est leur habitation voulait se cotiser pour faire la dépense du généralat, si je consentais à continuer (1)? »

Malheureusement, on dirait que les bénédictions du pauvre peuple portent malheur au bailli, qui reprend ses doléances habituelles. Quoi! voilà quatre ans passés, et pas une commanderie vacante dans la langue de Provence; c'est inouï depuis le temps de Godefroy de Bouillon, et si Pinto, qui a maintenant quatre-vingt-quatre ans, vient à mourir, si l'insigne *briguant* Tencin, qui le déteste, est élu grand maître, il ne lui donnera rien, ou, s'il n'ose pas commettre une si criante

---

(1) Ceci indique que la charge pouvait être conservée au delà de deux ans; mais comme elle était écrasante, on voyait très-rarement un général en exercice dépasser la limite accoutumée.

iniquité, il le fera attendre encore cinq ou six ans. Cependant il avertit son aîné que, « dût la Providence le mettre, comme Job, sur un fumier et ruiner sa famille, rien ne pourra jamais le décider à donner sa voix à un candidat qu'il considère comme indigne. »

Nous devons cette justice au marquis de Mirabeau que, quoiqu'il soit au moins aussi pressé que son cadet et déçu plus encore que lui, puisqu'on se rappelle qu'il le voyait jadis pourvu très-promptement de trente mille livres de rente, il n'est occupé qu'à l'approuver dans sa résolution stoïque contre Tencin et à l'encourager. « Quand tu ferais perdre quelque chose à ta famille, tes neveux et nièces seront plus riches que nous ne l'avons été tous deux ; mais tu ne feras rien perdre à personne, tu auras de gros revenus, et lorsque après m'être épuisé à placer toute la race, je n'aurai plus rien, tu me soutiendras, moi ; c'est appuyer le tronc. »

Enfin la vacance se produit et la commanderie arrive, mais hélas ! elle est bien modeste, elle donne 11,700 livres de revenu net, sur lesquels il faut payer immédiatement l'annate au grand maître (1), et il vient de dépenser près de 140,000 livres pour obtenir ce résultat. Il pense d'abord à la refuser en se réservant pour la prochaine va-

---

(1) Pour chaque commanderie donnée par le grand maître, donataire devait payer d'avance au donateur une année du revenu.

cance, avec l'espoir d'obtenir quelque chose de plus avantageux, mais il faut qu'il accepte ou refuse en dix jours, et son aîné est trop loin pour pouvoir être consulté. De peur d'avoir pire, il accepte en gémissant, soutenu par l'espoir que si le grand maître vit encore à la prochaine vacance il lui accordera la *permute*, c'est-à-dire la faculté d'échanger son lot contre un meilleur.

Il avait à peine obtenu cette médiocre faveur de la fortune, qu'il se voit soumis à une affliction inattendue. Le 17 janvier 1765, en rentrant chez lui à pied à neuf heures du soir, il tombe et se casse la cuisse gauche ; la droite était déjà très-affaiblie, on s'en souvient, par une grave blessure reçue dans un combat naval. Ce fut un grand émoi à Malte, à en juger par une lettre qu'un grand-croix de ses amis, le bailli de Blacas d'Aulps, écrit au marquis de Mirabeau pour l'informer de cet accident, et par les détails que lui fait donner plus tard le bailli. Les chevaliers étaient au spectacle au moment de l'accident. La plupart ont déserté la salle pour se précipiter dans la maison du bailli, la rue elle-même était pleine de Maltais et de gens des galères, attendant avec anxiété l'avis des médecins. « On remarquait, écrit le bailli de Blacas, que le moins ému de nous tous était M. votre frère ; il nous disait que cet accident l'inquiétait bien plus par rapport à vous que pour lui-même ; il voulait d'abord vous le laisser ignorer jusqu'à ce qu'il pût vous écrire qu'il était guéri. »

Quoiqu'il soit en proie à une vive inquiétude, le marquis de Mirabeau, toujours sensible aux témoignages de considération dont son frère est l'objet, se console un peu en promenant les lettres qu'on lui écrit de Malte dans le cercle assez nombreux de ses amis, et, pour donner une idée au bailli de l'effet produit à Paris par cette nouvelle, il lui écrit cette phrase qui peint trop bien le personnage célèbre duquel il s'agit, pour que nous résistions au désir de la citer : « Le Maurepas lui-même, qui ne prend à rien que pour rire, a paru touché de ton accident. » Cloué au lit, immobile pendant cinquante jours, le bailli est soigné par un chevalier italien, qui vient le panser deux fois par jour avec une eau qu'il a composée, et ce chevalier lui inspire une réflexion qui, à notre avis, complète son portrait à lui-même. « C'est une chose touchante, écrit-il, que de voir ce chevalier venir me panser deux fois par jour, avec une adresse qui me fait voir que ce digne religieux exerce beaucoup son talent sur les pauvres. J'avoue que ce coup d'œil me rappelle avec une sorte d'attendrissement nos anciens frères (1). »

Remis sur pied, l'ex-général des galères hésite

---

(1) On comprend que le bailli veut parler ici des anciens frères hospitaliers du temps de Gérard, qui ne ressemblaient guère à la plupart des chevaliers de Malte du dix-huitième siècle.

à revenir en France, malgré les sollicitations de son frère, craignant, s'il s'éloigne, de manquer la *permute*. L'aîné, toujours désintéressé, insiste; le bailli va partir, lorsque la Providence lui envoie enfin cette riche commanderie qu'il a tant désirée pour sa famille bien plus que pour lui, et du même coup elle frappe son ennemi déclaré, celui qu'il considérait comme dangereux pour l'ordre s'il devenait grand maître; c'est-à-dire le bailli de Tencin. Nous devons ajouter pourtant qu'en entendant sonner l'agonie de son adversaire, le bon bailli se retrouve avec la nuance religieuse qui le distingue de beaucoup de ses confrères : « Je suis fâché, écrit-il, de l'état dans lequel il est, et ce n'est pas dans mon cœur que la rancune prend racine. Je souhaite bien sincèrement que Dieu lui fasse miséricorde, et lui pardonne comme je lui pardonne bien volontiers, s'il m'a nui, chose que j'ai eu beaucoup de raisons de croire. »

Avant de s'occuper du riche héritage que va laisser le mourant, le bailli s'impose même le devoir d'attendre qu'il soit tout à fait mort. « Alors seulement, dit-il, je fus au grand maître, qui me fit entrer sur-le-champ et me demanda ce que je voulais. Je viens, lui dis-je, monseigneur, savoir si Votre Éminence veut me donner la *permute* d'une des commanderies que laisse le bailli de Tencin. Mes raisons sont que je suis plus ancien de dix ans et plus vieux que ceux qui servent, ont servi ou serviront la religion dans la langue de Provence. Je n'ai ni amis puissants ni recommandations. C'est à Votre Excellence à voir si je n'ai pas le droit. Le grand maître me répondit : « *Veramente, signor balio, la religione e li gente delle galere furono contenti del vostro servizio; è cosa giusta* (1). Je lui fis ma révérence et je comptais sur la commanderie de Condat ; quelques jours après, le grand maître annonça qu'il me donnait Sainte-Eulalie. »

C'était la plus riche des quatre commanderies laissées par le défunt, et la plus riche de toutes les commanderies de la langue de Provence ; située dans le Rouergue, près de Milhau, elle était affermée 39,000 livres par an, mais « tout le monde dit, ajoute le bailli, qu'elle peut aisément être portée à 45,000 livres, » et comme la commanderie d'ancienneté ne peut tarder à se joindre à celle-ci, il va être enfin en mesure de rendre largement à son frère ce que son frère a fait pour lui.

Mais la mort de Tencin ne produit pas seulement dans la situation du bailli le changement heureux que nous venons d'indiquer, elle en produit un autre : on commence à parler de lui comme successeur possible du grand maître ; quarante chevaliers de diverses nations sont venus lui demander de retarder son départ : « Je leur ai

(1) Vraiment, seigneur bailli, la religion et les gens des galères n'ont eu qu'à se louer de votre service ; c'est une chose juste.

répondu, écrit-il à son aîné, que je te devais tout, que tes désirs étaient pour moi des ordres, et que j'attendais de tes nouvelles. » Le marquis de Mirabeau avait compté sur le retour de son frère; il voulait, après l'avoir embrassé à Paris, l'établir au château de Mirabeau, pour y tenir en respect des vassaux qui, suivant lui, abusaient de l'absence du maître. Il ne s'attendait donc pas à cette perspective. Si brillante qu'elle soit, elle lui donne lieu de redouter une séparation sans terme. Cependant, après avoir pesé le pour et le contre, il se fait à son tour un scrupule de prononcer, et il conclut en disant à son cadet : « Suis ta voie et ton devoir, je te l'ai dit, et ne varie point. Je te conseille seulement de te servir de moi pour faire toujours de temps en temps, et sans affectation, signal de partance : 1° parce qu'il est bon de se conserver toujours deux manières d'être en perspective ; 2° parce que cela détournera les jaloux et les envieux, et les dépaysera, du moins en partie. »

Trois mois après, le 17 février 1767, il recevait non sans surprise, mais à sa grande joie, une lettre du bailli, datée de Toulon, par laquelle celui-ci annonçait son arrivée en France. Ayant perdu à Malte son meilleur ami, ce commandeur de Tressemanes qui avait été son parrain en religion et qui, dans l'intérêt de l'ordre, appuyait le plus vivement sa candidature au magistère, il avait senti se refroidir en lui les sentiments d'ambition (1). « D'ailleurs, dit-il à son frère, à travers la licence que tu me donnais de rester, j'ai compris que tu désirais mon retour, et, ne me regardant que comme un morceau de la famille, j'ai cru devoir suivre les idées du chef. Ce n'est pas sans peine que j'ai pu obtenir du conseil mon congé; mes amis s'y opposaient formellement; le chef de la langue d'Aragon, entre autres, m'a dit : « Ma conscience me défend de te donner ma *ballotte* pour partir; tout ce que je puis faire, c'est de ne pas aller au conseil. « Enfin, malgré mes menées, j'ai eu une minorité de sept voix contre mon départ; je ne te cacherai pas qu'en pensant que je pourrais peut-être parvenir au sommet, j'ai passé la veille de mon embarquement une nuit agitée entre l'envie de te contenter d'une part, et quelques petites bouffées d'ambition de l'autre. Tu l'as emporté, et je me fais compliment à moi-même d'avoir reconnu ma faiblesse et étouffé ma vanité. »

À partir de ce jour, les deux existences du marquis de Mirabeau et de son frère se confondent, pour ainsi dire, en une seule. Le bailli ré-

---

(1) Le nom du commandeur de Tressemanes se retrouve assez souvent dans la correspondance de Malte pour me donner l'idée de noter en passant qu'une arrière-petite-nièce de cet ami intime du bailli de Mirabeau, Mlle de Tressemanes-Simiane, a épousé récemment un des petits-fils de l'auteur des *Mémoires de Mirabeau*, de celui que nous avons vu, au début de cet ouvrage, acheter les ruines et commencer la restauration du vieux manoir si cher au bailli.

tourne encore une fois à Malte dix ans plus tard, en 1777, lors du chapitre général convoqué par le grand maître Rohan ; mais il y séjourne peu, et il n'y revient plus qu'en 1792, pour y mourir en 1794, après avoir survécu à son frère, à ses deux neveux, et sa fin ne précède que de quatre ans celle de l'ordre, qu'il avait plus d'une fois annoncée.

Il ne figurera donc plus dans nos tableaux qu'au second plan, à titre d'auxiliaire du chef de la famille, de cet aîné auquel il disait dans son énergique langage : « Je ne suis que la chemise, c'est toi qui es la peau. » On verra que ce dévouement absolu en fait n'excluait pas chez lui, comme nous l'avons déjà dit, l'indépendance de l'esprit, et nous aurons à constater, chez les deux frères, des opinions parfois différentes en matière de gouvernement ou de réforme sociale et même quelques dissidences de détail sur des points relatifs à leur vie privée. Mais on verra également que si le bailli a parfois désapprouvé quelques-uns des actes de son aîné comme administrateur ou comme chef de famille, bien plus souvent encore, l'on pourrait même dire presque toujours, il l'a appuyé, encouragé, secondé avec une ardeur infatigable dans ses luttes contre sa femme et ses enfants, convaincu qu'il était de son droit aussi bien que de ses bonnes intentions, et qu'enfin il l'a aimé avec une tendresse dont nous avons déjà fourni des preuves, et qu'on retrouvera toujours la même jusqu'à ce que la mort les ait séparés. Il nous semble donc que, pour ceux qui connaissent maintenant le bailli, l'adhésion presque constante d'une âme aussi noble que la sienne est déjà un titre en faveur de cet *ami des hommes,* aujourd'hui trop déprécié, dont nous allons exposer la vie, le caractère, les doctrines et les travaux.

XV

LE MARQUIS DE MIRABEAU

Le 20 décembre 1774, au milieu des espérances enthousiastes que faisait naître un nouveau règne, cinq mois après l'entrée de Turgot au ministère, un assez grand nombre de personnes, en habit de deuil, étaient réunies dans le principal salon d'un hôtel de la rue de Vaugirard. A l'extrémité du salon, on avait placé un grand socle surmonté d'un buste en marbre, et toute l'assemblée étant tournée vers ce buste avec l'attitude de la douleur et du respect, le maître de la maison prononça un discours assez singulier, surtout pour l'époque ; nous en citerons seulement le début et quelques passages :

Messieurs, nous venons de perdre notre maître ; le véritable bienfaiteur des hommes n'appartient plus à la terre que par le souvenir et l'effet à jamais durable de ses bienfaits. Nous avons perdu notre père, car nous lui devions tout, et nos principes et la règle physique de nos devoirs, et le zèle qui donna commencement à ces assemblées qui sont le foyer de la doctrine ; et cette lumière inextinguible à jamais jetée sur la solidarité physique des intérêts humains, fraternité recommandable, base solide et presque nécessaire de celle des sentiments et des âmes que la religion nous recommande sous le nom de charité... Socrate, dit-on, fit descendre du ciel la morale, notre maître la fit germer sur la terre. La morale du ciel ne rassasie que les âmes privilégiées, celle du *produit net* procure d'abord la subsistance aux enfants des hommes, empêche qu'on ne la leur ravisse par violence ou par fraude, énonce sa distribution, assure sa reproduction, et, nous mettant à l'abri des gênes de la nature impérieuse, nous oblige au culte d'obéissance par le travail et nous amène au culte d'amour et de reconnaissance par ses succès... Le calcul et la distinction *des avances et du produit net* ne sont plus un secret pour la pauvre espèce humaine fascinée, tout tenait à cela. Bientôt tous les hommes l'entendront, ce calcul ; tous connaîtront leurs droits et leurs devoirs, la nécessité des rapports, la liberté qui en est la base, la propriété qui en est le résultat, l'identité de tous les intérêts humains, et l'unité du point central où tous ils se réunissent... O mon maître ! combien je vous ai dérobé, et combien pauvre et dénué je me trouve, et vous me laissez le chef, en quelque sorte, ou du moins l'ancien de vos enfants désolés !... Renouvelons, messieurs, dans ce moment d'angoisse et de tendresse, le serment intérieur que nous fîmes de consacrer nos travaux à l'instruction de nos semblables et au développement de la science qui doit un jour rendre les sociétés paisibles et prospères et les hommes raisonnables et vertueux (1).

Le tout se termine par une apostrophe à ce buste dont nous venons de parler : « Buste vénérable qui nous représentes les traits de notre commun maître, etc., » et par un nouvel appel à la fraternité universelle.

Quel était ce bienfaiteur de l'humanité que l'orateur comparait tour à tour à Moïse, à Socrate, à Confucius, et duquel il disait : « Le jour de sa naissance sera pour nos neveux un jour de fête? » C'était un médecin, moins connu pour son habileté dans l'art de guérir les hommes, que pour ses méditations sur l'art de les gouverner et de les enrichir; c'était l'original et savant docteur Quesnay, le médecin de Mme de Pompadour, et en même temps, le chef de l'école ou plutôt de la secte des économistes *physiocrates* (2). Il venait de mourir le 16 décembre, à l'âge de quatre-vingts ans, après avoir vu quelques-unes de ses idées adoptées par Turgot. Quant à l'orateur qui célébrait sa mémoire avec des formes de langage et des intonations que l'on croirait empruntées

---

(1) Le lecteur qui serait curieux de lire tout ce discours, dont nous ne donnons que quelques fragments, le trouvera dans le recueil intitulé : *Nouvelles éphémérides économiques*, 1775, tome Ier.

(2) Le sens de ce mot et de tous les autres termes, plus ou moins bizarres, dont se servaient les disciples de Quesnay, sera expliqué dans la suite de ce travail.

aux utopistes de nos jours, c'était un personnage peut-être encore plus original que Quesnay, quoiqu'il mît sa gloire à se présenter comme son lieutenant, son premier disciple, le modeste Élisée de cet autre Élie. C'était un marquis très-fier d'être issu d'une de « ces races privilégiées qui semblent faites, dit-il ailleurs, pour commander aux hommes, » et non moins fier de travailler à établir ici-bas le règne de la fraternité universelle.

En cédant au désir de présenter tout d'abord au lecteur le marquis de Mirabeau dans cette période de sa vie où le fanatisme du sectaire avait le plus largement envahi son esprit, en le produisant brusquement dans cet état d'exaltation d'un utopiste, convaincu qu'il a trouvé *la vraie panacée*, nous serions cependant très-fâché que l'on jugeât ses idées et son style sur l'unique échantillon que nous venons d'en citer. Nous montrerons bientôt le côté sérieux, sagace et élevé de cette intelligence si riche, si active et si ardente, mais encombrée et mal équilibrée (1); nous prouverons que le marquis de Mirabeau n'est pas seulement un disciple de Quesnay. Le plus célèbre de ses ouvrages, celui qui eut, dit-on, vingt

---

(1) Il dit de lui dans une lettre à Mme Rochefort, du 6 septembre 1763: « Les impulsions de mon esprit et de mon caractère sont si rapides que l'une couvre l'autre et semble l'anéantir; mais le roulis des vagues la ramène, et l'équilibre même n'est chez moi que l'ébranlement des chocs opposés. »

éditions, et dont le titre devint le surnom de l'auteur, *l'Ami des hommes*, en un mot, si souvent attribué pour le fond à Quesnay, fut publié pour la première fois à une époque où le docteur, inconnu lui-même en qualité d'économiste, ne connaissait aucunement le marquis de Mirabeau. C'est au contraire la publication de *l'Ami des hommes*, et la sympathie que ce livre inspirait à Quesnay, qui produisirent la liaison de ces deux personnages, tous deux si singuliers, si différents, et néanmoins si attachés l'un à l'autre. C'est en écoutant Quesnay, qui lui fournissait des formules générales dont son esprit impétueux et un peu désordonné sentait le besoin, que l'auteur de *l'Ami des hommes* se prit d'un enthousiasme sans bornes pour le docteur *physiocrate*. Renonçant dès lors à celles de ses opinions antérieures que le docteur n'approuvait pas, il se consacra tout entier à développer les formules de son ami, les adaptant à toutes choses, expliquant toutes choses par elles, accomplissant en ce genre de véritables tours de force dont nous chercherons à donner une idée, mais produisant des ouvrages dont la lecture devenait de plus en plus difficile.

La notoriété du marquis de Mirabeau est donc antérieure à celle de Quesnay, tandis que celle de Quesnay doit beaucoup au marquis de Mirabeau, car c'est lui qui le premier fonda et soutint des recueils où l'on célébrait à l'envi la gloire de l'auteur du *Tableau économique;* c'est lui qui, recrutant à la doctrine du maître des sectateurs qu'il enflammait de son zèle, contribua plus que personne à créer cette première école d'économistes, dont l'influence sur le mouvement des idées au XVIIIe siècle fut assez considérable, et dont nous essayerons d'indiquer sommairement la physionomie et les tendances.

Mais au moment où l'école physiocratique se fonda, la renommée de l'auteur de *l'Ami des hommes* était déjà très-éclatante; nous la verrons se maintenir et s'accroître pendant plusieurs années, nous verrons des rois et des princes souverains s'associer aux hommages rendus par le public à un écrivain généralement accepté comme le défenseur de la justice, l'apôtre des réformes utiles et l'ennemi des abus. Nous verrons J.-J. Rousseau lui-même, qui n'a pas coutume de prodiguer l'encens à ses contemporains, écrire au marquis de Mirabeau, en 1767 : « J'admire votre grand et profond génie... vos ouvrages sont, avec deux *Traités de Botanique*, les seuls livres que j'aie apportés avec moi (en Angleterre) dans ma malle. » Comment cette renommée fut-elle à ce point fragile que, quinze ans plus tard, le fameux surnom, d'abord si respecté, ne se prononçait presque plus qu'avec l'accent de l'ironie, du dédain, et parfois même de l'indignation?

Ce fait, en lui-même assez rare, ne s'explique pas seulement par la dépréciation naturelle d'un talent d'abord vanté outre mesure, en raison des circonstances à la faveur desquelles il se produit, et qui se compromet ensuite de plus en plus dans des bizarreries de langage et des exagérations d'apostolat humanitaire dont on peut juger par le morceau cité tout à l'heure. L'impopularité qui frappa le marquis de Mirabeau, presque aussi soudaine que violente, fut surtout l'effet d'une cause accidentelle et personnelle. L'*Ami des hommes* fut en quelque sorte brusquement renversé de son piédestal le jour où, traduit devant le public par sa femme et par son fils comme le bourreau de sa famille, refusant tout à la fois de s'expliquer sur ses griefs et de renoncer aux mauvais moyens qu'il avait employés jusqu'alors pour se défendre (car au fond il se défendait), il se donna les apparences d'un *Tartuffe* de la philanthropie, d'autant plus indigne d'être pris au sérieux comme écrivain, que son caractère formait un odieux contraste avec le masque officiel sous lequel il avait usurpé l'estime publique.

Et cependant, lorsque nous aurons mis en pleine lumière les circonstances, jusqu'ici très-inexactement rapportées, de cette longue et cruelle guerre entre deux époux dont les enfants prennent parti pour l'un ou pour l'autre, presque toujours sous de misérables impulsions de cupidité ; lorsqu'on aura assisté au spectacle affligeant mais instructif d'une famille dévorée par la discorde et la compétition d'intérêts, on reconnaîtra, je crois, que le vrai tort de l'*ami des hommes* ne fut pas d'être, ainsi qu'on l'a tant répété, l'*ennemi de son fils* au moment où ce fils travaillait lui-même en ennemi acharné à ruiner et à déshonorer son père ; au moment où, ligué avec sa mère et alléché par l'espoir de disposer de la fortune de celle-ci, dont l'administration appartenait à son mari et qu'elle voulait lui arracher, il écrivait pour elle contre son père des mémoires judiciaires et des pamphlets aussi injurieux que mensongers. Quel père, en pareille circonstance, convaincu comme l'était le marquis de Mirabeau (et nous dirons pourquoi) qu'il a des droits sur la jouissance des biens de sa femme, qu'il a fait pour elle et pour ses enfants tout ce qu'il devait et pouvait faire, et que si l'entreprise de sa femme réussit, elle aura pour résultat de les ruiner tous les deux, quel père n'éprouverait un sentiment d'indignation contre un fils qui, au lieu de garder la neutralité dans cette lutte funeste, s'y jetterait à corps perdu, et s'efforcerait, par cupidité, de la rendre implacable ?

Mais si l'animosité du marquis de Mirabeau contre sa femme et son fils s'explique quand on connaît les faits qui l'ont motivée, ce qui ne peut s'expliquer que par l'influence d'une des plus détestables institutions de l'ancien régime, c'est le moyen blâmable qu'il employa pour se défendre. Au lieu de s'en référer aux tribunaux et à l'opinion, il trouva plus commode de saisir le prétexte que lui offraient l'inconduite plus ou moins authentique de sa femme et d'une de ses filles, également liguée contre lui, et les désordres publics de son fils aîné, pour se garantir de leur hostilité turbulente et redoutable en leur faisant infliger à tous, au nom de l'intérêt social, des emprisonnements arbitraires où l'autorité devenait l'instrument de son intérêt personnel. C'est ainsi qu'un philosophe qui avait professé dans tous ses livres que « la contrainte est le plus défectueux des ressorts de l'autorité, » trouvant sous sa main un ressort de ce genre, et le plus mauvais de tous, ne résistait pas à la tentation de s'en servir à son profit dès qu'il se sentait menacé dans son repos et dans son bien-être, sauf à tranquilliser sa conscience par le sophisme suivant, que nous empruntons à une de ses lettres à son frère : « Puisque le tribunal de famille n'existe plus, il nous faut recourir, pour châtier des enfants criminels, au *despotisme barbare* des lettres de cachet, plutôt qu'aux lentes formalités d'une aveugle et pédantesque justice (1). »

(1) Nous ne voulons pas dire que le marquis ne jugeait pas son fils coupable envers la société, lorsque celui-ci enlevait une femme mariée et encourait une condamnation à mort par contumace ; mais quand on saura pourquoi il se détermina à faire arrêter Mirabeau en Hollande et à le faire enfermer à Vincennes, on reconnaîtra aisément qu'il le considère avant tout comme criminel envers lui-même. Du reste, le passage cité qui nous suggère cette réflexion, avait été emprunté par nous à l'ouvrage de M. Lucas de Montigny, qui le donne comme étant du marquis de Mirabeau ; après vérification sur le texte

Il fallut pourtant se résigner à subir l'intervention de cette pédantesque justice, et elle se montra d'autant plus rigoureuse pour le marquis de Mirabeau, qu'il l'avait offensée en méconnaissant son droit et en essayant de substituer l'arbitraire à sa légitime autorité. Vaincu définitivement dans sa lutte avec sa femme par un arrêt du parlement dont nous aurons à discuter l'équité, et vaincu quoiqu'il eût alors pour auxiliaire ce même fils aîné réconcilié avec lui, et aussi ardent, nous le prouverons, contre sa mère qu'il l'avait été jadis contre son père, l'*ami des hommes* fut vaincu encore plus complétement devant l'opinion. Profondément atteint, même dans sa réputation de philosophe politique et de moraliste, il ne se releva plus du malheur d'avoir été un instant aux yeux du public une sorte de personnification de cette chose odieuse, la *lettre de cachet*.

Ce fut en vain que Mirabeau, qui connaissait mieux que personne la gravité de ses torts envers son père, et qui savait aussi mieux que personne le parti qu'il avait tiré des travaux de celui-ci pour son propre développement intellectuel, essaya de lutter devant le public contre le discrédit attaché aux ouvrages paternels ; ce fut en vain

---

original, nous avons constaté que la phrase en question est du bailli, et non du marquis; mais comme le bailli exprime ici l'opinion de son frère plus encore que la sienne, nous pensons pouvoir, en toute sûreté de conscience, laisser la responsabilité de cette phrase au marquis.

que, dans la dédicace de son livre sur la *Monarchie prussienne*, publié en 1788, il rendit au mérite de son père un témoignage dont la sincérité nous est garantie par une lettre adressée à un ami allemand, dans laquelle il dit : « J'ai voulu faire justice à mon père comme philosophe politique, car on a vraiment oublié, jusqu'à l'ingratitude, les services qu'il a rendus (1) ; » son intervention tardive ne put changer le courant des opinions, tournées au dédain absolu des travaux de l'économiste et du réformateur. Bien plus, la fatalité voulut que Mirabeau, même après sa mort, portât involontairement le dernier coup à la réputation de ce père dont il avait pourtant demandé, dans son testament, à partager le tombeau. La publication posthume des *Lettres de Vincennes*, sur laquelle nous aurons l'occasion de revenir, en répandant partout les invectives, les calomnies, les injures, les moqueries d'un fils furieux contre son père, qu'il déchire à la fois dans son caractère et dans ses ouvrages, fut d'autant plus funeste à la mémoire du marquis de Mirabeau, que la partie érotique de cette correspondance lui assurait un plus grand nombre de lecteurs.

La Harpe, non encore converti, et grand admirateur des *Lettres à Sophie,* tira de ces lettres une satire assez bien réussie de l'*Ami des hom-*

---

(1) Lettres de Mirabeau au major Mauvillon, publiées à Hambourg, p. 403.

mes, laquelle, imprimée dans un cours de littérature, qui fut, pendant les trente premières années de ce siècle, le *vade mecum* des écrivains, ne contribua pas peu à achever de perdre l'infortuné philanthrope dans l'estime publique. Cependant, l'intéressant ouvrage publié en 1834, par M. Lucas de Montigny, quoique très-partial, on le verra, pour Mirabeau, dans l'exposé des querelles entre le fils et le père, et quoique beaucoup trop dédaigneux pour les productions économiques du marquis, fit connaître celui-ci sous un jour nouveau, par des citations très-belles, très-originales de tour et de sentiment, empruntées à sa correspondance privée. On commença dès lors à soupçonner qu'un homme capable d'écrire des pages si remarquables à son frère ou à ses amis, ne pouvait pas n'avoir fait imprimer que des absurdités sur les questions d'intérêt général. Plusieurs furent curieux d'aller chercher sur les quais, chez les bouquinistes, quelques-uns de ces nombreux volumes, tous également oubliés, et à travers des défauts incontestables de forme et de méthode, dont nous reparlerons, on y reconnut souvent des idées aussi hardies que justes, des vues sur l'avenir que le présent confirmait, sans parler d'une foule d'observations de détail très-ingénieuses, très-sagaces et très-agréablement présentées.

C'est ainsi qu'un des plus illustres publicistes de notre temps, Alexis de Tocqueville, s'était fait un devoir et un plaisir de lire, la plume à la main, les deux principaux ouvrages du marquis de Mirabeau, le mémoire sur les *États provinciaux* et *l'Ami des hommes*. Il a laissé, sur ces deux ouvrages, un grand nombre de notes, dont quelques-unes seulement ont été publiées dans le tome VIII de ses *Œuvres complètes;* le reste de ces notes nous a été donné (1), et nous sera utile pour l'appréciation de l'effet produit sur un noble esprit de notre siècle par un esprit plus inégal, mais non vulgaire, appartenant à un siècle très-différent du nôtre sous plusieurs rapports. On voit dans ces notes, que les travaux politiques et économiques du marquis de Mirabeau avaient vivement intéressé Tocqueville, en lui offrant un exemple curieux d'un phénomène qu'il définit ainsi : « l'invasion des idées démocratiques dans un esprit féodal. » C'est à peu près la même idée qu'exprime, en d'autres termes et sur

(1) Je dois ces notes précieuses et un autre cahier de notes *inédites* sur Mirabeau l'orateur, également écrites par Tocqueville, à l'amitié de sa digne veuve, qui voulait bien me continuer les sentiments affectueux dont m'avait honoré son mari. Elle n'a pu survivre longtemps à la perte de celui qui, seul, l'attachait à la vie; mais, sachant que ces notes avaient du prix pour moi, elle avait eu la bonté, avant de mourir, de charger un des plus chers amis de son mari de me les remettre, et celui-là aussi, écrivain éminent, avait à peine achevé l'édition des *Œuvres complètes* de Tocqueville, qu'il a disparu de ce monde. Ces nobles âmes, Tocqueville, Beaumont, Ampère, si intimement liées pendant leur vie, se sont suivies de très-près dans la mort; elles n'ont pas vu, du moins, nos affreux malheurs et nos discordes peut-être plus lamentables encore.

le même sujet, un grand poëte de nos jours, M. Victor Hugo, dont les appréciations ne sont pas toujours aussi justes que celle par laquelle il qualifie l'*Ami des hommes* « un rare penseur qui était tout à la fois en avant et en arrière de son temps. »

Enfin, un de nos économistes les plus considérables, un de ceux qui ont su le mieux intéresser le public à des vérités parfois arides ou obscures par la précision lucide et élégante de l'exposition, M. Léonce de Lavergne, dans un ouvrage récemment publié, a consacré au marquis de Mirabeau une remarquable étude (1), où l'*Ami des hommes* est pris fort au sérieux, et où l'auteur va même jusqu'à se demander quel sera le jugement définitif de l'avenir sur le père et le fils, et si le philosophe philanthrope, le théoricien de l'ordre naturel et de l'harmonie universelle ne tiendra pas autant de place dans l'estime de la postérité que le puissant révolutionnaire de 1789. M. de Lavergne a en quelque sorte deviné, d'après l'ouvrage même écrit en faveur de Mirabeau, que les torts de celui-ci envers son père étaient plus graves qu'on ne l'avait dit ; mais les documents lui manquant sur ce point, il a commis quelques erreurs, en même temps qu'il n'a pu démontrer combien ses inductions étaient justes.

(1) Voir les *Économistes français du* XVIIIe *siècle*, p. 112 à 166.

Le moment nous paraît donc propice pour tenter, avec pièces à l'appui, une révision du procès jusqu'ici perdu devant la postérité par le marquis de Mirabeau, dont la mémoire a succombé, en quelque sorte, sous le poids de l'imposante renommée de son fils, et dont le caractère et les ouvrages ont été trop longtemps condamnés avec une sévérité également injuste. Mais il faut d'abord expliquer comment ce gentilhomme provençal, parfois aussi superbe qu'un Montmorency, après avoir débuté dans la carrière militaire, fut conduit à échanger son épée contre une plume et à s'armer de cette plume pour entreprendre le métier de chevalier errant de la philanthropie, combattant les préjugés, pourfendant les abus, prenant en main la cause des faibles contre les forts, et ajoutant bravement, dans un mémoire inédit, à son titre *d'ami des hommes*, ce titre encore plus expressif : le *syndic des pauvres*.

XVI

LA JEUNESSE DU MARQUIS

Celui des Mirabeau qui devait, le premier, donner au nom une notoriété historique, Victor de Riqueti, dit l'*ami des hommes*, naquit le 4 octobre 1715 (1) dans cette petite ville voisine du château paternel, à Pertuis, où nous avons déjà vu naître ses deux frères cadets, et où sa mère avait coutume d'aller faire ses couches. Comme il était lui-même le cadet de deux

---

(1) L'auteur des *Mémoires de Mirabeau* a adopté pour la naissance du marquis la date du 5 octobre, d'après un acte baptistaire où il est dit que l'enfant, baptisé le 21 octobre, a été ondoyé le 5; mais comme le marquis de Mirabeau a écrit lui-même qu'il était né le 4 octobre, et qu'il a pu être ondoyé le lendemain de sa naissance, nous avons cru devoir nous en rapporter à lui.

frères qui moururent en bas âge, son père le fit recevoir dès son enfance chevalier de Malte.

C'est dans la curieuse biographie du marquis Jean-Antoine, publiée à tort sous le nom de Mirabeau, et dont l'*ami des hommes* est, comme nous l'avons prouvé, le véritable auteur, que celui-ci raconte le régime austère sous lequel il fut d'abord élevé. Son père considérait comme un axiôme cette règle de conduite que toute démonstration de familiarité ou de sensibilité doit être bannie dans les rapports des parents avec leurs enfants, et il avait fait adopter ce principe à sa femme. Dans leurs plus violents chagrins, notamment quand ils avaient perdu quelqu'un de leurs enfants, les deux époux s'enfermaient, dit le marquis, dans *leur cabinet* et *leur oratoire,* et ils s'imposaient de reparaître ensuite devant le reste de leur famille avec les apparences d'une pleine et entière sérénité. Mais la nature, en perdait d'autant moins ses droits, et celui des deux époux qui semblait le plus rebelle à l'émotion, était souvent atteint si profondément qu'il en tombait malade. « Je n'ai jamais eu l'honneur, écrit le fils aîné de Jean-Antoine, de toucher la chair de cet homme respectable, de ce père essentiellement bon. » Il dit plus loin que la terreur que son père lui inspirait était telle, que, se trouvant plus tard à deux cents lieues de lui, son seul souvenir lui faisait craindre toute partie de jeunesse qui pouvait avoir quelque suite un peu bruyante;

« et comme c'était, ajoute-t-il, ma mère qui écrivait pour lui, j'avais été si accoutumé à craindre en recevant ses lettres, que, de ma vie, depuis, je n'en ai pu ouvrir de ma mère sans battement de cœur. »

En racontant ce détail pour moraliser ses propres fils, plus portés envers leur père à la familiarité qu'à la crainte, le marquis exagère un peu, comme nous le verrons bientôt, sa timidité filiale. Pour ce qui est de sa mère, dont nous avons déjà esquissé le portrait, il paraît bien que l'austérité de son attitude envers ses enfants se conciliait chez elle avec la plus vive tendresse pour eux, puisque son fils aîné, à l'âge de quarante-cinq ans, pendant cet exil au Bignon dont nous avons dit un mot, écrivant à Mme de Pompadour pour obtenir la permission de revoir sa mère, parlait d'elle en ces termes : « Cette mère respectable, chargée d'ans et de mérites, m'a tenu dans ma première enfance *dix-huit mois* sur ses genoux, nuit et jour, pour ne confier à personne le soin de son fils mourant. » En témoignant de la sollicitude si dévouée de sa mère, ce passage nous apprend en même temps que la première enfance du marquis fut très-maladive, quoiqu'il fût destiné à porter pendant soixante-quatorze ans, avec une vigueur d'esprit inaltérable, le fardeau d'une existence peut-être encore plus tourmentée intérieurement que la courte et orageuse carrière du plus fameux de ses fils.

23

La première et vive impression qui resta toujours gravée dans l'esprit du marquis de Mirabeau, quoiqu'il l'eût éprouvée à l'âge de cinq ans, fut produite par l'épouvantable peste qui ravagea la Provence en 1720. Son père, apprenant à Mirabeau les atrocités qui se commettaient dans la ville de Marseille alors désertée par es magistrats municipaux, et livrée à toutes les fureurs d'une populace en délire, voulait, malgré son âge et ses blessures, s'y rendre seul de sa personne pour y travailler au maintien de l'ordre ; sa femme, au désespoir, déclara qu'elle l'y suivrait en laissant les enfants à la garde de leurs vassaux, et elle le força ainsi à renoncer à son projet. Bientôt les fugitifs de Marseille affluèrent au village de Mirabeau. Malgré sa fermeté, la marquise, alors malade elle-même et terrifiée pour son mari et ses enfants, exigea que celui-ci quittât le manoir avec elle et toute sa famille pour remonter vers les Alpes à la recherche d'un séjour moins dangereux. On voit d'ici le vieux et colossal guerrier *au col d'argent*, avec l'écharpe noire qui soutenait son bras droit, tel, en un mot que nous l'avons déjà dépeint, monté sur son cheval et accompagné de tous ses domestiques également à cheval, conduisant à travers les montagnes, dans un pays bouleversé par la terreur de la contagion, une sorte de *smalah*, famille et bagages portés sur une longue file de mulets : « Je me rappelle parfaitement, écrivait son fils aîné, déjà vieux lui-même, tous les détails de ce voyage, et que mon frère le bailli (il avait trois ans) et moi étions portés dans deux paniers faisant le pendant à dos de mulet. »

Arrivé devant la ville de Gap, vers laquelle il se dirigeait, le redoutable marquis la trouva en combustion, envahie par le peuple de la banlieue et livrée à la plus complète anarchie. L'entrée lui ayant été refusée, « il la prit, nous dit son fils, presque d'assaut, et il y commanda dès son entrée. En vingt-quatre heures il y eut remis l'ordre, fait rouvrir les boutiques et rétabli le commerce et les marchés. »

Nous avons déjà prouvé, en parlant du bailli de Mirabeau, qu'il ne fallait pas prendre à la lettre une certaine phrase souvent citée de son frère aîné, dans laquelle celui-ci met son amour-propre à dire qu'il a été élevé dans un château de la montagne par un précepteur à trente écus. Nous avons établi, par le témoignage très-précis du bailli, que les deux frères firent leurs classes dans un collége de jésuites, soit à Marseille, soit à Aix, mais plus probablement à Marseille. A la vérité, il n'est pas possible qu'ils aient poursuivi leurs études jusqu'à la fin, puisque le cadet fut enrôlé, comme nous l'avons dit, dans la marine à l'âge de douze ans et demi, tandis que l'aîné était attaché dès l'âge de treize ans au régiment de Duras, que son père avait longtemps commandé.

La scène d'adieux entre le père et cet aîné de

son nom à peine adolescent, qu'il envoie au loin débuter dans la carrière des armes, est bien en rapport avec ce que nous savons déjà du caractère de Jean-Antoine : « Il me fit partir très-brusquement, dit son fils à la fin de 1729, sur quelque nouvelle de revue. Je me rappelle que devant partir matin, l'on me dit qu'il était jour chez lui, et je m'y rendis. Comme la voiture n'était pas arrivée, de crainte de s'impatienter il me fit prendre et continuer une lecture qu'on lui faisait, et quand il l'entendit s'arrêter : *Voilà, dit-il, votre voiture; adieu, mon fils, soyez sage, si vous voulez être heureux.* Et je sortis comme j'aurais fait un autre jour. »

Dans une autre circonstance, où le jeune officier, revenu de son régiment, quittait de nouveau son père, après un court séjour auprès de lui : « Il me fit, dit celui-ci, l'honneur de m'adresser deux recommandations directes : la première fut de ne jamais rien prendre à la guerre ni penser que rien de l'ennemi m'appartînt. Je puis dire que, quant à cet article, je n'avais pas besoin d'avis. Je n'ai pas, même de mon temps, vu beaucoup d'exemples de ce vice bas, fort à la mode de son temps en Italie, et qui n'a repris avec impudence parmi nous que passagèrement et dans des temps bien postérieurs à ma retraite du service. » Le marquis fait ici allusion aux rapines qui signalèrent nos premières campagnes pendant la guerre de Sept Ans, et spécialement aux déprédations qui furent reprochées au duc de Richelieu : « Ce que l'on a vu alors, ajoute-t-il, montre assez que ce genre de bassesse n'est pas de ceux qui cèdent à la marche de la civilisation (1). »

La seconde recommandation du vieux Jean-Antoine à son fils fut de ne point s'exposer hors de propos et par forfanterie. Un autre voyage du jeune officier pour revoir son père nous fournit l'occasion de constater chez le père et le fils, sur une question d'étiquette militaire, des idées qui paraîtraient aujourd'hui assez bizarres : « Le lendemain de mon arrivée, dit le fils de Jean-Antoine, comme il allait à la messe de très-bonne heure, il était sorti avant que je pusse lui rendre mes devoirs. Je le joignis sur le Cours (à Aix où il était alors), comme il revenait ; j'avais mon habit uniforme, peut-être le meilleur que j'eusse en ce moment : « *Monsieur,* « *me dit-il, quand on doit paraître devant gens à* « *qui l'on doit du respect, on quitte son habit* « *de caporal qui ne va nulle part qu'à la tête de* « *sa troupe. Allez quitter cet habit.* » Qui lui aurait dit alors, ajoute le fils, qu'on assouplirait le génie militaire et qu'on le ferait dégénérer en esprit légionnaire, au point de faire des habits uni-

---

(1) Il était réservé en effet à la nation, qui se vante aujourd'hui d'être à la tête de la civilisation, d'égaler, sinon de dépasser dans une guerre récente et impitoyable, tout ce que la rapacité des anciennes guerres offre de plus violent et en même temps de plus bas.

formes pour les officiers généraux et même pour les maréchaux de France ! »

En 1731, le jeune enseigne, qui n'avait pas encore seize ans, fut détaché de son régiment et envoyé par son père à Paris pour y être placé dans un de ces établissements qu'on appelait alors des *académies*, où les jeunes gentilshommes se perfectionnaient, non point en littérature, comme l'on pourrait le croire d'après le nom de ces institutions, mais dans tous les exercices physiques propres à former un militaire. Quelques fragments de Mémoires écrits par le futur *ami des hommes*, à l'âge de vingt-trois ans, et qui ont été conservés, nous permettent de nous faire une idée de son caractère pendant cette première période de sa jeunesse. Ce caractère est à peu près aussi désordonné et turbulent que le sera plus tard, au même âge, celui du célèbre fils de l'*ami des hommes*.

Il y a cependant entre les deux jeunes gens des nuances qu'on distingue aisément quand on les a étudiés tous les deux. Le père, à vingt-trois ans, raconte ses fredaines d'ACADÉMISTE et d'officier avec une désinvolture étourdie et vaniteuse, mais d'une façon plus naïve et moins prétentieuse que son fils, en ce sens qu'au lieu de les rehausser par la parole en les présentant comme des signes de supériorité, ou encore, au lieu d'en rejeter le tort sur telle ou telle personne, il les qualifie lui-même très-souvent comme le ferait un homme raisonnable ; il ne se défend jamais aux dépens d'autrui et se peint avec autant de complaisance quand il est ridicule que lorsqu'il peut espérer de paraître brillant ou imposant.

Nous verrons plus tard le fils, au même âge à peu près que son père, ayant perdu quatre-vingts louis au jeu, et s'étant compromis dans des désordres d'un autre genre, exposer sa situation à sa mère sous cette forme à la fois majestueuse et récriminatoire : « Vous verrez que je suis plus malheureux que coupable, que si j'ai trop sacrifié à l'amour, je n'ai jamais du moins donné de prise contre moi, quant aux qualités de cœur ; un colonel indigne de commander des officiers qui valent mieux que lui a employé tous les ressorts possibles pour me perdre. »

Le genre du père, dans sa jeunesse et dans des occasions analogues, est très-différent : « Mes premiers temps, dit-il, en parlant de son entrée à l'*académie*, furent fort orageux. Un Provençal déniaisé et vif est bientôt le patron sur le pavé de Paris. Je m'étais fait chef d'une troupe de jeunes gens qui ne valaient pas grand'chose. Dugua avait d'abord voulu me restreindre à toutes les règles de son Académie : mais lui ayant caché une lettre de mon père qui apparemment lui en donnait tout pouvoir, je tins bon, et aux exercices près, auxquels j'étais très-régulier, je faisais à peu près ce que je voulais. » Il nous raconte ensuite qu'à la fin de l'année 1731, il fit des *excès étonnants* (il avait juste seize ans), et qu'après une maladie dont il pensa mourir, « il se retira, dit-il, de tout le train de débauche où la vanité plutôt que le goût l'avait plongé »; on le croirait devenu complétement sage, mais ce qui suit ne le prouve guère. On se rappelle ce qu'il disait plus haut, dans sa vieillesse, de la terreur salutaire que lui inspirait son père à deux cents lieues de distance. Ceci était écrit pour ses enfants, car ses récits de jeunesse nous prouvent que non-seulement cette terreur ne l'arrêtait pas, mais qu'il poussait l'audace jusqu'à demander de l'argent à ce redoutable père, quand il avait indûment dépassé son budget. Ses récits toutefois nous apprennent également que, quoiqu'il fît valoir ses frais de maladie comme circonstance atténuante, le marquis Jean-Antoine ne se laissait pas plus aisément attendrir par son fils que celui-ci par le sien; mais le fils de Jean-Antoine n'en concluait pas, comme le futur tribun, qu'un tel père manquait à tous ses devoirs : « Mon père, dit-il, fut sourd à des demandes d'argent que je n'osai répéter, et il me laissa six mois sans un sol; mais la jeunesse se console de tout : quand mes souliers furent usés, je portai mes bottes.. Je n'avais pas de bourse; mes cheveux, de deux pieds plus longs que ma tête, ondés, châtain-clair, et dans la plus grande quantité du monde, flottaient autour de mon corps; la croix de Malte avec cela, et un vieux surtout, c'en était assez pour aller au parterre de la comédie, qu'un de mes amis me payait, tantôt l'un, tantôt l'autre, souvent pour applaudir telle actrice que nous coupions au milieu d'une tirade, et laissions sortir ensuite sans mot dire. Je m'étais attribué un empire dans le parterre, si grand qu'il n'y avait chose au monde que nous ne fissions. Un jour un de mes camarades voulut me mener avec lui aux secondes loges ; l'on m'y aperçut et l'on cria : « A bas le chevalier tapageur ! » Je descendis ; le parterre n'était pas nombreux. Je dis que je remarquerais quelque braillard, et que je lui couperais le nez. Un jeune mousquetaire me dit : « C'est moi. » Je m'élançai sur lui ; nos amis se mirent entre deux ; nous convînmes de nos faits, et nous nous séparâmes amis. »

L'espèce de divertissement qui consiste à faire du tapage au théâtre tient une assez grande place dans les mémoires du jeune marquis. On peut constater, en les lisant, cette éternelle vérité, qu'il n'y a rien de nouveau sous le soleil, car les choses entre mousquetaires et *académistes* se passent, en 1732, à peu près comme de nos jours entre étudiants. On se donne rendez-vous, comme de nos jours, au café Procope ; on décide qu'on forcera les acteurs à jouer *Tartuffe*, et qu'on les empêchera de jouer *Britannicus*, « on fait taire l'orchestre en chantant des chansons languedociennes et provençales, que le Parisien aime beaucoup. »

Quand les acteurs paraissent, on les accueille avec un vacarme affreux ; un exempt du guet, suivi de vingt-cinq gardes, baïonnette au fusil, pénètre dans le parterre; on fait contre eux, dit le narrateur, le *flux* et le *reflux*, et on les serre si violemment qu'ils sont obligés de se retirer.

Ici se produit un incident qui n'est plus guère en rapport avec nos mœurs. La duchesse de Bourbon paraît dans sa loge, le parterre se tait un moment par respect, les acteurs veulent profiter de la circonstance pour continuer la représentation; mais, au bout de cinquante vers, les chefs des tapageurs donnent le signal et le vacarme redouble. La duchesse envoie un page prier quelqu'un de ces messieurs de venir lui parler. On se consulte; un mousquetaire nommé Ducrest et le futur *ami des hommes* acceptent la mission; mais comme il y avait entre la porte du parterre et celle qui conduit aux loges des *quidams, mal intentionnés pour le bien public*, c'est-à-dire des agents de police, les deux ambassadeurs font demander à la duchesse des sûretés; elle renvoie son page promettant toute sûreté. Le mousquetaire, suivi de l'académiste, portant apparemment le costume négligé et bizarre qu'il vient de décrire, se présentent alors devant elle :

« — Monsieur, dit-elle au premier, je vous prie de faire taire ces messieurs, et ayez la bonté d'écouter les raisons des comédiens qui prétendent en avoir de bonnes pour vous refuser ce que vous demandez.

« — Princesse, répondit-il, nous n'avons au-

cun pouvoir sur nos amis : c'est la raison seule
et vos ordres qui peuvent en décider. Nous allons écouter ce que les comédiens ont à dire. »

Les deux ambassadeurs passent au *chauffoir*;
nous dirions aujourd'hui au foyer. Deux des comédiens viennent s'entendre avec eux ; ils expliquent qu'ils ne peuvent pas encore jouer *Tartuffe*, mais ils promettent de donner cette pièce le
plus tôt possible. On convient qu'ils renouvelleront cette déclaration devant le public, et le *mousquetaire*, suivi de l'*académiste*, avant de redescendre au parterre, repassent par la loge de la
duchesse de Bourbon :

« — Eh bien, Messieurs, dit-elle, de quoi êtes-vous convenus ?

« — Ordonnez, princesse, dit-il, et nous obéirons.

« — Moi, dit-elle, je demande la paix.

« — Votre Altesse les sauve, dit Ducrest de
l'air le plus gravement comique, et ils vivront. »

Il va sans dire que toute la loge éclate de rire.
La représentation de *Britannicus* est reprise et
se continue jusqu'au bout sans aucun bruit.

Au milieu de toutes ces folies, le jeune académiste se prend d'une belle passion pour une actrice
qui devint depuis célèbre et qui avait précisément
le même âge que lui : « L'amour, dit-il, vint me
donner une véritable occupation ; je devins amoureux de la petite Dangeville, jeune actrice d'une
vivacité et d'un agrément charmants sur le théâtre.

Je m'excitai tant sur ce chapitre que j'en devins fou ; la difficulté était de l'en instruire. Aller au théâtre, je n'avais pas un sol, et, d'ailleurs, j'étais fait comme un brûleur de maisons. J'ignorais alors que l'on pût, pour débuter, écrire à une femme. Enfin je ne savais où la prendre, et plus habile que moi y aurait été embarrassé. Je me contentai de rôder autour de sa maison, et je fis tant de tours que je liai connaissance avec une fille qui la servait. Je lui parlais avec tant d'ardeur de sa maîtresse qu'elle en était étonnée. Elle comprit aisément quel était le motif qui me faisait parler, et, pour faire plaisir à cette jeune personne, elle lui en parla de manière à lui donner curiosité. Un jour enfin que j'y fus l'après-midi, elle me dit d'attendre, que sa jeune maîtresse reviendrait du théâtre sans sa mère, et que je pourrais lui parler. Je fus ravi ; mais je tremblais en l'attendant. Elle parut... »

La suite du récit manque dans le manuscrit qui a été coupé, et nous n'avons que la conclusion, assez conforme, d'ailleurs, aux lois de la vraisemblance, étant données les personnes et la situation.

« Mon ami Saconay, dit le narrateur, me soutint dans le désordre où me mit la douleur de quitter ma maîtresse. Mon père était absolu, et je partis le 13 de juin 1732, après bien des larmes et des protestations de fidélité. Cependant, six mois après peut-être, elle prit le baron de C..., à qui elle a mangé un bien immense : ce fut sa mère qui fit cette affaire ; cela me guérit entièrement et je n'y songeai plus (1). »

Son père le faisait ainsi partir brusquement, d'abord parce qu'il était sans doute informé de ses désordres, et ensuite parce qu'il venait de lui obtenir une compagnie dans le même régiment de Duras, auquel il appartenait déjà comme enseigne. Ce régiment était à Besançon où le jeune académiste va le rejoindre pour se rendre ensuite avec

(1) Ces fragments de souvenirs de jeunesse, écrits par le père de Mirabeau, ne se trouvent point dans les papiers laissés par M. Lucas de Montigny ; ils ont été publiés, après l'impression des *Mémoires de Mirabeau,* dans la *Revue rétrospective* de 1834. L'éditeur pense que les lacunes qui se rencontrent dans le manuscrit ont été faites volontairement par l'auteur, devenu un père de famille très-sévère pour ses enfants, et craignant de laisser tomber sous leurs yeux des témoignages de la légèreté de sa jeunesse. Mais, outre qu'une telle préoccupation, au moins pour ce genre d'erreurs, ne nous paraît pas très-sensible chez le marquis de Mirabeau, à en juger par sa correspondance inédite, nous sommes d'autant moins disposé à l'admettre à propos de ce manuscrit, qu'il s'y trouve aussi d'autres lacunes dans des parties où la question de moralité n'est pas engagée, et que ce qui, d'ailleurs, n'a pas été supprimé en dit assez pour constater le caractère désordonné de la jeunesse de l'auteur. De plus, nous avons entre les mains plusieurs manuscrits inédits du marquis, et d'un genre plus grave, qui offrent également des lacunes, ce qui nous porte à croire qu'elles proviennent toutes de la même cause, c'est-à-dire de l'état primitif d'abandon ou de dispersion des manuscrits. Celui dont il s'agit ici est indiqué par l'éditeur de la *Revue rétrospective* comme se trouvant aux Archives générales. Nous devons dire que nous avons fait des recherches dans cet établissement sans parvenir à le retrouver. Mais, quoique nous n'ayons pu en vérifier l'écriture, les circonstances et les personnes qui y sont indiquées sont mentionnées assez souvent dans d'autres documents que nous possédons, pour que l'authenticité du fragment déjà publié ne laisse aucun doute dans notre esprit.

lui à Strasbourg et, de là, au Fort-Louis, dans une île du Rhin, où il fait encore une grosse maladie à la suite de laquelle il retourne à Besançon; et dès qu'il peut se tenir sur ses jambes, « il enfourche, dit-il, un cheval et gagne la Suisse pour aller se rétablir chez son ami Saconay. »

Cet ami, dont le marquis parle assez fréquemment dans ses souvenirs de jeunesse, nous porte à signaler dès à présent un trait de caractère que nous remarquerons souvent chez le futur *ami des hommes*, et qui consiste à apprécier vivement chez les autres les qualités qui lui manquent le plus, et à s'attacher de préférence aux personnes qui lui ressemblent le moins. C'est ainsi qu'à vingt-trois ans, à propos de cet ami du même âge, qu'il a rencontré pour la première fois à seize ans à l'Académie, il dit : « Je m'attachai à peu de mes camarades, mais je me liai très-intimement avec un Suisse nommé Saconay, du pays de Vaud, canton de Berne. Cette amitié ne s'est jamais démentie ni refroidie ; c'est encore mon ami de cœur, et il le sera, j'espère, toujours. C'est un garçon tendre, compatissant, très-sensé : de l'ouverture et une raison qui s'exerce sur tout; modéré dans ses passions et ardent au bien. »

On voit déjà combien ce caractère contraste, en plusieurs points, avec le sien. De même, quand il arrive malade au pays de Vaud, dans la famille de son ami, ce qu'il y remarque et ce qu'il y admire n'est guère en rapport avec les goûts que ses propres récits nous autorisent à lui attribuer. « Ce fidèle et tendre ami me reçut, dit-il, comme je le méritais de son cœur. Il avait une mère adorable par son mérite et sa douceur ; il avait aussi plusieurs sœurs : la paix et tous les agréments de la vertu régnaient dans cette maison. Je dois la vie aux soins de toute cette famille, et scellerais ma reconnaissance de mon sang s'il le fallait. »

Ajoutons que cet ami, qui fut d'abord, je crois, officier des gardes suisses, et devint ensuite un personnage assez considérable dans son pays, resta jusqu'à sa mort, c'est-à-dire pendant cinquante-sept ans, intimement lié avec le marquis ; nous le retrouvons souvent dans sa correspondance (1). Conduit par Saconay à Lausanne, le jeune Provençal y rencontre une société plus distinguée que celle qu'il avait jusqu'alors fréquentée à Paris. La capitale du pays de Vaud était déjà, à ce qu'il paraît, ce qu'elle est encore, la ville la plus lettrée de la Suisse : « Dans les assemblées, dit-il, on goûte,

---

(1) Afin de donner une idée de la fidélité que le marquis de Mirabeau porta dans quelques-unes de ses amitiés de jeunesse, nous croyons devoir citer ici un passage d'une lettre écrite par lui à son frère, le 1er avril 1788, c'est-à-dire un an avant sa mort, pour lui annoncer celle de son ami Saconay : « Je viens de perdre mon bon et ancien ami Saconay, homme rare et précieux dans sa patrie et dans sa famille, sous tous les aspects, soit politiques, soit civils, soit sociaux. Jamais homme n'allia, à un point égal, le don de prendre à tous les agréments de la vie, à ses joujoux même, et la capacité foncière, l'activité dans les affaires, l'équité dans les vues, la modération dans les désirs. En apparence, entièrement hétérogènes de caractère, nous nous aimions depuis cinquante-sept ans de l'amitié la plus tendre

on danse, on fait des concerts, on joue des proverbes ; mais, dans presque toutes, il y a deux fois par semaine des espèces d'académies ; l'on y lit des journaux, l'on y donne des sujets de dissertation, ou l'on y rapporte celles que l'on a faites. Souvent aussi une femme rassemble toutes les femmes et filles du même monde. Cela s'appelle des *journées*. L'on y donne un ambigu ; tous les hommes s'y trouvent et l'on y joue des proverbes. La nouveauté et la vivacité française me tenaient lieu de mérite ; l'on m'y fêtait fort, et nous mîmes tout en train. »

Il fallut pourtant quitter Lausanne et aller rejoindre le régiment pour faire la courte guerre de 1734. Ce fut, je crois, la première campagne du jeune capitaine ; il avait alors dix-huit ans. Dans ses souvenirs, au lieu de traiter de la guerre qui, à la vérité, ne produisit aucune opération bien importante, au moins en Allemagne, quoiqu'elle ait eu pour résultat de nous donner la Lorraine, le

---

et la plus confiante, de la même manière dont on s'aime à seize ans, avant d'avoir été détérioré par l'usage du monde et par sa propre aridité. Notre correspondance la plus exacte n'avait jamais été interrompue. Il était heureux par son caractère aimant, actif, joyeux et toujours content ; il ne cessait de me peindre son bonheur, dans sa famille ; et ceux que la Providence entoure d'épines cruelles, dont ils ne peuvent ou ne savent se débrouiller, ceux-là demeurent. Chacun a son sort, mais j'ai bien pleuré mon ami, et, si je n'étais nécessaire encore aux intérêts des tiers, je serais plus que suffisamment détaché de la vie. » Le marquis fait ici allusion aux nombreuses et cruelles tribulations qui affligèrent sa vieillesse, et dont nous reparlerons dans le cours de ce travail.

fils de Jean-Antoine, dont le régiment n'a pas dépassé Trèves, se complaît à raconter toutes les mésaventures plus ou moins bizarres qui l'ont assailli en revenant de Trèves à Paris, où son père lui a permis de retourner afin d'essayer d'obtenir d'être agréé pour l'achat d'un régiment.

« Je partis, dit-il, de cette campagne, comme on peut croire, sans un sol » (c'est en effet son état habituel). Il avait acheté, au début de la guerre, un cheval d'Espagne cinquante pistoles. Ce coursier avait été si bien soigné qu'il était devenu aveugle et que « les corneilles, dit son maître, n'en auraient pas voulu. » C'est sur cette monture qu'il a néanmoins la prétention d'arriver jusqu'à Nancy « en se tenant de côté sur sa bête et en frappant sur sa croupe raboteuse d'un bâton qui eût pu servir de pieu. » Son uniforme couvert de boue, ses cheveux non peignées depuis un mois, attachés sur sa tête par un ruban et formant comme un nid de pie impénétrable, tous ces détails de toilette sur lesquels il insiste paraissent l'intéresser vivement. « Au vrai, s'écrie-t-il, mon cheval et moi nous étions deux figures à peindre. » Il avoue cependant qu'il fut un peu honteux en rencontrant dans cet équipage deux régiments de cavalerie qui suivaient la même route que lui ; « mais il les passa, dit-il, promptement, » ce qui paraît difficile à comprendre, vu l'état de son cheval.

Obligé de le laisser en route, il prend des bidets de poste et ne gagne point au change, car, en suivant la route de Châlons à Épernay, son nouveau cheval, qu'il a eu l'imprudence de laisser reposer un instant dans une prairie, refuse absolument de se mouvoir ; la pluie tombe à torrents, le cavalier s'épuise en efforts ; il tourne autour de sa bête en hurlant, dit-il, en jurant, en la piquant même de son épée ; « le moindre mouvement, ajoute-t-il, pour un homme harassé de fatigue, botté jusqu'à la ceinture, et qui marche sur un terrain mou et glissant, est un supplice ; que l'on juge de mon désespoir ! Je me donnai mille coups de poing et me serais, je crois, tué si j'avais eu des pistolets ; mais il fallut crever et prendre patience : j'avais quatre lieues à faire de la sorte. La nuit approchait. » Heureusement passe une charrette ; il prend sa selle, la porte sur la charrette, s'y installe et se fait conduire jusqu'à Épernay, laissant encore un cheval sur les chemins. Enfin, en décembre 1735, il arrive à Paris.

Il y trouve cent pistoles que lui envoyait son père. « Je sentais, dit-il, que ce voyage était tout différent de celui que j'avais fait pendant mon académie ; il s'agissait de ne voir que bonne compagnie ; d'être présenté à Versailles, d'éviter toutes sociétés de jeunes gens ; enfin je voyais ce qu'il fallait faire, mais pas du tout par où m'y prendre. » Il s'adresse à un oncle maternel, un Castellane, qui, fort occupé, lui dit qu'un jeune homme, à Paris, doit savoir se fourrer (chose que je hais, ajoute le jeune marquis), et aller tout seul. » Il essaie de se fourrer, se fait présenter chez une dame portant un beau nom, et il tombe dans un tripot ; suivant lui, rien n'est moins rare à cette époque que de voir de grandes dames plus ou moins ruinées ou déclassées tenir des tripots ; il en cite du nom de d'Armagnac, de Nassau, de Listenay, qui sont dans ce cas ; il assure que la dame qui préside à celui dont il s'agit a été épousée par un vrai Du Roure, mais elle a été épousée blanchisseuse de son état, et très-compromise par les soldats aux gardes. Ces singularités, dont il y a de nos jours plus d'un exemple, se voyaient donc déjà sous l'ancien régime.

Malgré les empressements dont il est l'objet, le jeune marquis a la sagesse de n'aventurer au Pharaon que quatre écus, ce qui le fait prendre en grand dédain par les habitués et la maîtresse du logis. Enfin il rencontre le lieutenant-colonel de son régiment, qui le conduit à Versailles et le présente au valet de chambre favori du tout-puissant cardinal de Fleury, à Barjac. Le lieutenant-colonel pose la question à Barjac, en lui disant *fort naturellement*, pour employer les propres expressions du narrateur, que son protégé est prêt à donner 10,000 livres à quiconque lui obtiendra l'autorisation d'acheter un régiment. La réponse de Barjac est assez édifiante pour être reproduite : « Cela n'est pas de mon district, répondit-il ; je demande quelquefois à mon maître des choses de peu de conséquence ; d'ailleurs, les services que je puis rendre sont : de lui faire parler, de lui faire lire les mémoires selon l'occasion, mais c'est tout ; si je prenais l'argent de Monsieur, je le volerais : ou il doit avoir un régiment et je n'y ferais rien, ou son tour n'est pas venu et son argent serait inutile. »

Cependant l'oncle du jeune marquis se décide à intervenir en sa faveur : « Il me présenta, dit celui-ci, au cardinal, qui dit, en m'entendant nommer : Beau nom pour la guerre (c'est apparemment pour cela qu'il n'a pas voulu l'employer) ; de là, au garde des sceaux Chauvelin, et à M. d'Angervilliers, alors ministre de la guerre. Il me fit aussi présenter au Roi, à la Reine et à M. le Dauphin. » Mais le solliciteur n'en fut pas plus avancé : » Je me présentai, dit-il, au moins cinq fois par jour sur le passage du cardinal. Cela me rappelle qu'un jour qu'il allait partir pour Issy, un carrosse l'attendait dans la cour des Princes. J'étais au bas des marches qui sont dans la cour, boutonné du haut en bas, selon ma coutume, et les deux mains dans mes poches, à l'attendre sans songer à lui. Le pied lui manqua à la première de ces trois marches, et le bonhomme me vint tomber sur le corps. Un courtisan eût feint d'être estropié en disant *ce n'est rien* ; quant à moi, je n'eus pas l'esprit de m'en émouvoir, et ce petit bossu de Caylus, la puce de Versailles, venant l'embrasser avec grand empressement, l'eût conduit dans son carrosse avant que j'eusse bien songé à l'accident de Son Éminence. »

Il est manifeste que le père de Mirabeau manque de ce qu'on appelle en style familier *entregent*; nous verrons qu'il en manqua toute sa vie, et qu'il avait réellement le droit de dire ce qu'il disait de son fils aîné au même âge que lui : « Il est aussi entrant que j'étais farouche. » — Ses sollicitations à Versailles ne produisant aucun résultat, son oncle veut le faire revenir à Paris. Ici se présente de nouveau l'éternelle question d'argent, au sujet de laquelle le jeune homme est intéressant à étudier, comparativement à son fils. Il répond à son oncle qu'il ne peut quitter Versailles sans payer ce qu'il y doit, et qu'il n'a plus d'argent : « Il me donna, dit-il, dix louis ; j'en devais six, que je payai. Je fus donc à Paris avec quatre louis. Il s'agissait de les faire durer, car surtout je ne voulais pas devoir. J'écrivais toute la matinée ; à une heure, je prenais une tasse de café au lait avec un petit pain, et j'allais souper chez Mme d'Andrezel. C'était là mon train de tous les jours. Il ne m'en coûtait donc que ma tasse de café, et trente sous par jour au sieur Du Quesnoy (son laquais), qui m'avait persuadé qu'un homme comme lui ne pouvait pas vivre à moins. Je mets ici tous ces misérables détails, tant parce qu'ils me réjouiront peut-être un jour, que parce que c'est une leçon, soit pour les pères qui resserrent trop la jeunesse de leurs enfants, soit pour les fils que rien ne doit autoriser à manger plus qu'ils n'ont, puisqu'ils mettent alors leur honneur entre les mains de parents qui peuvent ne pas vouloir payer en cas de mort. » Cette réflexion est curieuse sous la plume d'un jeune homme que son fils accusera aussi plus tard de trop resserrer sa jeunesse, et qui, à son tour, s'indignera souvent contre ce bourreau d'argent dont la conscience, sur ce point, était incontestablement moins scrupuleuse que celle de son père, car jamais homme ne s'inquiéta moins que Mirabeau soit du choix, soit du nombre de ses créanciers, soit des moyens de payer ses dettes ; aussi le marquis écrivait-il en parlant de lui : « Si la graine aux expédients enragés était perdue, elle se retrouverait dans cette tête-là. »

Quoique le jeune marquis nous dise : « Avant tout, je ne voulais pas devoir, » sa résolution n'est pas tellement immuable qu'il n'y manque bientôt, car nous apprenons, dès la page suivante, qu'ayant reçu la pension fournie par son père, il se lie avec un jeune vaurien de qualité, partage avec lui la location d'une voiture de remise et que, tout en moralisant ce jeune homme, auquel il répète sans cesse qu'il ne faut rien prendre que l'on ne puisse payer, il se laisse aller lui-même à ajouter à son laquais un coureur, « que je fis, dit-il, vêtir richement, et cela me mena fort promptement au bout de mes 2,000 livres, » et le voilà déjà réduit aux emprunts. Il est vrai qu'il blâme vivement ceux qui n'ont, dit-il, nul souci de leur honneur dans les moyens de trouver de l'argent; aussi s'adresse-t-il à un banquier, ou plutôt, c'est le banquier lui-même, Pâris-Montmartel, qui se met à sa disposition. Il a sur ce banquier une lettre de crédit de 75,000 livres, qui lui a été donnée par son père pour le cas où il aurait obtenu l'agrément du Roi pour l'achat d'un régiment, ce qui implique déjà, de la part du vieux marquis Jean-Antoine, une certaine confiance en son fils. Toujours est-il que la lettre de crédit ne pouvant être employée à sa destination, le jeune homme ne veut emprunter que sur sa parole, et à l'insu de son père, en déclarant qu'il ne pourra payer que dans un an. Le banquier lui dit galamment : « Vous payerez quand vous voudrez, et monsieur votre père n'en saura jamais rien. » On verra que les choses se passaient autrement entre le fils et ses créanciers. Mais le père, jeune, se retrouve aussi léger que le sera plus tard son fils lorsque, après avoir emprunté 3,500 livres, il s'écrie : « Me voilà en fonds; je m'habillai de printemps et me remontai un peu de tout point, néanmoins sans faire de débauche. » Ce correctif n'est peut-être pas aussi sûr qu'une parole d'évangile.

Nous ne suivrons pas minutieusement jusqu'au bout ce journal de jeunesse, d'autant que les faits, racontés d'une façon un peu décousue, sont en eux-mêmes assez insignifiants. Nous ne reproduirons donc pas l'histoire assez détaillée d'un duel que l'auteur eut, en tête-à-tête, à minuit, dans une rue de Besançon, presque *à l'aveuglette*, avec un jeune officier de son régiment qui s'était moqué d'un certain habit brodé d'or ou de drap d'or « que j'appelais, dit-il, et que j'appelle encore *mon oriflamme*. » Ce duel, où le jeune marquis avait infligé à son adversaire plusieurs coups d'épée assez graves, faillit avoir pour lui des suites fâcheuses ; mais le blessé, qui avait lui-même exigé ce combat peu régulier, refusa noblement de nommer l'auteur de ses blessures, et l'affaire fut étouffée.

Nous glisserons aussi sur un portrait assez curieux de son grand-oncle Bruno de Riqueti, le fameux capitaine aux gardes-françaises sous Louis XIV, dont nous avons dit un mot ailleurs ; nous constaterons seulement que, dans la biographie de son père, le marquis de Mirabeau se croit tenu de peindre en beau la physionomie de ce Bruno de Riqueti, tandis que dans son journal de jeune homme, il est moins disposé à l'admiration, car le portrait se termine ainsi : « Il avait autant d'esprit que de bravoure, mais il était fou, insolent et méchant à l'excès. » C'est avec la même désinvolture qu'il peint la fille unique de ce grand-oncle, devenue la marquise de Saint-Micaud. « Elle a, dit-il, plus l'air d'un homme que d'une femme, et d'un homme bilieux et fier ; elle en a aussi la démarche et une partie de l'habillement ; elle montait très-bien à cheval autrefois, et son mari l'empêcha de porter des pistolets à la chasse, depuis qu'elle perça de trois balles le chapeau d'un honnête curé qui lui déplut. » La suite du portrait de cette virago est dans le même ton, et nous le laisserons de côté pour nous arrêter sur un dernier passage du journal, plus intéressant pour l'étude de ce caractère compliqué, que nous verrons se développer bientôt sous toutes ses faces à travers les vicissitudes d'une carrière tourmentée et bizarre. A côté de l'étourderie vaniteuse et inconséquente qui se manifeste naïvement dans ces récits de jeunesse, constatons encore une fois, chez le marquis de Mirabeau, l'aptitude à se passionner jusqu'à l'enthousiasme pour les caractères les plus opposés au sien. Il s'agit encore d'une amitié, formée par lui à l'âge de vingt ans, et qui se continuera jusqu'à la mort de son ami. Celui-ci n'est pas, comme Saconay, un jeune contemporain du marquis ; c'est un homme beaucoup plus âgé que lui, marié, père de famille, et qu'il nous présente comme le plus rare assemblage de toutes les vertus. Leur liaison naquit d'une circonstance tout à fait accidentelle. Un jour que le jeune marquis était en visite chez un homme qu'il connaissait peu, il entend dans un salon voisin le son d'un violon qui préludait ; il demande à être présenté à la dame du logis, et se trouve au milieu d'une assemblée de dames et de jeunes personnes, parmi lesquelles figuraient la marquise de Saint-Georges et sa fille. « On dansa, dit-il, on joua de petits jeux, et je tins ma partie dans tout cela avec ma vivacité ordinaire. » Quelques jours après, il se fit présenter chez la marquise de Saint-Georges. Le marquis était alors en Poitou avec son fils ; il revint enfin, dit le jeune homme, et nous nous liâmes avec une étrange rapidité, vu l'inégalité des âges :

Il était étonné de voir un jeune homme qui paraissait en état de courir les plaisirs de son âge, revenir tous les deux jours dans une maison fort simple et fort réglée, et y passer toute l'après-midi. Moi, de mon côté, qui ne sacrifiais rien, les plaisirs de jeunesse ne m'amusant point du tout (1), j'étais ravi de profiter des amusements simples de cette maison, et l'union que j'y voyais me plaisait, et j'aimais l'utile et agréable conversation du maître. Quoique l'Italien dise: *Date me lo morto* (donnez-le-moi mort), quand il est question de louer quelqu'un à l'excès, je puis cependant, sans hasarder grand chose, faire ici le portrait du marquis de Saint-Georges. Je ne l'ai vu que dans l'âge formé, mais je connais sa vie d'un bout à l'autre ; c'est, comme je l'ai dit ailleurs, positivement le *justum et tenacem propositi virum*. Si, calculer toujours la bonté d'un principe avant de l'adopter, l'étendre ensuite conséquemment, et le suivre après sans jamais s'en écarter ; si, avoir le cœur excellent et droit, l'esprit juste, vaste, hardi, et capable en même temps des plus petits détails sans se rétrécir, actif à opérer, froid à juger, l'âme enfin grande, noble, modérée, forte, douce et simple ; si tout cela ensemble, mis en usage

---

(1) On pourrait s'étonner de cette assertion, d'après tout ce qui précède.

dans tous ses attributs, et, par conséquent, à propos, peut former un homme estimable, et qui fasse honneur à l'homme, le marquis de Saint-Georges est cela, et tout cela. Il est haut de taille, sans paraître trop grand ; une physionomie vive, gaie et riante, un air sain et vigoureux : voilà ce que c'est que cet homme, auprès duquel tout est ce qu'il est en soi, et rien n'est petit ni grand par préjugé. »

Si ce marquis de Saint-Georges, sur lequel nous n'avons pas d'autres informations, possédait en effet toutes les qualités que reconnaît en lui son jeune ami, il est fâcheux qu'il n'ait pas pu transmettre à celui-ci quelques-uns des attributs de son esprit et de son caractère. Toujours est-il que l'enthousiasme pour lui se retrouvera souvent dans les papiers du marquis de Mirabeau, et dès le moment où cette liaison se forme, il prévoit hardiment qu'elle sera durable, car il écrit : « Voilà le commencement d'une connaissance qui a tant influé sur le cours de ma vie jusqu'à présent, sans ce qui se prépare pour l'avenir. » On verra que cette influence fut loin de produire les résultats heureux qu'en espérait le marquis de Mirabeau (1).

(1) Disons tout de suite que quarante-deux ans plus tard, en 1779, le bailli de Mirabeau, écrivait à son frère aîné : « Si tu t'étais cassé une jambe la veille du jour qu'un chien de violon et l'envie de danser te firent connaître M. le marquis de Saint-Georges, tu aurais été bien heureux, car ce fut lui qui te maria, te dégoûta du service et t'engoua de Paris, où un homme de qualité, qui ne va pas à la cour et ne tient pas au service est toujours déplacé. »

XVII

LE MARQUIS DE MIRABEAU ET VAUVENARGUES

Un autre document où la jeunesse du marquis se présente à nous sous un aspect plus intéressant peut-être que dans le premier, c'est sa correspondance avec Vauvenargues. Pour un homme dont le caractère sera plus tard si attaqué, c'est déjà une note très-favorable que d'avoir inspiré un attachement sincère au plus noble et au plus délicat des moralistes du xvIII^e siècle. Ici encore, le jeune Mirabeau se retrouve avec cette disposition à aimer surtout dans les autres les qualités dont il est lui-même dépourvu. Car, si cette liaison n'offre pas la disproportion des âges constatée dans celle dont nous venons de parler, puisque les deux amis, tous deux Provençaux, et même parents, sont de plus exactement contemporains (1), en revanche, il est difficile de rencontrer deux caractères qui offrent plus de contrastes. Vauvenargues lui-même s'est chargé de les faire ressortir dans une lettre à son ami, écrite précisément à l'occasion de ce marquis de Saint-Georges, si passionnément aimé et admiré par Mirabeau, qui l'a mis en rapport avec Vauvenargues, parce qu'il les aime, dit-il, tous les deux et qui le lui propose pour modèle. Le jeune moraliste commence par tracer à son tour un portrait du marquis de Saint-Georges, qui confirme assez celui que nous venons d'emprunter à la plume du fils de Jean-Antoine. La ressemblance des deux portraits nous permet de croire que ce personnage, qui nous est inconnu, devait être en effet un homme fort distingué : « L'exemple de M. de Saint-Georges, écrit Vauvenargues à son ami, n'est fait ni pour vous ni pour moi ; c'est un homme trop accompli ; il est gai, modéré, facile, sans orgueil et sans humeur ; il a une santé robuste ; il aime les sciences et la paix ; il est formé pour la vertu ; sa famille et ses affaires lui font un intérêt et une occupation ; son esprit déborde son cœur, le fixe et le rassasie ; il a le goût de la raison et de la simplicité ; tout cela se trouve en lui sans qu'il lui en coûte ; ce sont des dons de la nature ; il est formé pour les biens qu'elle a mis autour de sa

---

(1) Ils ont le même âge, vingt-deux ans, au moment où s'ouvre leur correspondance.

vie ; les autres le toucheraient moins ; il a le bonheur si rare de jouir de tout ce qu'il aime, parce qu'il n'aime rien que ce dont il jouit... Mais vous, mon cher Mirabeau, vous êtes ardent, bilieux, plus agité, plus superbe, plus inégal que la mer, et souverainement avide de plaisirs, de science et d'honneurs. Moi, je suis faible, inquiet, farouche, sans goût pour les biens communs, opiniâtre, singulier et tout ce qu'il vous plaira ; vous voyez donc que M. de Saint Georges ne peut pas nous servir de règle ; il a son bonheur en lui et dans sa constitution, comme nous avons en nous la source de nos déplaisirs. »

Rien de plus exact à notre avis que le portrait du jeune marquis par son ami Vauvenargues. C'est bien ainsi qu'il devait être à vingt-deux ans, et c'est ainsi qu'il restera même après que l'âge, en tempérant quelques-uns des penchants de sa nature fougueuse, aura en quelque sorte redoublé la tenace avidité des autres. Nous le verrons à l'âge de soixante-trois ans, au milieu de ses plus grands tracas domestiques, écrire à son frère : « Si je ne détournais ma tête de toutes les queues de renard qui m'entourent, elle aurait chaviré il y a longtemps ; ce n'est qu'une âme avide, multiple et glutineuse qui sauve le corps. » (20 février 1778.)

Toutefois si Vauvenargues peint son ami d'après nature, il ne se peint lui-même qu'à moitié. Il n'est ni aussi faible, au moins moralement, ni aussi farouche, ni aussi singulier, ni aussi détaché des biens communs qu'il le veut bien dire. Il est, avant tout, défiant de lui-même et des autres. Privé des dons de la fortune, de la figure et même de la santé, et néanmoins sentant en lui de riches facultés intellectuelles, une âme assez sagace pour connaître les hommes, assez équitable pour les juger, assez ferme pour les conduire, il rêve tous les genres de gloire, militaire, politique, littéraire. Mais, entre chacun de ses désirs et son objet s'interpose quelque obstacle qui lui paraît insurmontable. « Il n'y a, écrit-il ailleurs à son ami, ni proportion, ni convenance entre mes forces et mes désirs, entre ma raison et mon cœur, entre mon cœur et mon état, sans qu'il y ait plus de ma faute que de celle d'un malade qui ne peut rien savourer de tout ce qu'on lui présente, et qui n'a pas en lui la force de changer la disposition de ses organes et de ses sens, ou de trouver des objets qui leur puissent convenir. » Et le jeune capitaine au régiment du Roi, dédaigneux des distractions vulgaires que peut offrir la vie de garnison en province, pauvre, fier, ambitieux, incertain et découragé, se consume dans une mélancolique et fatigante inaction. C'est ici qu'apparaît, avec une attitude véritablement intéressante, cet autre jeune officier, orageux et inégal comme la mer, confiant en lui-même jusqu'à la présomption, qui sera le père de Mirabeau. Il a deviné de loin, et sur quelques lettres de Vauvenargues, un gé-

nie inconnu, qui s'ignore lui-même jusqu'à un certain point, et qui ignore surtout sa vraie nature, sa vraie vocation, et il entreprend de le forcer à croire en lui et à agir dans un sens déterminé.
« Quelqu'un qui pense et s'exprime comme vous, mon cher Vauvenargues, n'est pas pardonnable, lui écrit-il, de n'avoir aucune ambition. Je sais que votre peu de disposition et de santé ne vous permet pas de courir ce que quelqu'un comme vous doit appeler fortune ; mais quelle carrière d'agréments ne vous ouvrent pas vos talents dans ce qu'on appelle la *république des lettres !* Si vous pouviez connaître combien de plaisirs différents nous procure une réputation établie en ce genre ! »

Cette idée une fois fixée dans son esprit, le jeune Mirabeau revient sans cesse à la charge. « Vous avez parfaitement le genre anglais, mon cher Vauvenargues ; vous ne pensez que trop fortement, juste et profondément. Mais à quoi vous sert cette facilité, dès que l'inaction est votre sphère ?... Vous enfouissez, si vous ne travaillez, les plus grands talents du monde ! Je ne sème point ici de louanges ; c'est la vérité qui parle. Des gens du meilleur goût, ayant vu vos lettres, m'obligent à leur envoyer toutes celles que je reçois de vous, et je les ai entendus s'écrier, quand je leur ai dit que vous n'aviez pas vingt-cinq ans : « Ah Dieu ! quels hommes produit cette Provence ! »

Vainement le futur moraliste se retranche avec modestie derrière sa prétendue ignorance : « Si vous connaissiez, répond-il, ma profonde ignorance, mon cher Mirabeau, vous changeriez bien de ton. Je ne sais si c'est à moi à vous détromper ; mais vous me donnez des louanges si excessives qu'elles m'étonnent toujours. Vous n'êtes pas le seul peut-être qui vous grossissiez mon idée ; je voudrais avoir assez de vanité pour l'adopter et croire à tous vos compliments... mais je suis trop près de moi pour m'éblouir ; je vois le fond de mon esprit et ce qui trompe en sa faveur. »

Plus que jamais convaincu de la valeur intellectuelle de son ami, le jeune marquis ne veut pas qu'il se contente d'exercer son génie en lui écrivant des lettres, c'est-à-dire en *se laissant arracher à lui-même en détail*. « Travaillez pour le public, écrit-il à Vauvenargues ; car je suis sur les manuscrits comme Alexandre, qui fut fâché qu'Aristote eût donné sa philosophie à tant de gens, sans la donner à tout le monde. Si la privation du travail vous faisait vivre dans la dissipation, je n'oserais, avec le peu de santé que je vous connais, vous conseiller l'étude ; mais, vivant dans la retraite et toujours sur les livres, il n'est pas pardonnable de ne pas diriger ses occupations vers un but. C'est la perte de temps qui mène à cette inaction qui semblait à Caton d'Utique le plus grand des crimes. S'il est permis de se citer, j'ai, je crois, plus de feu, d'imagination, de santé, que vous ; mais vous avez plus d'esprit et de suite. Cependant, si vous ne m'en imposez, il s'en faut de beaucoup que vous tiriez le même parti du temps. Si vous employiez tout le loisir que votre humeur vous laisse, jugez de ce que vous pourriez faire ! J'en sais plus que vous sur votre propre compte, si vous ne vous connaissez pas une grande étendue de génie ! »

Des encouragements si multipliés finissent par ébranler la défiance qui obsède Vauvenargues, et il répond par une phrase curieuse, comme expression du sentiment à la fois passionné et craintif qui attirait vers la gloire cette jeune âme, si belle, si noble, devant laquelle Voltaire lui-même s'inclinait avec respect : (1) « Vous ne sentez pas vos louanges, mon cher Mirabeau, répond-il ; vous ne savez pas la force qu'elles ont ; vous me perdez. Épargnez-moi, je vous le demande à genoux ! »

Loin de l'épargner, Mirabeau le pousse de plus en plus, et bientôt le jeune officier philosophe donne satisfaction à son ami : « J'ai pris, lui écrit-il, le goût de la lecture comme une passion : en arrivant à Reims, et, au bout de cinq ou six jours, mes yeux, que je n'avais pas consultés, s'en sont trouvés si mal, qu'il m'a fallu rentrer dans mon oisiveté, et je ne puis ni lire, ni écrire. Je *veux suivre vos conseils* et remplir dorénavant

---

(1) Qui ne connaît cette phrase charmante de Vauvenargues : « Les premiers feux de l'aurore ne sont pas si doux que les premiers regards de la gloire. »

le vide de mes jours du soin de former mon esprit, et, pour exécuter cette résolution, j'ai pris deux hommes pour me faire la lecture, un le matin et un autre le soir. Ils défigurent ce qu'ils lisent...; mais cela vaut encore mieux que rien. »

Ainsi tout s'opposait à l'éclosion de ce grave et aimable génie ; ses yeux mêmes lui refusaient le service. Mais Mirabeau ne voit dans sa lettre que ce qui correspond à ses desseins sur lui. « Si ce que vous me dites, lui répond-il, de l'inaction dont vous sortez est vrai, mon cher Vauvenargues, je me sais bon gré de vous avoir excité sur cela : vous y profiterez, le public bientôt, et moi, à ce que j'espère, quelque jour en mon particulier. »

La confiance qu'il inspire à Vauvenargues fait que celui-ci se complaît à lui écrire de longues lettres, où se dessinent déjà la plupart des qualités et des tendances de son esprit, et dans ce cas le jeune marquis oublie les intérêts du public et se livre au plaisir égoïste de posséder son Vauvenargues pour lui tout seul : « Je vous aurai, par morceaux, mon cher Vauvenargues, je vous l'avais promis. Il y a des choses uniques dans votre lettre, cependant le style en est souvent lâche ; mais je ne connais personne qui suive une pensée comme vous ; heureuse faculté ! l'on vit sur son fonds, tandis que la culture des autres n'exerce souvent que la mémoire. » Et il termine en disant : « Ne faites pas comme moi aujourd'hui ; n'étranglez point vos lettres, donnez carrière à votre esprit, il va droit, » et souvent, en effet, on reconnaît que Vauvenargues s'exerce d'avance à écrire pour le public, en discutant longuement, et avec ordre, les idées tour à tour justes, excessives, spécieuses ou fausses, que son impétueux correspondant jette sur le papier à mesure qu'elles traversent son cerveau.

Il ressort donc de cette correspondance un fait jusqu'ici complétement inconnu et des plus honorables pour le marquis de Mirabeau, car on y voit que si Vauvenargues n'est pas mort tout entier avant trente-deux ans, s'il est mort en nous laissant quelques témoignages impérissables d'un génie à la fois profond, chaleureux et attrayant, nous le devons peut-être aux excitations infatigables de ce jeune ami, qui lui répète sans relâche : « Vous êtes injuste envers vous-même, si vous doutez de votre génie ; travaillez pour le public ; vous seriez coupable de laisser enfouis les dons que la nature vous a faits (1). »

(1) Le manuscrit des lettres du marquis de Mirabeau et de Vauvenargues appartenait à M. Gabriel Lucas de Montigny, à l'amitié duquel nous devons, comme nous l'avons déjà annoncé, une très-grande partie des documents inédits qui nous servent à composer nos études sur les Mirabeau. Ce précieux document formant un ensemble trop volumineux pour pouvoir être inséré dans notre travail, fut confié par M. Lucas de Montigny à un écrivain de mérite, M. Gilbert, dont la mort récente a été une perte pour la littérature, et qui le fit imprimer pour la première fois dans une bonne édition des Œuvres complètes de Vauvenargues, donnée par lui en 1857. Malheureusement

On vient de lire un passage où Vauvenargues témoigne une sorte d'effroi devant la gloire littéraire que son ami l'exhorte à poursuivre. Cet effroi tient certainement à sa timidité, mais il s'explique peut-être aussi par un sentiment développé dans la suite de la correspondance. Il est évident que ce n'est pas la renommée littéraire qui le tente le plus : « Si j'avais plus de santé, écrit-il, et si j'aimais assez la gloire pour lui don-

l'éditeur, quoique homme d'esprit et de goût, s'est laissé aveugler par cette banale prévention, si généralement établie contre le marquis de Mirabeau, qu'il ne connaissait pas, et il a joint aux lettres de celui-ci des notes souvent mesquines, inexactes et injustes, qui semblent avoir pour but de faire constamment valoir Vauvenargues aux dépens de son ami. Non-seulement il n'a pas voulu voir ce fait que nous venons de démontrer par des citations, fait si honorable pour le père de Mirabeau, et qui crève les yeux de quiconque lit la correspondance sans parti pris, mais croirait-on qu'en imprimant la phrase du marquis à Vauvenargues qu'on vient de lire plus haut : « Vous enfouissez, si vous ne travaillez, les plus grands talents du monde, » M. Gilbert a eu l'idée d'y joindre cette appréciation : « On voit combien Vauvenargues attirait l'attention, puisqu'il forçait à ce point celle de Mirabeau, qui le plus souvent n'avait de regards que pour lui-même ! » Et M. Gilbert parle ainsi, quand il est surabondamment prouvé par la correspondance même que, sauf Mirabeau et un autre ami, Saint-Vincens, personne, peut-être, ne soupçonnait alors le génie de Vauvenargues, auquel le jeune marquis ne cesse de répéter : « Vous avez du génie » ; s'il avait un peu mieux connu l'ami de Vauvenargues, M. Gilbert se serait aisément aperçu que celui-ci, quoique très-porté à se surfaire, n'en était pas moins de tous les mortels le plus prompt à admirer jusqu'à l'engouement ceux chez lesquels il reconnaissait du talent. Ce n'est pas que les défauts du père de Mirabeau ne soient très-visibles dans cette correspondance : nous les indiquerons tout à l'heure, mais M. Gilbert ne veut voir en lui que ses défauts et méconnaît même ses plus incontestables qualités.

ner ma paresse, je la voudrais plus générale et plus avantageuse que celle qui s'attache aux sciences (1). » Ailleurs, il parle avec un certain dédain de gentilhomme de la bienséance qui veut que nos talents aient rapport à notre état ; il dit que la gloire des belles-lettres ou n'est pas essentielle ou ne s'acquiert que très-tard, et lorsqu'on n'en peut plus jouir. Dans un de ses caractères, intitulé *Sénèque, ou l'orateur de la vertu,* il semble porté à louer les jeunes gens qui « ne songent pas à la *stérile gloire des lettres,* qui veulent sortir de pair par des actions et non par des livres ; mais la fortune, ajoute-t-il, laisse rarement aux hommes le choix de leurs vertus et de leur travail. »

On sait, en effet, qu'obligé, à vingt-huit ans, de renoncer à l'état militaire, à cause des infirmités contractées par lui à la guerre et de la faiblesse de sa santé, Vauvenargues essaya d'entrer dans la carrière diplomatique, et ce n'est qu'après avoir échoué, non sans un vif chagrin, dans cette tentative, qu'il se résigna en quelque sorte à recourir à la renommée littéraire en publiant sous l'anonyme, en 1746, un an avant sa mort, le volume qui devait immortaliser son nom ; mais s'il trouva, sous sa main, et tout préparé, ce moyen de se consoler d'une déception douloureuse, n'est-ce pas son jeune ami Mirabeau qui l'avait poussé à

---

(1) Le mot sciences est pris ici dans son sens le plus général et comme s'appliquant à tout travail intellectuel représenté par des livres.

le préparer, et ce jeune ami n'avait-il pas d'ailleurs raison contre Vauvenargues lui-même quand il le jugeait plus apte à la littérature qu'aux affaires ?

La partie de l'ouvrage du moraliste où se révèle parfois la souffrance d'une ambition comprimée et déçue avait été beaucoup moins remarquée par les premiers admirateurs de son livre que par les hommes de nos jours (1) : d'abord parce que cette nuance de son caractère était beaucoup moins saillante dans le volume édité par lui-même, qu'elle ne l'est devenue plus tard par les additions successives que l'ouvrage primitif a reçues, et ensuite parce que les hommes de nos jours sont bien plus attentifs que ceux du xviiie siècle à un genre de souffrance devenu très-commun parmi eux. Combien d'hommes, en effet, parmi nous, en écartant même ceux chez lesquels cette maladie s'explique par un débordement de sottise présomptueuse, combien d'hommes distingués ont de la peine à se consoler de n'être point appelés au gouvernement de leurs semblables, et comment s'étonner, dès lors, que ce trait jadis presque inaperçu de la physionomie de Vauvenargues, soit celui qui frappe le plus nos contemporains ?

C'est ainsi qu'on a vu un brillant écrivain de notre époque, M. Prévost-Paradol, dont la vie avait été bien plus favorisée par la destinée que

---

(1) La Harpe ne paraît pas même s'en apercevoir.

celle du jeune et fier penseur du xviii° siècle, mais dont la fin devait être bien plus triste encore, consacrant à Vauvenargues de belles pages, se montrer surtout attiré et comme entraîné vers son modèle par ce mal de l'ambition souffrante qu'il découvrait en lui. On dirait parfois qu'à ses yeux ce trait résume tout Vauvenargues : « L'action ! s'écrie-t-il, voilà le mot qui revient peut-être le plus souvent dans les écrits de Vauvenargues, voilà l'image et le rêve qui obsédaient sa pensée. Et il entendait surtout par l'action l'influence sur les affaires humaines, la lutte de l'intelligence aux prises avec les difficultés et avec les hommes... Réussit-il un seul jour à tourner vers la résignation sa grandeur d'âme ? Peut-être ; mais c'est au contraire le malaise d'une âme hors de sa place et opprimée par la fortune qui revient le plus souvent dans ces confessions indirectes, pleines d'une amère éloquence. » Et le morceau se termine par ce passage touchant qu'il est difficile de lire aujourd'hui sans un mélancolique retour sur celui qui l'a écrit : « Éternel problème de la destinée humaine ! ce jeune homme grandit à travers les faiblesses de son enfance et les périls de sa jeunesse, passée dans la guerre ; il les surmonte, il médite ; il écrit, son génie se découvre à lui-même et aux autres ; il est né, sans doute, pour l'ornement de son siècle et de son pays ?... Il est né seulement pour une constante douleur et pour le regret de la postérité. Peut-on éviter, devant un tel spectacle, d'entendre retentir à son oreille cette plainte profonde du poëte latin, inutile question adressée avant lui comme après lui à la nature silencieuse :

..... Quare mors immatura vagatur ? (1) »

Quant à nous, si la mort de Vauvenargues nous attendrit, ce n'est point parce qu'elle ravissait prématurément à son siècle un homme d'État, car il ne nous paraît nullement prouvé que le jeune philosophe fût né pour un rôle politique ; tout nous porte à croire, au contraire, que son ami Mirabeau l'avait bien jugé en le supposant plus

---

(1) *Études sur les moralistes français*, par Prévost-Paradol, p. 220, 233, 235.

Qui aurait dit à l'auteur de ces lamentations attendrissantes sur Vauvenargues qu'il était destiné à offrir lui-même aux méditations des hommes un problème plus affligeant encore que celui qui obsédait alors son esprit ? Quand il protestait, en quelque sorte, contre cette mort prématurée dont la voracité capricieuse choisit souvent sa proie parmi ceux qui semblent avoir le plus de droits à la vie, qui lui aurait dit qu'au lieu de l'attendre comme Vauvenargues, avec une résignation ferme, il se précipiterait lui-même dans ses bras, et que, plein de force encore et de jeunesse, après avoir savouré toutes les séductions d'une célébrité aussi éclatante que précoce, il éprouverait un insurmontable besoin de mourir ?

Loin de nous la prétention de juger ou même d'expliquer un acte dont nul ne connaît bien les motifs, et qu'on aimerait à considérer comme le résultat d'un transport au cerveau. Mais si l'acte fut volontaire et réfléchi, il suffit de lire attentivement dans ce volume sur *les Moralistes français* le court chapitre intitulé *de l'Ambition*, pour reconnaître combien M. Prévost-Paradol était atteint lui-même de cette maladie qu'il exagère dans Vauvenargues, le besoin de l'action, ce qu'il appelle dans

propre à la méditation qu'à l'action. Il n'est pas d'ailleurs aussi ambitieux qu'il le croyait quelquefois lui-même. Cette pensée par exemple, qui est de lui, est-elle bien d'un ambitieux : « Le lâche a moins d'affronts à dévorer que l'ambitieux ? » Un véritable ambitieux, un Richelieu par exemple, n'aurait jamais écrit cette phrase, attendu que les affronts à dévorer pour obtenir ou conserver la toute-puissance lui coûtaient peu. Ce n'est donc pas l'ambition comprimée, mais plutôt une certaine sensibilité maladive qui explique, à notre avis, le souvenir amer et douloureux que garde parfois Vauvenargues des déceptions ou des déboires qu'il a subis.

ce chapitre *l'âpre désir du commandement.* Quoiqu'il semble parfois vouloir nous guérir de cette passion, il en parle bien plus souvent avec une émotion enflammée qui trahit son secret; à la vérité, l'ambition qu'il aime est la plus noble : « C'est le commandement qui repose, dit-il, sur la persuasion et qui nous est accordé par le consentement éclairé de nos égaux. » Malheureusement, l'ambitieux est souvent d'autant plus impatient qu'il se trompe peut-être sur sa vocation, et celui qui distinguait si bien entre les divers genres d'ambition ne sut pas attendre le jour où il pourrait choisir. Mais si l'on admet que, pour se punir de s'être trompé, en se ralliant la veille de sa chute à un gouvernement contre lequel il avait gagné sa renommée, devant la simple perspective de l'embarras d'un moment que tant d'autres plus philosophes que lui ont supporté sans trouble, avec tant de raisons d'aimer la vie, et même avec des devoirs qui lui commandaient impérieusement de vivre, si l'on admet que l'infortuné et éloquent panégyriste de Vauvenargues ait pu se tuer de sang-froid, quel effrayant conflit de sentiments inconciliables une telle idée ne présente-t-elle pas à l'esprit! et n'est-ce pas le cas de s'écrier ici avec Pascal : « Quelle chimère est-ce donc que l'homme ! quel chaos! quel sujet de contradictions ! Qui démêlera cet embrouillement ! »

Dans cet émouvant portrait, intitulé *Clazomène, ou la Vertu malheureuse*, qu'il a tracé, pour ainsi dire, en présence de la mort, et que l'on considère généralement comme sa propre image, dans ce portrait qui se termine par cette déclaration stoïque : « La fortune peut se jouer de la sagesse des gens courageux, mais il ne lui appartient pas de faire fléchir leur courage, » il y a quelques nuances qu'on aimerait à effacer. Rien de plus touchant assurément que l'énumération de tous les maux qui l'ont accablé depuis son enfance et « des chagrins plus secrets, ressentis par une âme née, dit-il, avec de la hauteur et de l'ambition dans la pauvreté. » Rien de plus attendrissant que cette plainte mélancolique sur la mort « qui s'offre à sa vue, au moment où la fortune paraissait se lasser de le poursuivre et où l'espérance commençait à flatter sa peine. » Mais lorsque le penseur mourant compte parmi les calamités de sa vie le désagrément « d'avoir vu l'injure flétrir son courage, et d'avoir été offensé de ceux dont il ne pouvait tirer vengeance, » (et cela parce qu'un ministre nommé Amelot n'aura pas daigné répondre à une de ses lettres, ou qu'un duc de Biron aura semblé faire peu de cas de lui), on est porté à regretter qu'une âme si noble n'ait pu trouver en elle-même un mépris assez haut pour ne pas se laisser atteindre par le dédain des âmes vulgaires. Quel homme, capable comme Vauvenargues d'aspirer plutôt à se survivre par des ouvrages durables qu'à recueillir les profits immédiats d'une célébrité fragile et de mauvais aloi, n'a rencontré sur son chemin l'arrogance des sots ou des charlatans infatués de leur petite importance d'un jour, ou même l'indifférence de ceux dont l'estime aurait du prix, mais qui ne prennent pas la peine d'apprécier quiconque ne les courtise point?

Faut-il regretter, après tout, que Vauvenargues ait eu ce malheur de ne pas obtenir la place d'attaché d'ambassade qu'il ambitionnait? S'il l'eût obtenue, il est certain que dans le cas, même peu probable, où il eût conservé les pages que nous admirons aujourd'hui, il ne les aurait jamais imprimées, et elles se seraient vraisemblablement perdues ; il est probable aussi que sa faible constitution ne lui aurait pas laissé une vie plus longue que celle qui lui fut accordée, et fût-il devenu ministre plénipotentiaire dans quelque cour de troisième ordre, il serait mort plus obscur encore que le ministre Amelot, tandis qu'il a conquis à jamais sa place dans l'histoire littéraire de son siècle et de son pays.

Il ne se trompait donc pas, cet ami de sa jeunesse qui, le voyant faible de santé, et le croyant impropre aux emplois publics, lui écrivait : « Tournez-vous vers la *république des lettres*. » Mais si l'influence heureuse du marquis de Mirabeau sur Vauvenargues forme une des parties les plus attrayantes de leur correspondance, nous y trouvons également bien des détails utiles pour l'appréciation du caractère de ce jeune homme fougueux et original, duquel devait naître le fameux tribun de la Constituante. Le jeune marquis s'y montre avec toutes ses qualités, mais aussi avec tous ses défauts. Sa première lettre nous le ferait même prendre aisément pour un fat, car il envoie à Vauvenargues la copie d'un billet fort tendre qui lui a été adressé par une femme avec laquelle il est brouillé, et à laquelle il vient de répondre par quelques lignes offensantes ; mais quand Vauvenargues l'accuse d'être méchant dans cette circonstance, il s'explique de manière à nous prouver qu'il ne croit pas à la sincérité de la personne qui veut se réconcilier avec lui, et qu'il a été sans doute très-vivement blessé par elle. Sa méchanceté n'est donc qu'apparente, et sa fatuité même n'est probablement qu'un effet de son ressentiment.

Ce n'est pas que ses mœurs ne soient beaucoup plus déréglées que celles de Vauvenargues ; le jeune moraliste a écrit souvent sur l'amour des pages délicates qui tranchent singulièrement avec le ton habituel de son siècle sur ce sujet (1), et cependant il a émis aussi parfois, dans son livre, des jugements sur les femmes empreints

---

(1) Voir le paragraphe 36 du livre II de l'*Introduction à la connaissance de l'esprit humain*; voir aussi le caractère intitulé : *Alceste ou l'Amour ingénu*, qui commence ainsi : « Un jeune homme qui aime pour la première fois de sa vie n'est plus ni libertin, ni dissipé, ni ambitieux. Toutes ses passions sont suspendues, une seule remplit tout son cœur, » etc.

d'une sévérité qui s'explique par ses lettres intimes au jeune Mirabeau : « Je hais le jeu, lui écrit-il, comme la fièvre, et le commerce des femmes comme je n'ose pas dire ; celles qui pourraient me toucher ne voudraient pas seulement jeter un regard sur moi. Je ne sais s'il vous souvient de m'avoir vu en compagnie ? je voudrais quelquefois avoir un bras de moins, vous comprenez bien pourquoi. »

Ainsi sa haine apparente des femmes n'est que l'expression amère d'une tendresse dédaignée et découragée, et lorsque l'on rencontre dans ses *Pensées détachées* ce mot très-dur : « Les femmes n'estiment dans un homme que l'effronterie, » on est en droit de croire qu'il parlait ainsi par dépit plus que par conviction, puisque dans sa lettre à Mirabeau il est tellement imbu de l'idée contraire, qu'il va jusqu'à supposer qu'un bras perdu à la guerre suffirait pour compenser les inconvénients de sa timidité et de sa laideur.

La situation et le caractère du jeune fils de Jean-Antoine lui inspirent des goûts très-différents de ceux de son ami. La mort de son père, en 1737, l'a laissé, à l'âge de vingt-deux ans, presque maître de sa fortune, et à peu près libre de ses actions. Il ne pèche, comme Vauvenargues, ni par la laideur, ni par la timidité, ni par la délicatesse ; d'où il suit qu'il va « d'objet en objet, » comme l'on disait autrefois, avec la mobilité d'un jeune homme effervescent et peu scrupuleux, ce qui ne l'empêche pas de présenter souvent à son ami chacune de ses fantaisies comme une grande passion. « Que vous êtes heureux, mon cher Vauvenargues, lui écrit-il, de n'avoir que le principe des passions qui tourmentent les autres hommes, et combien n'achèterais-je pas votre inaction !... Déplorez le sort de votre ami dans le tourbillon. Je suis actuellement tourmenté d'une passion qui me dévore, et obligé d'aller courir le monde sans satisfaction d'une part ni d'autre. » Ailleurs, il pousse la naïveté en parlant d'un séjour qu'il a fait à Bordeaux, jusqu'à vouloir intéresser le jeune moraliste à une série de passions qu'il décrit en ces termes : « J'ai débuté par une véritable passion ; j'ai eu ensuite plusieurs amourettes, et je finis par un amour qui durera, je pense, toute ma vie. » Et supposant que cet amour le forcera peut-être à quitter Paris, il ajoute : « Je sens que bientôt une passion me fixera ; tout est Louvre avec ce que l'on aime. »

Vauvenargues, qui sait à quoi s'en tenir sur la fixité des sentiments de son ami, et qui serait bien plus capable que lui d'une véritable passion, a l'âme assez douce pour n'exprimer ni envie ni dédain pour ce genre d'existence, si différent du régime solitaire et méditatif dans lequel il est contraint de se renfermer. Le jeune Mirabeau est pour lui un objet d'étude sur le cœur humain, et sa correspondance avec lui une occasion d'exercer son propre esprit. Tantôt il lui répond par une thèse sur l'utilité des passions, « sans lesquelles, dit-il avec une tristesse contenue, la vie ressemble bien à la mort; » tantôt il cherche à le ramener vers l'ambition et vers Paris, en lui disant : « Vous pourriez aimer ailleurs, être heureux, et faire servir vos plaisirs à votre fortune. » Si Mirabeau le contredit, il est toujours prêt à entrer, comme il le dit, dans les sentiments de son ami et à développer une autre thèse. Ce qui lui plaît dans ce fougueux et présomptueux jeune homme, c'est sa sincérité. « Je vous suis très-obligé, lui écrit-il, de la manière naïve dont vous parlez sur l'envie de primer : il me semble qu'on devrait toujours penser tout haut lorsqu'on parle à ses amis ; ce style met de l'intérêt à tout, mais le mensonge et la contrainte n'ont que des paroles glacées. J'adore la sincérité; si les hommes voulaient bien entrer dans ce sentiment, il y en aurait peu d'ennuyeux, et leur commerce ne serait pas aussi fade. »

Cette sincérité dont il fait honneur au jeune marquis pourrait sembler peu conciliable avec la prétention de celui-ci aux grandes passions; mais, outre qu'il peut entrer dans son esprit une part d'illusion momentanée, nous devons constater que nous retrouvons encore ici, chez le père de Mirabeau, ce trait de caractère déjà signalé par nous, et qui le distingue de son fils. On le voit en effet dans cette correspondance toujours prêt à se retourner contre lui-même et à juger ses folies avec sa raison. Dans un séjour qu'il fait à vingt-cinq ans au château de Mirabeau, où il est livré à la solitude, on le voit dépouiller de leur prestige toutes ces belles passions dont il a tant parlé, et les réduisant à leur expression la plus simple et la plus vraie, écrire à Vauvenargues : « La volupté, mon cher ami, est devenue le bourreau de mon imagination, et je payerais bien cher mes folies et le dérangement de mœurs qui m'est devenu une seconde nature. » On conviendra qu'un jeune homme dissolu ne peut guère se montrer plus sincère sur lui-même. Dans une autre lettre, il dit encore à son ami : « Aimez-moi, mon cher Vauvenargues, vous êtes quelques-uns dont l'amitié fera toute la douceur de ma vie; car les femmes, qui font maintenant toute l'occupation de ma folle jeunesse, n'y tiendront pas, j'espère — du moins en tant que sexe — le moindre petit coin à un certain âge. » En cela, il se trompait, et il était destiné, pour son malheur, à prouver la vérité de cette observation, faite par je ne sais plus quel moraliste, que la punition de l'homme trop déréglé dans sa jeunesse est de prolonger le déréglement à un âge où il n'a plus d'excuse. Quoique le marquis de Mirabeau n'ait pas été dominé par un certain genre d'impulsions autant que le fut plus tard ce célèbre fils auquel il avait transmis son infirmité avec un redoublement effrayant, il n'en est pas moins vrai que son inconduite personnelle, en compromettant son autorité comme chef de famille, le rendit, jusqu'à un certain point, responsable des désordres de sa femme et de ses enfants.

Cependant, même au plus fort de sa jeunesse, l'ami de Vauvenargues associe aux entraînements de son âge des passions plus relevées. Il a vingt-trois ans, lorsqu'il écrit en 1738 à son ami : « L'ambition me dévore, mais d'une façon singulière : ce n'est pas les honneurs que j'ambitionne, ni l'argent ou les bienfaits, mais un nom, et enfin d'être quelqu'un. Pour cela, il faut être dans un poste. » Son ambition du moment est de devenir colonel. Dans une autre lettre il dit : « Je veux me faire connaître par la guerre seulement. » Mais quoiqu'il eût pris part, dans ce but, à plusieurs campagnes, indépendamment de celle dont nous avons déjà parlé ; quoiqu'il eût fait, notamment, la guerre de Bavière en 1742, estimant qu'on lui faisait trop attendre l'autorisation d'acheter un régiment, il se dégoûta du métier des armes, et se retira en 1743, avec le simple grade de capitaine. Toutefois, à l'époque même où il croit encore à sa vocation pour l'état militaire, on reconnaît aisément que cette vocation n'est pas très-solide, car elle est incessamment traversée par des préoccupations de renommée littéraire. Il barbouille sans relâche de la prose et des vers, des comédies et des tragédies ; il est très-fier d'avoir composé une tragédie sans amour. Il écrit un poëme en plusieurs chants, intitulé : *l'Art de la guerre*, poëme héroïque et didactique (1). Ce poëme, ainsi que la plupart des nombreuses compositions en vers du marquis de Mirabeau, n'ont pas été conservés. Les quelques morceaux qui nous en restent nous portent à penser que cette perte est très-peu regrettable. Il laisse néanmoins percer, dès sa jeunesse, quelques prétentions à l'Académie française. « Ce n'est plus le temps, écrit-il en 1739 à Vauvenargues, où un homme de qualité rougit des talents que lui peut disputer un homme de rien. Je doute même qu'il ait jamais été que pour les sots ; et, sans entrer dans les détails, l'Académie française n'est presque composée que de gens du bon ordre, et sous le nom desquels il a paru plusieurs ouvrages. Vous croirez que j'en parle en homme intéressé, quand je vous aurai dit que je suis prêt à être dans ce cas;

---

(1) Ce poëme, qui contenait un épisode destiné à glorifier l'héroïsme du marquis Jean-Antoine au combat de Cassano, eut l'honneur d'être célébré d'avance et annoncé au public dans une ode adressée à l'auteur par son ami Le Franc de Pompignan, ode qui figure dans les œuvres de ce dernier :

   Tu mets en vers de Virgile
   Les préceptes de César,

dit complaisamment Pompignan à son ami. Toutefois cette ode, écrite pendant la guerre de 1742, indique suffisamment que le jeune guerrier auquel elle est adressée n'est pas très-passionné pour le métier de César, car il y est qualifié *militaire Théophraste, partisan de la justice, sage ennemi des chimères*, et Pompignan prévoit que sa raison et son cœur vont également s'indigner des horreurs de la guerre.

mais non : je me suis dit ces choses-là à moi-
même avant de prendre ma résolution. »

Vauvenargues conclut naïvement de cette lettre
que son ami est en passe de devenir académicien
si cela lui plaît ; mais le jeune marquis s'en faisait
accroire dans cette circonstance, comme dans plusieurs autres. Toutefois si la présomption chez lui
n'est pas rare, l'enthousiasme pour la gloire littéraire est très-vif. A Bordeaux, par exemple, où l'ami
de Vauvenargues est en garnison, on le voit aussi
occupé de cultiver la société de Montesquieu que
celle des dames, et tout en vantant ce bonheur à
son ami qui le lui envie, il se sert de l'argument de Montesquieu pour prouver que la gloire
des lettres est compatible même avec l'art d'augmenter son revenu. On sait, en effet, que Montesquieu gouvernait très-bien sa fortune, et que
sa renommée ne nuisait pas à la vente de ses vins
en Angleterre.

A l'époque où le jeune marquis de Mirabeau le
fréquentait à Bordeaux en 1739, il n'avait encore
publié que les *Lettres persanes* et les *Considérations, sur la grandeur et la décadence des
Romains*. Il est probable cependant que les deux
hommes se retrouvèrent après la publication de
l'*Esprit des lois* en 1748, car, dans une lettre
inédite de sa vieillesse, en mars 1778, le père
de Mirabeau raconte une discussion assez piquante
qu'il eut avec Montesquieu, et qui porte évidemment sur l'*Esprit des lois* : « Au milieu de sa

gloire, écrit-il, j'osai lui dire : « Vous nous avez
« donné force *ballots* étiquetés ; en ouvrant le
« ballot, on trouve tout autre chose que ce qu'an-
« nonce l'étiquette. » Je le disputai même, et un
jour que nous criions en vrais Méridionaux, il
me dit avec son accent gascon : » Qué dé génie
dans cette tété-là, et quel dommagé qu'on n'en
puissé tirer qué dé la fougué ! » On verra, plus
tard, très-marquée dans les premiers ouvrages sérieux du marquis, et notamment dans *l'Ami des
hommes*, la préoccupation de l'*Esprit des lois*.

Dans cette correspondance avec Vauvenargues,
il est parfois question du talent du jeune marquis pour écrire des portraits dont le modèle est
rarement présenté en beau, ce qui le fait accuser
de méchanceté. Le peintre se défend contre cette
accusation : « J'ai dit le bon où il s'est trouvé,
écrit-il à Vauvenargues, et rien de plus, voilà
pourquoi je l'ai dit rarement ; du reste, c'est plus
le tour qu'autre chose qui m'a mis en réputation
sur cet article... Je fais la peinture des hommes ;
je passe pour méchant, je devrais passer pour
vrai, mais il leur est plus commode de penser
mal de moi que d'eux. » Ce passage des lettres
à Vauvenargues est peut-être confirmé par un
volume manuscrit grand in-4°, richement relié,
trouvé parmi les papiers du marquis de Mirabeau,
intitulé *Miscellanea*, et qui contient une série de
portraits satiriques de personnages plus ou moins
notables, hommes ou femmes, ayant vécu à la fin

de la Régence ou sous le ministère du duc de Bourbon et celui du cardinal de Fleury. Malheureusement ce manuscrit n'est pas autographe, et si quelques indices nous portent à en faire honneur à la jeunesse du marquis, d'autres indices semblent combattre cette opinion; de sorte que, dans notre extrême préoccupation d'exactitude, nous n'osons pas nous en servir. Cependant, puisque la lettre à Vauvenargues, datée de 1737, prouve que l'auteur de cette lettre était redouté pour ses portraits, nous citerons seulement un des nombreux morceaux de ce genre que nous avons sous les yeux, et on y reconnaîtra, je crois, une heureuse imitation de La Bruyère.

Le duc de Gesvres... Production des plus équivoques de la nature, qui a réuni en lui tout ce qui passe pour imperfection dans les deux sexes, sans lui avoir rien donné d'assez caractérisé pour qu'aucun des deux ose le réclamer, paraissant cependant tenir un peu plus de la femme que de toute autre espèce d'animal, à en juger seulement par son teint blafard, ses minauderies de caillette, son maintien affecté et son goût pour la tracasserie: que direz-vous donc si vous le voyez restant chez lui et gardant le lit pour une petite enflure qu'un cousin lui aura causée au-dessous de l'œil, ou pour quelque légère insomnie? Regardez-le bien, lui et tout ce qui l'environne dans cette situation, vous ne verrez nulle part rien d'aussi singulier : quel amas d'oreillers et de coussins du plus fin duvet sert à lui tenir mollement la tête et les épaules! quelle quantité de rubans des plus agréables couleurs servent à nouer ces oreillers! Sa coiffure est moins un bonnet de nuit qu'un tendre *battant l'œil*. Au lieu d'une simple chemise, vêtement ordinaire d'un homme dans le lit, mais qui aurait ici un air trop décidé, il a un corset dont de riches dentelles marquent galamment les tailles ; son occupation est de faire des nœuds ; son délassement de caresser une petite chienne, pas plus grosse que le poing. Si, par permission d'un téméraire médecin, il ose se lever au bout de huit jours, ce n'est que pour aller, paré d'une robe magnifique, s'étendre négligemment sur un lit de repos, où les coussins, les rubans, le panier à nœuds, la petite chienne le suivent. S'il parle, ce n'est que pour vous entretenir de toutes les pauvretés que l'on appelle nouvelles à la cour. Il n'ignore rien de ce que l'on peut, de ce que l'on doit même naturellement ignorer ; il vous contera, avec toutes les plus petites circonstances, la brouillerie d'une telle dame avec son amant, son nouvel embarquement avec un autre, le temps que celle-ci a été en travail, les noms de baptême que l'on a donnés à son enfant, la perte que celle-ci fit hier au jeu, les défauts qu'une autre avait dans son ajustement, la maladie d'un des chiens du roi, et mille autres choses de cette importance, sur lesquelles on peut dire qu'il est l'homme de France le mieux instruit. Il se fit un jour une dissertation chez lui sur deux sortes de poudre de senteur, entre lesquelles il s'agissait de régler la préférence et qui dura trois heures entières, sans qu'à la fin la question fût décidée, tant la matière parut inépuisable à une douzaine de petits messieurs qui étaient les acteurs de cette belle scène. Croiriez-vous être dans l'erreur, si vous rangiez un pareil original dans la classe des femmes ? Ce n'en est pourtant pas une, quoiqu'il en ait toutes les faiblesses ; et c'est un homme, quoiqu'il n'en ait presque pas une seule qualité.

Une lettre de Vauvenargues nous apprend, qu'en octobre 1740, il a passé quelques jours très-agréablement chez son ami, au château de Mirabeau, où se trouvaient réunis Monclar, depuis procureur général au parlement de Provence; le poëte Le Franc de Pompignan et un abbé de Monville (1). Le voyage de ces deux derniers, pour arriver à Mirabeau, et leurs excursions dans les environs donnèrent lieu à un récit mélangé de prose et de vers dans le genre du voyage de Chapelle et de Bachaumont, qui fut publié plus tard, en 1746, sous ce titre : *Voyage du Languedoc et de Provence, fait en 1740*, par MM. Le F. (Le Franc de Pompignan), le M. de M. (marquis de Mirabeau), et l'abbé de M. (l'abbé de Monville). L'auteur des *Mémoires de Mirabeau* a commis à ce sujet une double erreur, d'abord en qualifiant ce livre d'ouvrage graveleux, ensuite en affirmant que le marquis de Mirabeau n'y a aucune part. Cet opuscule, qu'on peut lire réimprimé dans le t. II des Œuvres de Pompignan, n'est nullement graveleux; c'est tout au plus si cette épithète pourrait s'appliquer à deux ou trois vers, et encore ce serait à la pensée, mais non à l'expression qu'elle s'adapterait, car le style, quoique léger, est moins libre que celui de Chapelle et de Bachaumont. L'ouvrage est adressé à la comtesse

---

(1) Le marquis de Mirabeau dit, au sujet de cet abbé : « J'aurai l'abbé de Monville *de l'Académie*, homme de l'esprit le plus aimable. » Cette qualification s'appliquant d'ordinaire à un membre de l'Académie française, nous n'avons pas trouvé le nom de Monville sur la liste des académiciens.

de Caraman, c'est-à-dire à la femme du petit-fils de Riquet, l'illustre ingénieur du canal du Languedoc que les Mirabeau avaient reconnu pour parent. Quant à la collaboration du jeune marquis de Mirabeau, elle est indiquée très-nettement dans l'ouvrage même, et elle commence à partir du jour où les deux voyageurs, c'est-à-dire Pompignan et l'abbé de Monville sont arrivés dans son château. C'est lui en personne qui s'amuse à peindre en laid le manoir dont nous avons déjà décrit les beautés un peu sauvages, et qui le peint en vers sur deux rimes redoublées :

> C'est de ce brûlant rivage,
> Dont l'ardente aridité
> Offre le pin pour bocage,
> Un désert pour paysage
> Par les torrents humecté :
> Lieux où l'oiseau de carnage
> Dispute au hibou sauvage
> D'un roc la concavité, etc., etc.

« On vous ment sur Mirabeau, madame la comtesse, s'écrie l'un des deux voyageurs, apparemment Pompignan ; l'auteur s'est égayé sur la peinture qu'il fait de lui et de *ses États*. Il vous donne pour un désert affreux un séjour aussi beau qu'il soit possible d'en trouver dans un pays de montagnes ; » et Pompignan oppose à la peinture du châtelain un tableau plus exact. Dans la suite du Voyage, c'est encore le marquis de Mirabeau qui paraît se réserver les morceaux sur deux rimes redoublées, de sorte que les seuls vers qui dépassent peut-être un peu la limite des convenances, à propos des bains de la ville d'Aix, sont précisément de lui.

Ce ne sont pas ceux-là que nous citerons, mais en voici sur une seule rime qui nous semblent assez curieux, non pas pour leur mérite intrinsèque, quoique le tour de force soit assez réussi, mais parce qu'il nous paraît piquant de voir le père de Mirabeau visitant, à vingt-cinq ans, le château d'If, s'amuser à peindre, en vers grotesques, le séjour où, trente-quatre ans plus tard, il fera enfermer son fils :

Nous fûmes donc au château d'If :
C'est un lieu peu récréatif,
Défendu par le fer oisif
De plus d'un soldat maladif
Qui, de guerrier jadis actif,
Est devenu garde passif.
Sur ce roc taillé dans le vif,
Par bon ordre on retient captif,
Dans l'enceinte d'un mur massif,
Esprit libertin, cœur rétif
Au salutaire correctif
D'un parent peu persuasif.
Le pauvre prisonnier pensif,
A la triste lueur du suif,
Jouit, pour seul soporatif,
Du murmure non lénitif
Dont l'élément rébarbatif
Frappe son organe attentif.
Or, pour être mémoratif
De ce domicile afflictif,
Je jurai d'un ton expressif
De vous le peindre en rime en *if*.
Ce fait, du roc désolatif

> Nous sortîmes d'un pas hâtif
> Et rentrâmes dans notre esquif
> En répétant d'un ton plaintif :
> Dieu nous garde du château d'If !

Dans cette même correspondance avec Vauvenargues, on voit déjà poindre, chez le jeune marquis, une des futures préoccupations de l'*Ami des hommes*. Il écrit, de Mirabeau, à son ami qu'il est occupé à adresser partout autour de lui des questions « qui puissent, dit-il, me servir à la connaissance de l'agriculture, dont je fais maintenant une étude. Et où avez-vous pris, me direz-vous, ce goût nouveau pour l'agriculture? C'est que je sens qu'un philosophe doit finir par là. » Pour finir aussi en philosophe, il songe à se marier ; il annonce même comme conclu son mariage avec une des quatre sœurs d'une personne plus célèbre que respectable, Mme de Mailly. Nous aimons à croire que celle des demoiselles de Nesle qu'il songeait à épouser n'était aucune des trois qui eurent le honteux privilége de remplacer successivement leur sœur aînée dans les bonnes grâces de Louis XV. Cependant nous n'en savons rien, car il se contente de dire qu'il doit épouser l'aînée de celles qui sont à marier.

Il paraît bien que son cœur n'était point engagé dans cette affaire, puisque quinze jours après, en informant son ami que le mariage projeté est rompu, il n'en voit plus que les inconvénients et se félicite d'avoir retrouvé sa liberté. Bien plus, comme il est fort disposé à tourner toutes choses à son avantage, il se réjouit de cette rupture dont on parle beaucoup et qui « va, dit-il, lui attirer des propositions de *toutes les espèces.* »

Quoiqu'il s'attachât dès lors à paraître plus riche qu'il n'était, en vertu d'un de ses principes favoris qu'il « ne faut jamais montrer la corde au public, » le fils aîné de Jean-Antoine était à tout prendre ce qu'on peut appeler un assez bon parti. Son père lui avait laissé une fortune en terres et en capitaux, qu'il évalue à 27,500 livres de rente, sur lesquelles il devait payer pour la pension de sa mère, celles de ses deux frères et pour quelques autres charges annuelles, une somme de 11,500 livres; il possédait donc dès l'âge de vingt-deux ans 16,000 livres de rente. Sans avoir une figure aussi remarquable que celle de son frère le bailli, il était fort agréable de sa personne, il portait un nom connu en Provence, dont il exagérait un peu l'illustration, et quoique son marquisat fût de date récente, il était disposé à le faire valoir tout autant que s'il eût remonté aux croisades.

Avec tous ces avantages, le jeune marquis pouvait donc à volonté faire soit un mariage de calcul, soit un mariage d'inclination, ou mieux encore rencontrer cet idéal de tous les hommes à marier, qui donne une satisfaction égale aux besoins du cœur et aux combinaisons de l'intérêt. Or il était dans sa destinée, et aussi un peu dans son caractère excentrique, de manquer chacune de ces trois perspectives, en faisant un mariage tout à fait à part, et c'est lui-même qui, dans un document inédit et autographe, se complaît à raconter comment il s'est marié. Il déclare d'abord qu'il n'exposera pas toutes les propositions qui lui furent faites, « attendu, dit-il, que tout homme est dans le cas d'avoir plusieurs de ces sortes d'affaires sur le tapis, dès qu'il est *face à contrat* (sic). » Il s'arrête néanmoins sur un mariage qui fut si près d'être conclu, que les cadeaux de noce avaient été achetés ; il s'agissait pour lui d'épouser une Glandevès, appartenant à une ancienne famille de Provence déjà alliée à la sienne.

« Cependant ce mariage, dit-il, ne devait pas se faire, et le diable, qui l'avait résolu, me mettait dans la tête des idées toutes contraires à sa conclusion ; la jeunesse de la personne et, par là, la difficulté de la mener sitôt à Paris, la peine et le peu d'aisance que me donneraient ses biens, tout cela m'allait par la tête, et, pour y remédier, je pris une personne aussi jeune, qui me donnait moins encore d'aisance présente, et dont les biens me donneront et m'ont donné plus de peine encore. Dieu se joue de la prudence humaine, et encore n'en suivis-je pas bien toutes les règles dans l'affaire que je vais détailler ici ; quoi qu'il en soit, je ne me repens pas du marché que j'ai fait. »

Malgré cette restriction finale, que s'impose

l'amour-propre du narrateur, et qui d'ailleurs ne tiendra pas longtemps, on constatera en lisant le chapitre suivant, que si le marquis voulait faire, comme il le dit, un *marché,* il était difficile de le faire dans de plus mauvaises conditions.

XVII

LE MARIAGE DU MARQUIS DE MIRABEAU.

« Je vais, année par année, rendre compte de ma manutention, jusques au temps présent, et de tout ce qui s'est géré depuis mon règne, soit par ma mère, soit par moi ou par mes agents. »

Cette phrase, qu'on pourrait aisément attribuer à Louis XIV rendant compte à ses successeurs des affaires de *son règne*, après la régence d'Anne d'Autriche, se lit au début d'un gros manuscrit in-quarto, commencé par le père de Mirabeau à l'âge de trente-deux ans, en septembre 1747. Avant de songer à écrire pour la postérité, en général, l'auteur de *l'Ami des hommes* a beaucoup écrit pour la sienne, en particulier. Il éprouvait même une telle impatience d'entrer en communication avec ses descendants, qu'il n'attendait pas que ceux-ci fussent au monde. « Personne, disait-il dans sa vieillesse, à son frère le bailli, n'a plus sacrifié que moi au sentiment du futur appliqué à l'esprit de famille, et je penserais quelquefois que Dieu m'en punit, si je n'étais plus qu'assuré que ce sentiment ne m'a jamais fait négliger aucun de mes devoirs présents. A vingt ans je parlais et écrivais déjà à ceux qui me succéderaient, et les trois cinquièmes de mes manuscrits ne sont que des comptes rendus de ma gestion, de mes vues, de mes faits, comme devant leur tribunal. » Cette disposition paraîtra singulière chez un homme qui devait parfois se montrer fort dur pour une partie de sa famille, et spécialement pour son fils aîné, lequel ne fut jamais, il est vrai, le modèle des fils; mais elle n'en est pas moins très-sincère, et elle forme une des nuances les plus curieuses de ce caractère original et compliqué.

Au moment où son père commence le manuscrit qui lui est destiné, le futur tribun de la Constituante n'existe pas encore; il ne naîtra que dix-huit mois plus tard, en mars 1749. Le marquis, marié depuis quatre ans et demi, vient de perdre un premier fils, Victor-Charles-François, né le 16 mars 1744, « enfant, dit-il, de grande espérance, » qui mourut à trois ans et demi par un accident un peu étrange, et cependant moins étrange peut-être dans sa famille que dans une autre, car sa mort fut occasionnée par une liqueur dont son père faisait un énorme abus, et dont presque tous les Mirabeau du dix-huitième siècle, hommes ou femmes, ont également abusé, le malheureux enfant s'empoisonna en *buvant de l'encre*. Un tel accident, tout en apprenant, sans doute, au marquis de Mirabeau, auquel il restait deux filles, à tenir ses encriers hors de la portée des enfants, ne le découragea point de cette passion effrénée pour l'écriture, qui lui faisait dire à la fin de sa vie : *Si ma main était de bronze, il y a longtemps qu'elle serait usée,* puisque c'est immédiatement après la mort de ce fils qu'il entreprit le volumineux manuscrit que nous avons sous les yeux.

Nous y chercherons d'abord l'histoire de son mariage. Il avertit, il est vrai, ses descendants que dans le compte rendu dont il s'agit ici, il ne sera question que d'affaires, et qu'on trouvera ailleurs ses *Mémoires*. Cet autre manuscrit du marquis, dont nous n'avons pu citer que les seuls fragments conservés, serait peut-être plus intéressant, au sujet de son mariage, que celui où cet événement est exposé surtout au point de vue des affaires (1). Cependant l'homme étant de ceux dont

(1) La mention que le marquis fait dans ce manuscrit de 1747 de l'existence de ses *Mémoires* est confirmée par lui dans une lettre inédite du 25 novembre 1777. Il y parle de ses *Mémoires particuliers* comme d'un ouvrage très-confus, mais où il a jeté des croquis de *Michel-Ange* qui diraient quelque chose aux connaisseurs. Toutefois, il ajoute : « Je serais fort

le caractère perce en tout, il nous a été facile de reconnaître, dès les premières pages de ce compte rendu d'affaires, qu'il ne ressemblait à aucune autre production du même genre. Aussi, tout en supprimant dans celui-ci les détails qui nous paraîtront sans intérêt pour le lecteur, nous laisserons ce père de famille raconter lui-même à ses descendants, avec une naïveté incomparable, sous l'empire de quels sentiments hétérogènes, à la fois chimériques et indifférents, désintéressés et calculés, il a été conduit à conclure la plus importante affaire de la vie. « J'étais, dit-il, arrêté à Paris, en 1743, par l'indécision où l'on me laissait sur ma rentrée dans le service ou mon entière sortie (1). Je désirai de m'y marier, avant mon départ pour la Provence, où mes affaires m'appelaient; cela me fit suivre avec plus de vivacité l'idée qui nous vint par ha-

---

fâché que cela vît le jour, pas plus par lambeaux qu'en entier, parce que j'y paraîtrais méchant et que je suis bien loin de l'être. » Ce passage nous porterait à supposer que le père de Mirabeau a probablement détruit le manuscrit de ses *Mémoires* en oubliant seulement les fragments déjà cités par nous, et qui se rapportent à sa première jeunesse. Dans tous les cas nous possédons de lui un si grand nombre de lettres que nous ne désespérons pas de pouvoir, d'après elles, raconter sa vie et peindre son caractère avec plus de vérité, peut-être, qu'il ne l'aurait fait lui-même.

(1) Il s'agissait pour lui, comme nous l'avons déjà dit, d'obtenir l'autorisation d'acheter un régiment ou au moins une place de guidon des gendarmes de la garde; n'ayant pas pu réussir et « se trouvant barré, dit-il, par le *tic* du cardinal » (de Fleury), il se décida à se retirer du service précisément pendant les négociations relatives à son mariage.

sard, à M. de Saint-Georges (1) et à moi, d'entamer le traité de mon mariage avec la fille unique de M. de Vassan. » Pour rendre ce qui suit plus clair, nous sommes obligé d'ouvrir ici une parenthèse sur le futur beau-père du marquis de Mirabeau et sur sa famille.

M. de Vassan appartenait à une famille originaire du Soissonnais; il était fils d'un président à la chambre des comptes de Paris. Dans son contrat de mariage du 24 juillet 1716, il est qualifié messire Charles de Vassan, chevalier, seigneur de la Tournelle, etc., etc., colonel d'infanterie. En 1719, il fut nommé brigadier, et, en 1743, il figure dans le contrat de mariage de sa fille avec le titre de marquis. Ce titre, que son père ne portait point, n'appartenait pas, je crois, à sa famille; il l'emprunta, sans doute, à sa femme, Anne-Thérèse de Ferrières, fille unique de Charles-Joseph de Ferrières, marquis de Saulvebœuf (2).

(1) On a vu, plus haut, naître la liaison du jeune marquis de Mirabeau avec ce marquis de Saint-Georges, plus âgé que lui, marié et père de famille, dont il parle avec un enthousiasm que partage son ami Vauvenargues, mais que ne partage pas son frère le bailli.

(2) L'emprunt semble même n'avoir jamais été ratifié officiellement; car, dans les Almanachs du roi, à partir de 1719, on voit M. de Vassan figurer parmi les brigadiers, mais sans aucun titre. « La famille de Vassan, dit le marquis de Mirabeau dans une note généalogique, est très-étendue en différentes branches: j'en connais plus de dix sans celles que je ne connais pas. La branche aînée est celle de Vassan-Puiseux, qui a héréditairement la charge des levrettes du cabinet, charge très-agréable

Cette famille de Saulvebœuf, assez notable en Périgord, avait acquis par mariage, en 1626, la seigneurie de Pierre-Buffière, près Limoges, qualifiée première baronnie du Limousin, comme ayant été jadis l'apanage du cadet des vicomtes de Limoges. Le contrat de mariage de M. de Vassan avec l'héritière de la branche aînée des Saulvebœuf, présente cette particularité que la future, orpheline de père et majeure, dit l'acte, de vingt-neuf ans passés, se marie après trois réquisitions et sommations respectueuses faites à sa mère, et dans d'autres contrats, où elle figure avec son époux, elle est dite épouse séparée, quant aux biens. De ce mariage naquirent deux filles, dont l'aînée mourut en bas âge. La cadette, Marie-Geneviève de Vassan, qui devait être la mère de Mirabeau, née le 3 décembre 1725, fut mariée une première fois en décembre 1737, par

par ses détails et son indépendance de la vénerie et de la fauconnerie. »

En parlant ailleurs (Voy. *Beaumarchais et son temps*, t. Ier, p. 87) des charges de cour, nous avons déjà eu l'occasion de signaler cette charge un peu bizarre, et nous devons constater ici que dans l'*État de la France pour* 1749, où elle est mentionnée, les titulaires ne portent également aucun titre. Toutefois, comme nous aimons l'exactitude jusqu'à la minutie, nous devons ajouter que nous avons trouvé dans le *Mercure de France* de septembre 1776, lequel n'est point, il est vrai, une autorité en matière de titres, l'annonce du mariage d'un marquis de Vassan qualifié *mestre de camp de cavalerie et capitaine des levrettes de la chambre du roi*. La juxtaposition de ces deux grades si différents nous a paru assez comique pour nous encourager à suivre ici notre penchant pour l'exactitude.

conséquent à l'âge de *douze ans*, dans des circonstances qui tiennent aux habitudes d'alors, et qui valent la peine d'être indiquées. Il y avait, entre les deux branches de sa famille maternelle, un procès relatif à une substitution portant sur la terre de Saulvebœuf; l'acte de mariage dit ingénument que, pour éteindre ce procès, il avait été convenu par contrat de transaction, passé en 1722, que la sœur aînée de la future épouserait le jeune Saulvebœuf, son cousin, mais que l'aînée étant décédée, on donnait la cadette au jeune homme, en vertu de la même transaction. Toutefois, l'âge de la jeune personne ayant fait ajourner la consommation du mariage, et le jeune Saulvebœuf étant mort l'année suivante, Marie-Geneviève de Vassan, âgée de 17 ans, en 1743, se trouvait mariée en droit, et veuve quoique non mariée de fait, lorsque le marquis de Mirabeau, qui ne la connaissait pas, car elle séjournait habituellement avec sa mère en Limousin, mais qui connaissait son père, eut l'idée, qui lui vint, nous dit-il, *par hasard*, de faire sonder les dispositions de ce dernier. Nous pouvons maintenant reprendre le singulier compte rendu qu'il écrit pour ses enfants:

« La proposition, dit-il, fut faite par Daoust (le notaire du marquis) à M. de Vassan, qui me devina; il était seul à Paris, sa femme et sa fille étaient en Limousin; d'abord, il bavarda à son ordinaire et s'enthousiasma fort de cette affaire; je donnai un état de mes biens; il donna aussi le sien assez fidèle (1)... Il fallut, après cela, savoir ce qu'on donnait à cette fille, et ce fut là le quart d'heure critique. Cet homme (il s'agit de son futur beau-père) avait assurément à ses trousses les deux hommes de France les plus rompus et les plus concluants en affaires (Daoust et M. de Saint-Georges), et cependant il trouva moyen de les lasser à en être rendus, à force de battre la campagne ; il fallut essuyer l'histoire de son procès avec sa belle-mère, de celui qu'il intenta depuis à sa belle-sœur, de celui qu'il eut à soutenir avec M. de Saulvebœuf, de sa transaction avec iceluy, d'où s'ensuivit le traité de mariage de sa fille et du fils Saulvebœuf, qui avait été dissous sans consommation par la mort du jeune homme ; ensuite les autres propositions à lui faites, les accords, ce qui les avait rompus, etc., etc. Tout ce bavardage, où il entrait beaucoup de naturel, avait néanmoins son objet, car il fallait en venir à la proposition, qui était de ne donner que quatre mille livres de rentes à sa fille en une terre sise en Périgord. Sur ce, il verbiagea (*sic*) encore d'un pareil arrangement projeté avec M. de Fénelon pour son fils, qu'il se chargeait de l'entretien des conjoints, moyennant deux mille livres à prendre sur les quatre mille et le reste ; mais tout cela ne faisait toujours que quatre mille livres ; il dit qu'il assurerait tout, mais que pour la jouissance, il l'avait trop achetée pour se dépouiller sitôt. M. de Saint-Georges et Daoust se retirèrent, et ce fut conciliabule à tenir entre nous trois dans l'après-midi.

« Ils étaient tout *estomaqués* de ces 4,000 livres de rentes qui, dans les idées parisiennes, ne sont pas présentables, et qui, nulle part au monde, ne doivent être, du

---

(1) Nous supprimons le détail des biens de M. et de Mme de Vassan, qui pourrait être fastidieux pour le lecteur, et nous le résumons en disant que ceux-ci possédaient en diverses terres, maisons ou contrats, un revenu de *trente mille livres*.

moins en cette sorte d'effets, la dot d'une fille unique à qui on en assure trente et qui a des parents encore assez jeunes. Pour moi, qui conçois toujours vivement, j'avais tout autrement tourné cela dans ma tête : 1° connaissant depuis cinq ans M. de Vassan et son impropriété à tout bien, sachant que sa femme était séparée de biens avec lui, et cependant vivait dans une grande union, ayant ouï dire que cette femme avait arrangé de grandes affaires, je m'imaginai qu'elle devait être un miracle d'habileté. Son séjour en Limousin, tandis que son mari était à Paris, me confirmait encore dans cette opinion ; première induction à quatre mille lieues de la vérité ; 2° j'étais plus rompu aux façons de penser de province où une fille de condition avec 80,000 livres est un bon parti, et je regardais l'irrégularité de n'avoir pas vendu une terre pour avoir de l'argent comptant à donner à sa fille, comme une suite de la façon de penser de la noblesse, qui naturellement préférait la terre en fonds à l'argent ; il me paraissait, d'ailleurs, si rare de trouver une fille avec la richesse de Paris, ayant l'éducation de province, que je regardais cela comme un grand bonheur, comme, en effet, cela n'est pas malheureux (1).

« Enfin je finis avec mon ami par ce raisonnement. De deux choses l'une, ou le caractère de ces femmes me conviendra, et en ce cas je vivrai avec elles sans les déranger et en épargnant ; ou s'il ne me convient pas, elles se conviennent, elles sont bien comme elles sont, je les y laisserai avec leurs 4,000 livres et vivrai comme garçon. Ce solide raisonnement eut le succès qu'il devait avoir

(1) On se rappelle que le marquis de Mirabeau écrit cette réflexion en 1747, c'est-à-dire quatre ans et demi après son mariage ; il n'entre pas alors dans ses intentions de se plaindre de sa femme, mais son ton semble déjà bien froid. En 1776, nous le verrons écrire, en parlant de sa femme, ces mots : « Elle avait eu la plus pestilentielle et impudente éducation. »

Quoi qu'il en soit, ma conclusion fut qu'il serait de mauvaise grâce de marchander une fille, et qu'il fallait accepter les 4,000 livres sans mettre le mot entre deux. M. de Saint-Georges, après avoir dit que ce n'était point son avis, fut en avant. M. de Vassan traitait, d'ailleurs, avec un air de franchise qui avait pris M. de Saint-Georges, nous livrant toutes les lettres qu'il recevait de sa femme, et comme elle a une grande habitude d'écrire, je trouvais ces lettres très-bien. Je n'ai su qu'après mon mariage que ces lettres étaient doubles, celles qui étaient ostensoires paraissaient, en effet, très-raisonnables, et elle se livrait à son naturel dans les autres. »

En résumant la suite du récit, nous dirons qu'il résultait de l'intervention de Mme de Vassan dans la rédaction du contrat, de continuelles difficultés. Elle prétendait, par exemple, se réserver le droit de disposer à son gré, même au détriment de sa fille unique, d'une grande partie de sa fortune. Vainement le notaire et l'ami du jeune marquis l'engageaient à ne pas aller plus loin, lui reprochant son *donquichottisme*, il acceptait tout avec un enthousiasme toujours croissant. « Je parlai, dit-il, à Daoust, avec la vivacité provençale, qui paraît toujours surnaturelle aux Parisiens, et à dire vrai, parmi les Provençaux même je ne suis pas des plus lents. Je m'aperçus qu'il m'écoutait avec étonnement et en souriant. Il me renvoya à M. de Saint-Georges, avec qui j'eus l'après-midi une longue conversation sur ce point (la prétention de Mme de Vassan). Il répondit à tout mon héroïsme qu'il était singulier que ce fût lui qui combattit de semblables sentiments, mais qu'enfin ils étaient sujets à être dupes en affaires, et qu'en tout on ne contractait point comme cela, mais que, puisque je le voulais, il verrait de rapiécer les choses avec Daoust. En effet, depuis lors, je n'entrai plus guères dans les détails, et ils devinrent les plus partiaux qu'ils purent l'un et l'autre. »

Et après avoir indiqué les clauses principales de son contrat, il ajoute :

« Le contrat fut signé par M. de Vassan et par moi le 11 avril. Il partit sur-le-champ pour se rendre en Limousin, et moi le lendemain 12. A peine fus-je arrivé dans ce pays, alors si étranger pour moi, que j'eus lieu de m'apercevoir que la visière de l'esprit de ma belle-mère n'était pas bien droite (1). Elle me fit sur la formule de ratification que j'avais apportée de Paris, des hoquets auxquels je ne compris, ni ne voulus comprendre ; je lui dis d'accommoder cela à sa fantaisie, et quand je la vis contente, je le fus aussi, je signai sans voir le 19 et je me mariai le 21 avril 1743... Voilà le détail de mon mariage, opération qui note un homme, ainsi que son testament l'achève (2) :

(1) Il déclare, plus loin, que son mariage ne se serait pas fait s'il avait connu l'esprit *bifurque* de madame de Vassan, « qui fut, dit-il, à Saint-Sulpice lors de la naissance de sa dernière fille, dès qu'elle fut relevée, pour voir si par hasard on n'avait pas fait baptiser son enfant sous un autre nom. » Plus loin encore, après avoir parlé des *serpenteaux* que peut faire l'imagination de sa belle-mère, il ajoute: « Bonne femme au fond, mais la plus tracassière, tracassée et tracassante femme de l'univers; elle a le malheur d'avoir l'esprit si gauche que rien n'y entre comme dans un autre. »

(2) Cette réflexion originale et juste trouvera sa confirmation quand nous aurons à parler du testament du marquis.

à tout prendre, pour être venu sans support dans le monde et n'étant pas de moi-même propre à tirer de grandes ressources de ma personne, pour ne m'être marié qu'après avoir quitté le service, ce qui dans ce temps-là donnait une sorte de vernis d'homme noyé ; avec tout cela, dis-je, et l'effroi que mon grand-oncle et mon père avaient donné de notre nom, je ne fis pas au fond un marché ordinaire, du moins pour notre maison, et c'était tout ce que je désirais. »

Ainsi donc, le marquis de Mirabeau, âgé de vingt-huit ans, d'une figure et d'une tournure agréables, d'un esprit très-vif et d'une culture intellectuelle remarquable, possédant, comme nous l'avons dit précédemment, une fortune de 16,000 livres de rente qui devait un jour s'augmenter par l'extinction des pensions qui pesaient sur son héritage, se mariait, en quelque sorte, du jour au lendemain, avec une personne qu'il ne connaissait pas du tout, qu'il n'avait même, je crois, jamais vue. Il ne connaissait pas davantage sa future belle-mère ; quant à son beau-père, il le connaissait, dit-il, depuis cinq ans, mais comme un homme *impropre à tout bien*. On lui offrait en dot un revenu (1) à peine suffisant pour les dépenses personnelles de sa femme, dont les parents, jeunes encore, se réservaient la libre disposition, même après leur mort, d'une partie de leur fortune. Il acceptait, malgré l'avis de ses amis, toutes les conditions

---

(1) On verra même tout à l'heure que ce revenu se trouva d'abord très-inférieur au chiffre annoncé.

qu'on lui imposait, et se précipitait dans ce qu'il appelle lui-même *un marché* avec tout l'empressement désintéressé d'un homme qui, ayant trouvé la femme selon son cœur, considère tout le reste comme secondaire et se marie avant tout pour être heureux. En présence d'une telle bizarrerie, on s'explique sans peine que le notaire du futur l'ait écouté, comme il le dit naïvement, avec *surprise* et en *souriant*. L'affaire une fois conclue, il s'évertuait à se persuader à lui-même et à persuader à sa postérité qu'elle était bonne; il diminuait les avantages de son alliance pour en faire ressortir tous les inconvénients (1), et enfin il se rassurait par cette considération, à ses yeux décisive, que si l'opération n'était pas avantageuse pour lui, elle l'était pour sa maison. C'est, en effet, cette réflexion dernière qui nous donne la clef de sa conduite, et qui nous oblige à insister sur un trait essentiel de son caractère dont l'influence se fera sentir sur toute sa vie.

On l'a entendu tout à l'heure, parlant d'une impulsion chez lui dominante, définir cette impulsion le sentiment du *futur* appliqué à l'esprit de famille. C'était pour lui l'idée fixe que sa mai-

---

(1) Nous avons déjà fait remarquer ailleurs, en parlant du marquis Jean-Antoine, combien ce que dit ici son fils de *l'effroi qu'il avait donné de notre nom* tranche avec le ton enthousiaste auquel il s'élèvera plus tard, en racontant la vie de son père dans cette notice que Mirabeau l'orateur a copiée en l'embellissant encore.

son (c'est-à-dire sa race), dont il ne pouvait dans le présent se dissimuler la situation relativement modeste, était destinée dans l'avenir à être une fort grande maison. La seule qualité de fille unique et de future héritière que possédait sa femme suffisait à ses yeux pour garantir toutes les qualités qu'il ne lui connaissait pas, et pour compenser toutes les difficultés d'un mariage qui ne lui apportait aucune aisance présente et qui devait même lui être une charge aussitôt qu'il aurait des enfants. Son imagination toujours prompte à sacrifier le présent à l'avenir et à voir l'avenir sous le jour le plus brillant, lui représentait de beaux domaines en Limousin, en Périgord, en Poitou, venant s'ajouter à ses domaines de Provence. Il se voyait déjà occupé à les améliorer, car il eut toujours la prétention souvent malheureuse des améliorations agricoles ; il en doublait la valeur, il les partageait entre les divers héritiers de son nom et il réalisait ainsi le programme qu'il s'était tracé dès son adolescence, et qu'il se plaît à présenter souvent à son frère sous cette forme fastueuse : « faire d'une maison en Provence une maison en France. »

Ce n'est pas que ce beau programme fût en lui-même absolument chimérique. Il est certain que les deux époux devaient réunir sur leurs têtes une fortune qui, bien dirigée et par le seul accroissement naturel des revenus territoriaux, pouvait être considérable. Mais il s'agissait d'attendre patiemment cette fortune, car elle semblait devoir se faire et elle se fit, en effet, attendre longtemps. Il s'agissait de l'attendre sagement, et sans la dévorer d'avance, dans l'ordre d'un ménage bien réglé, où deux époux bien unis travaillent d'un commun accord à la prospérité de leur famille. Devant cette perspective, la question préalable de savoir avec quelle personne il contractait mariage n'était pas aussi indifférente que le supposait le jeune marquis de Mirabeau. Il devait apprendre à ses dépens que, s'il est quelquefois dangereux d'épouser une femme uniquement pour la fortune qu'elle a, il est souvent encore plus dangereux de l'épouser pour la fortune qu'elle aura.

Un premier inconvénient de cette brillante combinaison se serait fait sentir immédiatement après le mariage, si nous en croyons le sage bailli de Mirabeau, que le lecteur connaît maintenant, et qui, à une époque très-éloignée de celle où nous sommes, quand les deux époux, dès longtemps séparés et furieux l'un contre l'autre, achèvent de se ruiner mutuellement en procédures, écrit à son frère aîné, le 7 février 1780, les lignes suivantes : « Trois jours après que j'eus vu ta femme, je compris qu'elle n'était pas propre à être sur un théâtre quelconque. Je ne t'ai jamais dit ce qui m'est arrivé alors, et je ne te le dirais pas, s'il y avait le plus léger moyen de réunion avec pareille femelle. Mais, dès les premiers temps (du mariage), le duc de Niver-

nois peut te l'attester, voyant que tu avais quitté le service militaire et que tu avais quelque dessein de te fourrer dans les ambassades, j'avais sollicité pour toi ledit duc, le duc de Duras, et autres amis; j'en avais même parlé au vieux Pontchartrain et à sa femme. Tous me disaient. « Mais
« on assure que sa femme est une des plus ridi-
« cules créatures qu'il y ait au monde. Vous com-
« prenez qu'il est impossible d'employer un homme
« qui a une pareille femme, à moins qu'il ne la
« laisse en France quand il est en pays étran-
« ger. » Tu en sus quelque chose dans le temps; mais, comme de droit, tu sentis l'impossibilité de laisser cette femme avec notre mère (1), et moins encore avec ses parents, car c'eût été la perdre entièrement. Le silence absolu de tous à son sujet me fit bien voir que je n'étais pas le seul à qui elle déplût. Mais tu sais qu'un galant homme n'a jamais parlé de sa femme à un mari. Tu dois de plus t'avouer à toi-même que tu n'en donnais pas le moyen. »

En effet, le marquis de Mirabeau, qu'on verra plus tard s'exagérer les défauts de sa femme au point d'écrire ces mots : « *Les vingt ans que j'ai passés avec elle ont été vingt ans de colique né-*

---

(1) Nous avons déjà dit, dans un des précédents chapitres, que la mère du marquis de Mirabeau, qui était en Provence au moment où son fils se mariait si légèrement à Paris, n'avait pris aucune part à ce mariage et n'avait aucun goût pour sa belle-fille.

phrétique; » persista assez longtemps, et par un trait de caractère qui d'ailleurs lui fait honneur, non-seulement à la défendre contre les antipathies de sa mère et de son frère, mais à se cacher à lui-même ses défauts; quoiqu'il les supportât avec une irritation contenue qui perce parfois dans ses lettres, il est visible que l'attente de l'héritage futur lui est un continuel encouragement à la patience; mais on verra également que du côté de la femme, qui eut aussi ses épreuves à supporter, la patience décroît à mesure que la perspective de l'héritage se rapproche, et elle disparaît aussitôt que les belles espérances caressées pendant vingt-sept ans par le mari se sont enfin complétement réalisées.

Les résultats de cette association entre deux êtres également fougueux et incompatibles (résultats désastreux non-seulement pour les deux époux, mais aussi pour le bonheur et la moralité de leurs enfants) n'ayant éclaté devant le public qu'à une époque où le marquis de Mirabeau avait conquis une grande notoriété par ses ouvrages, cette notoriété même ayant été habilement exploitée contre lui par ses adversaires, nous attendrons, pour exposer avec impartialité le tableau de sa vie d'époux et de père, d'avoir raconté l'histoire de ses travaux intellectuels et des modifications successives qui se produisirent dans ses opinions politiques et économiques. Toutefois, il est une partie de sa vie domestique qui se rattache trop directement à son rôle public pour pouvoir en être séparée. Le même esprit d'utopie qui l'inspire toujours plus ou moins dans ses vues, sur le gouvernement des hommes, se retrouve dans sa manière d'administrer sa fortune personnelle.

On a vu de nos jours tel utopiste, tel saint-simonien, par exemple, débutant avec les apparences d'un rêveur chimérique et désintéressé, finir par se montrer à nous sous la forme d'un spéculateur madré ou d'un roué politique, habile à se maintenir sous les gouvernements les plus différents. Rien ne ressemble moins au marquis de Mirabeau, car la nuance chimérique reconnaissable dans presque tous ses ouvrages est encore plus marquée dans la gestion de ses propres affaires. C'est déjà là, ce nous semble, une preuve à alléguer en faveur de la sincérité de *l'Ami des hommes*, qui a été souvent mise en doute.

Il va sans dire que si le marquis de Mirabeau était un dissipateur banal à la manière de sa femme et de ses deux fils, qui tous ne connurent jamais la différence entre le doit et l'avoir, ce ne serait pas la peine d'analyser en détail un genre de caractère qui court les rues. Mais quand on sait que nul homme ne s'est plus préoccupé que lui des moyens d'augmenter sa fortune, dans l'avenir, il est vrai, et en la diminuant souvent dans le présent ; que nul homme n'a fait plus d'opérations de vente ou d'achat, et surtout d'achat ; que nul homme n'a tenu jour par jour un compte plus régulier de son actif et de son passif et n'a barbouillé plus de papier pour se démontrer à lui-même, et surtout pour démontrer à sa postérité, qu'il a toujours devant les yeux, l'utilité de chacune de ses opérations; que nul homme n'a payé plus exactement ses dettes, en empruntant, il est vrai pour les payer, et ne s'est, en définitive, plus abstenu de toute dépense de plaisir, et que néanmoins cet homme a trouvé le secret de se ruiner ; quand on sait cela, il est naturel qu'on soit un peu curieux d'examiner comment il s'y est pris, d'autant que si sa femme et ses enfants l'y ont puissamment aidé, il y a mis aussi beaucoup du sien.

Son frère, qui le connaissait mieux que personne, et qui, tout en l'aimant très-tendrement, éprouvait parfois le besoin de lui dire la vérité avec tous les ménagements dus à ses chagrins et à ses malheurs, s'expliquant avec lui sur les causes de sa ruine, qu'il entrevoyait déjà dès l'année 1778, lui écrivait à cette époque : « Tu étais fait pour être à la tête d'une grande machine, et tu as été à la tête d'une petite que tu as voulu mener en grand. Je te dirai un paradoxe incroyable, et qui est cependant très-avant dans ma tête, c'est qu'un homme juste mène plus facilement un État qu'une maison, parce que dans un État il choisit ses outils, dans une maison il n'a que ceux qu'on lui donne. Un roi peut changer de premier ministre, un mari ne peut pas changer de femme, et quiconque en a une destructrice travaillera en vain à faire une maison, quelque habile qu'il soit. Or, depuis la création du monde, on ne vit pas une femme de l'espèce de celle que Dieu t'a donnée, ni des enfants de l'espèce des tiens. »

Le bailli charge ici un peu la part de responsabilité de la femme et des enfants de son frère pour alléger d'autant celle du chef de la famille. Dans d'autres occasions, il ne craindra pas de lui dire : « Tes beaux plans m'ont souvent paru fondés sur les brouillards de la Seine. » Mais le vice radical de l'esprit du marquis, la passion de mener en grand une petite machine et de faire de vastes combinaisons avec des moyens très-bornés, va ressortir nettement d'une simple analyse de son administration domestique.

XVIII

UN ADMINISTRATEUR CHIMÉRIQUE.

Nous avons dit que le fils aîné du marquis Jean-Antoine avait reçu de son père une fortune de 27,500 à 28,000 livres de revenus, consistant principalement en terres, sur lesquelles il avait à payer en pensions ou charges annuelles 11,500 ou 12,000 livres. Mais les 16,000 livres de rente qui lui restaient n'étaient déjà plus entières au moment de son mariage. Ce n'est pas qu'il les eût entamées par des dissipations, on sait que ce n'est point son genre, il en avait seulement transformé une partie en valeurs plus onéreuses que productives.

Se trouvant à Paris en 1740, par conséquent à l'âge de vingt-cinq ans, pour solliciter cette autorisation d'achat d'un régiment dont nous avons souvent parlé et ne l'obtenant point, il avait imaginé, sous l'influence de son ami, M. de Saint-Georges, d'employer tous les capitaux disponibles de l'héritage paternel à l'acquisition d'une terre à portée de Paris. Cette idée était essentiellement contraire au principe que nous le verrons développer, non-seulement dans tous ses ouvrages, mais aussi dans ses instructions à ses enfants, savoir : qu'un seigneur de fief doit rester dans les domaines que la Providence lui a assignés, et ne quitter jamais sa province originaire pour s'établir à Paris ou aux environs. Au moment même où il enfreint ce principe favori, il ne l'abandonne pas absolument, car il se tire d'affaire en se désapprouvant lui-même, mais en ajoutant qu'il faut agir comme tout le monde : « Ayant reconnu, dit-il, sur l'inspection des choses au centre après les avoir vues à la circonférence, que le gouvernement présent et futur tendait à tout ramener à la capitale et à dépeupler les provinces, je conclus que pour faire sagement et ne pas déchoir il ne fallait pas être des derniers à se laisser entraîner et gouverner selon le courant, quelque préjudiciable qu'il soit au fond et pour le général et pour le particulier. » Il ne désirait cependant acheter qu'une terre peu considérable, afin de pouvoir s'y retirer quand le séjour ruineux de Paris commencerait à devenir trop pesant, et il la voulait, dit-il, peu considérable, « parce que les biens aux environs de Paris ne conviennent pas *aux grandes races* étant situées en coutumes bourgeoises et se partageant en toutes mutations. » Il trouva près de Nemours une terre d'un faible rapport, la terre du Bignon, qu'il acheta en 1740. Il la paya néanmoins 112,000 livres. Comme elle était, de son propre aveu, dans un état *d'énorme dépérissement,* elle ne lui rapporta pendant longtemps que de l'argent à dépenser en réparations.

L'année d'après, en attendant qu'il trouvât la riche héritière qu'il cherchait, le jeune marquis, toujours assisté de son ami le philosophe Saint-Georges, avait acheté un hôtel à Paris, rue Bergère. « Ce n'était, dit-il, qu'un cadavre de maison; il n'y avait encore que les murs et les plafonds de faits, mais l'architecture en était gracieuse. » Il l'acheta pour 30,000 livres ; c'était certainement bon marché, il fallait toutefois la payer et la finir pour la rendre habitable. Or, au moment où il s'abandonne à une légion d'ouvriers qui le dévorent, son imagination le pousse dans une autre entreprise. « J'avais, dit-il, depuis deux ans, dans la tête, l'exécution d'un grand projet de canal à Mirabeau; » et le voilà exposant à sa postérité le plan, les difficultés, les avantages de cette opération, comment l'ingénieur-architecte auquel il s'était confié était un fou quoiqu'il eût bien du talent, et comment, après avoir dépensé inutilement, 4,800 livres, il fut obligé de reconnaître que son entreprise de canal n'était qu'*un coup d'épée dans l'eau.* Toutes ces opérations ayant précédé son mariage, il semble que c'eût été le cas pour lui de viser surtout à une dot en argent. On a vu avec quelle facilité il s'arrangea du simple revenu d'une propriété qu'il ne connaissait pas plus que sa future, et dont le premier aspect devait aussi lui procurer une surprise peu agréable. Nous l'avons laissé se mariant chez ses beaux-parents au château d'Aigueperce, près Limoges : « Je fus bien peu de jours, dit-il, à connaître la discordance des esprits et humeurs des gens avec lesquels j'habitais, et conséquemment à m'ennuyer de ce séjour, d'autant que mes affaires me rappelaient en Provence; mais ma femme me conjura de ne la point quitter que je ne l'eusse emmenée chez moi; le plan de Mme de Vassan était d'y conduire sa fille ; elle me demanda seulement quelque temps pour préparer ses affaires à son absence, et cela me retint. M. de Vassan, de son côté, se faisait une fête de ce voyage. Nous partîmes enfin d'Aigueperce le 15 juillet 1743, pour nous rendre d'abord en Périgord, à Saulvebœuf, afin de voir cette terre qu'on m'avait donnée. »

« Le château, ajoute le marquis, était un bel assemblage de pierres de taille, mais il était inhabitable; il y avait *des fenêtres en quelques endroits* (*sic*), mais il n'y avait pas de vitres. Il était planchéié du haut en bas, mais il y avait un doigt de jour entre chaque planche. » Quant au domaine qu'il avait reçu comme représentant quatre mille livres de rente, il était dans un désordre *miraculeux*. Confié depuis longtemps à de mauvais régisseurs, il ne rendait absolument rien, et demandait, pour pouvoir être seulement affermé, de grosses réparations. Après avoir subi philosophiquement cette déception, le nouvel époux continue sa route vers la Provence, traînant après lui une suite de *trente-deux bouches*, bêtes ou gens. « M. de Vassan, dit-il, ne me fit grâce pas même de son marmiton. »

Cependant la vieille marquise, sa mère, qui était restée au château de Mirabeau, d'où elle subvenait de son mieux aux brillantes spéculations de son fils en vendant, çà et là, soit une rente, soit une maison à Aix, ou encore en lui procurant des créanciers modérés, « se préparait, dit celui-ci, à recevoir cette nuée de monde dont je la menaçais depuis tout l'été. » Non-seulement elle se précautionnait à bon escient de provisions, mais elle mettait les maçons au château et en changeait les dispositions intérieures. C'était prendre le marquis par son faible; aussi, après avoir détaillé tout ce que fit sa mère, il ajoute : « Ces changements furent d'une commodité infinie pour la maison, et c'est dommage que ce fût à la veille de notre éloignement pour longtemps (1). Mais

(1) C'eût été, en effet, non pas seulement un dommage, mais une folie, si la mère eût pu prévoir le parti que son fils allait prendre si brusquement de quitter cette résidence, non pas pour longtemps, mais pour toujours; car il n'y revint plus qu'en passant, et sa mère n'y revint plus jamais.

c'est toujours bien fait d'embellir et rendre commode le manoir de nos pères, dont on porte le nom, et surtout quand il est aussi considérable que celui-là !... Mais cela ne se faisait pas sans argent, et à dire vrai, pour un homme dont le goût et les mœurs sont diamétralement opposés aux maçons et tous autres détails de ce genre, que je méprise comme étant une continuelle petite guerre de surprises que l'humanité se fait, et auxquels je n'entends rien, je n'ai pas laissé de manier beaucoup la truelle, trop entraîné par ma vivacité et mon goût pour l'ordre et l'*améliorissement.* » Cette confession faite à trente-deux ans n'empêchera pas le marquis d'abuser presque jusqu'à sa mort, non-seulement de la truelle, mais de la pioche, de la pelle et du rabot.

Il passe ensuite au détail, dont nous faisons grâce au lecteur, des énormes dépenses que lui occasionnèrent ses hôtes et leur suite pendant trois mois de séjour. « Tout alla bien, dit-il, et grandement ; mais ces trois mois furent pesants, et quand je me rappelle tout l'argent qui s'en allait au maître d'hôtel pour gens qui ne m'en savaient nul gré, je ne puis que je ne le plaigne. » Et il note en passant, pour l'instruction de sa postérité, que sa femme ayant fait ses premières couches à Mirabeau, en mars 1744, M. et Mme de Vassan partirent à la fin du même mois, sans avoir rien donné ni à la mère ni à l'enfant. « La maison enfin *nettoyée,* dit ce gendre peu enthousiaste, la première idée qui me vint fut de prendre un bout de papier et de tirer au clair l'état général de mes affaires. L'opération en fut prompte et facile, mais totalement décisive, par l'impression qu'elle me fit. La voici. » Et il transcrit pour ses descendants l'addition de ses revenus en regard de ses charges en 1744.

Il venait, il est vrai, de s'enrichir, par achat ou par mariage, de deux terres avec deux châteaux et d'un hôtel à Paris ; mais ces trois acquisitions, dont deux lui avaient coûté beaucoup d'argent, ne lui rapportaient absolument rien. Par conséquent, il les écarte de son addition, de laquelle il résulte que les 27,500 livres de rente laissées par son père sont réduites à 22,525, et que les 11,500 livres de charges, laissées également par lui, ont augmenté dans une brillante proportion, car elles s'élèvent maintenant à 16,631 livres.

« Ce beau petit détail, dit le marquis, me fit ouvrir les yeux d'une étrange manière ; car qui, de 22,525 ôte 16,631, reste 5,894. Or voilà donc ce beau seigneur de 30,000 livres de rente, qui venait de doubler son manteau de même (1), et qui venait de nourrir tant de monde, le voilà réduit à 6,000 livres de rente au fait et au prendre, et dans le grand chemin, en allant bien à

---

(1) C'est-à-dire qui venait d'épouser une personne devant avoir un jour 30,000 livres de rente. On voit que le marquis s'attribue aussi, pour sa part, la même fortune que sa femme, ce qui n'est pas absolument exact.

l'étroit et se privant de tout, de se ruiner. Je me frottai, sans doute, plus d'une fois les yeux, mais le fait était vrai, et tout ce que je pouvais y mitiger, c'était les 2,000 livres de pension que me faisait ma mère, qu'il fallait ajouter. Dès lors, je pris la résolution de calculer toujours avec moi-même vis-à-vis le papier, effrayé du précipice que je venais d'éviter, et je commençai le grand livre intitulé : *État de l'argent reçu et dépensé* (1). Je compris que je n'avais d'autre parti à prendre que de quitter l'habitation de cette ruineuse province, pour aller manger une de mes deux terres qui étaient en souffrance. Il ne s'agissait plus que de se déterminer entre ces deux terres. Dans l'une, le voisinage de M. et de Mme de Vassan m'effrayait; dans l'autre, celui de Paris. La délibération ne fut pas longue dès que j'en parlai à ma mère, et nous optâmes pour Saulvebœuf. Plusieurs raisons nous y devaient déterminer : 1° le désordre total où était cette terre; 2° le désir de connaître et d'être connu dans les provinces où je devais *un jour* avoir de grands établissements. »

Une fois résolu à cette transplantation, il laisse à Mirabeau un régisseur intelligent, un abbé Castagny, qui transforme en recettes toutes les dépenses qu'entraînait le séjour du maître; qui,

---

(1) Autre livre de comptes, plus détaillé, que le marquis ajoute à celui-ci. Il est dans sa nature de croire que, pour supprimer les déficits, il suffit de les constater soigneusement, et plutôt deux fois qu'une.

au lieu de payer un jardinier, afferme le jardin ; au lieu de payer un chasseur, afferme la chasse, etc., etc.; qui, en un mot, l'aide à augmenter la colonne de l'actif en diminuant celle du passif. Il emporte une partie de ses meubles; il vend le reste à Marseille, et s'installe avec sa mère et sa femme à Saulvebœuf.

Il y passe deux ans en réparations et en discussions, non sans cultiver cependant sa popularité, en exerçant ce qu'il appelle son ascendant naturel sur le peuple gascon, « dont les Périgourdins, dit-il, sont l'élite. » Il y a des jours de fête, où il assure que le sommelier a donné pain et vin à cent trois personnes. Il y fait faire à grands frais un terrier, c'est-à-dire un plan cadastral, avec nomenclature détaillée de tous les droits fiscaux dus au seigneur par chaque tenancier. C'est un genre de dépenses qu'en sa qualité de propriétaire très-féodal il a multiplié beaucoup pendant sa laborieuse carrière. Enfin il remet ce bien du Périgord assez en valeur pour pouvoir l'affermer 3,200 livres, ce qu'il considère comme une très-belle opération, et par-dessus le marché, il se procure une forte recette, dont il avait le plus pressant besoin, en faisant une coupe de bois qu'il vend 20,500 livres. Ces bois, suivant lui, étaient en retour, et il fallait les couper, si l'on voulait qu'ils revinssent bien. Il avait eu soin, d'ailleurs, de réserver les allées et avenues du château. Nonobstant ces précautions, son beau-père et sa belle-mère jetèrent feu et flammes; « il semblait, dit le gendre, que je leur avais volé cet argent. » Ils lui intentèrent même un commencement de procès, qui n'eut pas de suite.

Tandis qu'il arrange ses affaires en Périgord, tout en surveillant de son mieux celles de Mirabeau, il reconnaît que celles de Paris et du Bignon réclament impérieusement sa présence, et il se déplace encore une fois, à la fin de 1746, avec mère, femme, enfants, domestiques, pour se fixer définitivement à Paris et au Bignon. Son hôtel de la rue Bergère, acquis avant son mariage, l'avait entraîné dans des frais sans fin, pour des embellissements et agrandissements que son absence avait singulièrement contrariés, car il pleuvait encore dans sa maison trois ans après qu'il l'avait achetée. Au bout de dix ans, il y avait dépensé, y compris l'achat, plus de 100,000 livres; il n'en tirait que 2,300 livres de loyer. Il la vend 85,000 livres, et en achète une autre, rue des Saints-Pères, pour 50,000 livres, plus petite, mais habitable.

Quant au Bignon, « cette terre, dit-il, si fort en désordre, ni bâtie, ni meublée, » il s'y enferme avec une légion de maçons, de charpentiers, de menuisiers, de pionniers; il fait refaire le château, change le cours de la rivière qui l'entourait, transforme les pacages en prairies, plante des arbres, creuse des fossés, le tout à très-grands frais. Il se confesse sur ce point à ses descendants avec son ingénuité ordinaire. « J'ai gâté, dit-il, bien des choses, par vivacité et précipitation, et ne me suis mêlé d'aucune avec entendement, n'ayant ni talent, ni habitude de tout ce que j'ai été obligé de faire comme bâtiment, agriculture ; et il est vrai qu'on fait un grand tort à un chef de maison, et, en sa personne, à toute sa famille, en l'élevant uniquement pour le métier de la guerre. Il apprend à dédaigner ses vrais devoirs, et quand il y revient, l'âge de se rompre aux choses est passé. Quoi qu'il en soit, j'ai su me priver, mais je n'ai rien su faire avec économie. Il n'est qu'un point qui ne m'a jamais manqué, c'est la bonne volonté et intention. Puissé-je me corriger par mes fautes, car si je vis, je ne fais que commencer, vu la besogne qui me menace. »

Le marquis fait sans doute allusion aux biens futurs de sa femme dont la gestion lui donnera de grands soucis, mais comme il ne les a pas encore, et comme il s'écoulera bien des années avant qu'ils soient en sa possession, il semble que ce serait pour lui le cas de se reposer un peu, ou du moins de se contenter d'appliquer le besoin d'activité qui le dévore à l'administration laborieuse de ses trois terres de Mirabeau, de Saulvebœuf et du Bignon. C'est pourtant vers cette époque qu'il se lance dans une nouvelle entreprise, la plus vaste, mais la plus chimérique de toutes, qui devait lui valoir d'énormes tracas et de nouvelles pertes d'argent. « Me voici enfin arrivé, dit-il en commençant son compte rendu financier de l'année 1752, à l'époque la plus importante, selon toutes les apparences, de toute ma gestion, tant présente que future. Il est nécessaire, pour connaître mes raisons sur un tel revirement de parties, de reprendre cette affaire de plus haut, et d'en voir les motifs avant les détails. »

Ce début solennel nous porte à croire que le *déposant* se sent un peu embarrassé devant le tribunal de sa postérité par la hardiesse de l'opération qu'il s'agit d'expliquer. Aussi n'aborde-t-il son exposé qu'en s'y prenant de loin. Il rappelle qu'il a toujours préféré les pays de droit écrit aux pays de droit coutumier, qu'il a toujours songé à réunir, autant qu'il lui serait possible, les terres dispersées qu'il pourrait avoir *un jour*, soit de son chef, soit du chef de sa femme, parce que les grands fiefs font les grands seigneurs, qu'en relisant les États de la France de l'abbé de Longuerue, de Boulainvilliers et de Piganiol de la Force, il avait dès longtemps remarqué l'Astarac, c'est-à-dire une partie de l'ancien comté d'Armagnac, comme un des plus grands fiefs parmi ceux qui ne sont point réunis à la couronne, puisqu'il est composé de plus de cent paroisses. Sachant que ce grand fief, passé dans la maison de Rohan, dont le principal établissement était en Bretagne, ne pouvait guère être administré par le chef de cette maison, et supposant qu'il serait peut-être dans le cas d'être vendu, il avait chargé un de ses amis de s'en informer auprès de l'intendant du duc. Il apprit que ce fief, substitué au second fils de la maison de Rohan, n'était point à vendre, mais que le duché de Roquelaure, qui avait fait aussi partie de l'ancien comté d'Armagnac, et qui appartenait aux Rohan, était à la disposition de quiconque voudrait l'acheter. La juridiction seigneuriale de ce fief s'étendait sur treize paroisses. Pour un homme qui vient de rêver un fief de cent paroisses, c'était peu ; mais il y avait vingt-trois métairies dont la gestion avait été fort négligée, et qui, entre les mains d'un propriétaire actif et entreprenant, devait s'améliorer beaucoup. Le tout se donnait pour la bagatelle de 450,000 livres.

Il n'en fallut pas davantage pour monter la tête au marquis de Mirabeau, et le déterminer à se rendre de sa personne chez l'intendant du duc de Rohan. « Je trouvai, dit-il, en lui un emballeur doué d'une abondante et gracieuse faconde qui donne en apparence toutes les facilités imaginables, et assurément il les trouva en moi. » L'intendant lui prouve, la plume à la main, que son acquisition lui donnera, soit en fermages, soit en bois, soit en droits seigneuriaux, au moins 15,000 livres de revenu net.

Comptant sur son habileté pour les augmenter, le marquis prend à peine le temps de se renseigner auprès d'une dame de ses amies qui habitait le pays, auprès de la marquise de Gensac : « Quand quelque chose doit arriver, dit-il, tout concourt à l'exécution avec une rapidité presque miraculeuse; courrier par courrier, je reçus réponse de Mme de Gensac à tous les articles du mémoire que je lui avais adressé. Toutes les informations étaient favorables et ces terres *me furent enluminées au mieux.* » Dès lors, quoique les termes de payement qu'on lui accordait ne fussent rien moins que commodes, car ils étaient fort rapprochés, il accepte tout. Cependant, avant de conclure, il se ravise et demande à consulter sa mère, « étonné moi-même, dit-il, de la rapidité avec laquelle j'allais. »

Il développe son plan à sa mère, et maintenant que l'homme nous est connu, on devine sans peine avec quelle ardeur provençale il pérora. « Nous examinâmes toute l'affaire; elle y donna son accession, soit que je lui parusse empressé, soit aussi que dans ce premier moment, l'idée d'acquérir fit taire en elle toutes les considérations timides que son sexe, son âge et une longue habitude d'une gestion purement économique devaient naturellement lui donner, et qui sont peut-être revenues depuis plus fortement qu'elle ne me l'a témoigné (1). Elle me conseilla seulement un article essentiel qui était de ne point acheter sans voir et de demander à M. de Rohan le temps de faire le voyage de ce pays-là. » Il semble, en effet, qu'il eût été naturel de commencer par ce préli-

(1) Il va pourtant nous montrer lui-même tout à l'heure que sa mère a fini par improuver fortement, mais trop tard, son entreprise.

minaire, et le marquis n'y avait pas seulement
pensé. C'est sur l'avis de sa mère qu'il se décide
à conférer avec le duc de Rohan en personne.
« Il me parut, dit-il, tel que sa réputation, bon et
sot homme ; mais, soit que Bollé (son intendant)
eût eu le temps de le préparer sur ma proposition, soit que celui-ci, qui était assis de façon
que je ne le pouvais voir en parlant à M. de
Rohan, lui fit signe, il parut singulièrement ému
pour une boule de chair, quand je lui demandai
d'aller faire un voyage avant que de conclure ;
il me dit que ce n'était point sur ce pied-là qu'il
avait traité, qu'il était pressé par son engagement
avec M. de Montmartel, qu'on l'avait empêché de
conclure pour une de ses terres et qu'aujourd'hui
il était impossible que j'eusse tout vu à temps... »
Bref, il se démena tant, déclarant que, s'il manquait quelque chose aux articles spécifiés dans
le contrat, il était prêt à le payer au double, que
le marquis se piqua d'honneur et donna parole.
« Au sortir de là, ajoute-t-il, je fus chez Giraud,
mon notaire, à qui je contai toute ma chance,
qu'il écouta *grands yeux ouverts, bouche béante*,
et à qui je demandai de me faire trouver de l'argent. Après *qu'il se fut un peu remis*, il me dit
qu'il me trouverait d'abord 80,000 livres qu'un
de ses clients voulait placer, etc., etc. »

Depuis son mariage, le marquis de Mirabeau
avait changé de notaire, mais, si l'on n'a pas oublié l'attitude du premier, on remarquera qu'il

produisait assez naturellement sur tous les notaires à peu près le même genre d'impression. Il est certain que si celui-ci était, comme nous le sommes maintenant nous-même, au courant des affaires de son client, il lui était permis d'ouvrir les yeux et même la bouche en voyant un homme qui nous a donné son bilan en 1744, lequel consistait en 6,000 livres de revenu net, qui depuis huit ans, il est vrai, a relevé un peu son actif, mais qui certainement, en 1752, avait tout au plus un revenu égal à celui du bien qu'il voulait acheter, se montrer si pressé d'emprunter 450,000 livres à cinq pour cent, pour acquérir des terres inconnues devant lui rapporter, même dans le cas où il n'aurait pas été trompé, au plus trois pour cent. Cependant, comme sa femme, que par parenthèse il ne nous dit pas avoir consultée, mais qui alors vivait encore avec lui et en bons termes, consentait à ajouter sa signature à la sienne, et enfin, comme l'acquisition qu'il venait de faire servait elle-même d'hypothèque à ses engagements, il savait qu'il trouverait des prêteurs.

Il signa donc résolûment son acte d'achat le 6 août 1752, et six jours après il partit pour aller faire connaissance avec son duché de Roquelaure, comme il était parti en 1743 pour aller faire connaissance avec sa femme et avec sa terre de Saulvebœuf. Dans cette circonstance, comme dans la première, les déceptions ne lui manquèrent pas. A peine arrivé en Gascogne, les gens du pays lui disent qu'il a acheté cent mille livres trop cher. Il se met à visiter son acquisition pièce à pièce. Les terres sont en assez bon état. Mais les bois sont absolument dégradés, et cependant M`me` de Gensac les lui avait vantés comme tout le reste, ce qui donne lieu de sa part à une de ces réflexions philosophiques, humoristiques et naïves dont il sème volontiers ses calculs. « Ce qui me mit, dit-il, le plus au fait du pays, et que j'aurais dû savoir avant, c'est que quand je demandai à M`me` de Gensac, femme d'ailleurs renommée pour sa probité et ses vertus, d'où vient qu'elle m'avait mandé dans son mémoire que les bois étaient immenses et en bon état, elle me répondit que, ne pouvant croire que ce fût tout de bon qu'un homme de qualité voulût et pût faire une telle acquisition, elle n'avait pas voulu se faire un ennemi de M. de Rohan. C'est le caractère principal de cette nation (les Gascons), caractère peu compatible avec leur bavarderie continuelle, mais qui cependant est tellement inhérent à leur substance qu'ils ne vous donnent jamais l'avis le plus simple qu'à l'oreille et vous priant toujours de ne les pas compromettre. »

Après avoir ainsi satisfait son goût pour l'observation du cœur humain, le marquis travaille de son mieux à augmenter les revenus de son duché et à défendre avec la même énergie ses droits seigneuriaux utiles et ses droits honorifiques. On lui conteste son droit de prélation sur les marchés et les échanges, il le fait maintenir : le curé de Roquelaure a pris la mauvaise habitude de prier au prône pour le seigneur et la dame de la paroisse sans les nommer, il exige et obtient des prières nominales. On dispute au juge de Roquelaure le droit de siéger au conseil municipal comme représentant du seigneur ; il fait triompher ce droit, et tout en s'occupant de ses bois, de ses moulins, de ses redevances, aidé d'ailleurs par son régisseur de confiance, l'abbé Castagny, qu'il a fait venir de Mirabeau, il peint à grands traits et naturellement sans indulgence ceux qui se rencontrent sur son chemin pour le barrer. Voici, par exemple, entre plusieurs autres, le portrait d'un gentilhomme qui lui donnera du fil à retordre : « Il prétend, dit le marquis, avoir quelque alliance avec les Roquelaure, ainsi que font tous les Gascons avec les gens illustres de leur pays. Celui-ci, coq du canton, grand discoureur, homme qui s'est ruiné par ses grands airs et l'habitation de Toulouse, vit dans sa tanière où il troque avec tous les procureurs fiscaux et les curés du pays, des perdreaux et des ortolans contre des révérences. »

Il cherche d'ailleurs à se rendre populaire par des mesures utiles, sinon parmi les habitants du bourg de Roquelaure qui paraissent un peu en défiance contre ce nouveau seigneur, au moins parmi ses autres vassaux. « L'administration de la justice et police souffrait, dit-il, dans toutes ces terres éloignées les unes des autres de leur réunion à la justice de Roquelaure ; je ne jugeai pas à propos de séparer cette juridiction, ce qui eût été en quelque sorte la dégrader ; mais, pour que la police n'en souffrît pas, après avoir renouvelé les lettres aux anciens officiers, je créai des substituts du procureur fiscal dans chaque lieu considérable, à savoir Maurous à Biran, Dufaut à Lavardens et Douzan neveu pour Sainte-Christie, Gaudous et Mirepoix. Je déclarai à Courtade viguier (juge), très-honnête garçon et fort à son aise, dont la charge était financée 2,000 livres, que je ne vendais la justice en gros ni en détail, et qu'il n'avait qu'à se faire rembourser par M. de Rohan (1) ; je désignai des notaires pour les différents terriers et y fis consentir les gens de Lavardens et ceux de Biran dont j'eus fort à me louer, et écrivis avant de partir à tous les consuls des différents lieux, à la réserve de Roquelaure, pour les remercier et leurs compatriotes en leur nom, et les assurer d'amitié, justice et protection de ma part, de fa-

(1) Ceci a peut-être besoin d'être expliqué. Les seigneurs de fiefs, sous l'ancien régime, avaient des officiers de police et de justice qui achetaient souvent leurs charges, comme les officiers de police et de justice du royaume achetaient les leurs. Le marquis de Mirabeau, ne voulant point bénéficier de son droit de justice et de police, renonce à recevoir de son vendeur, le duc de Rohan, le prix de la charge de viguier, et autorise Courtade à se faire rembourser par le duc. Nous reviendrons, du reste, dans le chapitre suivant, sur cette partie assez inconnue aujourd'hui des droits seigneuriaux avant la Révolution.

çon qu'à la veille de mon départ, le terroir de Puységur n'était presque pas assez grand pour contenir tous les souhaiteurs de bon voyage. »

Il est très-probable, quoiqu'il n'en dise jamais rien, que parmi les motifs de cette hasardeuse opération, le marquis de Mirabeau avait fait entrer pour beaucoup l'espoir d'obtenir tôt ou tard le titre de duc; aussi ne manque-t-il jamais, dans chacun des actes passés durant cette période de sa vie, de se qualifier, en attendant mieux, *seigneur du duché de Roquelaure*. Toujours est-il qu'en rentrant à Paris, après deux mois de séjour en Gascogne, il se voit assailli par une action en *retrait lignager* (1) formée par ce même gentilhomme duquel il médisait tout à l'heure, et portant sur une partie de son acquisition, sur la terre de Biran. Il se défend de son mieux; mais, après un procès long et coûteux, il est condamné à abandonner cette terre au réclamant, qui doit, il est vrai, lui en rembourser le prix, mais qui lui laisse sur les bras les frais du procès. Il demande à son vendeur, le duc de Rohan, de le dédommager au moins de ces frais. La question est livrée à

---

(1) C'était la faculté accordée, en vertu de l'ancien droit, au plus proche parent soit d'un seigneur qui vendait un fief, soit même d'un seigneur qui l'avait possédé avant le vendeur, de le *retirer*, c'est-à-dire de le reprendre à un tiers acquéreur, en lui remboursant le prix d'achat. Le gentilhomme dont il s'agit ici n'avait pas seulement *quelque alliance* avec les Roquelaure, comme le disait par erreur le marquis, il était le plus proche parent du dernier duc.

l'arbitrage de deux gentilshommes. Le marquis choisit le duc de Nivernois, qu'il peint en passant d'un trait en disant de lui : « *très-digne ami, mais dont la qualité de l'esprit n'est pas la force.* » Les deux arbitres, ne pouvant s'entendre, nomment un tiers arbitre qui se prononce contre lui, et il se console par une de ces réflexions analogues à celles que nous avons déjà citées. Faisant allusion à la réputation de dévot qu'avait le duc de Rohan, il dit : « Je fus la dupe de penser que la dévotion donnât de l'étendue à la délicatesse au lieu de savoir que c'est de cette dernière qu'elle reçoit ses proportions. » Pour comble de malheur, à la première nouvelle de ce procès en retrait lignager, *ses doux parents adoptifs*, qui avaient, dit-il, fort approuvé son acquisition, si bien que M. de Vassan lui avait même proposé de lui prêter de l'argent — et il se déclare bien fâché de ne pas l'avoir pris au mot, — *ses doux parents adoptifs* répandent partout le bruit que sa ruine est imminente. Ils parviennent même — et c'est ce qui le confond, attendu la *discordance habituelle* — à faire partager leur opinion à sa mère et à son frère le chevalier (depuis bailli). « Cela alla si loin, dit-il, que mon frère, garçon d'ailleurs d'une fermeté et d'un sens peu communs, me manda que leurs avis réunis portaient que, les courtes folies étant les meilleures, il fallait aller trouver M. de Rohan, lui dire qu'on m'avait trompé en tout, et que, s'il ne voulait rompre le marché, je trouverais bien le moyen de m'en tirer, parce que tous mes biens étaient substitués, et que si je voulais, lui, chevalier, se chargerait de l'ambassade. » Outre que l'assertion était en elle-même trop inexacte pour être prise au sérieux par le duc, car la substitution alléguée ici ne portait que sur la moindre partie de la terre de Mirabeau, la menace ne pouvait avoir aucun effet sur un vendeur ayant déjà touché une partie du prix de vente, et garanti d'ailleurs par la signature des deux époux. « Je parvins, dit le marquis, à calmer les alarmes de ma mère et de mon frère, ou du moins ils entendirent raison; pour les autres, ils n'ont cessé de clabauder depuis, mais autant en emporte le vent. » Et terminant solennellement, comme il l'a commencé, son compte rendu de l'année, il ajoute : « Ainsi finit cette année 1752, année vraiment climatérique pour moi et pour ma maison. J'espère, Dieu aidant, que la suite fera voir que, quoique je ne me conduise pas en affaires par des principes communs, j'ai aussi plus de vues que le commun pour atteindre au but, et que, si je perds beaucoup par trop de facilité dans les détails, l'habitude du travail, l'exactitude, la fidélité de mes agents et une sorte de bonheur en ce genre, si l'on peut parler ainsi sans manquer à la Providence, me donnent des ressources que d'autres à ma place n'eussent osé imaginer. »

Cette belle confiance du marquis en lui-même

reste assez longtemps inaltérable, car trois ans après l'acquisition de ce duché, en février 1755, écrivant à son frère alors gouverneur de la Guadeloupe, nous le voyons se complaire à développer ses plans pour l'agrandissement de la *case*, tout en laissant voir, avec son ingénuité habituelle, ce qu'ils offrent de fantastique et le singulier mélange d'ordre et de désordre qui caractérise son administration.

« Il est tout simple, écrit-il à son frère, que mes affaires t'intéressent, puisque ainsi que toi je ne travaille que pour la case. Cette idée, si enracinée dans les âmes nobles en qualité de préjugé, serait difficile à analyser géométriquement aux yeux de la raison, puisqu'il semble que ce soit pour les murs qu'on travaille, attendu qu'on connaît à peine ses enfants, et moins encore ses petits-fils. C'est cependant une des plus utiles folies de l'humanité, supposé que c'en soit une, et des plus conservatrices pour l'État et la société. Je sens d'ailleurs que la reconnaissance et le regret que j'ai pour mes pères et ceux surtout qui ont utilement et honorablement travaillé, est un prix satisfaisant pour moi si je l'obtiens de mes descendants...

« Il est certain que, si l'on considère le plan fixe d'après lequel je marche, et que je t'ai dit il y a dix-sept ans, de faire d'une maison en Provence une maison en France; si l'on détaille d'où je suis parti, et que mon père nous laissa vingt-huit mille livres de rente sur lesquelles, à souffrir les charges et non-valeurs, il en partait douze, avec quoi beaucoup n'eussent songé qu'à être des marquis d'Aix ou de Marseille; si l'on me considère prenant une femme sans aucun bien actuel, pas même de trousseau promis et non donné (1), transplantant dans diverses provinces étrangères pour nous un gros établissement, ayant un hôtel à Paris et une campagne ici près; si, dis-je, de ce point de vue on retombe sur ma position actuelle et qu'on me voie nourrissant vingt-cinq personnes (2), payant quarante-deux mille cinq cents livres de charges ou de faux frais, soutenant des procès, élevant une famille nombreuse, tellement exact que je ne dois jamais rien au bout de la huitaine, que tous les ouvriers et fournisseurs du bas détail de Paris donneraient tout leur avoir sur mon seul billet, et que tous les notaires sont prêts, sur un mot, à me fournir pour mes gros engagements, on trouvera ma besogne au fond plus que surnaturelle. Ajoute encore à ces considérations des chicanes pécuniaires que m'ont faites mes pauvres mal éduqués parents adoptifs, que j'ai toutes soldées, comme Arlequin, pour éviter de contaminer par le bruit d'un

---

(1) Ce détail, dont le marquis n'avait point parlé dans le précédent compte rendu, fait énergiquement ressortir, s'il est exact, l'étrange lésinerie des parents de sa femme; mais ce qu'il dit de celle-ci, *sans aucun bien actuel,* n'est exact que pour les premiers temps du mariage, attendu que, au moment où il écrit à son frère, il touche trois mille deux cents livres pour la ferme de la terre de Saulvebœuf, et il a vendu vingt mille cinq cents livres de bois provenant de sa femme.

(2) Quant aux vingt-cinq personnes qu'il nourrit, il s'en explique dans le compte rendu à sa postérité, afin que ses descendants ne puissent pas l'accuser de s'être livré à des dépenses de luxe. Ces vingt-cinq personnes se composent d'abord de sa postérité elle-même, qui est nombreuse, car, à cette date, il a encore six enfants vivants, dont l'éducation exige des maîtres; et, outre les domestiques nombreux attachés au service de sa mère, de sa femme et au sien, il a un secrétaire dont il ne peut se passer. « Je nourris, dit-il, tout cela grossement et ne fais que le nécessaire; je brûle de la chandelle, et il m'est aussi impossible de faire des retranchements sur la consommation que sur le nombre : tout chez moi est à l'utile, et rien à la décoration. »

procès de famille un nom sans tache. Quand j'entamerais quelques fonds pour soutenir la réputation de la case jusqu'à ce que les grands-pères aient fait place aux enfants, je ne leur ferais pas de tort, et il s'en faudra bien que je les laisse tels que je suis arrivé. Mon héritage sera moins liquide de dettes et de procès, car il n'en fut jamais un plus net de toutes ces sortes de choses que celui de notre père, mais le fonds, ainsi que le poids, sera tout autre. »

Il ne fallait pas être un grand sorcier pour deviner le secret de *cette besogne plus que surnaturelle*. Le marquis payait, comme nous l'avons déjà dit, régulièrement ses dettes, mais il empruntait régulièrement pour les payer, et il grossissait ainsi régulièrement chaque année son déficit. Il fut donc très-heureux, quoi qu'il en dise, de trouver au bout de huit ans une occasion de se débarrasser enfin, même avec perte, de ce fameux duché dont la gestion l'écrasait et dont le produit était loin de couvrir l'intérêt des dettes contractées pour l'acquérir. L'intendant de la généralité d'Auch ayant eu l'idée de faire établir un haras dans la terre de Roquelaure, le marquis appuya vivement cette idée et vendit au roi, par acte du 25 juin 1761, presque toute cette onéreuse acquisition pour la somme de 310,000 livres. On se rappelle qu'il avait déjà été obligé de céder malgré lui la terre de Biran pour 90,000 livres, prix auquel il l'avait achetée ; il ne restait donc plus en déficit sur l'argent dépensé par lui, que d'une somme de 50,000 livres. Mais, dans la lettre où il annonce cette nouvelle à son frère, il ajoute qu'en dehors de la vente faite au roi il lui reste encore à vendre, dans le même duché, assez d'immeubles pour dépasser de beaucoup tous ses déboursés; nous aimons à le croire: cependant nous sommes porté à en douter, et le bailli en doute aussi, car en manifestant sa joie, il ajoute : « Si je savais dans tes affaires le même ordre que dans les miennes, je dirais mon *nunc dimittis* avec tranquillité. » Les affaires du bailli, on le sait déjà, ont toujours été mieux conduites que celles de son frère. A la vérité, elles étaient beaucoup moins compliquées. Quant à celui-ci, il dégage la signature de sa femme pour toutes les créances souscrites en commun, et il se voit déjà maître de sa situation, « nettoyant, écrit-il en juillet 1761, son héritage et, Dieu aidant, quitte de dettes comme de procès. »

Or, ces deux fléaux de sa vie devaient, au contraire, le tourmenter jusqu'à son dernier jour avec une intensité croissante. Au moment même où il écrit cette lettre, il vient de s'engager résolûment, et malgré son frère, à fournir à celui-ci tout l'argent qui lui sera nécessaire pour tenir le généralat à Malte. Nous avons expliqué dans un précédent chapitre comment cette opération, qui l'entraîna à emprunter jusqu'à cent quarante mille livres, finit par être la plus avantageuse et même la seule avantageuse qu'il eût jamais faite.

Un peu plus tard, en 1763, sa fille aînée étant religieuse, il trouve pour sa seconde fille un brillant mariage, mais qui n'est possible qu'à la condition de donner à celle-ci, non pas un revenu comme celui qu'il a reçu des parents de sa femme, mais une dot en argent. « Il faudrait, écrit-il, être un meurtrier pour se refuser à une si belle affaire, » et il emprunte 80,000 livres pour doter sa fille (1). Il a vendu, il est vrai, trois ans auparavant, après la mort de son beau-père et avec le consentement de sa femme, pour une somme de 80,000 livres, cette terre de Saulvebœuf qui ne lui rapportait que 3,200 livres de revenu, mais cette recette a dû se fondre dans ses déficits.

Toujours préoccupé du désir d'augmenter ses ressources, il s'était, dès 1763, engagé dans une affaire industrielle dont la concession avait été faite à son beau-père et abandonnée par lui. Il s'agissait d'une mine de plomb découverte dans une des terres de Mme de Vassan, à Glanges, en Limousin. Le marquis, avec sa hardiesse ordinaire, avait fait commencer l'exploitation de cette mine à ses frais; puis, trouvant l'opération lourde

---

(1) Non content de ce sacrifice onéreux pour lui dans sa situation, il obtient de sa belle-mère qu'elle ajoutera à cette dot trente mille livres à prélever sur sa succession, et il diminue d'autant l'usufruit de cet héritage qui doit lui revenir à lui-même.

pour ses finances, il avait mis son entreprise en actions. Mais un homme de qualité, ayant même les prétentions d'un très-grand seigneur, ne pouvait guère, en 1763, accepter sans déroger le rôle officiel de directeur et de gérant d'une société par actions. Heureusement pour lui, il avait sous la main un serviteur factotum, à la fois son secrétaire, son intendant, son teneur de livres, son valet de chambre au besoin et son partner aux échecs, personnage intéressant par lui-même et dont nous reparlerons ailleurs, car il a été mêlé pendant quarante ans à toutes les querelles d'une famille violente et orageuse, sans jamais prendre parti contre personne et en se contentant d'exécuter fidèlement, et avec tous les égards dus à tous les membres de la famille, les ordres du chef de la maison. C'est à ce chef qu'il a voué un attachement aussi sincère que désintéressé, et il lui inspire à son tour un attachement à la fois d'habitude, de confiance et d'affection, si profond qu'une des filles du marquis de Mirabeau exprime la conviction que la mort de son père a été précipitée par celle de son vieux compagnon de quarante ans. Le marquis, en effet, ne survécut que huit jours à ce fidèle serviteur, et l'on verra plus tard avec quel accent de désolation, avant de mourir lui-même, « il pleure dans ses rideaux l'homme unique, dit-il, que m'avait donné la Providence. »

Cet homme unique, ce type aujourd'hui disparu

du serviteur dévoué, scrupuleux, respectueux, discret, très-supérieur par la culture intellectuelle et sociale à la demi-domesticité qu'il accepte néanmoins sans aucune répugnance, se nommait Garçon, ou mieux *monsieur* Garçon, comme l'on disait dans la famille. *Monsieur* Garçon a l'honneur de figurer dans la correspondance imprimée de J.-J. Rousseau, et d'avoir été un instant le tuteur onéraire de Mirabeau interdit. En nous réservant de le peindre plus tard en pied, nous l'esquissons ici de profil à l'occasion du premier rôle dans lequel il se présente à nos yeux, et il en changera souvent.

C'est donc *monsieur* Garçon qui signe, en 1763, les actions de la mine de plomb de Glanges, en qualité de secrétaire et de caissier de la *compagnie*. Ces actions, imprimées beaucoup plus grossièrement que celles d'aujourd'hui, sont émises au prix de trois mille livres, payables par fractions à mesure des appels ; elles sont négociables à la volonté du porteur en faisant inscrire le nouveau propriétaire, et elles donnent droit au dividende d'un centième dans le produit de la mine, ce qui semble indiquer que le fonds social était de trois cent mille livres. La liste des actionnaires est assez curieuse. Le marquis de Mirabeau, dont la réputation de publiciste et d'économiste est alors dans tout son éclat, car il a fait imprimer *l'Ami des hommes* et la *Théorie de l'impôt*, a enrôlé sous sa bannière d'industriel en métallurgie tous ses amis ou connaissances, et les grands seigneurs foisonnent sur sa liste. Ils y figurent dans l'ordre hiérarchique ; d'abord les ducs de Nivernois, d'Aumont et de Duras, le premier pour deux actions, les deux autres chacun pour une ; ensuite les marquis de Brancas, du Saillant (le gendre du concessionnaire), d'Entraigues, de Flamarens, de Montperny ; puis les comtes de Broglie et de Caraman, chacun pour cinq actions, de Bérulle pour deux, un autre Flamarens pour deux ; le baron de Gleichen (1), qui est un des syndics de la compagnie, a pris trois actions ; Turgot, alors intendant de Limoges, figure également sur la liste pour une action ; enfin, il n'est pas jusqu'à la comtesse de Rochefort qui, quoique pauvre, voulant apparemment être agréable à son ami, n'ait pris une action, à moins qu'on ne suppose qu'elle a voulu faire un bon placement, ce qui nous paraît peu probable (2). Son exemple est suivi par la comtesse de Pontchartrain, la marquise de Durfort et la marquise de Castellane.

(1) C'est l'auteur des *Souvenirs* récemment publiés dont nous avons déjà parlé et dont nous reparlerons encore, soit pour faire valoir, soit pour rectifier les témoignages malheureusement trop écourtés et parfois inexacts qu'il nous a laissés sur le marquis de Mirabeau et sa famille.

(2) Les rapports très-affectueux de cette aimable et excellente personne avec le marquis de Mirabeau ont été exposés par nous dans l'ouvrage déjà indiqué au chapitre V de ce volume; mais nous la retrouverons nécessairement plus d'une fois dans ces études.

Quant au fondateur de la compagnie, il figure également parmi les syndics, et il a souscrit pour dix actions.

Les appels de fonds qui suivent la première mise de 200 livres sont assez fréquents, et les produits de l'exploitation assez lents à venir. Le marquis de Mirabeau, qui de Paris surveille ce travail, dirigé sur les lieux par un ingénieur, n'a pas peu à faire. Nous ne le suivrons pas dans tout le détail de ses préoccupations de métallurgiste qui se sent au fond responsable, au moins moralement, de l'argent fourni par ses actionnaires, sans préjudice de son inquiétude pour l'argent qu'il a engagé lui-même. Il est cependant plus d'une fois amusant dans l'expression de ses sollicitudes. « Les actionnaires s'impatientent, écrit-il à son gendre, qu'il a prié d'aller visiter les travaux; ils disent que M. de Mirabeau aime le travail pour la postérité, mais que quant à eux ils veulent jouir. » Ailleurs, en septembre 1768, il assure que « Garçon se cache derrière les portes quand il voit venir un actionnaire. » Que devint cette affaire, où le marquis de Mirabeau figure pendant sept ans à l'état de directeur officieux, sinon officiel, mais de directeur très-actif et très-agité, d'une mine de plomb? Nous ne saurions le dire, car nous perdons de vue l'entreprise jusqu'en 1776; le marquis, attaqué alors sur ce point par les avocats de sa femme, se glorifie, dans un mémoire imprimé, d'avoir fondé cette exploitation. « Elle s'est, dit-il, continuée; elle est livrée *aujourd'hui* à une compagnie, et elle donne les plus belles apparences. J'y ai mis, pour ma part, 50,000 livres de fonds dont j'ai les quittances. Je sais que ce n'est pas un objet de remploi pour des aliénations dotales, aussi ne l'y fais-je entrer pour rien; mais cela n'est pas d'un déprédateur. » Une mine de plomb qui, après *treize ans* d'exploitation, ne donne encore que de *belles apparences*, nous paraît inquiétante pour les fonds du marquis et pour ceux des actionnaires (1).

Quoi qu'il en soit, en voyant le père de Mirabeau se livrer avec tant d'entraînement à des entreprises si diverses, on pourrait être conduit à s'exagérer son optimisme irréfléchi aux dépens de sa perspicacité, et cette conclusion ne serait pas rigoureusement juste. Ces deux instincts contraires se combinaient en lui pour former un composé bizarre, mais réel; aussi nous paraît-il opportun, avant de clore ce tableau de son administration domestique, de montrer l'homme sous un aspect très-

---

(1) Nous lisons, en effet, dans une statistique du département de la Haute-Vienne publiée en 1808, que la compagnie formée par le marquis de Mirabeau finit par renoncer à l'exploitation de cette mine, après avoir, d'ailleurs, encouru la déchéance; qu'un autre concessionnaire de la même entreprise fut arrêté dans ses travaux par la crise de la révolution; que ses magasins et ses fonderies furent même détruits par les habitants de la commune, en 1796. Des informations récentes nous apprennent que la mine de plomb de Glanges n'est plus exploitée aujourd'hui.

différent de l'aspect confiant et téméraire sous lequel il nous est apparu jusqu'ici, c'est-à-dire capable d'analyser avec une parfaite clairvoyance tous les périls de la méthode aventureuse qu'il emploie dans la gestion de ses affaires. Toutefois, comme chez lui l'amour-propre trouve toujours son compte, plus il reconnaît ses erreurs, plus il travaille à se persuader qu'il n'a pas pu faire autrement.

Le problème de sa situation était pourtant très-simple. Pendant les treize premières années de son mariage, il n'eut jamais qu'un revenu fort médiocre, qu'il avait, on s'en souvient, diminué, même avant de se marier, par l'achat de la terre du Bignon et d'un hôtel à Paris. Ce revenu lui aurait permis de vivre assez confortablement dans son château de Mirabeau ; mais à Paris, avec la charge d'une femme et de dix enfants, dont cinq arrivèrent à l'âge viril, avec les relations aristocratiques et opulentes qu'il recherchait volontiers, soit par goût, soit par calcul et pour maintenir son crédit, le marquis de Mirabeau n'aurait pu se soutenir, sans danger de ruine, qu'à l'une ou l'autre de ces deux conditions, ou bien d'accepter franchement la situation d'un homme malaisé, au moins dans le présent, et de s'établir sur le pied le plus modeste, ou d'ajouter, comme tant d'autres de ses amis, à des revenus insuffisants, les émoluments attachés à un emploi officiel. La première de ces deux conditions répugnait beaucoup à son caractère. *Ne pas montrer la corde au public* est, on le sait déjà, une de ses maximes favorites ; il ne la montrait même pas à sa famille, en ce sens que, tout en réglant sur plus d'un point son intérieur avec une économie très-sévère, sur d'autres points aussi il sacrifiait au faste. On entendra plus tard sa femme se plaindre en justice d'avoir été obligée de porter des robes et des manchettes très-défraîchies, et le mari répondre qu'elle avait deux femmes de chambre, un cocher et une voiture à elle, même à l'époque où elle ne contribuait aux frais du ménage que pour 4,000 livres de rente. Les deux allégations étaient probablement très-exactes. On entendra également Mirabeau protester souvent pendant sa jeunesse contre *l'incroyable parcimonie* de son père, et il avait eu assez long-temps, à l'instar des princes, un *gouverneur* dont les appointements, sans doute arriérés, figurent parmi les dettes paternelles pour un capital de 9,000 livres, capital dont son père a payé les intérêts jusqu'à sa mort ; en un mot, le marquis voulait bien que, dans sa famille, on le crût économe par système, mais jamais par nécessité, et ses enfants furent tous élevés dans l'idée qu'ils appartenaient à une grande maison destinée, grâce à l'habileté de leur père — quand c'était le père qui parlait — et grâce au *futur et immense* héritage de leur mère — quand c'était la mère — à être un jour aussi opulente qu'elle était

illustre. On verra se produire dans la vie du
futur tribun, de son frère et même de ses sœurs,
les conséquences de ce système d'éducation.

Quant à la ressource des emplois publics, le
marquis ne la dédaignait pas autant qu'il le dit
quelquefois. Le bailli vient de nous apprendre
que, dès les premiers temps du mariage de son
frère, ses amis avaient cherché à le faire entrer
dans la diplomatie, mais que les allures bizarres
et ridicules de sa femme avaient été un obstacle.
Cet obstacle n'empêcha pas le marquis de faire
lui-même en 1758 une nouvelle tentative. Profitant de la faveur de l'abbé (depuis cardinal) de
Bernis, avec lequel il était assez lié, par suite
d'une relation de parenté, d'ailleurs, assez éloignée, il avait espéré un instant obtenir une situation officielle, soit dans la diplomatie, soit ailleurs.
Il se plaint de temps en temps de l'insouciance de
Bernis, qu'il qualifie de *fromage mol;* mais on comprend aisément que celui-ci ait hésité à cautionner
les aptitudes de son ami à un rôle public, quand
on voit le marquis, parlant au bailli, se caractériser lui-même en ces termes : « Le naturel est
chez moi si fort, qu'il me fut impossible *toujours*
de tenir *un instant* seulement une contenance préméditée. Tu penseras qu'il faut dire à cela : Si
faible ! Je le veux bien. » Quoique ce portrait ne
soit pas complet, en ce sens que le peintre était
capable tout comme un autre (au moins quand il
écrivait) de chercher à se composer une physio-

nomie, il ressemble assez à l'homme quand il parlait, pour nous permettre d'affirmer en toute sécurité de conscience que la carrière diplomatique n'était pas sa vocation naturelle.

Découragé du côté des emplois publics, il prit assez naturellement le parti de déclarer qu'il n'en voulait pas, et ne pouvant non plus se résigner à réduire un état de maison qu'il considérait comme le minimum de ce qu'il devait à son nom, il fut naturellement aussi entraîné à escompter de plus en plus le futur héritage de sa femme, tout en s'efforçant, d'ailleurs, de couvrir ses déficits par toute cette série d'entreprises dont nous venons de tracer le tableau, et dont le résultat le plus ordinaire fut de les accroître. Mais si nous l'avons vu tout à l'heure, parlant à son frère, qu'il sait d'autant plus inquiet qu'il est plus dévoué, exposer sa situation en 1755 avec l'optimisme le plus aveugle, il se montre parfois à nous dans une disposition d'esprit toute contraire. En 1764, par exemple, tout en continuant toujours à rassurer le bailli, qui est alors général des galères à Malte, et qui s'inquiète plus que jamais, il écrit au même moment des lettres lamentables à une autre personne, assez sincèrement affectueuse et assez discrète pour qu'il ne craigne pas de lui confier tous ses tracas, toutes ses anxiétés, et en même temps assez désintéressée personnellement dans sa situation pour qu'il n'ait pas à redouter de lui occasionner un trop vif chagrin en la lui confiant.

« Mon plus continuel et poignant souci, écrit-il à son amie, la comtesse de Rochefort, le 3 juillet 1764, a toujours été d'avoir de l'argent (1) pour tout ce que j'en avais affaire, et qui, sur mon âme, ne fut jamais pour moi ; et plus je vais et traîne ma laborieuse vie, plus ce souci augmente et plus j'en vois reculer les fruits. Imaginez-vous, madame, qu'il n'y a peut-être pas deux êtres dans Paris, mais que certainement vous n'en avez de votre vie envisagé aucun autre que moi, qui vive sans qu'il entre dans les moyens de sa subsistance ni pension, ni rente sur l'État, ni bienfaits, ni salaire de qui que ce soit. Oh ! quand notre ami le digne philosophe fabuliste (2) aura en sa jouissance le plus beau fief du royaume, et peut-être de l'Europe, il vous dira combien il faut de terres pour subsister à Paris. Jugez par là de ceux qui n'ont que des pigeonniers auprès, et à qui la Providence a donné un esprit très-étroit en savoir-faire, un cœur assez large et une famille nombreuse, dont partie tire à gauche pour le verser. Toute ma vie, en vertu de ce contraste, n'a été qu'un tissu de soucis poignants pour l'avenir qui, à chaque heure devient présent, et le résultat, tout en parant et en faisant face, a été de me forcer à vivre du jour au jour, méthode qui n'est pas meilleure pour vivre que pour régner, et qui, à la fin, met en péril la nef en annihilant le pilote. »

Nous citerons seulement les premières lignes de la réponse de Mme de Rochefort, parce qu'elles mo-

(1) On se souvient que tout à l'heure il parlait à son frère comme un homme qui n'a qu'à se baisser pour en trouver.

(2) Il s'agit ici du duc de Nivernois, qui n'était pas encore en possession du duché de ce nom, attendu que son père vivait encore, mais qui, en revanche, avait de fortes pensions du roi, même quand il ne touchait pas un traitement d'ambassadeur.

tivent un nouvel exposé du marquis de Mirabeau : « Votre dernière lettre, mon cher ami, ne m'a point égayé le cœur. J'y vois, par toutes vos réflexions, que vous êtes empêtré dans vos affaires pécuniaires comme l'âme de Fontenelle l'était dans sa vieille machine, ce qu'il exprimait en disant que le mal qu'il sentait était la peine de vivre. Ce sentiment est très-triste, de quelque manière qu'il se produise. Vous voyez que j'aurais un peu de peine à secouer ce souci, si j'étais en votre place, puisqu'à la mienne j'en suis vivement affectée pour vous. »

Vous avez très-bien déduit, réplique le marquis, ma manière d'être relativement à mes affaires pécuniaires ; elle est ancienne et de tous les temps, et elle m'est d'autant plus pénible, qu'elle contraste avec mon penchant naturel pour le repos de l'âme et les occupations de choix, d'autant plus dure que j'y suis moins secondé, mais au contraire traversé... Depuis que j'ai endossé le harnois de père de famille, il m'a fallu agir, précisément parce que j'étais malade ; il m'a fallu tout mettre au hasard, moi, le moins hasardeux de tous les hommes en fait de fortune, parce que le courant ne pouvait me soutenir. Je vécus sur les revirements, et chez moi, tous, hors moi, ne voyaient qu'abondance relative. D'entre ces revirements, les uns me furent funestes, d'autres avantageux (1);

(1) Dans une lettre à son frère, il avoue que les revirements, même avantageux, et à plus forte raison les autres, ont toujours cet inconvénient d'être coûteux par eux-mêmes. « Personne, dit-il, ne sait mieux que moi combien on laisse de sa laine aux revirements d'argent, car personne de mon état n'en a fait plus que moi. Il faut qu'il m'en ait coûté au moins cent mille livres dans ma vie, en frais de notaire, de courtage, de banque, etc., etc. »

et quand, par le moyen de ces derniers, je me trouvai débarrassé de régie et d'engagements, j'eus de reste d'avoir vécu et élevé ma famille, et toujours avec la perspective de l'obligation de travailler de nouveau. Cette obligation était d'autant plus urgente, que l'optique du placement d'une famille est plus frappante encore que celle de son éducation... Jugez, madame, si quand, au lieu de mon attitude ordinaire, qui est de donner tête baissée dans les halliers de la Providence, je veux m'aviser de la lever et de jeter un coup d'œil de calcul sur les zéros de ma situation, jugez, dis-je, si la peine de vivre ne me suffoque pas autant que Fontenelle. »

Au moment où il expose ainsi ses affaires sur un ton bien différent de celui auquel il nous a accoutumés, le marquis de Mirabeau a pourtant recueilli, après treize ans de mariage, une part de cet héritage des parents de sa femme, dont la perspective, toujours présente à son esprit, n'a pas peu contribué, quoi qu'il en dise, à le rendre hasardeux; mais c'est la plus petite part, celle qui vient de son beau-père, mort en 1756, et qui est fort inférieure à celle qui restera longtemps encore dans les mains de sa belle-mère. Il a pourtant suffi, comme nous l'expliquerons plus tard, de ce fait d'une augmentation dans les revenus du ménage pour rendre bientôt irréconciliables deux époux déjà très-discordants et qui avaient à se reprocher des torts réciproques. En 1764, la marquise ne vit plus, depuis deux ans, avec son mari; elle est auprès de sa mère, et elle touche de son mari une pension qui représente plus de la moitié de l'excédant de revenu que la succession de son père a apporté dans la maison conjugale; mais quoique ce chiffre ait été fixé par elle-même, déjà elle le trouve fort insuffisant et prétend le faire augmenter de gré ou de force; c'est à cela que le marquis fait allusion en disant dans une des lettres inédites qu'on vient de lire *qu'une partie de sa famille tire à gauche pour le verser.*

Si les deux époux avaient pu s'entendre, au moins de loin, leur ruine commune aurait été conjurée; car lorsque la mort de sa belle-mère, de cette *éternelle* belle-mère, comme disait Mme de Rochefort, mit enfin le marquis, vingt-sept ans après son mariage, en possession de toute la fortune qu'il pouvait espérer, tous ces biens réunis formaient un ensemble considérable dont la valeur prouve que les améliorations rurales du propriétaire, bien que coûteuses, n'avaient pas toujours été sans fruit, car les baux de presque toutes les terres qu'il a régies ont subi une augmentation qui dépasse leur accroissement normal. Pour nous renseigner sur ce point, nous n'avons plus le second volume de ce gros manuscrit in-quarto où le marquis continue à exposer toutes ses affaires jusqu'à sa mort, et qui est perdu. Mais nous avons trouvé un autre document intéressant qui le remplace, et qui témoigne encore de l'esprit d'ordre le plus minutieux, toujours associé, chez l'auteur de *l'Ami des hommes*, à la gestion la plus fantastique. C'est un gracieux petit volume in-12, de cent pages, très-élégamment relié en maroquin rouge, doré sur tranches avec trois filets d'or sur la reliure. Avant de l'ouvrir, on croirait aisément qu'on a sous les yeux quelque recueil de poésies galantes du dernier siècle ; sur la première page, dans un encadrement colorié, on lit, écrits de la main d'un calligraphe habile, et en caractères élégamment diversifiés, ces mots : *Mon état, tant à charge qu'à décharge, en l'année 1779.* Au-dessous on remarque un dessin représentant l'écusson des Mirabeau, auquel est appendu la grand'croix de l'ordre de Wasa. Suit la nomenclature détaillée de tous les revenus, de toutes les dettes, de toutes les charges du marquis avec une longue liste de tous ses créanciers en 1779.

Or, il jouit à cette époque de *quatre-vingt mille cinq cents livres* de revenus en terre (1), sans compter celui d'une terre qui rapporte huit mille livres, et dont la jouissance est alors attribuée à sa femme. Malheureusement, si l'actif est considérable, le passif est effrayant ; il représente tout à la fois et les déboursés faits par le marquis pour doter ses filles, pour élever ses fils, pour

---

(1) Le marquis s'attribue même un revenu plus considérable en forçant son actif sur divers points, en y faisant rentrer notamment la pension annuelle fournie par son frère, dont nous avons parlé ailleurs, et qui est subordonnée, non-seulement à la vie du donataire, mais aussi à celle du donateur, d'où il suit pour nous que son revenu certain ne dépasse pas quatre-vingt mille livres, et encore il nous semble que ses évaluations sont, en général, un peu exagérées.

servir une pension dotale à l'aîné, et l'argent dépensé en améliorations agricoles ainsi que dans toutes les opérations plus ou moins hasardeuses dont nous venons de parler ; si bien que le marquis de Mirabeau doit, en 1779, soit en contrats, soit en billets à ordre, une somme de 678,740 livres (1), et comme ses charges annuelles ne se composent pas seulement des intérêts dus à ses créanciers, le total des charges s'élève à la somme de 51,648 livres qu'il doit prélever chaque année sur son revenu. Or, les 29,000 livres de revenus qui lui restent représentent précisément la fortune que sa femme revendique comme lui appartenant en propre, et qu'elle veut lui arracher par une demande en séparation de corps et de biens (2).

Si elle avait été capable d'entendre raison et de se préoccuper de l'intérêt de sa famille, elle aurait pu, puisqu'elle jouissait déjà à cette époque d'une terre affermée huit mille livres, laisser à son mari au moins une portion du revenu qu'elle réclamait. Cette ressource aurait permis au mar-

(1) On reconnaît ici que, pour un homme que nous verrons, comme économiste, professer la réprobation des *emprunts publics*, le marquis abusait singulièrement des emprunts particuliers.

(2) Elle était tenue, il est vrai, de rembourser à son mari sa part contributive dans les dots et les frais d'établissement des enfants communs ; mais, comme elle prétendait aussi exiger de lui divers remboursements pour des aliénations faites pendant le mariage, la liquidation de leurs droits respectifs devait être aussi difficile que ruineuse pour tous les deux.

quis de diminuer beaucoup, pendant les dix ans qui lui restaient encore à vivre, le passif qui faisait le tourment de ses derniers jours ; et l'opération lui eût été d'autant plus facile qu'il recevait alors de son frère une pension annuelle de 15,000 livres, amplement suffisante pour son entretien personnel pendant sa vieillesse.

Mais outre que la marquise de Mirabeau détestait alors cordialement son mari, pour des motifs que nous exposerons quand nous aurons à peindre le conflit de ces deux caractères, elle était, on le verra, si prodigieusement désordonnée de son côté, quoique dans un genre différent de celui du marquis, qu'avant même d'obtenir la libre jouissance de ses biens, elle s'était endettée personnellement pour une somme que son procureur lui-même évalue à *quatre cent mille livres*, et qui devait grossir incessamment jusqu'à sa mort. Elle avait donc un besoin impérieux de rentrer en possession de toute sa fortune, non pour la conserver, mais pour la jeter en pâture à une tourbe de gens d'affaires et d'usuriers toujours attachés à ses pas, sans compter les exigences d'une passion effrénée pour le jeu.

Un fils aîné raisonnable aurait pu s'entremettre utilement, et dans son propre intérêt, pour pacifier deux époux furieux et les déterminer à un arrangement. Nous montrerons, plus tard, en parlant du célèbre orateur, que son père voulut souvent lui donner ce rôle et qu'il s'y prêta lui-même quelquefois; mais nous montrerons aussi quelle influence funeste exerça sur sa conduite le malheur d'avoir été également, pour sa part, criblé de dettes dès l'âge de vingt-cinq ans, et comment sous la pression de ses propres créanciers, excitant tour à tour sa mère contre son père et réciproquement, il concourut, ainsi que la plupart des autres membres de la famille, à la ruine de cette fameuse *maison* dont la *future* splendeur avait été l'idée fixe, la chimère décevante du marquis de Mirabeau, et dont l'effondrement coïncide juste avec celui de l'ancien régime (1). Nous montrerons comment la vieillesse de *l'Ami des hommes* fut aussi écrasée de tracas domestiques et pécuniaires que l'avaient été sa jeunesse et son âge mûr, et comment enfin celui que nous avons entendu, à l'âge de quarante-huit ans, dire à Mme de Rochefort: « Ma vie n'a été qu'un tissu de soucis poignants, » a pu écrire à son frère le 4 juillet 1789, c'est-à-dire à soixante-quatorze ans, et six jours avant de mourir, cette autre phrase non

---

(1) Nous tâcherons de déterminer exactement, après la mort du marquis de Mirabeau, ce que valait la portion de bien substituée par lui à son fils aîné par contrat de mariage; nous examinerons si cette substitution n'était pas invalidée à la fois par l'état du substitué et par le testament du substituant. On s'apercevra dans tous les cas, que le grand orateur était aussi un grand hâbleur lorsqu'il disait tout couramment ce que chacun répète en ore aujourd'hui, qu'il devait recueillir de son père cinquante mille livres de rente. Quant à la fortune de la marquise de Mirabeau, sauf une petite portion garantie par un legs de Mme de Vassan à une de ses petites-filles, elle fut, je crois, engloutie tout entière.

moins significative : « C'est ainsi, cher frère, que je perds jusqu'à l'illusion même de croire qu'un peu de repos soit fait pour moi. »

Si donc une vie qui ne connut jamais le repos est une vie malheureuse, on peut dire que le marquis de Mirabeau fut très-malheureux ; mais quoiqu'il ait souvent gémi sous le poids des chagrins les plus accablants, il est évident pour quiconque l'a observé de près, qu'il était de ceux qui n'aiment pas le repos. Bien différent de son frère le bailli, dont la tranquillité, souvent troublée par les agitations de sa famille, ne le fut jamais par lui-même, le marquis fut, au contraire, presque toujours l'artisan des afflictions et des tracas qui tourmentèrent sa vie. Ce qu'on vient de lire prouve suffisamment que la fatalité d'un mariage, d'ailleurs si étourdiment contracté, n'explique pas, à elle seule, les embarras où il fut plongé jusqu'à sa mort, et que l'activité fiévreuse de son esprit affamé de chimères y entre pour une grande part; toujours est-il qu'après l'avoir vu conduire ses propres affaires en utopiste, on s'étonnera moins de le voir envahi plus qu'aucun autre homme de son siècle par la passion de l'utopie, par le besoin de tracer sur du papier des plans de gouvernement doués de la vertu infaillible « de rendre, comme il le dit lui-même, les sociétés paisibles et prospères et les hommes raisonnables et vertueux. »

On se trompe beaucoup quand on attribue uniquement à des préoccupations de vanité les nombreux ouvrages d'économie politique et sociale écrits par le père de Mirabeau. Il goûtait vivement, sans nul doute, tout en affectant de les dédaigner, les jouissances d'amour-propre que lui procura la célébrité éclatante, quoique passagère, de quelques-unes de ses productions ; mais il fut utopiste par goût et par vocation, avant même de songer à se mettre en communication avec le public. Nous l'avons déjà entendu, au chapitre IX de ce volume, rappeler à son frère que, dès 1747, dans leurs promenades au Luxembourg, il se disait en possession « de douze principes, qui, établis en douze lignes, corrigeraient tous les abus de la société et feraient renaître l'âge de Salomon » ; plus tard, lorsque l'auteur jadis si populaire de l'*Ami des hommes* fut tombé dans un tel discrédit qu'il ne trouvait plus en France ni libraires, ni lecteurs, sa confiance dans l'utilité de ses travaux ne fut jamais ébranlée, et son détachement de toute prétention personnelle était si grand, qu'il laissait imprimer ses derniers ouvrages à l'étranger par les soins de quelque disciple resté fidèle, sans vouloir même être désigné par le pseudonyme qu'il avait rendu fameux. « Ce qui m'importe de mes ouvrages, écrivait-il le 14 octobre 1778, c'est qu'ils soient lus, parce qu'il se trouve toujours quelqu'un qui en profite ; à cela près, qu'on les croie du Pape ou du grand Turc, cela m'est égal. Je sais fort bien le

peu qu'ils valent par la forme et l'habit, et, par ma foi, je le donnerais en quatre à tout autre, tiraillé comme moi par un million de tracas, vexé et tourmenté en gros et dans tous les détails, de faire mieux et avec plus de soin et de suite (1). »
Tandis que les infortunes de sa vie privée lui servaient ainsi de prétexte pour prendre son parti des négligences de son style et du désordre de ses idées, ces mêmes infortunes étaient pour lui une continuelle excitation à se dédommager de son inhabileté dans le gouvernement de ses affaires et de sa famille en se livrant délicieusement au bonheur fictif de régler avec sa plume les destinées du genre humain.

Montesquieu a dit, en parlant de lui-même, « qu'il n'avait jamais eu de chagrin qu'une heure de lecture n'ait dissipé »; le marquis de Mirabeau, qui eut beaucoup plus de chagrins que Montesquieu, mais qui lisait beaucoup moins que lui, et dont le cerveau, toujours encombré d'idées, n'avait pas besoin d'être réveillé par celles d'autrui, au lieu de recourir à la lecture se consolait de

(1) Cette lettre inédite est adressée à un économiste italien, le marquis Longo, professeur d'économie politique à Milan, et grand admirateur du marquis de Mirabeau, qu'il ne connaissait pas personnellement, mais qu'il considérait comme son maître. Les deux économistes ont entretenu pendant quinze ans une correspondance très-suivie et très-affectueuse. C'est le marquis Longo qui fit imprimer à Milan, en 1780, sans aucune indication d'auteur, un des ouvrages les moins connus, mais peut-être les plus curieux du père de Mirabeau, celui qui est intitulé : *Les Devoirs*.

tout par l'écriture. Bien plus, c'est en dissertant sur l'*Art social*, sur les moyens de ramener les sociétés à l'*ordre naturel*, qu'il se retrempait et retrouvait des forces pour faire face à tous les incidents fâcheux ou douloureux dont son âge mûr et sa vieillesse furent assaillis. Voici ce qu'il écrivait le 17 octobre 1787, à l'âge de 72 ans, à ce même marquis Longo dont nous venons de parler et auquel il avait envoyé un nouveau manuscrit économique de sa façon : « Vous me faites plaisir en me disant que je puis encore opérer du cerveau (car ce que vous venez de lire est de tout à l'heure). Si peu de gens m'entendent, si peu, je crois, me prisent maintenant, que je me suis fort aisément rangé de l'avis du grand nombre, et bien plus aisément je vous assure que quand la badauderie me disait, comme à Guillot, mon compère :

Seigneur, montez au trône et commandez ici (1).

Je suis tellement enlacé d'affaires incroyables, uniques peut-être au monde dans leur espèce et leur contretemps, que travaillant sans cesse ou du poignet ou de la patience, quand la tête me pèse trop, je ne puis y faire diversion et reprendre des forces comme l'Antée de la fable, qu'en touchant la terre et griffonnant sur quelque feuille.

(1) Ce vers de Corneille, tiré de la tragédie de *Pompée*, avait été sans doute employé dans quelque parodie.

volante des détails de ma chose. » *Sa chose* signifie ici *sa science*, c'est-à-dire la doctrine physiocratique, et ce qu'il appelle *toucher la terre,* c'est précisément faire un voyage dans les régions de l'utopie.

Nous n'avons pas l'intention meurtrière d'infliger à nos lecteurs une analyse détaillée des quarante volumes, au moins, qui sont sortis de la plume infatigable du marquis de Mirabeau, sans compter les innombrables manuscrits qu'il n'a point fait imprimer; mais nous pensons que l'histoire d'un esprit organisé comme le sien n'est pas sans importance pour l'appréciation exacte de l'époque où il s'est produit. Nous espérons que le tableau des modifications successives qui se sont accomplies dans les idées de ce réformateur d'abord féodal et philanthrope, puis libéral et décentralisateur, rattachant tout à la prospérité de l'agriculture et au rétablissement des États provinciaux, ensuite économiste *physiocrate*, c'est-à-dire, à la fois monarchiste, démocrate sans être égalitaire, à moitié socialiste par son antipathie pour les marchands d'argent et les rentiers, et en même temps très-conservateur par son culte pour la propriété foncière, pourra intéresser le public sérieux. Nous espérons qu'une étude sur les principaux ouvrages du marquis, éclairés par sa correspondance inédite, forcera le lecteur de reconnaître que l'auteur de l'*Ami des hommes*, devenu le disciple de Quesnay, a joué dans les controverses politiques et économiques qui ont précédé la Révolution, un rôle éphémère, il est vrai, mais assez considérable et aujourd'hui trop oublié; qu'il y a montré un singulier mélange de sagacité pénétrante et d'exaltation chimérique, quoique presque toujours sincère, et qu'enfin, de tous ses contemporains, il est peut-être celui qui, au milieu des illusions optimistes des uns et de la frivolité insouciante des autres, a été le plus constamment tenu en éveil par la prévision d'une grande crise sociale imminente, prévision qu'il exprime souvent à sa manière en disant que « le colin-maillard poussé trop loin finira par la culbute générale. »

FIN DU TOME PREMIER

TABLE DES MATIÈRES

DU PREMIER VOLUME

	Pages
Avant-Propos	I
I. Le château de Mirabeau	1
II. Origine des Riqueti, Riquety ou Riquet	2
III. Formation de la généalogie des Riqueti. — Les nobiliaires sous l'ancien régime	43
IV. Le marquis Jean-Antoine et ses deux biographes	79
V. La grand'mère de Mirabeau	107
VI. Le comte Louis-Alexandre de Mirabeau	127
VII. Le chevalier, depuis bailli de Mirabeau	146
VIII. La jeunesse du bailli et sa vie de marin	155
IX. Deux frères sous le régime du droit d'aînesse	175
X. Le bailli gouverneur de la Guadeloupe	191
XI. Le bailli à la Cour et l'expédition de Mahon	217
XII. Le bailli candidat au ministère de la marine. — Ses rapports avec Mme de Pompadour. — Le bailli au combat de Saint-Cast	227
XIII. Le bailli et les milices garde-côtes. — Nos provinces maritimes pendant la guerre de Sept Ans. — Le bailli et la dame de Caen	253

TABLE DES MATIÈRES

Pages.

XIV. Un général des galères de Malte au xviiie siècle 291

XV. Le marquis de Mirabeau 335

XVI. La jeunesse du marquis. 351

XVII. Le marquis de Mirabeau et Vauvenargues . 382

XVII bis. Le mariage du marquis de Mirabeau. . 417

XVIII. Un administrateur chimérique. 437

ERRATA

Page 247, ligne 30, au lieu de : *Crédit de la banque et ; la création si souvent agitée d'une milice nationale*, lisez : *Crédit de la banque ; et la création si souvent agitée d'une milice nationale.*

Page 284, ligne 19, au lieu de : *pêché*, lisez : *péché*.

Page 312, ligne 11, au lieu de : *excellenza*, lisez : *eccellenza*.

Page 356, ligne 5, au lieu de : *Il me fit partir très-brusquement, dit son fils à la fin de 1729*, lisez : *Il me fit partir très-brusquement, dit son fils, à la fin de 1729.*

Paris, imp. PAUL DUPONT, 41, rue Jean-Jacques-Rousseau.

www.ingramcontent.com/pod-product-compliance
Lightning Source LLC
Chambersburg PA
CBHW072213240426
43670CB00038B/958